全国高等院校土木与建筑专业十二五创新规划教材

工程项目管理

闫文周　主　编
吕宁华　副主编

清华大学出版社
北　京

内 容 简 介

工程项目管理是系统研究工程建设活动客观规律和方法的一门学科,融合了工程技术、经济、管理、建设法规等众多学科的理论与知识。全书以工程建设程序为主线,以工程项目的质量、进度、费用、组织管理等为核心,重点阐述了工程项目管理的基本理论和方法。本书主要内容包括工程项目管理概述、工程项目组织管理、工程项目招标与投标管理、工程项目流水作业原理、工程项目网络计划技术、工程项目进度控制、工程项目费用控制、工程项目质量管理、施工项目管理规划、工程项目安全与环境管理、工程项目信息管理、工程项目风险管理以及工程项目竣工验收阶段管理等。

全书内容翔实、结构合理、层次分明、重点突出、实例典型,具有较强的实用性和系统性,可作为高等学校土木工程、工程管理、工程造价、房地产经营与管理、国际工程管理、建筑装饰等专业的教材或学习参考书,亦可作为建设单位、设计单位、施工单位、咨询监理等从事工程建设活动人员的学习参考书或培训教材。

本书封面贴有清华大学出版社防伪标签,无标签者不得销售。
版权所有,侵权必究。举报: 010-62782989,beiqinquan@tup.tsinghua.edu.cn。

图书在版编目(CIP)数据

工程项目管理/闫文周主编. --北京:清华大学出版社,2015(2023.1重印)
全国高等院校土木与建筑专业十二五创新规划教材
ISBN 978-7-302-39530-0

Ⅰ. ①工… Ⅱ. ①闫… Ⅲ. ①工程项目管理—高等学校—教材 Ⅳ. ①F284

中国版本图书馆 CIP 数据核字(2015)第 034000 号

责任编辑:桑任松
装帧设计:刘孝琼
责任校对:周剑云
责任印制:宋 林

出版发行:清华大学出版社
网　　址:http://www.tup.com.cn, http://www.wqbook.com
地　　址:北京清华大学学研大厦 A 座　　邮　编:100084
社 总 机:010-83470000　　邮　购:010-62786544
投稿与读者服务:010-62776969, c-service@tup.tsinghua.edu.cn
质量反馈:010-62772015, zhiliang@tup.tsinghua.edu.cn
课件下载:http://www.tup.com.cn, 010-62791865

印 装 者:三河市铭诚印务有限公司
经　　销:全国新华书店
开　　本:185mm×260mm　　印　张:24.75　　字　数:602 千字
版　　次:2015 年 4 月第 1 版　　印　次:2023 年 1 月第 9 次印刷
定　　价:59.00 元

产品编号:055095-03

前　言

项目管理的思想由来已久，而作为一种管理方法明确被提出始于"二战"时期美国研制原子弹的曼哈顿计划。20世纪50年代到70年代，随着网络计划技术和系统工程的开发与应用，项目管理逐渐形成了完整的理论体系，发展成一门充满活力的学科，在各行各业中得到了广泛的应用，工程项目管理就是此背景下的应用领域。

工程项目管理是系统研究工程建设活动客观规律和方法的一门学科，融合了工程技术、经济、管理、建设法规等众多学科的理论与知识。其研究目的是使工程项目在功能、费用、进度、质量等方面均取得最佳效果，实现社会、经济、环境综合效益最大化。由于工程建设活动涉及面广、管理主体多元、管理内容复杂，对于工程项目管理的内容编排及表现方式，见仁见智，纷纭无从。本书对此审慎甄量，编写原则及特点如下。

第一，全书以工程建设程序为主线，以工程项目的质量、进度、费用、组织管理等为核心，重点阐述了工程项目管理的基本理论和方法，适当兼顾不同管理主体的具体业务内容。

第二，工程项目管理内容较多，本书尽量着墨精实，舍弃大而全、空而泛的内容。

第三，近年来国家颁布或修订了一系列工程管理法规标准，如招标投标法实施条例、工程项目管理规范、建筑工程施工质量验收统一标准、建筑施工组织设计规范等，本书以此编写而成，依据可靠，科学严谨。

第四，考虑到高校工程管理、工程造价、土木工程等专业教学计划中，一般专设工程经济及合同管理课程，本书对此类内容不过多探究。

第五，工程项目信息管理是极为重要的工具性知识，本书着重应用，主要介绍了PIP、BIM、P6等软件系统，不涉及专业性较强的工程项目管理软件开发知识。

第六，本书充分吸收全国注册建造师、注册监理工程师、注册造价工程师、注册咨询工程师等执业资格考试的相关知识和内容，具有较强的实用性和可操作性。

第七，全书列举了大量例题和案例，每章均附有复习题及答案解析，且许多习题和案例是在相关执业资格考题的基础上简化和修改而成，便于读者掌握和巩固所学知识，参考价值较大。

全书由闫文周任主编、吕宁华任副主编，参加编写的人员还有王婉莹、刘振超、谭雪瑶、黄文艳、范超、崔晓等。

本书在编写过程中，参阅了许多相关资料，在此对其作者表示衷心感谢。

由于作者水平所限，错误和不足之处在所难免，恳请各位读者不吝赐教。

编　者

目 录

第1章 工程项目管理概述 ... 1

- 1.1 项目与工程项目 ... 2
  - 1.1.1 项目 ... 2
  - 1.1.2 工程项目 ... 4
- 1.2 项目管理与工程项目管理 ... 12
  - 1.2.1 项目管理 ... 12
  - 1.2.2 工程项目管理的概念及特征 ... 14
  - 1.2.3 工程项目管理的类型 ... 15
- 1.3 项目管理协会与执业资格认证 ... 18
  - 1.3.1 项目管理相关协会 ... 18
  - 1.3.2 工程项目管理相关协会 ... 19
  - 1.3.3 项目管理专业资质认证 ... 20
  - 1.3.4 工程项目管理执业资格认证 ... 21
  - 1.3.5 工程项目管理执业资格制度改革 ... 22
- 1.4 工程项目管理相关知识体系 ... 22
  - 1.4.1 项目管理知识体系 ... 22
  - 1.4.2 工程项目管理知识体系 ... 23
- 复习题 ... 24

第2章 工程项目组织管理 ... 27

- 2.1 工程项目组织管理概述 ... 28
  - 2.1.1 工程项目组织 ... 28
  - 2.1.2 工程项目组织主体 ... 29
- 2.2 工程项目管理主体间的组织关系 ... 31
  - 2.2.1 传统计划经济体制下的工程项目组织模式 ... 32
  - 2.2.2 工程管理体制的改革与完善 ... 33
  - 2.2.3 现阶段工程项目相关方组织关系的基本形式 ... 34
  - 2.2.4 不同的发、承包方式引起相关方组织关系的变化 ... 36
  - 2.2.5 工程项目管理的其他模式 ... 38
- 2.3 工程项目管理主体内的组织形式 ... 39
  - 2.3.1 职能式组织形式 ... 40
  - 2.3.2 项目式组织形式 ... 41
  - 2.3.3 矩阵式组织形式 ... 42
- 2.4 项目经理 ... 44
  - 2.4.1 项目经理的类型 ... 44
  - 2.4.2 项目经理的责任与权力 ... 45
- 2.5 项目团队 ... 46
  - 2.5.1 项目团队的概念及特点 ... 46
  - 2.5.2 项目团队的发展与建设 ... 47
- 复习题 ... 48

第3章 工程项目招标与投标管理 ... 51

- 3.1 工程项目招投标概述 ... 52
  - 3.1.1 工程项目招投标的概念 ... 52
  - 3.1.2 工程建设项目招标的规模标准 ... 52
  - 3.1.3 工程项目招投标的特点 ... 53
  - 3.1.4 工程项目招标的方式 ... 53
  - 3.1.5 招标投标的基本原则 ... 53
- 3.2 工程项目咨询监理招标与投标 ... 54
  - 3.2.1 工程项目咨询监理招标程序 ... 54
  - 3.2.2 工程项目咨询监理投标程序 ... 55
- 3.3 工程项目勘察设计招标与投标 ... 56
  - 3.3.1 勘察设计招投标的概念 ... 56
  - 3.3.2 勘察设计招标 ... 56
  - 3.3.3 勘察设计投标 ... 56
  - 3.3.4 勘察设计评标与定标 ... 57
- 3.4 工程项目施工招标与投标 ... 58
  - 3.4.1 施工招投标的概念及程序 ... 58
  - 3.4.2 施工招标 ... 59
  - 3.4.3 施工投标 ... 63

3.4.4 施工开标、评标和定标............64
  3.4.5 施工招投标的禁止性规定............67
  3.4.6 施工招标投标案例............68
 3.5 工程项目物资招标与投标............71
  3.5.1 工程项目物资招标投标程序............71
  3.5.2 划分物资采购合同包的基本原则............71
  3.5.3 物资采购评标............72
  3.5.4 物资采购招标投标案例............73
 复习题............74

第4章 工程项目流水作业原理............79
 4.1 流水作业概述............80
  4.1.1 表示工程进展状况的方式............80
  4.1.2 组织作业的基本方式............81
  4.1.3 流水作业的概念及技术经济效果............83
  4.1.4 流水作业的分类............84
 4.2 流水作业参数............84
  4.2.1 工艺参数............85
  4.2.2 空间参数............85
  4.2.3 时间参数............86
 4.3 流水作业的组织方式............89
  4.3.1 全等节拍流水施工............89
  4.3.2 成倍节拍流水施工............92
  4.3.3 分别流水施工............95
 复习题............97

第5章 工程项目网络计划技术............101
 5.1 网络计划概述............102
  5.1.1 网络计划技术及发展过程............102
  5.1.2 网络计划技术的种类............103
 5.2 双代号网络计划............103
  5.2.1 双代号网络图的概念及组成要素............103
  5.2.2 双代号网络图的基本术语............104
  5.2.3 双代号网络图的绘图............105
  5.2.4 双代号网络图时间参数的计算............108

  5.2.5 双代号网络图关键工作和关键线路的确定............112
  5.2.6 标号法在双代号网络计划时间参数计算中的应用............113
 5.3 单代号网络计划............114
  5.3.1 单代号网络图的概念及特点............114
  5.3.2 单代号网络图的绘制规则与方法............114
  5.3.3 单代号网络计划时间参数的计算............115
  5.3.4 单代号网络图关键工作与关键线路的确定............117
 5.4 双代号时标网络计划............118
  5.4.1 双代号时标网络计划的概念及特点............118
  5.4.2 时标网络计划的分类............118
  5.4.3 时标网络计划的绘制方法............118
  5.4.4 时标网络计划中时间参数的判定............120
 5.5 单代号搭接网络计划............122
  5.5.1 工序的基本搭接关系............122
  5.5.2 单代号搭接网络图的绘制............123
  5.5.3 单代号搭接网络图时间参数的计算............124
  5.5.4 单代号搭接网络图关键工作与关键线路的确定............126
 5.6 网络计划的优化............127
  5.6.1 工期优化............127
  5.6.2 费用优化............131
  5.6.3 资源优化............134
 复习题............143

第6章 工程项目进度控制............149
 6.1 工程项目进度控制概述............150
  6.1.1 工程项目进度控制的概念及原理............150
  6.1.2 影响工程项目进度的因素............150
  6.1.3 工程项目进度控制的主要任务............151

6.2 工程项目进度计划系统 151
 6.2.1 进度计划编制前的
   调查研究 151
 6.2.2 进度计划系统的构成 152
 6.2.3 工程项目进度计划的编制 153
6.3 工程项目进度监测与比较方法 154
 6.3.1 进度计划实施中的
   监测过程 154
 6.3.2 实际进度与计划进度的
   横道图比较法 154
 6.3.3 实际进度与计划进度的
   S 形曲线比较法 156
 6.3.4 实际进度与计划进度的
   香蕉形曲线比较法 158
 6.3.5 实际进度与计划进度的
   前锋线比较法 159
 6.3.6 实际进度与计划进度的
   列表比较法 161
6.4 工程项目进度调整系统 163
 6.4.1 进度偏差的影响性分析 163
 6.4.2 进度计划的调整方法 163
复习题 165

第 7 章 工程项目费用控制 169

7.1 建设单位的工程项目费用控制 170
 7.1.1 建设单位费用控制的概念 170
 7.1.2 设计阶段工程费用的控制 170
 7.1.3 施工阶段工程费用的控制 176
7.2 施工单位的工程成本管理与控制 186
 7.2.1 施工项目成本管理的
   概念及内容 186
 7.2.2 施工项目成本预测 187
 7.2.3 施工项目成本计划 190
 7.2.4 施工项目成本控制 192
 7.2.5 施工项目成本核算 193
 7.2.6 施工项目成本分析 194
 7.2.7 施工项目成本考核 198
7.3 工程项目费用控制的挣值法 199
 7.3.1 挣值法的产生背景 199
 7.3.2 挣值法的基本理论 199
 7.3.3 挣值法应用示例 202
复习题 203

第 8 章 工程项目质量管理 209

8.1 质量管理概述 210
 8.1.1 质量和工程质量 210
 8.1.2 工程项目质量控制的
   概念及原则 211
 8.1.3 工程项目质量控制的
   基本原理 212
 8.1.4 工程项目质量控制的
   主体及责任 213
 8.1.5 质量管理体系标准简介 213
8.2 工程项目勘察设计阶段的
  质量控制 214
 8.2.1 勘察设计质量的概念及
   控制依据 214
 8.2.2 勘察设计单位资质管理及
   个人职业资格管理 215
 8.2.3 勘察质量控制要点 215
 8.2.4 设计质量控制要点 216
8.3 工程项目施工质量控制 218
 8.3.1 施工质量控制概述 218
 8.3.2 施工准备阶段的质量控制 220
 8.3.3 施工过程质量控制 226
 8.3.4 施工质量验收 235
8.4 工程项目质量缺陷和质量事故的
  处理 243
 8.4.1 工程质量缺陷及处理 243
 8.4.2 工程质量事故及处理 244
8.5 工程项目质量控制的统计分析 248
 8.5.1 质量统计数据 248
 8.5.2 质量控制常用统计
   分析方法 249
复习题 261

第 9 章 施工项目管理规划 265

9.1 施工项目管理规划概述 266

9.1.1 施工项目管理规划的作用及分类 266
9.1.2 施工项目管理规划的编制要求 266
9.1.3 施工项目管理规划的编制原则及程序 267
9.1.4 施工项目管理规划的内容 267
9.2 施工方案的确定 268
9.2.1 建设项目或群体工程施工总方案的确定 268
9.2.2 单位工程施工方案的确定 269
9.3 施工进度计划 274
9.3.1 施工总进度计划的编制 274
9.3.2 单位工程施工进度计划的编制 276
9.4 施工平面图的设计 278
9.4.1 施工总平面图的设计 278
9.4.2 单位工程施工平面图的设计 282
9.4.3 工地临时供水计算 284
9.4.4 工地临时供电计算 287
复习题 289

第 10 章　工程项目安全与环境管理 293

10.1 工程项目安全与环境管理概述 294
10.1.1 安全与环境管理的目的 294
10.1.2 安全与环境管理的特点 294
10.1.3 安全与环境管理主体责任 295
10.2 施工安全控制 296
10.2.1 安全生产与安全控制的概念 296
10.2.2 安全控制的方针与目标 296
10.2.3 安全控制的特点与程序 297
10.2.4 安全生产管理制度及安全控制基本要求 297
10.2.5 施工安全措施计划 298
10.2.6 施工安全管理应急预案 299
10.2.7 安全施工的主要措施 301
10.2.8 安全检查 305
10.2.9 施工安全控制案例分析题 306
10.3 工程项目职业健康及安全事故 307
10.3.1 职业健康安全事故的分类 307
10.3.2 安全事故的处理 308
10.3.3 安全事故分析与处理案例 309
10.4 文明施工与环境保护 310
10.4.1 文明施工 310
10.4.2 施工环境保护 312
10.5 安全管理体系与环境管理体系 315
10.5.1 安全管理体系 315
10.5.2 环境管理体系 316
10.5.3 质量、环境和安全管理体系的一体化 318
复习题 318

第 11 章　工程项目信息管理 323

11.1 工程项目信息管理概述 324
11.1.1 信息管理的含义和任务 324
11.1.2 工程项目管理信息化 324
11.2 工程项目管理主流软件系统 325
11.2.1 BIM 简介 325
11.2.2 PIP 简介 326
11.2.3 P6 简介 328
复习题 329

第 12 章　工程项目风险管理 333

12.1 风险管理概述 334
12.1.1 风险与风险管理 334
12.1.2 工程项目风险与风险管理 334
12.2 工程项目风险识别 336
12.2.1 风险识别的特点 336
12.2.2 风险识别的方法 336
12.3 工程项目风险评价 339
12.3.1 风险量函数 339

12.3.2 风险损失的衡量 339
12.3.3 风险概率的衡量 341
12.3.4 风险等级评定 341
12.4 工程项目风险对策及监控 342
12.4.1 工程项目风险应对策略 342
12.4.2 风险监控的概念与技术 343
12.4.3 风险监控的主要措施 343
复习题 344

第13章 工程项目竣工验收阶段管理 347

13.1 工程项目竣工验收概述 348
13.1.1 竣工验收的概念及作用 348
13.1.2 竣工验收的阶段划分 348
13.1.3 竣工验收的范围 349
13.1.4 竣工验收的条件和标准 350
13.1.5 竣工验收的依据 350
13.1.6 竣工验收的程序 350
13.1.7 竣工验收遗留问题的处理 352
13.2 工程项目竣工资料移交与归档管理 353

13.2.1 施工项目竣工资料的管理 353
13.2.2 工程文件资料归档管理 356
13.3 工程验收报告与验收备案制度 356
13.3.1 施工单位的竣工报验单 356
13.3.2 建设单位的竣工验收报告 357
13.3.3 工程竣工验收备案制度 358
13.4 项目生产准备与试运行阶段的管理 358
13.4.1 项目试车 358
13.4.2 项目的生产准备 360
13.4.3 项目保修期内的管理 361
13.4.4 工程保修期限与保修金 361
13.4.5 保修期内工程缺陷部位修复的经济责任和维修程序 362
13.4.6 项目的回访 363
复习题 364

附录 复习题参考答案 367

参考文献 385

第 1 章　工程项目管理概述

【学习要点及目标】

- 了解项目与工程项目的定义、特征及分类，熟悉工程项目建设程序。
- 了解工程项目管理的概念、特征、内容及各管理主体的职责。
- 了解项目管理协会及项目管理专业资质认证体系。
- 了解项目管理知识体系及我国工程项目管理知识体系的内容。

【核心概念】

　　项目与工程项目、项目生命周期、项目管理与工程项目管理、项目审批制、核准制和备案制。

1.1 项目与工程项目

1.1.1 项目

1. 项目的定义

项目本指事物划分成的门类，但随着"项目"一词被越来越广泛地应用于社会经济活动的各个方面，项目的含义有了新的扩展："项目是在一定的时间、费用、质量标准等约束条件下，具有完整的组织机构，为实现其特定的目的而进行的一次性活动。"

项目是一系列复合工作的统称，是一项有待进行的活动，不是指完成工作后的最终成果，也不是组织本身。如对于某新产品、新技术的研发，项目指的是其研发过程，不是研发者，也不是研发的新产品、新技术。

项目的含义极为广泛：可以是建设一项工程，如修建一座水电站、一栋大楼，也可以是从事某项科研课题，或开发一项新技术、举办一次体育活动，甚至写一封信。但是否要作为项目来管理，还取决于项目的客观特征和管理目标，许多相对简单、不甚重要的一次性事务未必需要作为一个项目来管理。

2. 项目的特征

项目一般具有以下特征。

(1) 一次性。项目的一次性，也称项目的单件性，是项目的最主要特征，就项目任务本身而言，项目的一次性是指没有与这项任务完全相同的另一项任务。因此，只能对它进行单件处理，而不可能成批完成。项目的一次性主要表现在项目的功能、目标、环境、条件、过程、组织等诸方面的差异。项目的一次性是对项目整体而言，并不排斥项目实施过程中存在重复性工作。

项目的一次性从客观上提示了项目是互不相同、不断变化的，项目管理者不能用固定的组织方式和生产要素配置形式去管理项目，而必须根据项目任务的具体条件和特殊要求，采取针对性措施管理项目，以保证项目目标得以顺利地实现。

(2) 目标明确性。项目的实施是一项社会经济活动，任何社会经济活动都是有其目的的。所以，项目必须有明确的目标，即项目的功能性要求，它是完成项目的最终目的，是项目的最高目标，是项目产生、存在的依据。

(3) 约束性。项目是一种任务，任务的完成有其限定条件，这些限定条件就构成了项目的约束条件，主要包括时间、质量、资金等方面的限制或要求。没有约束性就不能构成项目。但是有些项目的约束性是明显的、严格的，有些项目的约束性则是暗含的、宽松的。项目的约束性为完成项目任务提供了一个最低的标准要求。

(4) 系统性。一般来说，当某项任务的各种要素之间存在着某种密切关系，只有有机结合起来互相协助才能确保其目标的有效实现时，这时就需要将其作为一个项目来处理，客观上也就形成了一个系统。

(5) 相对独立性。项目是相对于特定的管理主体而存在的。对某一主体而言，可构成项目，对另一主体未必能构成项目。如一栋大楼的施工是承担该项任务的施工企业的一个项目，但对未承担此项任务的施工企业来说就不是一个项目。同样对于不同管理主体，项目的范围也不相同，如对该大楼的投资者而言，其任务不是负责具体的施工活动，而是负责全部的投资活动。这种相对于特定主体而存在的特性就是项目的相对独立性。

(6) 生命周期性。项目既然是一次性的任务，必有起点和终点。任何项目都会经过启动、开发、实施、结束这样一个过程，通常把这一过程称为项目的"生命周期"。

3. 项目的生命周期

一个项目由始到终的整个过程构成了项目的生命周期。为便于管理和控制项目，一般将这个过程划分成启动、规划设计、实施和收尾四个阶段。

(1) 项目的启动阶段。项目的启动阶段，也称项目决策或概念阶段，是项目生命周期的第一个阶段，是项目的孕育诞生阶段。在这一阶段中，首先基于项目客户解决某个特定问题的需要提出一个项目意向，并对项目意向进行必要的需求分析和识别，然后提出具体的项目建议书。在项目建议书或项目提案获得通过以后，需要进一步开展详细程度不同的项目可行性分析，为项目决策提供依据。这一阶段的主要任务是提出项目、定义项目和做出项目决策。这一阶段的输出物是项目委托合同的签订或是项目可行性研究报告被批准。

(2) 项目的规划设计阶段。项目诞生之后，首先由项目组织方正式任命项目经理，组建项目团队，再由项目经理组织制定项目的管理目标，编制各种各样的项目计划，进行必要的项目设计工作，全面界定项目以及项目各阶段所需开展的工作，提出有关项目产出物的技术、经济、质量等方面的要求和规定。这一阶段是对项目工作做出的全面设计和规划。这一阶段的输出物是有关项目的设计文件和计划。

(3) 项目的实施阶段。在完成项目规划和设计工作以后，项目组织方开始投入大量的人力、物力资源，按照既定的计划实施项目，监控项目的实施过程，发现项目实施与项目计划之间的偏差，并及时采取纠偏措施，以保证项目实施的结果与项目计划的要求和目标相一致。这一阶段是整个项目成果的形成阶段，是以逐渐生成的方式输出项目的中间成果和最终成果，以及相应的各种报告文件。

(4) 项目的收尾阶段。项目实施阶段的结束并不意味着整个项目工作的全部结束，还需要经过一个完工交付的工作阶段，项目才能够真正结束。在这一阶段，首先由项目组织方按照项目规划阶段提出的项目目标和各种具体要求，全面检验项目的整个工作和项目的产出物，然后进行项目验收和移交工作，直至项目客户最终接受了整个项目成果，项目才算最终结束。这一阶段输出的内容包括项目产出物和有关项目的验收与交付文件。另外还需要注意，在项目收尾阶段的一项重要工作内容是项目绩效评估，这是项目管理中不可或缺的一项内容。项目绩效评估的目的在于找出项目实施过程中的经验教训，以便项目组织者在未来实施类似项目时有所借鉴。

将项目的生命周期划分为启动、规划设计、实施、收尾四个阶段，是一般项目所具有的共性。但是在实际的生产生活中，所实施的项目种类和内容千差万别，几乎没有完全相同的项目，因此，项目生命周期的长短和具体阶段的划分也会有很大的不同。有的项目生命周期仅有几天或几个星期，而大型项目的生命周期则需要几年或者几十年。项目生命周期的阶段划分也不一定局限在启动、规划设计、实施、收尾四个阶段，根据项目的特点和项目管理的需要，某些复杂的项目可以划分为七八个甚至十几个阶段，而某些小型或者一些非正规的项目，就可以简化合并为一两个阶段，应视具体情况而定。具有代表性的项目生命周期划分如表1-1所示。

表1-1 不同行业对项目生命周期的划分

划分类型	第一阶段	第二阶段	第三阶段	第四阶段
项目管理学	启动	规划设计	实施	收尾
工程项目	可行性研究	设计	施工	交工验收
世界银行	项目选定	项目评估	付款与监测	总结评价
美国防务系统	方案探索	论证确认	全面研制	生产使用
管理状态	概念	开发	实施	结束

4. 项目的分类

从不同角度，按不同分类方法，可以将项目分为不同类别。

(1) 按项目成果的实体形态，可将项目分为工程项目和非工程项目。前者如建筑工程、水利工程、市政工程项目等，后者如软件开发、技术改造、文艺演出项目等。

(2) 按项目的规模，可将项目分为大型项目、中型项目和小型项目。

(3) 按行业领域，可将项目分为国防项目、环保项目、农业项目、公路项目等。

(4) 按项目所属主体不同，可将项目分为政府项目、企业项目、私人项目。

(5) 按项目生命周期不同，可将项目分为长期项目、短期项目。

(6) 按项目复杂程度不同，可将项目分为大型集成项目、复杂项目、一般项目等。

1.1.2 工程项目

1. 工程项目的含义

工程项目是最为常见、最典型的项目类型，它属于投资项目中最重要的一类，是一种既有投资行为又有建设行为的项目活动。这里的"工程"不是一般广义的工作或劳动，而是指最终成果是一个"实体"的工作或劳动。因此，工程项目是指通过特定工作劳动建造某种"工程实体"的过程。工程实体一般是指建筑物或构筑物。建筑物是满足人们生产、生活需要的场所，即房屋。构筑物是不具有建筑面积特征，不能在其上活动、生活的路桥、隧道、水坝、线路、电站等土木产出物。

2. 工程项目的特征

(1) 在一定的约束条件下，以形成固定资产为特定目标。约束条件主要包括：时间约束，即建设工期目标；资源约束，即资金、设备、材料等投入目标；功能性约束，即一个工程项目都有预期的生产能力、技术和质量水平或使用效益目标。

(2) 工程项目的建设需要遵循必要的建设程序和经过特定的建设过程。即一个项目从提出建设设想、方案拟订、评估决策、勘察设计、施工到竣工投产是一个有序的全过程。这个过程也就是项目的生命周期。

(3) 工程项目的建设周期长，投资大。一项工程的建设少则需要几百万元，多则需要数亿元的资金投入。例如三峡工程静态投资 900 亿元，总工期 17 年；英吉利海峡隧道工程耗资 150 亿美元，历时 8 年。

(4) 工程项目建设活动具有特殊性，表现为资金投入的一次性、建设地点的固定性、设计施工任务的一次性、机械设备及生产力的流动性。

(5) 不确定因素多，风险大。

(6) 具有投资限额标准。只有达到一定的限额标准才能作为工程项目，不满足限额标准的称为零星固定资产购置。

3. 工程项目的分类

1) 按专业不同划分

工程项目按专业不同，可分为建筑工程、安装工程、桥梁工程、公路工程、铁路工程、水电工程、航道工程、隧道工程等。

2) 按建设性质不同划分

(1) 新建项目，是指原来没有现在开始建设的项目，或对原有的规模较小的项目，扩大建设规模，其新增固定资产价值超过原有固定资产价值三倍以上的建设项目。

(2) 扩建项目，是指原有企事业单位，为了扩大原有主要产品的生产能力或效益，或增加新产品生产能力，在原有固定资产的基础上，兴建一些主要车间或工程的项目。

(3) 改建项目，是指原有企事业单位，为了改进产品质量或改进产品方向，对原有固定资产进行整体性技术改造的项目。此外，为提高综合生产能力，增加一些附属辅助车间或非生产性工程，也属于改建项目。

(4) 恢复项目，是指对因重大自然灾害或战争而遭受破坏的固定资产，按原来规模重新建设或在重建的同时进行扩建的项目。

(5) 迁建项目，是指为改变生产力布局或由于其他原因，将原有单位迁至异地重建的项目，不论其是否维持原来规模，均称为迁建项目。

3) 按用途不同划分

(1) 生产性建设项目，是指直接用于物质生产或满足物质生产需要的建设项目。它包括工业、农业、林业、水利、气象、交通运输、邮电通信、商业和物资供应设施建设、地质资源勘探建设等。

(2) 非生产性建设项目，是指用于人民物质和文化生活需要的建设项目。它包括住宅建设、文教卫生建设、公用事业设施建设、科学实验研究以及其他非生产性建设项目。

4) 按建设过程不同划分

(1) 预备项目，按照中长期投资计划拟建而又未立项的工程项目，只做初步可行性研究而不进行实际建设准备工作。

(2) 筹建项目，经批准立项正在进行建设准备，还未开始施工的项目。

(3) 在建项目，是指计划年度内正在建设的项目。它包括新开工项目和续建项目。

(4) 投产项目，是指计划年度内按设计文件规定建成主体工程和相应配套工程经验收合格并正式投产或交付使用的项目。它包括全部投产项目、部分投产项目和建成投产单项工程。

(5) 收尾项目，是指以前年度已经全部建成投产，但尚有少量不影响正常生产或使用的辅助工程或非生产性工程，在本年内继续施工的项目。

5) 按建设投资规模不同划分

按建设项目总规模和投资的多少不同，项目可分为大型项目、中型项目、小型项目。其划分的标准各行业并不相同，一般情况下，生产单一产品的企业，按产品的设计能力来划分；生产多种产品的，按主要产品的设计能力来划分；难以按生产能力划分的，按其全部投资额来划分。

4. 工程项目的组成

为了对工程项目实行统一管理和分级管理，国家统计部门统一规定将工程建设项目划分为若干个单项工程。即一个建设项目是由若干个单项工程组成的；一个单项工程又由若干个单位工程组成的；一个单位工程又是由若干个分部工程组成的；一个分部工程又由若干个分项工程组成。

1) 建设项目

统计意义上的建设项目是指在一个总体设计范围内，经济上实行独立核算，行政上具有独立的组织形式的建设工程。如一座工厂、一所学校就是一个建设项目。

2) 单项工程

单项工程是建设项目的组成部分，一般是指在一个建设项目中，具有独立的设计文件，建成后能够独立发挥生产能力或效益的工程。工业建设项目的单项工程，一般是指各个生产车间、办公楼等；非工业建设项目中，每栋住宅楼、剧院、商店、教学楼、图书馆、办公楼等各为一个单项工程。

3) 单位工程

单位工程是单项工程的组成部分，它一般是指具有独立组织施工条件及单独作为计算成本对象，但建成后不能独立进行生产或发挥效益的工程。民用项目的单位工程较容易划分。以一栋住宅楼为例，其中一般土建工程、给排水、采暖、通风、照明工程等各为一个单位工程。工业项目由于工程内容复杂，且有时出现交叉，因此单位工程的划分比较困难。以一个车间为例，其中土建工程、机电设备安装、工艺设备安装、工业管道安装、给排水、采暖、通风、电器安装、自控仪表安装等各为一个单位工程。

从投资构成的角度而言，一个单项工程可以划分为建筑工程、安装工程、设备及工器具购置等单位工程。

4) 分部工程

分部工程是单位工程的组成部分，一般是按单位工程的结构部位、使用的材料、工种或设备种类和型号等的不同而划分的工程。例如，一般土建工程可以划分为土石方工程、打桩工程、砖石工程、混凝土及钢筋混凝土工程、木结构工程、楼地面工程、屋面工程、装饰工程等分部工程。

5) 分项工程

分项工程是分部工程的组成部分，一般是按照不同的施工方法、不同的材料及构件规格，将分部工程分解为一些简单的施工过程，是建设工程中最基本的单位内容，即通常所指的各种实物工程量。如土方分部工程，可以分为人工平整场地、人工挖土方、人工挖地槽地坑等分项工程。安装工程的情况比较特殊，通常只能将分部分项工程合并成一个概念来表达工程实物量。

5. 工程项目建设程序

建设程序是指项目在建设过程中，各项工作必须遵循的先后顺序。建设程序是对基本建设工作的科学总结，是项目建设过程中客观规律的集中体现，其内容如下。

1) 项目建议书阶段

项目建议书是拟建某一项目的建议文件，是投资决策前对拟建项目的轮廓设想和初步说明。建设单位通过项目建议书的形式，向国家推荐项目，供国家决策部门选择项目，也是建设单位向有关部门报请立项的主要文件和依据。

项目建议书应根据国民经济发展规划、市场条件，结合矿藏、水利等资源条件和现有的生产力布局状况，按照国家产业政策进行编制。它主要论述建设的必要性、建设条件的可行性和获利的可能性，并按国家现行规定权限向主管部门申报审批。项目建议书被批准后，可开展下一阶段的工作，但项目建议书不是项目的最终决策。

2) 可行性研究阶段

可行性研究是在投资决策之前，对拟建项目进行全面技术经济分析和论证，是投资前期工作的重要内容和基本建设程序的重要环节。项目建议书被批准后，可组织开展可行性研究工作。对与项目有关的社会、技术和经济等方面的情况进行深入的调查研究，论证项目建设的必要性，并对各种可能的建设方案进行技术经济分析和比较，对项目建成后的经济效益进行科学的预测和评价，是对建设项目能否成立进行决策的依据和基础。

可行性研究报告经批准后，不得随意修改和变更。如果在建设规模、产品方案、主要协作关系等方面有变动，以及突破投资控制数额时，应经原批准机关复审同意。可行性研究报告批准后，应正式成立项目法人，并按项目法人责任制实行项目管理。经过批准的可行性研究报告是项目最终决策立项的标志，是据此进行初步设计的重要文件。

改革开放以来，国家对原有的投资体制进行了一系列改革，打破了传统计划经济体制下高度集中的投资管理模式，初步形成了投资主体多元化、资金来源多渠道、投资方式多样化、项目建设市场化的新格局。但是，现行的投资体制还存在不少问题，特别是企业的投资决策权没有完全落实，市场配置资源的基础性作用尚未得到充分发挥，政府投资决策的科学化、民主化水平还需要进一步提高，投资宏观调控和监管的有效性需要增强。为此，国务院及相关部门进一步下放了项目审批权限、简化了审批程序。不使用政府投资建设的项目，一律不再实行审批制，区别不同情况实行核准制和备案制，使用政府资金的建设项目，仍实行审批制。

3) 设计阶段

可行性研究报告批准后，工程建设进入设计阶段。我国大中型建设项目的设计阶段，一般是采用两阶段设计，即初步设计、施工图设计。重大项目和特殊项目，根据各行业的特点，实行初步设计、技术设计、施工图设计三阶段设计。民用项目一般采用方案设计、初步设计、施工图设计三阶段设计。

4) 列入年度固定资产投资计划

一个建设项目在完成了上述各阶段工作后，就可以报请国家有关部门列入年度固定资产投资计划。按国家现行政策的规定，大中型建设项目申请列入国家年度固定资产投资计划，由国家计委批准；小型项目则按隶属关系，在国家批准的投资总额内，由国务院各部门、各省、自治区、直辖市自行安排；用自筹资金建设的项目，也要在国家确定的控制指标内安排。

5) 设备订货和施工准备

组织好设备订货和施工前的准备工作，是保证建设项目顺利实施的基础。建设工程项目满足如下条件，就可以进行设备的订货和施工准备工作。

(1) 可行性研究报告或初步设计已经批准。

(2) 项目法人已经建立。

(3) 项目已列入国家或地方固定资产投资投资计划，筹资方案已经确定。

(4) 有关土地使用权已经批准。

(5) 已办理报建手续。

6) 施工阶段

施工是设计意图的实现，也是整个投资意图的实现阶段。根据《中华人民共和国建筑法》(简称《建筑法》)和《建筑工程施工许可管理办法》等规定，从事各类房屋建筑及其附属设施的建造、装饰装修与其配套的线路、管道、设备的安装以及城镇市政基础设施工程的施工，建设单位在开工前应当向工程所在地的县级以上人民政府建设行政主管部门申请领取施工许可证。但是，国务院建设行政主管部门确定的限额以下的小型工程除外。按照国务院规定的权限和程序批准开工报告的建筑工程，不再领取施工许可证。

建设工程施工许可证是建筑施工单位符合各种施工条件、允许开工的批准文件，是建设单位进行工程施工的法律凭证，也是房屋权属登记的主要依据之一。未取得施工许可证的不得擅自开工。国家对大中型项目的开工条件规定如下。

(1) 已经办理该建筑工程用地批准手续。

(2) 在城市规划区的建筑工程，已经取得《建设工程规划许可证》。

(3) 施工场地已经基本具备施工条件，需要拆迁的，其拆迁进度符合施工要求。

(4) 按照规定，已经确定施工企业。

(5) 有满足施工需要的施工图纸及技术资料，施工图设计文件已按规定进行了审查。

(6) 有保证工程质量和安全的具体措施，并按照规定办理了工程质量、安全监督手续。

(7) 按照规定应该委托监理的工程已委托监理。

(8) 建设资金已经落实。建设工期不足一年的，到位资金原则上不得少于工程合同价的 50%，建设工期超过一年的，到位资金原则上不得少于工程合同价的 30%。建设单位应当提供银行出具的到位资金证明，有条件的可以实行银行付款保函或者其他第三方担保。

(9) 法律、行政法规规定的其他条件。

关于项目开工建设时间，一般规定：项目的任何一项永久性工程第一次正式破土开槽日期即为项目的开工时间。不需要开槽的工程，以建筑物的基础打桩作为正式开工时间。建设工期从新开工时算起。

7) 生产准备

生产准备是项目投产前所要进行的一项重要工作，是建设阶段转入生产经营的必要条件。建设单位在项目进入施工阶段以后，应加强施工管理，并适时做好有关的生产准备工作，保证工程一旦竣工，即可投入生产。生产准备是从建设到生产的桥梁，是保证收回投资的重要环节。生产准备的主要内容有：生产组织人员准备、生产技术准备、生产物资准备、正常的生活福利设施准备等。

8) 竣工验收交付使用

竣工验收是投资成果转入生产或使用的标志，是全面考核基本建设成果、检验设计和工程质量好坏的重要环节。竣工验收合格的项目即从基本建设转入生产或使用。竣工验收对促进建设项目及时投产、发挥投资效果、总结建设经验都有重要作用。当建设项目的全部单位工程经过验收，符合设计要求，并完成竣工报告、竣工决算等文件的编制后，项目法人按规定，向验收主管部门提出申请，根据国家和部颁验收规程，组织验收。国家对建设项目竣工验收的组织工作，一般按隶属关系和建设项目的重要性而定。大中型项目，由各部门、各地区组织验收；特别重要的项目，由国务院批准组织国家验收委员会验收；小型项目，由主管单位组织验收。竣工验收，可以是单项工程验收，也可以是全部工程验收。经验收合格的项目，写出工程验收报告，办理移交固定资产手续，交付生产使用。

9) 项目后评价

建设项目竣工投产后，一般经过 1~2 年生产运营后，要进行一次系统的项目后评价。其主要内容包括：影响评价、经济效益评价、过程评价。项目后评价一般按三个层次组织实施，即项目法人的自我评价、项目行业的评价、计划部门(或主要投资方)的评价。

为规范建设活动，国家通过监督、检查、审批等措施加强工程项目建设程序的贯彻和执行力度。除了对项目建议书、可行性研究报告、初步设计等文件的审批外，对项目建设用地、工程规划等实行审批制度，对建筑抗震、环境保护、消防、绿化等实行专项审查制度。项目建设程序及其管理审批制度如图 1-1 所示。

6. 工程项目建设行政许可制度改革

为促进投资方式多样化、提高企业经营的自主权利、应对市场变化风险，国务院颁布了一系列关于投资体制改革的决定和通知，对投资项目的审核由过去的单一审批制改为按照项目的资金来源渠道、性质、规模不同实行审批、核准和备案制三种类型，如表1-2所示。

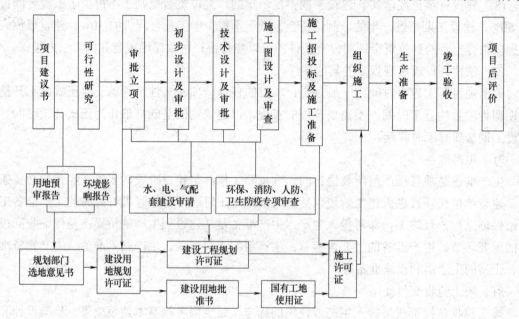

图1-1 项目建设程序及其管理审批制度

表1-2 投资项目行政许可形式

投资主体	资金投入方式	项目申请报告	行政许可形式
政府投资项目	直接投资	项目建议书	审批
	资本金注入	可行性研究报告	
	投资补助	资金申请报告	
	贷款贴息		
	转贷	可行性研究报告	
企业投资项目	权益资本、债务资金	项目申请报告	核准
		项目备案申请书	备案

1) 项目审批制

审批是指政府机关或授权单位，根据法律、法规、行政规章及有关文件，对相对人从事某种行为、申请某种权利或资格等进行具有限制性管理的行为。审批主要是为了限制不利于公共利益的行为。

建设项目审批制适用于政府投资项目。政府投资项目包括用预算内建设资金、建设国债、各类专项建设基金、统借国外贷款投资的项目。政府投资采取直接投资、资本金注入、投资补助、贴息等投资方式。政府投资主要用于社会公益事业、公共基础设施和国家机关建设，改善农村生产生活条件，保护和改善生态环境，调整和优化产业结构，促进科技进步和高新技术产业化。

政府投资项目由投资主管部门审批项目建议书、可行性研究报告、初步设计及概算，并组织竣工验收。对需要政府直接投资和资本金注入方式的投资项目，从投资决策的角度，政府只审批项目建议书和可行性研究报告，除特殊情况外不再审批开工报告，同时要严格政府投资项目的初步设计和概算审批工作；对政府采用投资补助、转贷和贷款贴息方式支持的项目，政府只审批资金申请报告。

2) 项目核准制

核准是指政府机关或授权单位，根据法律、法规、行政规章及有关文件，对相对人从事某种行为，申请某种权利或资格等，依法进行确认的行为。因此，在批准相对人的申请时，只是按照有关条件进行确认。与审批不同，核准是只要符合条件，一般都予以准许。审批最主要的特点是审批机关有选择决定权，即使符合规定的条件，也可以不批准。

核准制是政府对社会投资管理的一种方式，是从维护社会公共利益的角度，对不使用政府资金的重大建设项目和限制类项目进行审查核准。实行核准制的投资项目，仅需向政府提交项目申请报告，不再经过批准项目建议书、可行性研究报告和开工报告的程序。

政府对企业提交的项目申请报告，主要是从维护经济安全、合理开发利用资源、保护生态环境、优化重大布局、保障公共利益、防止出现垄断等方面进行核准，不再对投资项目的市场前景、经济效益、资金来源和产品技术方案等进行审批。但投资项目还要依法办理环境保护、土地使用、资源利用、安全生产、城市规划等许可手续。

实行核准制的企业投资项目范围，按国务院批准的《政府核准的投资项目目录》执行。未经国务院批准，各地区、各部门不得擅自增减《政府核准的投资项目目录》规定的范围。国家将根据经济的发展状况和宏观调控的需要，对核准目录进行修改并及时公布。对基本建立现代企业制度的特大型企业集团，投资建设《政府核准的投资项目目录》内的项目，可以按项目单独申报核准，也可编制中长期发展建设规划，规划经国务院或国务院投资主管部门批准后，规划中属于《政府核准的投资项目目录》内的项目不再另行申报核准，只需办理备案手续。企业集团要及时向国务院有关部门报告规划执行和项目建设情况。

《国务院办公厅关于加强和规范新开工项目管理的通知》明确规定了核准制项目的行政管理程序；实行核准制的企业投资项目，项目单位分别向城乡规划、国土资源和环境保护部门申请办理规划选址、用地预审和环评审批手续；履行相关手续后，项目单位向发展改革等项目核准部门报送项目申请报告，并附规划选址、用地预审和环评审批文件；项目单位依据项目核准文件向城乡规划部门申请办理规划许可手续，向国土资源部门申请办理正式用地手续；最后依据相关批复文件，向建设主管部门申请办理项目开工手续。核准制项目在办理各项行政管理手续过程中，需按照有关部门的相关标准、规范和格式，准备各种项目文件和报告。《国家发展改革委关于发布项目申请报告通用文本的通知》对核准项目申请报告进行了规范，申请报告包括以下内容：申报单位及项目概况，发展规划、产业政策和行业准入分析，资源开发及综合利用分析，节能方案分析，建设用地、征地拆迁及移民安置分析，环境和生态影响分析，经济影响分析，社会影响分析。

3) 项目备案制

备案是存案备查，是指相对人按照法律、法规、行政规章及相关性文件等规定，向主管部门报告制定的或完成的事项的行为。对不使用政府资金，也不在国家禁止和核准范围的其他投资项目，无论规模大小，均实行备案制，由投资者按照属地原则向地方政府投资主管部门备案。认真做好备案工作，有利于及时掌握和了解各类投资者的投资动向，更加准确、全面地对投资运行进行监控；有利于贯彻实施国家的法律法规、产业政策和行业准入制度，防止低水平盲目重复建设；有利于及时发布投资信息，引导全社会的投资活动；有利于及时发现投资运行中存在的问题，并采取相应的调控措施。

地方政府投资主管部门对投资项目进行备案审查时，主要对投资项目的合规性进行审查，即：是否符合国家的法律法规；是否符合产业政策；是否符合行业准入标准；是否属于政府核准或审批而不应进行备案等。除不符合法律法规的规定、产业政策禁止发展、需报政府核准或审批的项目外，应当予以备案；对于不予备案的项目，应当向提交备案的企业说明法规政策依据。环境保护、国土资源、城市规划、建设管理、银行等部门应按照职能分工，对投资主管部门予以备案的项目依法独立进行审查和办理相关手续，对投资主管部门不予以备案的项目以及应备案而未备案的项目，不应办理相关手续。

4) 备案制、核准制与审批制的区别

备案制、核准制与审批制的区别主要体现在以下几个方面。第一，适用的范围不同。审批制只适用于政府投资项目；核准制适用于企业不使用政府资金投资建设的重大项目和限制类项目；备案制则适用于企业投资的中小项目。第二，政府管理的角度改变。政府主要从维护经济安全、合理开发利用资源、保护生态环境、优化重大布局、保障公共利益、防止出现垄断等方面进行审查。对于外商投资项目，政府还要从市场准入、资本项目管理等方面进行审查。第三，程序简化。审批制一般要经过项目建议书、可行性研究报告、初步设计等多个环节；而核准制、备案制只有项目申请核准或备案一个环节，无须报批项目建议书、可行性研究报告和开工报告。

1.2 项目管理与工程项目管理

1.2.1 项目管理

1. 项目管理的概念

项目管理是一种管理思想和管理模式。它是以项目为对象，以合同为纽带，以项目目标为目的，以现代化技术为手段，按项目内在的客观规律组织项目活动的科学化方法。

项目管理的根本目的是满足或超越项目有关各方对项目的要求与期望。项目的不同利益相关者对项目有着完全不同的要求和期望。如业主要求以最小的投资获得最大的收益，承包商期望以最小的成本获得最大的利润，政府要求扩大就业和提高社会效益等。项目管理的根本目的是要努力实现项目目标和项目总体效益最大化,并最大限度地满足这些不同的要求和期望,甚至超越这些要求和期望。

项目管理需要运用各种知识、方法和工具去开展管理活动,这既包括项目工期、质量、成本、风险管理等方面的理论和方法,也包括项目本身所涉及的相关专业知识,同时还包括一般管理中的计划、组织、控制、协调等一系列的具体方法和手段。

2. 项目管理的产生与发展

项目管理科学的发展是人类生产实践活动发展的必然产物。项目管理从经验走向科学的过程,经历了相当漫长的历史时期,从原始潜意识的项目管理经过长期大量的项目实践之后才逐渐形成了现代项目管理的理念。这一过程大致经历了如下四个阶段

1) 潜意识的项目管理

从远古到 20 世纪 30 年代以前,人们是无意识地按照项目的形式运作。人类早期的项目可以追溯到数千年以前,如古埃及的金字塔、古罗马的尼姆水道、古代中国的都江堰和万里长城。这些前人的杰作在展示人类智慧的同时也展示了项目管理的成就。但是直到 20 世纪 30 年代以前,项目管理还没有形成一套科学完整的管理方法,对项目的管理还只是凭借个人的经验、智慧和直觉,缺乏普遍性和规律性。

2) 传统项目管理阶段

这一阶段从 20 世纪 30 年代到 50 年代初期。本阶段的特征是利用横道图进行项目的规划和控制。早在 20 世纪初,人们就开始探索管理项目的科学方法。第二次世界大战前夕,横道图已成为计划和控制军事工程的重要工具。横道图直观而有效,便于监督和控制项目的进展状况,时至今日仍是管理项目的常用方法。与此同时,在规模较大的工程项目和军事项目中广泛地采用了里程碑系统。里程碑系统的应用虽未从根本上解决复杂项目的计划和控制问题,但却为网络图的产生充当了重要的媒介。项目管理通常被认为是第二次世界大战的产物,始于 1942 年 6 月至 1945 年 7 月美国研制原子弹的曼哈顿计划,这一阶段明确地提出了项目管理的概念。

3) 近代项目管理

这一阶段从 20 世纪 50 年代初期到 70 年代末期。本阶段的重要特征是开发和推广应用网络计划技术。20 世纪 50 年代,美国军界和各企业的管理人员纷纷为管理各类项目寻求更为有效的计划和控制技术。在各种方法中,最为有效和方便的技术莫过于网络计划技术。网络计划技术克服了横道图的缺陷,能够反映各工作间的逻辑关系,能够描述各项工作的进展情况,并可以事先进行科学安排。网络图的出现,促进了 1957 年出现的系统工程的发展。项目管理也有了科学的系统方法并逐渐发展和完善起来。

4) 现代项目管理的发展

这一阶段是从 20 世纪 80 年代到现在。本阶段的特点表现为项目管理范围的扩大,以及与其他学科的交叉渗透和相互促进。进入 20 世纪 80 年代以后,项目管理的应用范围由最初的航空、航天、国防、化工、建筑等部门,广泛普及到了医药、矿山、石油等领域。计算机技术、价值工程和行为科学在项目管理中的应用,极大地丰富和推动了项目管理的

发展。在这一阶段，项目管理在理论和方法上得到了更加全面深入的研究，逐步把最初的计划和控制技术与系统论、组织理论、经济学、管理学、行为科学、心理学、价值工程、计算机技术等以及项目管理的实践结合起来，并吸收了控制论、信息论及其他学科的研究成果，发展成为一门具有完整理论和方法基础的学科体系。

国内现代项目管理发展相对较晚，20 世纪 60 年代华罗庚倡议推广统筹法，20 世纪 80 年代统筹法在建筑领域得到了较广泛的应用。1982 年，在我国利用世界银行建设的鲁布革水电站饮水导流工程中，日本建筑公司运用项目管理方法对这一工程的施工进行了有效管理，取得了很好的效果。这对我国建筑业以至整个投资建设领域产生了强烈的冲击。1983 年 5 月国家计委通过了"大中型项目前期项目经理负责制"的规定；1984 年企业组织整顿，任命建筑企业项目经理；1987 年国家计委、建设部发出通知，在一批试点企业推行项目法施工；1991 年建设部要求建筑业全面推广工程项目管理；1991 年 6 月中国项目管理研究委员会正式成立，这是一个跨行业的项目管理专业组织。目前，项目管理作为一种管理方法，已在各行各业全面推行和应用。

1.2.2　工程项目管理的概念及特征

1. 工程项目管理的概念

工程项目管理是以工程项目为对象，在有限的资源约束条件下，为最优地实现工程项目目标和达到规定的工程质量标准，根据工程项目建设的内在规律性，运用现代管理理论与方法，对工程项目从策划决策到竣工交付使用的全过程进行计划、组织、协调和控制等系统化管理的过程。

2. 工程项目管理的特征

(1) 工程项目管理具有复杂性。工程项目投资规模一般较大，项目组成复杂，建设周期长、阶段多，工程项目生产工艺技术和建造技术具有专业特殊性，决定了项目管理工作内容的复杂性。

(2) 工程项目管理主体是多方面的。工程项目建设过程涉及建设单位、监理单位、设计单位、施工单位、材料设备供应商、出资者以及其他相关者等。他们站在各自的立场上，出于不同目的对同一项目进行管理，既有冲突又有统一，增加了项目协调和沟通的难度。

(3) 工程项目管理具有科学性。系统理论是现代项目管理的指导思想和理论基础，计算机应用技术、信息论、控制论等现代化技术等是工程项目管理的主要手段和方法。

(4) 目标管理是工程项目管理的核心。工程项目管理的基本目标就是有效利用有限资源，在确保工程质量标准的前提下，用尽可能少的费用和尽可能快的速度建成项目，实现项目的预定功能。因此，工程项目管理目标可概括为质量、工期、费用、安全、环保五大目标，它们是实现项目"功能"目标的基础和保证。项目五大管理目标互相联系、互相影响，某一目标的变化必然引起其他目标的变化。工程项目必须保证各目标之间结构关系的均衡性和合理性，任何单一强调最短工期、最高质量、最低费用的都是片面的。

(5) 合同管理是工程项目管理的纽带。工程项目建设中参与者众多，他们的目的既对立又统一，为实现项目总目标，各主体及当事人都要通过签订合同来明确自己的责任和义务。严格履行合同是确保项目顺利实施的主要措施之一。

(6) 社会经济环境是工程项目管理的组织保证。社会制度、经济环境、法律法规体系等决定了工程项目的管理模式、程序及制度对项目管理效率有着直接的影响。

综上所述，工程项目管理的宗旨是"以项目为主线，以合同为纽带，以目标管理为核心，以制度创新为保证，顺利实现项目目标"。

1.2.3 工程项目管理的类型

从不同角度可将工程项目管理分为不同的类型，通常是按管理主体不同进行分类。从管理主体看，大致有以下几种工程项目管理。

1. 业主方的项目管理

1) 业主方项目管理的概念和目的

项目业主是指项目在法律意义上的所有人，是由各投资主体依照一定法律关系组成的项目法人(1996年国家计委将原来的项目业主责任制改为法人责任制，习惯仍称项目业主)。业主方的项目管理是指由项目业主或委托人对项目建设全过程进行的监督与管理，习惯简称建设项目管理。业主对项目管理的根本目的是实现工程项目的投资目标，保证工程建成后在项目功能与质量上达到设计标准和使用要求。

2) 业主方项目管理的组织形式

按项目法人责任制的规定，新上项目的项目建议书被批准后，由投资方派代表组建项目法人筹备组，具体负责项目法人的筹建工作。待项目可行性研究报告批准后，正式成立项目法人，由项目法人对项目的策划、资金筹措、建设实施、生产经营、债务偿还、资产的增值保值，实行全过程负责；依照国家有关规定对项目的建设资金、建设工期、工程质量、生产安全等进行严格管理。

项目法人可聘任项目总经理或其他高级管理人员，由项目总经理组织编制项目初步设计文件；组织设计、施工、材料设备采购的招标工作，组织工程建设实施，负责控制工程投资、工期和质量。项目总经理可由项目董事会成员兼任或由董事会聘任。

3) 业主对工程项目管理的特点

业主对工程项目的管理表现了各投资方对项目的要求，是工程项目管理的中心，业主对工程项目管理采用间接方式。

4) 业主项目管理的主要工作任务

(1) 项目决策阶段的主要任务：对投资方向和内容做初步构想；选择专业咨询机构，组织编制项目建议书和可行性研究报告；办理项目建议书和可行性研究报告的评审工作，并落实项目建设相关条件。

(2) 项目准备阶段的主要任务：取得项目选址、资源利用、环境保护等方面的批准文件，以及原料、燃料、水、电、运输等方面的协议文件；组织落实项目建设用地，办理土地征用、拆迁补偿及施工场地的平整等工作。

（3）项目设计阶段的主要任务：明确勘察设计的范围和设计深度，选择勘察设计单位进行勘察、设计工作；及时办理有关设计文件的审批工作；聘请监理咨询机构，组织开展设备采购、工程施工招标及评标等工作。

（4）项目施工阶段的主要任务：需由业主办理的项目有关批准手续，如施工许可证等；解决施工所需的水、电、道路等必备条件；向承包方提供施工场地的工程地质和地下管线等资料，协调处理施工现场周围地下管线和邻近建筑物、构筑物，以及有关文物、古树等的保护工作，并承担相应费用；协调设计、施工、监理等方面的关系，组织进行图纸会审和设计交底；确定水准点和坐标控制点，以书面形式交给承包方，并进行现场交验；督促检查合同执行情况，按合同规定及时支付各项款项。

（5）竣工验收阶段的主要任务：组织进行联合试车；组织有关方面进行竣工验收，办理工程移交手续；做好项目有关资料的管理工作。

2. 咨询监理方的项目管理

咨询监理方对项目的管理是指咨询监理工程师接受业主的委托，为保证项目的顺利实施，按照委托规定的工作内容，以执业标准和国家法律法规为尺度，对项目进行有效的组织、监督、协调、控制、检查与指导。

1）咨询监理方项目管理的目的

保障委托方实现其对工程项目的预期目标，按合同规定取得合法收入。

2）咨询监理方项目管理的特点

咨询监理工程师的工作具有较强的科学性和知识性，属智力服务性工作。咨询监理工程师的管理内容视委托合同而定，不直接从事工程项目实体的建设。工程咨询监理作为一支专业队伍，有其独立的行业管理组织、规范的市场准入、执业规则和道德准则。咨询监理工程师以提供的咨询服务按国家的有关规定收取费用。

3. 咨询监理方项目管理的主要任务

咨询监理工程师对工程项目管理的任务，取决于委托合同。

（1）项目决策阶段。根据国家宏观政策与发展规划，结合市场调查分析，提出项目的建设内容、产品方案、工艺技术方案、建设方案、厂址布置、环境保护方案等。在项目相关方案研究的基础上，根据有关要求，完成项目的融资方案、投资估算，以及在财务、风险、社会及国民经济等方面的评价，完成相应报告。按委托方及有关项目审批方的要求，对项目的可行性研究报告进行评估论证。根据委托，协助完成项目的有关报批工作。

（2）项目设计阶段。受业主委托进行项目勘察设计招标和监理工作。按业主委托要求完成项目进度安排，融资方案落实及相应协议的起草工作。协助业主完成或接受业主委托进行设备采购、施工招标工作。协助业主完成项目有关设计文件及项目开工等报批工作。按业主要求，向施工单位进行设计图纸的技术交底工作。按业主要求和国家的有关规定，做好项目设计内容的调整与修改工作。

(3) 项目施工阶段。根据委托和授权，对项目施工过程进行监督管理，并对有关问题进行妥善处理，及时向业主报告项目有关进度、质量及费用等方面的情况。为项目投产后的运营做好人员培训、操作规程和规章制度的建立等准备工作。

(4) 项目竣工验收和总结评价阶段。协助业主，做好项目的竣工验收和试生产工作、项目的后评价工作，以及业主委托的其他工作。

4. 承包商的项目管理

1) 承包商项目管理的概念及目的

承包商分为工程总承包商、设计承包商和施工承包商等。工程总承包商的项目管理包括设计施工总承包，也包括设计、采购、施工、总承包等。设计承包商对设计项目的管理习惯称设计项目管理。施工承包商的项目管理习惯称施工项目管理。

承包商对工程项目管理主要目的是保证承包的工程项目设计或施工达到合同规定的要求，并取得最大的效益。

2) 承包商项目管理的特点

承包商对项目的管理是以设计、施工或工程总承包合同为根本依据，不管委托方的最终目标是什么，承包商对项目的管理与控制都是以合同规定为标准。管理直接作用于工程项目实体。项目建设过程中资金投入相对较大，管理风险相对增大，所以在项目的实施阶段，加强管理、节约成本显得尤为重要。

3) 承包商项目管理的主要任务

作为承包方，采用的承包方式不同，项目管理的任务不同。

(1) 工程总承包方项目管理的主要任务。总承包方的项目管理是贯穿于项目设计、施工全过程。其总任务是依靠自身的技术和优势，在规定的时间内，按质按量地完成工程项目的总承包任务，全面履行工程总承包合同，实现企业的经营方针和目标。

(2) 设计方项目管理的主要任务。设计单位以设计合同为依据，贯彻业主的建设意图，提供符合国家标准规范要求，满足业主需要的设计文件。

(3) 施工方项目管理的主要任务。其任务是依靠企业施工技术和综合实力，对工程施工过程进行系统化管理，完成合同约定的施工任务，实现企业生产经营的方针和目标。

5. 银行对工程项目的管理

1) 银行对工程项目管理的目的

为项目提供资金贷款的各金融机构，统称为银行。银行对工程项目管理的目的是保证投入资金的安全性、流动性和效益性。

2) 银行对工程项目管理的特点

银行对工程项目管理的主动权随着资金的投入和建造过程的进行而降低，主要通过采取金融性手段，对项目资金安全性实施监控。

3) 银行对工程项目管理的主要任务

银行对工程项目的管理分为贷前管理和贷后管理两个阶段。贷前管理的主要任务是通过调查，对借款人进行财务评价和信用评价分析，对贷款项目进行评估，决定贷款发放。

贷后管理的主要任务是在贷款发放之后，定期或不定期地对贷款的运行情况进行检查分析，及时预测和发现贷款可能存在的风险，以便采取相应措施，及时催收本息，对结清贷款进行评价和总结等。

6. 政府对工程项目的管理

1) 政府对工程项目管理的目的

政府对工程项目管理的目的主要在于维护社会公共利益，保证社会经济能够健康、有序和稳步发展，保证国家建设的顺利进行。

2) 政府对工程项目管理的特点

政府对工程项目的管理具有权威性、强制性、指导性，管理手段多样，以宏观管理为主，加强市场准入，强调行业协会的作用。

3) 政府对工程项目管理的主要任务

政府对工程项目管理的主要任务表现在制定各种宏观经济政策，制订经济与社会发展规划，加强重要资源的管理，加强环境与安全管理。

4) 政府对工程项目管理的主要内容

工程项目建设前期所进行的监督与管理，主要包括：审查工程项目建设的可行性和必要性；确定工程建设项目的具体位置，用地面积的范围。

工程项目设计和施工准备阶段所进行的监督与管理，主要包括：审查工程项目的设计是否符合有关建设用地、城市规划的要求；审查工程项目是否符合建筑技术性法规、设计标准的规定；工程项目施工招投标过程的监管。

工程项目施工阶段所进行的监督与管理，主要包括：开工条件审核、施工阶段定期非定期检查，以及竣工检查等。

1.3 项目管理协会与执业资格认证

1.3.1 项目管理相关协会

1. 国际项目管理协会

国际项目管理协会(Internation Project Management Association，IPMA)是一个在瑞士注册的非营利性组织，它的职能是成为项目管理国际化的主要促进者。

IPMA 创建于 1965 年，是国际上成立最早的项目管理专业组织，它的目的是促进国际项目管理的交流。IPMA 于 1967 年在维也纳召开了第一届国际会议，项目管理从那时起开始作为一门学科而不断发展。

IPMA 的成员主要是各个国家的项目管理协会，到目前为止共有英国、法国、德国、中国、澳大利亚等 30 多个成员国组织，这些国家的组织用他们自己的语言服务于本国项目管理的专业需要。

2. 美国项目管理学会

美国项目管理学会(Project Management Institute，PMI)创建于1969年，PMI在推进项目管理知识和实践的普及中扮演了重要角色。PMI的成员主要以企业、大学、研究机构的专家为主，现在已经有4万多名会员。它卓有成效的贡献是开发了一套项目管理知识体系。在1976年的一次会议上，有人提出能否把已有的项目管理共性的实践经验进行总结，形成项目管理标准。1981年PMI组委会批准了这个项目，1983年取得了初步成果，形成了PMI项目管理专业化的基础内容。1984年PMI组委会批准了进一步开发项目管理标准的项目，1987年发表了研究报告。在此基础上，PMI组委会广泛地讨论和征求了关于PMI的主要标准文件的形式、内容和结构的意见，1991年提出了修订版，以后又进行了多次修订，成为现在的项目管理知识体系Project Management Body of Knowledge，简称PMBOK。

3. 中国项目管理研究委员会

中国项目管理研究委员会PMRC(Project Management Research Committee)正式成立于1991年6月，是我国跨行业的项目管理专业组织，其上级组织是中国优选法统筹法与经济数学研究会。PMRC覆盖了航空、航天、信息技术、冶金、煤炭、水利、建筑、造船、石化、矿产、机电、兵器、教育及政府部门等。PMRC自1996年起已加入国际项目管理协会IPMA，是IPMA的成员国组织(National Association，NA)。2000年7月，PMRC正式在中国推出国际项目管理专业资质认证，并在全国范围内进行推广。

1.3.2 工程项目管理相关协会

1. 中国工程咨询协会

中国工程咨询协会于1992年年底正式成立，是由工程咨询单位、注册咨询工程师及在工程技术经济领域富有咨询和管理经验的专家、学者自愿组成的非营利性行业组织，是经民政部注册登记具有法人资格的全国性社会团体，是对外代表中国工程咨询业的行业协会。1996年，该协会被接纳为国际咨询工程师联合会(FIDIC)正式会员，是亚太地区工程技术咨询发展计划组织(TCDPAP)正式成员。

2. 中国投资协会

中国投资协会是经中华人民共和国民政部登记，具有社团法人资格的全国性社会团体。其主管部门为国家发展和改革委员会。2000年，根据国家民政部整顿社团组织的有关文件精神，原国家发展计划委员会决定将1980年成立的中国固定资产投资建设研究会和1995年成立的中国投资协会合并重组，并于2001年2月17日召开会员大会正式成立新的中国投资协会。

3. 中国建筑业协会工程项目管理委员会

中国建筑业协会工程项目管理专业委员会成立于1992年，是由施工企业、有关事业单位、设计单位、行业管理部门、大中专院校和个人自愿参加的社团组织。工程项目管理委员会由正式团体会员和个人会员组成。团体会员由从事冶金、煤炭、水利电力、油田、化工、石化、铁道、公路等建筑施工企业和公共、民用建筑的施工企业参加组成。个人会员主要包括对项目管理有专门研究的专家、学者、建筑企业项目经理和其他有志于从事项目管理理论研究的人员。

4. 中国建设工程造价管理协会

中国建设工程造价管理协会简称中价协，成立于1990年7月，是经中华人民共和国建设部同意，民政部核准登记，具有法人资格的全国性社会团体，是由从事工程造价咨询服务与工程造价管理的单位及具有注册资格的造价工程师和资深专家、学者自愿组成的全国性的工程造价行业协会。

5. 中国建设监理协会

中国建设监理协会是经国家政府民政部门批准，于1993年7月成立，由从事建设工程监理业务的企业和个人自愿结成的全国性非营利的行业社会组织。

6. 中国建筑业协会建造师分会

中国建筑业协会建造师分会于2007年3月21日经民政部批准，准予登记注册，是中国建筑业协会的分支机构，是由从事土木工程、管道和设备安装工程的注册建造师，以及有关专业人士自愿参加结成的行业性的非营利社会组织。

1.3.3 项目管理专业资质认证

1. 国际项目管理专业资质认证体系

国际项目管理协会 IPMA 的项目管理专业资质认证体系称为 IPMP(International Project Management Professional)。IPMA 的项目管理专业资质认证标准为 ICB(International Competence Baseline)。结合各国的一些特殊要求，形成国际上认可的各国项目管理专业资质认证标准称为 NCB(National Competence Baseline)，并以 NCB 作为在该国进行国际项目管理专业资质认证的考核标准。IPMP 认证有四个级别。

Level A：高级项目经理，承担多个大型复杂项目管理。
Level B：项目经理，承担大型复杂项目管理。
Level C：项目管理专家，承担一般项目管理。
Level D：项目管理专业人员，承担专业项目管理。

2. 美国项目管理专业资质认证体系

美国项目管理学会 PMI 的项目管理专业资质认证称为 PMP(Project Management Professional)。PMI 的资格认证制度从 1984 年开始,通过认证成为"项目管理专业人员"。PMP 证书体系只有一个级别,PMP 的考核标准是 PMBOK。

3. 中国项目管理专业资质认证标准

IPMA 已授权中国项目管理研究委员会 PMRC 在中国进行 IPMP 的认证工作,PMRC 建立了国际项目管理专业资质认证中国标准(C-NCB)。

1.3.4 工程项目管理执业资格认证

1. 建造师执业资格认证

建造师是指从事建设工程项目总承包和施工管理关键岗位的执业注册人员。取得建造师执业资格证书且符合注册条件的人员,经过注册登记后,即获得建造师注册证书。建造师注册受聘后,可以建造师的名义担任建设工程项目施工的项目经理,从事其他施工活动的管理,从事法律、行政法规或国务院建设行政主管部门规定的其他业务。建造师的职责是根据企业法定代表人的授权,对工程项目自开工准备至竣工验收,实施全面的组织管理。

2002 年 12 月 5 日,人事部、建设部联合印发了《建造师执业资格制度暂行规定》(人发〔2002〕111 号),标志着我国建造师执业资格制度的工作正式建立。

2. 监理工程师执业资格认证

监理工程师是指经全国统一考试合格,取得《监理工程师资格证书》并经注册登记的工程建设监理人员。监理工程师实行注册执业管理制度,取得资格证书的人员,经过注册方能以监理工程师的名义执业。

1992 年 6 月,建设部发布了《监理工程师资格考试和注册试行办法》(建设部第 18 号令),我国开始实施监理工程师资格考试。1996 年 8 月,建设部、人事部下发了《建设部、人事部关于全国监理工程师执业资格考试工作的通知》(建监〔1996〕462 号),从 1997 年起,全国正式举行监理工程师执业资格考试。

3. 造价工程师执业资格认证

造价工程师是通过全国造价工程师执业资格统一考试或者资格认定、资格互认,取得中华人民共和国造价工程师执业资格,并按照《注册造价工程师管理办法》注册,取得中华人民共和国造价工程师注册执业证书和执业印章,从事工程造价活动的专业人员。

1996 年,依据人事部、建设部关于印发《造价工程师执业资格制度暂行规定》的通知(人发〔1996〕77 号),国家开始实施造价工程师执业资格制度。1998 年 1 月,人事部、建设部下发了《关于实施造价工程师执业资格考试有关问题的通知》(人发〔1998〕8 号),并于当年在全国首次实施了造价工程师执业资格考试。

4. 投资建设项目管理师资格认证

投资建设项目管理师是指通过全国统一考试取得《中华人民共和国投资建设项目管理

师职业水平证书》的人员，可受聘承担投资建设项目高层专业管理工作。

根据人事部、国家发展和改革委员会关于印发《投资建设项目管理师职业水平认证制度暂行规定》和《投资建设项目管理师职业水平考试实施办法》的通知(2004年12月16日国人部发〔2004〕110号)，从2005年2月1日起，国家对投资建设项目高层专业管理人员实行职业水平认证制度，并纳入全国专业技术人员职业资格证书制度统一规划。

5. 咨询工程师执业资格认证

注册咨询工程师是指通过全国统一考试，取得《中华人民共和国注册咨询工程师(投资)执业资格证书》，经注册登记后，在经济建设中从事工程咨询业务的专业技术人员。

2001年12月，根据人事部、国家发展计划委员会《关于印发〈注册咨询工程师执业资格制度暂行规定〉和〈注册咨询工程师执业资格考试实施办法〉的通知》(人发〔2001〕127号)，国家开始实施注册咨询工程师(投资)执业资格制度。

1.3.5 工程项目管理执业资格制度改革

为不断提高政府管理科学化、规范化水平，近年来国务院取消和下放了一系列行政审批项目，并要求继续大力推进行政审批制度改革，使简政放权成为持续的改革行动。

根据行政审批制度改革精神，与工程项目管理相关的一级建造师、监理工程师、造价工程师等，不再由住建部负责审批和注册，改由行业协会自律管理。

由于工程项目建设的客观规律和特点，对于工程项目管理师的知识结构和管理能力的要求是统一的，并且建造师、监理工程师等许多执业资格考试内容大同小异。所以，对相关执业资格应进行适当合并，例如，可将投资建设项目管理师、咨询师、监理师、建造师、造价师等合并为项目管理师，取得项目管理资格证书者，既可以为建设单位或监理单位服务，也可以为施工单位等服务。

1.4 工程项目管理相关知识体系

1.4.1 项目管理知识体系

1. 美国项目管理知识体系PMBOK

1976年美国项目管理学会PMI提出了制定项目管理标准的设想，经过近十年的努力，1987年推出了项目管理知识体系指南(Project Management Body of Knowledge，PMBOK)，1991年提出了修订版，1996年进行了修订，以后每四年更新一次，目前已出版了第五版。1997年，国际标准化组织以PMBOK为框架，制定了ISO10006项目管理标准。PMI在项目管理领域的最大贡献之一，就是科学地提出了PMBOK，也是PMI认证体系在国际上被如此认可的原因。

新版PMBOK强调项目管理知识体系内在的一致性以及与ISO项目管理标准和PMI其他标准的一致性,将42个过程扩展为47个过程,新增加了一个知识领域,即项目干系人管理。在项目范围管理、时间管理和成本管理中,添加了相应的规划过程组,主要包括项目组合管理、项目战略规划、项目管理办公室、运营与项目管理、组织与项目管理、组织影响和项目生命周期、项目管理过程、项目范围、时间、成本、质量、人力资源、沟通、风险、采购管理,以及项目干系人管理等。

2. 国际项目管理能力基准 ICB

IPMA建立的国际项目管理能力基准(ICB),用以对项目管理人员必备的知识、经验和能力水平进行综合评估和认证。ICB自1992年正式发布以来已经进行了多次修改和完善。如今,IPMP已经成为国际项目管理领域的权威认证,得到全球多个国家的认可与推广。

ICB是一个全球范围内所有成员国认证机构通用的基础。在ICB中,项目管理能力被划分为项目管理的技术能力、社会协调能力、主观能力等七大类60个能力要素。ICB包含在一个成功的项目管理理论与实践中所运用得到的基础术语、任务、实践、技能、功能、管理过程、方法、技术与工具等,以及在具体环境中应用专业知识与经验进行恰当的、创造性的、先进的实践活动。ICB为项目管理专业人员、用人单位、评审专家和培训教育机构提供了很好的项目管理能力标准和指南。

3. ISO10006 项目管理标准

国际标准化组织所颁布的ISO10006是参考美国项目管理学会PMI的PMBOK编制的,专门用于保障和提高项目质量管理的标准。ISO10006提供了项目质量管理系统的构成、项目质量管理的概念与方法。ISO10006标准主要是有关项目管理过程的质量及其管理问题,内容包括:项目组织的特征、项目质量管理系统、项目策略过程、项目资源管理、项目整合管理、项目与范畴、时间、成本、沟通、风险、采购有关的过程等。

4. 中国项目管理知识体系 C-PMBOK

中国项目管理知识体系的研究工作开始于1993年,2001年7月正式出版了《中国项目管理知识体系-C-PMBOK2001》,2006年进行了修订。中国项目管理知识体系结构,一是项目的组织体系;二是项目生命周期体系;三是以项目管理职能为主线,项目的范围、时间、费用、质量、人力资源、信息、风险、采购和综合管理九大领域相关的项目管理知识;四是项目管理中经常用到的基本方法和工具。

1.4.2 工程项目管理知识体系

1. 中国工程项目管理知识体系

中国建筑业协会工程项目管理专业委员会2003年出版了《中国工程项目管理知识体系》第一版,2011年出版了《中国工程项目管理知识体系》第二版,主要内容包括工程项目范围管理、管理规划、管理组织、项目经理责任制、设计管理,项目合同、采购、进度、质量、费用、职业健康安全、环境、资源、信息、风险、沟通、综合管理等。

2. 相关执业资格认证要求的知识体系

根据建造师、监理师等执业资格考试科目设置可看出对其知识体系的要求。

(1) 建造师执业资格考试设《建设工程经济》《建设工程法规及相关知识》《建设工程项目管理》和《专业工程管理与实务》4个科目。其中《专业工程管理与实务》科目分为房屋建筑、公路、铁路、民航机场、港口与航道、水利水电、矿业、市政公用、通信与广电、机电10个专业类别。

(2) 造价工程师考试设《工程造价管理相关知识》《工程造价计价与控制》《建设工程技术与计量》《工程造价案例分析》4个科目。其中，《建设工程技术与计量》分土建和安装两个专业。

(3) 监理工程师考试设《建设工程监理基本理论与相关法规》《建设工程合同管理》《建设工程质量、投资、进度控制》《建设工程监理案例分析》4个科目。

(4) 投资建设项目管理师考试设《宏观经济政策》《投资建设项目决策》《投资建设项目组织》和《投资建设项目实施》4个科目。

(5) 咨询工程师(投资)考试设《工程咨询概论》《宏观经济政策与发展规划》《工程项目组织与管理》《项目决策分析与评价》《现代咨询方法与实务》共5个科目。

复 习 题

一、单项选择题(每题备选项中，只有一个最符合题意)

1. 在下列工程项目的全寿命周期内所包含的各项工作中，不属于实施阶段的是(　　)。
   A. 编制设计任务书　　　　　B. 编制项目建议书
   C. 施工图设计　　　　　　　D. 技术设计
2. 项目是在一定的约束条件限定下，为实现其特定目的(　　)。
   A. 进行的一次性活动　　　　B. 完成的最终成果
   C. 进行活动的组织机构　　　D. 进行活动的研发者
3. 项目管理是以(　　)为对象，按项目内在客观规律组织项目活动的科学化方法。
   A. 合同　　　B. 项目目标　　　C. 组织　　　D. 项目
4. 国际项目管理协会的项目管理专业资质认证体系称为(　　)。
   A. PMI　　　B. IPMA　　　C. IPMP　　　D. NCB
5. 项目管理的根本目的是满足或超越(　　)对项目的要求与期望。
   A. 业主方　　B. 项目有关各方　　C. 承包商　　D. 用户
6. 美国项目管理学会简称为(　　)。
   A. IPMA　　　B. PMI　　　C. PMRC　　　D. PMP
7. 项目的(　　)特征，是项目的最主要特征。

A. 一次性   B. 约束性   C. 系统性   D. 生命周期性

8. 建设项目是由(　　)组成的。
   A. 单位工程   B. 单项工程   C. 安装工程   D. 建筑工程

9. 建设工程项目生产过程的总集成者和总组织者是(　　)。
   A. 总承包商   B. 供货商   C. 业主方   D. 政府有关部门

10. 开发和推广应用网络计划技术是(　　)阶段。
    A. 潜意识的项目管理   B. 现代项目管理
    C. 传统项目管理   D. 近代项目管理

二、多项选择题(每题备选项中，至少有两个符合题意，多选、错选不得分)

1. 中国项目管理知识体系框架中，将项目生命周期分为(　　)阶段。
   A. 概念   B. 规划设计   C. 实施
   D. 收尾   E. 总结评价

2. 按照工程项目的建设性质不同，将工程项目分为(　　)等。
   A. 新建项目   B. 扩建项目   C. 改建项目
   D. 预备项目   E. 投产项目

3. 按管理主体不同，工程项目管理可分为(　　)。
   A. 施工项目管理   B. 项目运营方的管理   C. 建设项目管理
   D. 项目总承包方的管理   E. 设计项目管理

4. 建设项目管理、设计项目管理、施工项目管理之间的区别是(　　)不同。
   A. 管理主体   B. 管理目标   C. 管理方式
   D. 管理理论   E. 管理范围

5. 工程项目满足(　　)等条件，就可以进行设备的订货和施工准备工作。
   A. 项目法人已经建立   B. 可行性研究报告或初步设计已经批准
   C. 有关土地使用权已经批准   D. 已列入固定资产投资计划
   E. 施工图设计已经完成

6. 属于施工方项目管理的任务有(　　)。
   A. 与施工有关的组织与协调   B. 施工合同管理
   C. 施工信息管理   D. 施工成本管理
   E. 建设项目与外部环境的协调

7. 按项目法人责任制的规定，由项目法人对项目(　　)等实行全过程负责。
   A. 材料采购   B. 资金筹措   C. 债务偿还
   D. 设计方案创新   E. 设计文件编制

8. 建设项目办理报建手续中的一书两证是指(　　)。
   A. 建设项目设计任务书   B. 建设项目施工许可证
   C. 建设项目选址意见书   D. 建设工程规划许可证
   E. 建设用地规划许可证

9. 项目管理的基本特性有(　　)。
   A. 普遍性　　　　　　B. 目的性　　　　　　C. 约束性
   D. 集成性　　　　　　E. 创新性
10. 以下属于项目的特征的是(　　)。
   A. 一次性　　　　　　B. 目标明确性　　　　C. 创新性
   D. 集成性　　　　　　E. 相对独立性

三、简答题

1. 项目及工程项目的特征有哪些？
2. 工程项目建设程序是什么？
3. 简述建设项目管理、设计项目管理、施工项目管理之间的联系和区别。

第 2 章　工程项目组织管理

【学习要点及目标】

- ◆ 熟悉工程项目管理主体间的组织关系。
- ◆ 掌握工程项目管理主体内的组织形式及其特点。
- ◆ 了解项目经理的业务素质与责权。
- ◆ 了解项目团队的相关内容。

【核心概念】

　　工程项目组织、项目组织形式、工程项目融资、项目经理、项目团队等。

2.1 工程项目组织管理概述

2.1.1 工程项目组织

1. 工程项目组织的含义

工程项目组织是指为完成工程任务而建立起来的,从事工程项目建设工作的组织系统。它包括两个层面:一是项目业主、承包商等管理主体之间的相互关系,即通常意义上的项目管理模式;二是某一管理主体内部针对具体工程项目所建立的组织关系。

2. 工程项目组织的特点

工程项目的特点决定了工程项目组织的特殊性。

(1) 工程项目组织具有临时组合性特点,是一次性的、暂时性的。项目组织的寿命与它所承担的工程任务时间长短有关,即使项目管理班子人员未变,但项目的改变也应该认为这个组织是一次性的,这是有别于企业组织的一大特点。

(2) 工程项目目标和任务是决定项目组织结构和运行的最重要因素。由于项目管理主体来自不同的单位或部门,各自有独立的经济利益和责任,必须在保证项目总目标的前提下,按项目合同和项目计划进行工作,完成各自的任务。

(3) 工程项目组织管理既要研究项目各参与主体之间的相互关系,又要研究某一主体内部的组织形式,这是项目组织有别于企业组织的又一大特点。

(4) 工程项目组织较企业组织更具有弹性和可变性,这不仅表现为项目组织成员随项目的进展而不断地调整其工作内容和职责,甚至变换角色,而且当采用不同的项目管理模式或发承包模式,则有不同的项目组织形式。

(5) 由于工程项目组织的一次性和可变性以及参与单位的多样化,很难构成较为统一的行为方式和项目组织文化,这使得工程项目组织管理较一般企业组织管理困难和复杂。

由于工程项目组织的上述特点,使得其组织机构的建立既有与一般组织机构相同之处,又有不同点。这主要表现在:首先,必须考虑工程项目建设各参与单位之间的相互组织关系,即项目管理模式;其次,才是各参与单位内部针对具体项目所采用的项目组织形式,即通常意义上的项目组织机构形式。

3. 工程项目组织分析工具

1) 工作分解结构 WBS

工作分解结构 WBS(Work Breakdown Structure)是以可交付成果为导向对项目组成要素进行分解的一种工具和方法,它归纳和定义了项目的整个工作范围。WBS 的实质是把项目可交付成果分解成较小的、更易于管理的组成部分。WBS 是组织管理工作的主要依据,处于计划过程的中心,也是制订进度计划、资源需求、成本预算、风险管理计划和采购计划等的重要基础，同时也是控制项目变更的重要基础。通过 WBS，可使项目明确、清晰、具体，可保证项目结构的系统性，可建立完整的项目保证体系，明确项目相关各方责任。

2) 组织分解结构 OBS

组织分解结构 OBS(Organizational Breakdown Structure)是一种描述项目组织单元的层次化结构体系。它是将项目工作单元与相关组织单位分层次、有条理地联系起来的一种项目组织结构图。OBS 是项目管理中由 WBS 演化而来的一种方法。它是一个在组织范围内分解各层次人员的方法。OBS 不同于 WBS，OBS 不是按照项目可交付成果的工作任务分解，而是按照项目组织内现有的部门、单位和团队而分解的，把项目活动和工作分列在现有各部门下。这样，相关部门只需找到自己在其中的位置，就可洞悉承担的所有职责。另外，OBS 还包括项目利益相关者的组织。

2.1.2 工程项目组织主体

在项目建设的不同阶段，由于工作任务和内容不同，涉及许多不同性质、经营范围的单位或组织。这些单位或组织也称工程项目利益相关方或参与方。

工程项目主要利益相关方包括项目投资方、建设单位、咨询服务单位、勘察设计单位、施工承包商、设备供货商、金融机构等。另外，项目建设过程中，还涉及项目建设环境保护部门、公用设施管理部门、政府建设主管部门，以及社会公众等。

1. 项目投资方

项目投资方或称项目发起人就是某一项目的真正出资人，是项目的所有者。项目投资方主要可以分为以下几方面。

(1) 政府投资：是以政府财政基本建设资金为投资主体，政府投资项目大多数集中在为社会发展服务、改善人民生活的基础设施，加强国防安全设施等非营利的公益性项目。

(2) 企业投资：企业投资项目的目的是获得投资收益，从而实现企业的财务目标。企业投资按资金来源性质分为自有资金和债务资金。

(3) 外商投资：中外合资经营企业、中外合作经营企业、外资企业是外商投资在中国最主要的方式，其他投资方式包括设立外商投资性公司、合作开发等。

(4) 境外投资：境外投资主体包括两大类。一类是中国境内的各类法人，这些机构属于中国境内的法人机构，受中国内地法律的管辖约束；另一类是由国内投资主体控股的境外企业或机构，这些境外企业，不受内地相关法律的制约，但境内机构向境外投资时，仍然需要履行相应的核准手续。

(5) 其他投资主体：为了拓宽投融资渠道，实现投融资方式的多元化，加快基础设施建设步伐，可以通过金融、证券、保险、典当、风险投资等多种方式筹措项目建设资金。

项目投资人的目的是通过项目建设获得期望的社会、环境效益或经济效益。作为项目的投资方，其职责是发起项目，提供项目资金。项目的建设运营需要建立项目法人(建设单位)，由项目法人负责项目投资、建设、运营、偿贷。

2. 项目法人(或建设单位)

项目法人是指由项目投资者委派代表组成的对项目全面负责，并独立享有项目财产、承担项目投资风险的经济组织。国家计委于1996年发布《关于实行建立项目法人责任制的暂行规定》，要求国有单位经营性基本建设大中型项目在建设阶段必须组建项目法人，按《公司法》的规定建立有限责任公司或股份有限公司。项目法人不一定是项目的投资人(也可以是投资人专门为项目建设设立的独立法人)，但项目法人必是工程项目建设的责任主体和组织管理者，是受投资人或权利人的委托，依法对所开发的项目负有策划、资金筹措、建设实施、生产经营、债务偿还和资本的保值增值等责任，并享有相应的权利。

3. 咨询服务单位

项目法人在组织工程项目建设过程中，可聘请具有相应资质的工程咨询管理单位，以专业知识和技能为工程建设项目提供高智能的技术与管理服务，如进行工程项目策划，编制项目建议书，进行可行性研究，编制可行性研究报告，工程设计和施工过程的监理，工程造价咨询、招标代理等。目前的工程项目管理公司、工程咨询公司、招标代理公司、造价事务所、工程监理公司等，均是这类咨询服务单位的存在形式。

4. 设计单位

工程设计是对工程建设所需的技术、经济、安全、资源、环境等条件进行分析论证，编制设计文件，提供相关服务的活动。工程设计联系着工程项目的决策和施工两个阶段，既是项目决策意图的具体化，又是施工的主要依据。工程设计包括总图运输、工艺技术、设备、动力、储运、自动控制、建筑、结构、给排水、技术经济等工作。虽然工程设计费一般只占项目总投资的5%~10%，但它对工程项目的影响显著，从根本上决定了工程项目的功能、总造价、建设规模、技术标准、质量水平等目标。工程设计是一项专业化程度强、技术含量高、责任重大的工作，必须由具有相应的专业技术能力和资质等级的设计单位承担。所以，设计单位是工程项目的主要利益相关者。

5. 施工单位

工程施工是按照设计图纸和相关文件的要求，在建设场地上将设计图纸变成工程实体产品的活动。施工单位是施工任务的承担者，是施工生产活动的组织者和经营者。施工单位通过编制施工计划、施工准备、施工生产、竣工验收等一系列复杂活动，实现项目的功能、质量、工期、费用等目标，建成合格的工程项目产品。施工单位是工程项目的重要利益相关者。

6. 分包方

分包方包括设计分包方和施工分包方，从设计总承包方或施工总承包方已经接到的任务中获得分包任务。双方成交后建立分包合同关系。分包方不直接与建设单位建立关系，而直接与总包方建立关系，在工程质量、工程进度、工程造价、安全等方面对总包方负责，服从总包方的监督和管理。

7. 工程项目产品使用者

生产性项目或基础性设施的使用者，是工程项目产品移交后的接收者。工程项目使用者可能是建设单位或投资者，也可能是国家。非生产性项目包括公共项目、办公楼宇、商业用房、民用住宅等，使用者就是用户。

8. 材料设备生产供应商

材料设备是工程项目建设的物质基础，材料设备费用在项目总投资中所占的比重很大，材料设备生产供应商的交易行为、产品质量、价格、供货期和服务体系，直接影响着工程项目的顺利建设，关系到项目建成后能否达到设计使用要求。无论材料设备由什么单位采购，必须认真选择供应厂商，加强材料设备采购、供应等各方面的管理，为工程项目取得良好技术经济效果打下基础。因此，材料设备供应商是工程项目的重要利益相关者。

9. 贷款方

资金是工程项目建设的关键性保证因素，项目资金来源除了金融或非金融单位作为项目投资人或股东直接投资外，银行与其他非银行金融机构可以贷款方为工程项目提供资金支持。贷款方的工程项目管理主要是以贷款资金的债权债务关系为主线，以保证贷款资金的安全为目标，以借、用、还相统一为原则，对项目前期准备、实施计划、资金使用、建设过程，以及项目建成后的运营进行监督管理，直至收回贷款。

10. 政府主管部门

政府主管部门颁布、制定法律法规、标准规范、制度办法，监管引导市场、保护社会公众利益，满足工程项目建设社会环境和管理体制上的需要。政府主管部门以发改委和建设部及其相关部门为代表，管理工作包括对工程项目进行计划平衡、项目立项、招投标、单位资质、执业资格、质量监督、工程验收等。

11. 社会综合机构

为了提高投资效果，保证工程质量，保障公共安全，维护建设市场秩序，需要对项目建设进行规划、抗震、环保、防疫、消防、民防、建筑节能等专项审查。同时工程项目的生产运营需要供电、供气、给排水、交通运输等基础设施及配套服务。这些职能部门、配套服务单位是不可忽视的项目利益相关单位。

2.2 工程项目管理主体间的组织关系

工程项目建设必须经过投资意向、决策、资金筹措、设计、施工、竣工验收等阶段，每阶段的工作任务和内容不同，需要具有相应资质和能力的单位共同协作，才能完成建设任务。这些单位之间的组织关系对项目的顺利建设意义重大。由于历史原因，这些单位之间的组织关系形式经历了一系列的发展过程，产生了许多比较成熟有效的、固化成型的基本方式方法，通常称为工程项目管理模式。

2.2.1 传统计划经济体制下的工程项目组织模式

从新中国成立至20世纪80年代，我国固定资产投资基本上是由国家统一安排计划、统一财政拨款。在我国当时经济基础薄弱、建设资金和物资短缺的条件下，这种方式对国家集中有限的人力、财力、物力进行经济建设起到了积极作用。当时的工程项目建设管理组织模式主要采用工程建设指挥部负责制和建设单位自营自管制两种形式。

1. 工程建设指挥部负责制

工程建设指挥部一般是在前期工作阶段先成立项目筹建处，在工程开工前正式组建。指挥部由项目主管部门从本行业、本地区所管辖单位中抽调专门人员组成。对一些投资规模大、协作关系复杂的大型项目，在指挥部之上还要成立由中央部门和地方主要领导参加的项目建设领导小组。

工程建设指挥部全面负责从项目建设前期工作开始，直至投产验收的组织管理工作。其主要职责是：认真贯彻执行国家有关投资与建设的方针、政策、法规、规范和标准，按照国家计划和批准的设计文件组织工程建设，统一领导、指挥参加工程建设的各有关单位，确保建设项目在国家核定的投资范围内，保质、保量、按期建成投产，发挥效益。其组织形式如图2-1所示。

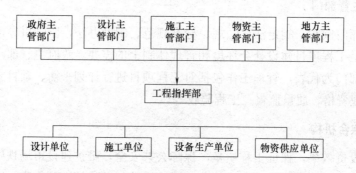

图 2-1　工程建设指挥部组织形式

由于工程建设指挥部是政府主管部门的派出机构，因而在行使建设单位的职能时有较大的权威性。实践证明，工程建设指挥部在我国工程建设史上发挥了巨大的作用。但同时应看到，这种管理模式也存在着以下弊端。

(1) 工程建设指挥部不是一个独立的经济实体，缺乏明确的经济责任制约。指挥部拥有投资建设管理权，却对投资的使用和回收不承担任何责任。也就是说，作为管理决策者，却不承担决策风险。

(2) 工程建设指挥部是一个临时组建的机构，并非是一个专业化、社会化的管理机构，人员的专业素质难以保证，导致工程建设的管理总在低水平线上徘徊。

(3) 工程建设指挥部管理模式基本上采用行政管理的手段，过于强调管理的指挥职能，忽视了客观经济规律的作用和合同手段。

由于这种传统的工程项目管理模式的不足，使得我国的工程项目管理水平和投资效益长期得不到提高，建设投资和质量目标失控现象时有发生。

2. 建设单位自营自管制

在建设单位内部设立固定或临时基本建设管理机构，是建设单位进行工程建设活动普遍采用的一种组织管理模式。采用这一形式的大多是一些规模较大、建设任务多的大中型企业。有的企业不仅拥有较强的项目管理班子，而且还有自己的设计、施工队伍；有的企业只拥有较完整的项目管理机构，设计、施工队伍则需要通过招标形式进行选择，其组织形式如图 2-2 所示。

图 2-2　建设单位自营自管制组织形式

与指挥部不同的是，企业的基建管理机构一般不独立对外，有关建设方面的问题都以其企业的名义进行联系，即真正的建设单位还是企业。但从企业基建管理机构的工作内容上看，它实际上行使着建设单位的职能，因而其职责和任务与指挥部大体相同。

建设单位自营自管制的主要优点是：建设与生产紧密结合，可减少建设与生产部门之间的矛盾，可以充分利用现有企业的资源和有利条件，加快建设速度，对自属设计队伍、施工队伍的调动也比较灵活。其不足之处是：企业集生产单位、建设单位两种职能于一身，往往无法正确核算生产与建设的效益；基建管理人员专业化程度低，不利于积累建设经验；此外，自己拥有设计、施工队伍的企业，易吃企业内部的"大锅饭"，在建设任务不足时，这些队伍的存在可能会成为企业的包袱。

2.2.2　工程管理体制的改革与完善

改革开放以来，我国的工程建设管理体制进行了一系列的改革和完善，主要有以下几方面。

1. 建设项目法人责任制

国家计委于 1992 年 11 月印发了《关于建设项目实行业主责任制的暂行规定》，要求国有单位基本建设项目原则上都要实行业主责任制。经过几年的实践证明，实行项目业主责任制有助于落实投资责任，初步改变了筹资建设与经营还贷脱节的弊端，这对于控制建设投资、提高工程质量、加快建设进度起到了积极作用，但仍然存在一些诸如项目业主身份不清、难以行使法律权力等问题。为了进一步建立投资责任约束机制，国家计委在《公司法》的基础上，于 1996 年 3 月印发了《关于实行建设项目法人责任制的暂行规定》，要求"国有单位经营性基本建设大中型项目在建设阶段必须组建项目法人",做到先有法人,后有项目,由项目法人对项目的策划、资金筹措、建设实施、生产经营、偿还债务和资产的保值增值实行全过程负责。

新上项目在项目建议书批准后,应及时由项目投资方派代表组建项目法人筹备组,具体负责项目法人的筹建工作。有关单位在申报项目可行性研究报告时,需同时提出项目法人的组建方案,否则,其项目可行性研究报告不予审批。项目可行性研究报告经批准后,正式成立项目法人,并按有关规定确保资本金到位,同时办理公司设立登记。

2. 建设工程监理制度

通过对我国几十年建设工程管理实践的反思和总结,并借鉴国外工程管理经验,工程项目建设管理实践和理论界普遍认识到建设单位的工程项目管理是一项专门的学问,需要专门的机构和人才,建设单位的工程项目管理必须走专业化、社会化的道路。在此基础上,建设部于1988年发布了"关于开展建设监理工作的通知",要求开展工程建设监理试点工作,1997年11月建设工程监理制度纳入《中华人民共和国建筑法》的规定范畴,2000年12月建设部发布《建设工程监理规范》,为提高建设工程监理水平,规范建设工程监理行为提供了标准依据。

3. 工程建设招投标制度

招投标由来已久,改革开放后招投标制度在我国得到了恢复和发展。从1981年开始,招标投标制度经历试点、推行和逐步完善三个阶段,已经成为建筑市场的主要交易方式。推行工程建设招投标制度,是促使建筑市场各主体之间进行公平交易、平等竞争,以确保工程建设质量和建设工期,实现投资目标的需要,也是由建筑生产特有的规律决定的。

4. 工程建设合同管理制度

为了使勘察、设计、监理、施工、材料设备供应单位依法履行各自的责任和义务,在工程建设中必须实行合同管理制度。我国从1979年开始原国家建委相继颁发了《关于试行基本建设合同制的通知》《建筑安装工程合同试行条例》《勘察设计合同试行条例》等法规文件,开创了我国工程项目合同管理事业。到1999年3月15日全国人大二次会议通过《中华人民共和国合同法》,使我国工程建设进入了一个法制化和科学化的新时期。

2.2.3 现阶段工程项目相关方组织关系的基本形式

以上相关法律法规和工程建设管理制度的实施,形成了一种以项目法人为主体的工程招标发包体系,以设计、施工承包商为主的工程投标承包体系,以建设监理单位为主体的咨询服务体系构成的三元主体结构。且三者之间以工程项目为中心,以经济为纽带,以合同为依据,相互协作、相互制约,形成现阶段我国工程项目管理新的组织关系模式,如图2-3所示。

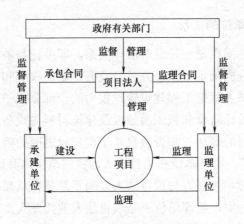

图 2-3 项目相关方组织关系

1. 项目法人与政府部门的关系

项目法人是独立的经济实体，要承担投资风险，要对项目的立项、筹资、建设和生产运营、还本付息以及资产的保值增值进行全过程负责。为此，项目法人必须拥有相应的自主权，政府不再直接干预项目法人的投资与建设活动，政府对建设活动的管理，由原来的直接管理为主转变为间接管理为主，由原来的微观管理为主转变为宏观管理为主。

2. 项目法人与投资方的关系

投资方是项目法人的股东。各投资方必须按照组建项目法人时签订的投资协议规定的方式、数量和时间足额出资。尽管各投资方向项目法人注入的资本金属于投资方，但当以资本金的形式注入项目法人之后，即与投资方的其他财产区分开来。投资方不再直接支配这部分财产，也不能随意从项目法人中抽回。投资方作为股东，以其出资额为限对项目法人承担责任，同时按其投入项目法人的资本额享有所有者的权利，包括资产受益、重大决策和选择管理者等权利。

项目法人享有各投资方出资形成的全部法人财产权，对法人财产拥有独立支配的权利。项目法人以其全部法人财产，依法自主经营，自负盈亏，照章纳税，对出资者承担资产保值增值的责任。项目法人生产经营活动所产生的盈利由项目法人依法获得应有的收益，项目法人因经营管理不善所造成的亏损由项目法人承担全部责任。各投资方、项目法人的职工以及其他任何单位和个人，都不能成为自负盈亏的主体。如果项目法人的生产经营亏损严重，不能清偿到期债务时，应依法破产。

3. 项目法人与承包方的关系

项目法人与承包方是地位平等的民事主体，他们之间的关系是一种经济法律关系，相当于买卖双方的关系。项目法人将拟投资建设的工程发包给承包单位，而承包单位按合同规定去完成工程任务，并获得相应的报酬。项目法人和承包商应负有的责任、权利和义务也由承包合同规定。生效的承包合同具有法律效力，对双方均有约束力，不得擅自变更或解除，任何一方违约，都要承担相应的违约责任。

4. 项目法人与监理单位的关系

项目法人与监理方之间也是一种经济法律关系，即委托与被委托的关系。这种关系是通过签订建设监理委托合同确定下来，并各自负有一定的权利和义务。监理单位接受项目法人的委托之后，项目法人就把工程建设管理权力的一部分授予监理单位，如工程建设组织协调工作的主持权、设计质量和施工质量以及建筑材料与设备质量的确认权和否决权、工程计量与工程价款支付的确认权和否决权，工程建设进度的确认权和否决权，以及围绕工程建设的各种建议权等。监理单位在项目法人的授权范围内开展工作，向项目法人负责，但并不受项目法人的领导。监理方与项目法人之间不是某种从属关系，而是一种委托协作关系。在工程的实施过程中，监理单位不是项目法人的代理人，不是以项目法人的名义开展监理活动，而是作为独立于项目法人与承包商之外的第三方执行其职责和义务的。项目法人不得违约侵权超越合同，不得随意干涉监理方的工作，而监理方也应保持自己的公正立场，不仅要为项目法人提供高质量的服务，维护项目法人的合法权益，同时也要维护承包方的合法权益。

5. 监理单位与承包方的关系

监理单位与承包方之间没有也不应当有任何经济合同关系，他们在工程建设中是一种监理与被监理的关系，这种关系是通过项目法人与承包商签订的工程承包合同确定的。也就是说，承包人应接受监理方的监督和管理，并按照承包合同的要求和监理方的监督指导进行设计或组织施工。监理单位根据项目法人的授权，监督管理承包方履行工程承包合同或设备材料供应合同。监理工程师既要监督检查承包商是否履行合同的职责，也要注意按照合同规定公正地处理有关索赔和工程款支付等问题，维护承包人的合法权益。

2.2.4 不同的发、承包方式引起相关方组织关系的变化

由于工程发承包方式不同以及承包商从业资质的差别，项目相关方组织关系形式会发生相应的变化，主要有工程项目总承包、设计施工分别总承包、设计施工分别平行分包等方式。

1. 工程项目总承包模式

所谓工程项目总承包，也称设计-建造模式，是指业主将工程设计、施工、材料和设备采购等一系列工作全部发包给一家公司，由其进行设计、施工和采购工作，最后向业主交出一个已达到动用条件的工程项目。工程项目总承包模式如图2-4所示。在工程项目总承包模式下，业主与设计施工总承包单位只签订一份工程承包合同，总包单位与设计、施工单位签订分包合同。监理企业委托一家比较适宜。

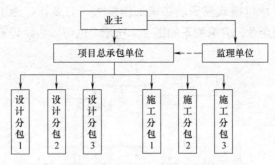

图 2-4　工程项目总承包模式

2. 设计施工分别总承包

设计施工分别总承包也称设计、施工总分包，是指业主将工程设计、施工等工作分别发包给设计单位和施工单位。业主分别只与一个设计总包单位和一个施工总包单位签订合同。对设计施工总分包的发承包模式，业主可以委托一家监理企业进行全过程监理，也可以按设计阶段和施工阶段分别委托监理企业。相应的组织关系如图 2-5、图 2-6 所示。

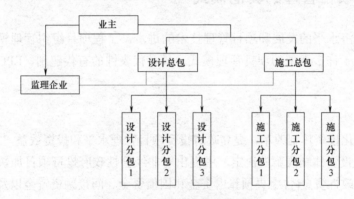

图 2-5　设计施工分别总承包(一)

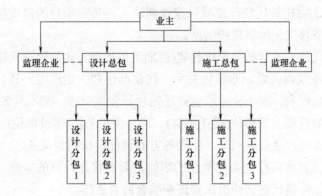

图 2-6　设计施工分别总承包(二)

3. 设计施工分别平行分包

设计施工分别平行分包，是指业主将项目设计和施工直接平行分包给若干设计、施工单位和材料设备供应厂家，业主分别与这些设计、施工单位和材料设备供应厂签订合同，承包合同数量比其他发承包模式要多,协调工作量大。对设计、施工分别平行分包模式,业主可以委托一家监理企业,组织关系如图2-7所示,也可以按阶段和专业分别委托多家监理企业进行监理。

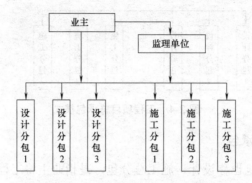

图2-7 设计施工分别平行分包

2.2.5 工程项目管理的其他模式

随着社会经济水平的发展和项目管理技术的进步,工程项目组织管理模式也在不断地发展,相继出现了许多新型的项目管理模式,最具代表性的有代建制、EPC模式、CM模式等。

1. 代建制

为进一步深化投资体制改革,提高政府投资项目管理水平和投资效益,2004年7月16日国务院《关于投资体制改革的决定》中提出对非经营性政府投资项目加快推行代建制,即对使用政府财政性资金(含中央预算内资金和国债资金、间接融资资金以及纳入政府管理的其他资金)进行固定资产投资建设的项目,由政府投资主管部门通过招标方式,选择专业化的项目管理单位,委托其代理行使项目建设期法人,负责项目的建设实施和组织管理工作,项目竣工验收后移交使用单位的制度。

政府投资项目代建方式包括分阶段代建(前期工作代理、实施阶段代建)和全过程代建。代建制的实质是委托代理关系,非承包关系。代建单位在一定程度上具有项目法人地位,拥有项目法人的部分权利,而不论总承包商还是项目管理企业,都不具备项目法人地位。

代建项目由政府投资主管单位(委托单位)、项目使用单位(建设单位)、代建单位三方签订《政府投资项目委托代建合同书》,明确各方的责任、权利和义务。

(1) 政府投资主管部门行使委托单位的职能,负责代建项目的审批、委托或组织使用单位确定代建单位,协调代建制的组织实施和综合监管工作。

(2) 使用单位是政府投资项目的使用受托人,负责对代建项目提出功能要求,全过程监督代建项目的实施,协助代建单位完成项目建设任务,在项目建成后负责接收、使用和管理项目。

(3) 代建单位是政府投资项目的建设受托人,负责代建项目建设阶段的组织管理和建设实施,对代建项目建设期的投资控制、工程造价、建设工期、工程质量、资金使用、安全生产等负全面责任,不得向他人转包或分包代建项目。

2. EPC 模式

EPC(Engineering-Procurement-Construction,设计-采购-建造)模式。在 EPC 模式中,Engineering 不仅包括具体的设计工作,而且可能包括整个建设工程内容的总体策划以及整个建设工程实施组织管理的策划和具体工作。在 EPC 模式下,业主只要大致说明一下投资意图和要求,其余工作均由 EPC 承包单位来完成。业主不聘请监理工程师来管理工程,而是委派业主代表来管理工程。承包商承担设计风险、自然力风险、不可预见的困难等大部分风险。EPC 模式一般采用总价合同。EPC 模式一般适用规模较大、工期较长,且具有相当的技术复杂性的工程,如发电厂、石油开发等基础设施项目。

3. CM 模式

CM(Construction Management)模式类似于我国目前推行的建设监理制。CM 模式于 20 世纪 60 年代发源于美国,20 世纪 80 年代以来,在国外广泛流行。CM 模式从项目开始阶段就雇用具有施工经验的 CM 单位参与到建设工程实施过程中来,以便为设计人员提供施工方面的建议且随后负责管理施工过程。这种模式改变了过去那种设计完成后才进行招标的传统模式,采取分阶段发包,由业主、CM 单位和设计单位组成一个联合小组,共同负责组织和管理工程的规划、设计和施工,CM 单位负责工程的监督、协调及管理工作,在施工阶段定期与承包商会晤,对成本、质量和进度进行监督,并预测和监控成本和进度的变化。CM 模式的最大优点就是可以缩短工程从规划、设计到竣工的周期,节约建设投资,减少投资风险,较早地取得投资收益。

CM 模式有两种形式:代理型 CM /Agency 和非代理型 CM /Non Agency。

代理型 CM 又称纯粹型 CM 模式,采用代理型 CM 时,业主分别与设计、施工单位签订承包合同,与 CM 单位签订咨询服务合同,我国建设监理制就源于这种模式。

非代理型 CM 又称风险型 CM,采用非代理型 CM 模式时,业主一般不与施工单位签订合同,而由 CM 单位与施工单位、材料设备供应单位签订合同,业主与 CM 单位签订的合同既包括咨询服务内容,也包括施工承包内容。

不论采用哪一种形式,应用 CM 模式都需要有具备丰富施工经验和高管理水平的 CM 单位,这可以说是应用 CM 模式的关键和前提条件。

2.3 工程项目管理主体内的组织形式

项目法人、建设监理单位、承包商等的相互协作是实现项目投资目标的根本保证,而项目建设各相关单位针对其合同范围内的工作任务采取何种组织形式至关重要。就项目当事者一方而言,无论是监理单位还是承包商,一般采用的项目组织形式有职能式、项目式和矩阵式等。

2.3.1 职能式组织形式

1. 职能式组织的含义及结构图

层次化的职能式管理组织形式是当今世界上最普遍的组织形式。它是指企业按职能划分部门,如一般企业设有计划、采购、生产、营销、财务、人事等职能部门。采用职能式组织形式的企业在进行项目工作时,各职能部门根据项目的需要承担本职能范围内的工作,项目的全部工作是作为各职能部门的一部分工作进行的。这样的项目组织没有明确的项目主管经理,项目中各种职能的协调只能由职能部门的主管来协调。项目组织的界限不十分明确,小组成员没有脱离原来的职能部门,项目工作多属于兼职工作性质。一般职能式组织形式如图2-8所示。

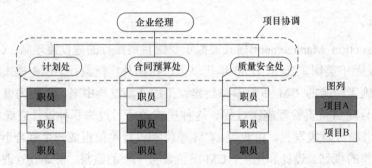

图2-8 职能式组织结构示意图

2. 职能式组织的优点

(1) 资源利用上具有较大的灵活性。各职能部门主管可以根据项目需要灵活调配人力等资源的强度,待所分配的工作完成后,可做其他日常工作,降低了资源闲置成本,提高了资源利用率。

(2) 有利于提高企业技术水平。职能式组织形式是以职能的相似性划分部门的,同一部门人员可交流经验,共同研究,提高业务水平。

(3) 有利于协调企业整体活动。由于职能部门主管只向企业领导负责,企业领导可以从全局出发协调各部门的工作。

3. 职能式组织的缺点

(1) 责任不明,协调困难。由于各职能部门只负责项目的一部分,没有一个人承担项目的全部责任,各职能部门内部人员责任也比较淡化。

(2) 不能以项目和客户为中心。职能部门的工作方式常常是面向本部门的,不是以项目为关注焦点,项目和客户的利益往往得不到优先考虑。

(3) 技术复杂的项目,跨部门之间的沟通更为困难。

2.3.2 项目式组织形式

1. 项目式组织形式的含义及结构图

项目式组织形式是根据企业承担的项目情况从企业组织中分离出若干个独立的项目组织，项目组织有自己的营销、生产、计划、财务、管理人员。每个项目组织有明确的项目经理，对上接受企业主管或大项目经理的领导，对下负责项目的运作，每个项目组之间相对独立。如某企业有甲、乙、丙三个项目，企业主管则按项目甲、乙、丙的需要分配人员及资源，形成甲、乙、丙三个独立的项目组，项目结束以后项目组织随之解散。项目式组织结构如图 2-9 所示。

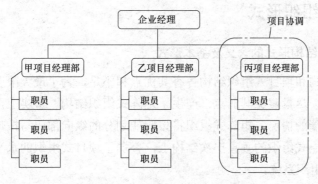

图 2-9　项目式组织结构示意图

2. 项目式组织结构的优点

（1）以项目为中心，目标明确。项目式组织是基于项目而组建的，项目组成员的中心任务是按合同完成工程项目，目标明确单一，团队精神得以充分发挥，所需资源也是依据项目划分的，便于协调。

（2）权力集中，命令一致，决策迅速。项目经理对项目全权负责，项目组成员对项目经理负责，项目经理在项目范围内具有绝对控制权，避免了多重领导、无所适从的局面。权力的集中使项目组织能够对业主的需求和高层管理的意图做出更快的响应。

（3）项目组织从职能部门分离出来，使得沟通变得更为简洁。从结构上来说，项目式组织简单灵活，易于操作。

（4）有利于全面型管理人才的成长。项目组织涉及多种管理职能，为全面型管理人才提供了成长之路。

3. 项目式组织结构缺点

（1）机构重复，资源闲置。项目式组织按项目设置机构、分配资源，每个项目都有自己的一套机构，这会造成人力、技术、设备等的重复配置。

（2）项目式组织较难给成员提供企业内项目组之间相互交流、相互学习的机会，不利于企业技术水平的提高。

（3）不利于企业领导整体协调，项目经理容易各自为政，项目成员无视企业领导，只重视项目利益，忽视企业整体利益。

(4) 项目成员与项目有着很强的依赖关系，但项目成员与其他部门之间有着清晰的界限，不利于项目与外界的沟通。

(5) 项目式组织形式不允许同一资源同时分属不同的项目，对项目成员来说，缺乏工作的连续性和保障性，进一步加剧了企业的不稳定性。

4. 项目式组织结构的适用范围

项目式组织结构广泛应用于建筑业、航空航天业等价值高、周期长的大型项目，也能应用到非营利机构，如募捐活动的组织、相关庆祝活动、大型聚会等。

2.3.3 矩阵式组织形式

1. 矩阵式组织结构形式的含义及基本形式

职能式组织结构和项目式组织结构各有其优点和不足，为了最大限度地发挥项目式和职能式组织的优势，尽量避免其弱点，产生了矩阵式组织结构。事实上，职能式组织和项目式组织是两种极端的情况，矩阵式组织将按职能划分的纵向部门与按项目划分的横向部门结合起来，在职能式组织的垂直层次结构上，叠加了项目式组织的水平结构，构成类似于数学矩阵的管理组织系统。

作为职能式组织和项目式组织的结合，矩阵式组织可采取多种形式，这取决于它偏向于哪个极端，即取决于项目经理被授予的权利。它一般有三种形式：强矩阵组织形式、弱矩阵组织形式、平衡矩阵组织形式。

(1) 强矩阵组织形式：强矩阵组织类似于项目式组织，因此，也称项目矩阵，但项目并不从公司组织中分离出来作为独立的单元。项目成员来自不同的职能部门，根据项目的需要，全职或兼职地为项目工作。在强矩阵组织中，项目经理直接向企业最高管理层或大项目经理负责，并由最高管理层授权，在项目活动的内容和时间方面对职能部门行使权力，而职能部门对各种资源做出合理地分配和有效地调度，如图2-10所示。

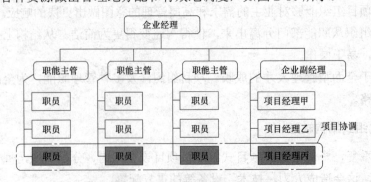

图2-10 强矩阵式组织结构示意图

(2) 弱矩阵组织形式：矩阵式组织的另一极端是与职能式组织类似的弱矩阵组织形式，也称职能矩阵。它与职能组织形式不同的是，除项目经理被授权负责项目的协调以外，职能经理负责项目大部分工作，项目成员不是项目全职人员，而是在职能部门为项目提供服务。项目所需要的技术、资源及其他的服务，都由相应职能部门提供，如图2-11所示。

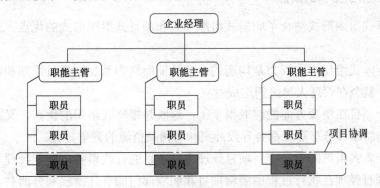

图2-11 弱矩阵组织结构示意图

(3) 平衡矩阵组织形式：在强矩阵和弱矩阵两个极端形式之间的是平衡矩阵形式，这是一种经典的矩阵形式，项目经理负责设定需要完成的工作，负责制订项目计划、分配任务、监督工作进程。职能部门经理负责人事安排和项目完成的方式，并执行所属项目部分的任务，如图2-12所示。

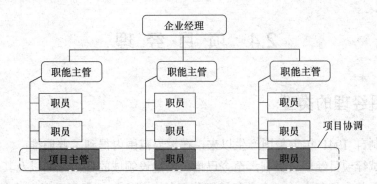

图2-12 平衡矩阵组织结构示意图

2. 矩阵式组织结构的优点

(1) 矩阵式组织有专门项目经理负责管理整个项目，可以克服职能式组织责任不明、无人承担项目全部责任和协调困难的被动局面。

(2) 矩阵式组织是将项目组织加载在职能部门上的，可以共享各个部门的技术储备，摆脱项目式组织形式资源闲置的困境，尤其是当有多个项目时，这些资源对所有项目都是可用的，从而可以大大减少像项目式组织中出现的资源冗余。

(3) 项目组成员对项目结束后的忧虑减少了，当指定的项目不再需要时，项目人员有其职能归宿，大都返回原来的职能部门。

(4) 对环境的变化以及项目的需要能迅速做出反应，而且对公司组织内部的要求也能做出较快的响应。

(5) 矩阵式组织平衡了职能经理和项目经理的权力，企业领导可从总体上对资源进行统筹安排，以保证系统总目标的实现。

3. 矩阵式组织结构的缺点

尽管矩阵式组织形式结合了职能式组织形式和项目式组织形式的优点，但其缺点也是较明显的。

(1) 在矩阵式组织中，权力是均衡的，经验证明这容易加剧项目经理和职能经理之间的紧张局面，甚至在管理人员之间造成对立。

(2) 多个项目在资源方面能够取得平衡，这既是矩阵式组织的优点，又是它的缺点，任何情况下的跨项目分享资源都会导致冲突和对稀缺资源的竞争。

(3) 在矩阵式组织的项目中，项目经理主管项目的行政事务，职能经理主管项目的技术问题。但项目经理在执行过程中要将项目和职能部门的责任及权利分清楚，却不是一件容易的事。由于责任不明、权利不清，项目的成功将受到怀疑。

(4) 矩阵式组织与命令统一的管理原则相违背，项目成员至少受到两个上级领导，即项目经理和部门经理。当他们的命令有分歧时，会令人感到左右为难、无所适从。

(5) 项目经理需要花费相当多的时间用在与各职能部门之间的协调上，会影响决策的速度和效率，在平衡矩阵中尤其突出。

2.4 项目经理

2.4.1 项目经理的类型

项目经理制自 1941 年于美国产生以来，在世界范围内得到了普遍推广。我国于 1984 年在建筑企业试行项目经理负责制，至今已推广到建设领域的各个方面以及其他领域。

项目经理是其上级任命的一个项目管理班子的负责人，项目经理是一个管理岗位，不是一个技术岗位，它的任务仅限于从事项目管理工作，项目经理的管理权限由其上级决定。

工程项目经理包括业主方的项目经理、咨询监理单位的项目经理、设计单位的项目经理和施工单位的项目经理。

(1) 业主方的项目经理。业主方的项目经理是项目法人委派的，领导和组织一个完整工程项目建设的总负责人。对于一些小型建设项目，项目经理可由一人担任；而对于一些规模大、工期长、技术复杂的建设项目，业主也可委派分阶段项目经理，如准备阶段项目经理、设计阶段项目经理和施工阶段项目经理等。

(2) 咨询监理单位的项目经理。咨询监理单位派出的项目管理总负责人——总监理工程师为项目经理。咨询监理单位在业主的委托授权范围之内，既可以进行项目建设全过程的管理，也可以只进行某一阶段的管理。对业主来说，即使委托了咨询监理单位，仍需要建立一个以自己的项目经理为首的项目管理班子。因为在项目建设过程中有许多重大问题的决策仍需由业主做出，咨询监理机构不能完全代替业主行使其职权。

(3) 设计单位的项目经理。设计单位的项目经理，是指设计单位工程项目设计的总负责人，其职责是负责一个工程项目设计工作的全部计划、监督和联系工作。

(4) 施工单位的项目经理。施工单位的项目经理是指受企业法定代表人的委托对工程项目施工过程全面负责的项目管理者，是施工单位法定代表人在工程项目上的代表人，是施工单位在施工现场的最高责任者和组织者。我国从 1987 年开始在 15 家试点企业共 66 个项目上试行施工管理体制改革和推广鲁布革工程管理经验。1992 年建设部印发了《施工企业项目经理资质试行办法》。1995 年颁发了《建筑施工企业项目经理资质管理办法》。2002 年人事部、建设部联合下发了(人发〔2002〕111 号)《建造师执业资格制度暂行规定》。2003 年国发〔2003〕5 号及建设部相关文件规定：取消建筑施工企业项目经理资质核准，由注册建造师代替，并设立过渡期。经十余年的实践总结，国务院决定取消建造师注册行政审批权，转由协会负责，规范了建造师的管理并与国际接轨。

2.4.2 项目经理的责任与权力

1. 项目经理的责任

项目经理的任务就是要对项目实行全面的管理，项目经理的责任可以分为对企业应负的责任和对项目及项目组成员应负的责任。

1) 项目经理对企业应承担的责任
(1) 保证项目目标与企业经营目标相一致，项目的实施以实现企业战略目标为前提。
(2) 保证企业分配给项目的资源能够被充分有效地利用。
(3) 与企业高层进行及时有效地沟通，及时报告项目的进展状况及可能发生的问题。
2) 项目经理对项目及项目组成员应承担的责任
(1) 对项目的成功负有管理责任，保证项目按时、在预算内达到预期结果。
(2) 保证项目组成员形成一个好的工作团队，拥有良好的工作氛围与环境。
(3) 项目经理有责任对项目小组成员进行绩效考评，激励项目成员为项目工作。

2. 项目经理的授权原则与范围

不同管理主体单位项目经理的权力不同，但对项目经理的授权遵循一些共同规律。
(1) 授权的原则。项目经理的授权需要根据下列原则。
① 根据项目目标的要求授权。一般来说，工程项目质量要求越高、工期要求越紧，则授予项目经理的权力也应越大。
② 根据项目风险程度授权。项目风险越大，项目经理承担的责任越大，对项目经理赋予的权力也应越大。这样才能使项目经理在变化多端的项目环境中果断地做出决策。
③ 按合同的性质授权。根据项目合同的性质，授予项目经理较为灵活的权限，以便使其能有充分的自主权，做出正确的决策。
④ 按项目的性质授权。从项目的复杂程度来看，大型复杂的工程项目，则应授予项目经理较大的权限；反之，则无须授予项目经理过大的权限。

⑤ 根据项目经理的个人情况授权。对于组织管理能力较强、经验丰富的项目经理，应授予其足够的权限，以便其能充分发挥自己的创造力。相反，则应适当保留部分权力，以免其决策过于草率，导致项目风险加大，造成不应有的损失。

⑥ 根据项目班子和项目团队授权。如果项目经理班子成员较多、配备精良，则应授予项目经理较大的权限。相反，授予的权力可以适当少一些。

总之，对项目经理的授权有较高的艺术性。授权过多，会导致项目经理自主权过大，增加项目的风险；授权过小，又会限制项目经理行动和决策的自由度。

(2) 授权的范围。一般来说，应授予项目经理以下权限。

① 项目团队的组建权。这包括两个方面：一是项目经理班子的组建权；二是项目团队队员的选拔权。

② 项目实施过程中的决策权。项目在实施过程中必然会面临各种决策，授予项目经理独立的决策权对于项目目标的实现至关重要。除了少数重大的战略决策外，大部分问题可以让项目经理自行决策、自行处理。

③ 项目的财务权。项目经理必须拥有与责任相符合的财务决策权，否则项目就难以顺利展开。一般来讲，这一权力包括经济利益分配权、费用控制权、资金调配权。

④ 对项目所获得的资源进行支配的权力。

⑤ 项目实施控制权。

2.5 项目团队

2.5.1 项目团队的概念及特点

1. 团队的定义

团队是指为了达到某一确定目标，具有不同分工及不同层次权力和责任的一群人。团队的概念包含以下含义。

(1) 团队必须具有明确的目标。目标是团队存在的前提。

(2) 没有分工与合作不能称为团队。分工与合作的关系是由团队目标确定的。

(3) 团队要有不同层次的权力与责任。这是实现团队目标的基础。

团队是相对部门或小组而言的。部门或小组的一个共同特点是：在存在明确内部分工的同时，缺乏成员之间的紧密协作。团队则不同，队员之间的工作内容交叉程度高，相互间的协作性强。团队在组织中的出现，从根本上讲，是组织为了适应快速变化环境要求的结果。

2. 项目团队的定义

项目团队，就是为实现项目目标及适应项目环境变化而建立的团队。也就是说，项目团队是指一组相互联系、同心协力工作，以实现项目目标、满足项目需求的人员集合体。

项目团队的具体职责、组织结构、人员构成和人数配备等方面因项目性质、复杂程度、规模大小和持续时间长短而异。而要使这些人员发展成为一个有效协作的团队，一方面需要项目经理作出努力，另一方面也需项目团队中每一位成员积极努力地工作。一个有效率的项目团队不一定能决定项目的成功，而一个效率低下的团队，则注定要使项目失败。

3. 项目团队的特点

（1）共同的目标。对于一个项目，要使项目团队工作有成效，每个团队成员必须有明确的任务，因为项目成员要完成的任务是项目目标分解的结果。

（2）合理分工与协作。每个成员都应该明确自己的任务、权力和职责，以及各个成员之间的相互关系，这才能形成一个真正的项目团队。

（3）高度的凝聚力。凝聚力是指成员在项目内的团结与吸引力、向心力，也是维持项目团队正常运转的所有成员之间的相互吸引力。

（4）团队成员相互信任。成功团队另一重要特征就是信任，一个团队成效的大小受到团队成员相互信任程度的影响。

（5）有效的沟通。高效的项目团队还需具有全方位的、各种各样的信息沟通渠道，保证沟通直接、高效、层次少，提高项目团队的凝聚力。

2.5.2 项目团队的发展与建设

一个项目团队从开始到终止，是一个不断成长和变化的过程，这个过程一般分为五个阶段：组建阶段、磨合阶段、规范化阶段、成效阶段和解散阶段。

1. 组建阶段

组建阶段，即团队形成阶段。团队成员从原来不同的组织调集在一起，大家开始互相认识，这一时期的特征是队员们既兴奋又焦虑，他们必须在承担任务前相互熟悉。一方面，团队成员收集有关项目的信息，试图弄清项目的意义；另一方面，团队成员研究和学习项目，明确自己的目标和任务。

2. 磨合阶段

团队形成之后，队员们已经明确了项目的工作内容以及各自的职责，于是开始执行分配到的任务，进入磨合阶段，也称风暴阶段。在此阶段，问题逐渐暴露，工作气氛趋于紧张，团队士气较组建阶段明显下沉，成员之间由于立场、观念、方法、行为等方面的差异而产生各种冲突，甚至出现敌视、强烈情绪以及向领导者挑战的情形。团队成员的冲突和不和谐是这一阶段的显著特点。

3. 规范化阶段

经受了磨合期的考验，团队成员之间、团队与项目经理之间的关系已确立好了，绝大部分矛盾已得到解决，人们逐渐发展出融洽的关系。同时，随着个人期望与现实情形的统一，队员的不满情绪也减少了，项目规程得以改进和规范化。团队经过这个社会化的过程后，建立了忠诚和友谊。当群体结构比较巩固，群体成员对一起工作建立了一系列的期望之后，这一阶段即告完成。

4. 成效阶段

在该阶段，团队运营结构完全有效并被成员所接受，相互的理解、高效的沟通、密切的配合、充分的授权，这些宽松的环境加上队员们的工作激情，使得这一阶段容易取得较大成绩，实现项目的创新。团队精神和集体的合力在这一阶段得到了充分地体现，每位队员在这一阶段的工作和学习中都取得了长足的进步和巨大的发展，这是一个 1+1>2 的阶段。

5. 解散阶段

随着项目的竣工，该项目准备解散。这时，团队成员开始骚动不安，成员们考虑自身今后的发展，并开始做离开的准备。团队成员在这个阶段的反应各不相同，有人为项目团队的成就而兴高采烈，有人因为团队即将解散而感到失落。这时，团队仿佛回到了组建阶段，必须改变工作方式才能完成最后的任务。也正是这时，成员们领悟到了凝聚力的存在。

这个模型对管理项目团队有重要启示：第一，项目经理应该将最初的注意力放在如何帮助群体尽快跨入具备生产能力的第四阶段(即成效阶段)；第二，该模型为群体提供了一个理解自身成长规律的框架；第三，规范化阶段对项目的最终成功十分关键，项目经理不得不在该阶段的形成过程中扮演积极的角色。

复 习 题

一、单项选择题(每题备选项中，只有一个最符合题意)

1. 项目经理是一个(　　)的名称。
   A. 管理岗位　　　B. 技术职称　　　C. 管理人士　　　D. 专业人士
2. 监理单位与项目法人之间是委托与被委托的(　　)。
   A. 代理关系　　　B. 雇佣关系　　　C. 合同关系　　　D. 经纪关系
3. 建筑业企业项目经理资质管理制度向建造师资格过渡的时间定为(　　)。
   A. 5 年，即从 2002 年 2 月 27 日至 2007 年 2 月 27 日止
   B. 5 年，即从 2003 年 2 月 27 日至 2008 年 2 月 27 日止
   C. 3 年，即从 2003 年 2 月 27 日至 2006 年 2 月 27 日止
   D. 3 年，即从 2002 年 2 月 27 日至 2005 年 2 月 27 日止
4. 项目经理应具备的核心能力是(　　)。
   A. 决策能力　　　B. 组织能力　　　C. 指挥能力　　　D. 创新能力
5. 对技术复杂的、工期较长的建筑工程，从施工承包商角度应选择(　　)组织结构形式。

A. 项目式　　　　B. 平衡矩阵式　　　　C. 职能式　　　　D. 弱矩阵式

6. 在(　　)组织机构中，项目管理班子的成员接受项目经理和职能部门经理的双重领导。

　　A. 职能式　　　　B. 矩阵式　　　　C. 直线式　　　　D. 项目式

7. 在国际上，设计、采购和建造任务综合的承包被简称为(　　)。

　　A. EPC 承包　　　B. BOT 承包　　　C. D+B 承包　　　D. CM 总承包

8. 业主将工程设计、施工等工作分别发包给设计单位和施工单位的方式称(　　)。

　　A. 设计施工分别平行分包　　　　B. 设计施工分别总承包

　　C. 总承包　　　　　　　　　　　D. 交钥匙承包

9. (　　)是实现组织目标的根本保证。

　　A. 组织结构　　　B. 协调　　　C. 沟通　　　D. 战略

10. 项目团队建设与发展过程中，最具生产能力的阶段是(　　)。

　　A. 风暴阶段　　　B. 执行阶段　　　C. 规范化阶段　　　D. 解散阶段

二、多项选择题(每题备选项中，至少有两个符合题意，多选、错选不得分)

1. 施工项目经理在工程项目施工管理过程中，行使的权利包括(　　)。

　　A. 选择监理单位　　　B. 选择施工队伍　　　C. 进行合理的经济分配

　　D. 组织项目管理班子　　　E. 指挥项目生产经营活动

2. 我国现行工程项目管理相关方组织关系是由(　　)构成的三元主体结构。

　　A. 项目法人　　　B. 承包商　　　C. 建设监理单位

　　D. 投资方　　　　E. 银行

3. 我国推行建设工程监理制度的目的是(　　)。

　　A. 与国际接轨　　　B. 确保工程建设质量　　　C. 获得更多的利润

　　D. 提高工程建设水平　　　E. 充分发挥投资效益

4. 建设工程项目管理中，常用的组织结构形式包括(　　)。

　　A. 直线型　　　B. 项目式　　　C. 矩阵式

　　D. 职能式　　　E. 网络型

5. 组织结构设计需要遵循的共同原则是(　　)。

　　A. 权责对等的原则　　　　　　B. 权力集中的原则

　　C. 目标明确，命令统一的原则　　D. 分工与协作相一致的原则

　　E. 因事设职和因人设职相结合的原则

6. 工程项目组织(　　)的特点。

　　A. 人具有一次性　　　B. 具有约束性　　　C. 具有生命周期性

　　D. 必须保证项目总目标的实现

　　E. 必须重视项目各参与单位之间的相互关系

7. 职能式项目组织的缺点是(　　)。

　　A. 不能以项目和客户为中心　　　B. 不利于提高企业技术水平

C. 机构重复　　　　　　　　　　D. 资源利用上的灵活性较差
E. 职能部门对项目的责任不明，协调困难

8. 根据拉林与高伯利的研究结果，认为在选择项目组织形式时，(　　)组织形式是比较有效的，而其他组织形式一般是无效的或仅边缘有效。
   A. 项目式　　　　　B. 项目矩阵(即强矩阵)　　　C. 平衡矩阵
   D. 职能矩阵(即弱矩阵)　　E. 职能式

9. 项目式组织结构的特点是(　　)。
   A. 以项目为中心，目标明确　　B. 项目内沟通困难
   C. 项目内沟通简洁　　　　　　D. 权力集中，命令一致，决策迅速
   E. 责任不明，协调困难

10. 我国施工企业项目经理资质管理办法中，对施工项目经理表述正确的是(　　)。
    A. 施工企业法定代表人委托的　　B. 施工企业上级管理部门委托的
    C. 对工程项目施工过程全面负责　　D. 对建设项目全面负责
    E. 施工企业法定代表人在工程项目上的代表人

三、案例分析题

某工程 A 位于市中心，规模大，工期较紧，质量要求高，施工场地狭小。业主通过招标选择了监理单位和施工单位，施工单位与业主签订合同后成立了 A 工程项目部，任命了项目经理。施工过程中，周围居民投诉夜间施工噪声过大。

问题：

1. 项目部的设立时间是否合理？
2. 什么是施工项目的组织协调？
3. 施工项目部宜选择何种形式的组织机构？举例说明组成部门的职责。
4. 项目部如何协调与监理的关系？
5. 土方工程进行了分包，项目部如何协调与分包方的关系？
6. 居民反映夜间施工噪声过大，项目经理部该如何协调？
7. 施工场地狭小，需要租用邻近场地解决材料堆放问题，如何解决？

第3章 工程项目招标与投标管理

【学习要点及目标】

- ◆ 掌握工程建设项目招标规模标准、特点、方式、基本原则，熟悉招投标相关法律法规。
- ◆ 熟悉工程项目施工招标与投标程序。
- ◆ 掌握工程项目施工评标方法。

【核心概念】

　　工程项目招投标、公开招标、邀请招标、工程施工招投标、投标保证金、资格预审等。

3.1 工程项目招投标概述

3.1.1 工程项目招投标的概念

招标投标是市场经济中一种重要的商品交易方式。工程项目招标是指工程项目的建设单位在发包工程项目或购买机器设备或合作经营某项业务时,通过一系列程序选择合适的承包商或供货商以及其他合作单位的过程。工程项目投标是指投标人利用报价及其他优势来参与竞争销售自己的商品或提供服务的交易行为。工程项目招标投标是建筑业中一系列招投标活动的总称,包括可行性研究招投标、咨询监理招投标、勘察设计招投标、工程施工招投标和物资设备招投标等。

历史上第一个采用招标投标交易方式的是英国,1782 年英国政府制定了一套政府采购必须使用的公开、竞争的程序和制度。1830 年英国政府颁布了历史上第一部招投标法律文件。19 世纪末 20 世纪初招投标制传入我国,据史料记载,我国最早采用招标投标方式的是 1902 年张之洞创办的湖北制革厂,1918 年汉阳铁厂的两项扩建工程曾在汉口《新闻报》刊登广告,是我国第一个实行公开招标的工程。新中国成立后,出于当时的社会环境和现状,摒弃了招投标制这种经营方式。改革开放后招投标制度在我国得到了恢复和发展。1980 年 10 月国务院发布了《关于开展和保护社会主义竞争的暂行规定》,首次提出对一些合适的工程建设项目可以试行招投标。1981 年吉林省和深圳市开始工程招标投标试点。1982 年鲁布革水电站引水系统工程是我国第一个利用世界银行贷款并采用国际竞争性招标选择施工承包单位的工程。1983 年 6 月 7 日原城乡建设环境保护部颁发了《建筑安装工程招标投标试行办法》,是我国第一个招投标的部门规章。1984 年 9 月 18 日国务院《关于改革建筑业和基本建设管理体制若干问题的暂行规定》中提出要"大力推行工程招标承包制",这是第一个关于招投标制度的国家级法规。1984 年 11 月国家计委和城乡建设环境保护部联合制定了《建设工程招标投标暂行规定》,从此全面拉开了我国招投标制度的序幕。1999 年 8 月 30 日九届人大第十一次常务委员会通过了《中华人民共和国招标投标法》。至此,我国招投标制度步入了法治化轨道。

3.1.2 工程建设项目招标的规模标准

工程项目招标的规模标准,需要依据当时的经济发展水平和物价水平确定,国家有关部门对此进行过多次调整,现行的《工程建设项目招标范围和规模标准》规定的工程建设项目,包括项目的勘察、设计、施工、监理以及与工程建设有关的重要设备、材料等的采购,达到下列标准之一的,必须进行招标。

(1) 工程单项合同估算价在 400 万元人民币以上的。
(2) 重要设备、材料等货物的采购,单项合同估算价在 200 万元人民币以上的。

(3) 勘察、设计、监理等服务的采购，单项合同估算价在 100 万元人民币以上的。

3.1.3 工程项目招投标的特点

实行招投标制，具有明显的优越性，主要表现在以下几个方面。

(1) 招标人通过对各投标竞争者的报价和其他条件进行综合比较，从中选择报价合理、技术力量强、质量保障体系可靠、具有良好信誉的承包商、供应商或咨询监理单位、设计单位作为中标者，有利于节省和合理使用资金，保证招标项目的质量。

(2) 工程招标投标活动要求依照法定程序公开进行，有利于遏制承包活动中不正当的竞争行为。

(3) 有利于创造公平竞争的市场环境，促进企业间公平竞争。

当然，招标方式与直接采购方式相比，也有程序复杂、耗时较多、费用较高等缺点。因此，对于有些价格较低或采购时间紧迫的交易行为，可不采用招投标方式。

3.1.4 工程项目招标的方式

《中华人民共和国招标投标法》对工程项目招标方式做出了明确规定，即：招标分为公开招标和邀请招标，并对这两种法定招标方式进行了界定和规定。

1. 公开招标

公开招标，也称无限竞争性招标，是指招标人以招标公告的方式邀请不特定的法人或者其他组织投标。公开招标的特点是竞争性强、透明度高、优选范围广、余地大，因此可以最大限度地择优选定中标者。

2. 邀请招标

邀请招标，也称有限竞争性招标，是指招标人以投标邀请书的方式邀请特定的法人或其他组织投标。与公开招标相比，虽不如后者的公开程度和竞争的广泛性，但它可以弥补公开招标中耗时长、花费大等缺陷，同时也能相对发挥招标竞争的优点，所以也是我国法定的招标方式之一。

3.1.5 招标投标的基本原则

1. 合法原则

工程招投标活动必须符合法律、法规、规章和有关政策的规定，主体资格合法、活动依据合法、活动程序合法、对招标投标的管理和监督合法。

2. 公开原则

工程项目招标投标活动具有完全的透明度，招投标信息公开、条件公开、程序公开、结果公开。

3. 公平原则

招投标活动中，所有投标人享有均等的机会、同等的权利、平等的条件、履行相应的义务，任何一方都不受歧视。

4. 公正原则

工程招标投标活动中，按事先公布的同一标准实事求是地对待所有的投标人，不偏袒任何一方。

5. 诚信原则

工程项目招标投标当事人应以诚实、守信的态度行使权利、履行义务，以维持招标投标双方的利益平衡，以及自身利益与社会利益的平衡。

3.2 工程项目咨询监理招标与投标

3.2.1 工程项目咨询监理招标程序

监理招标与工程项目建设过程中其他各类招标的最大区别，表现为"标的"的特殊性，招标人选择中标人的基本原则是"基于能力的选择"。监理招标的"标的"是提供"监理服务"，而非某一种物化劳动，即监理单位在项目建设过程中不承担物质生产任务，只是对建设生产过程提供监督、管理、协调、咨询等服务。

工程项目咨询监理招标应遵循以下程序。

(1) 招标人组建项目招标管理班子，确定委托咨询监理的范围。

(2) 编制招标文件，其内容包括：投标须知，工程概况，监理工作范围和内容，投标文件的格式，废标的规定，投标截止日期，投标地址，开标、评标、定标的时间地点，评标的原则和方法，对监理单位的资质要求，合同标准条件和协议条款。

(3) 发布招标公告或发出邀标通知书。

(4) 向投标人发出投标资格预审通知书，对投标人进行资格预审。

(5) 招标人向投标人发出招标文件，投标人组织编写投标文件。

(6) 招标人组织必要的答疑、现场勘察，编写答疑文件或补充招标文件等。

(7) 投标人递送投标书，招标人接受投标书。

(8) 招标人组织开标、评标、定标。

为了能够对各标书进行客观、公正、全面地比较，评标委员会一般采用打分法评标，用量化指标考察每个投标单位的各项素质，以累计得分评价其综合能力。一般情况下，技术建议书评审的权重占70%～90%，财务建议书评审占10%～30%。技术建议书的评审主要分为监理公司的资质和经验、完成监理任务的计划方案及人员配备方案三部分。这三部分在技术建议书评审总分中所占的权重分别为：监理经验占 10%～20%；工作计划占 25%～40%；人员配备方案占 40%～60%。权重确定后，还应细致地划分出各主要部分的评价要素和打分标准。通过累计得分的高低排出标书的优劣次序。

(9) 招标人确定中标单位后向招标管理机构提交招标投标情况的书面报告。

(10) 招标人向投标人发出中标或者未中标通知书。

(11) 招标人与中标单位进行谈判，订立委托咨询监理合同。

3.2.2 工程项目咨询监理投标程序

1. 接受资格预审

在接到投标邀请书或得到招标方公开招标的信息后，咨询监理投标单位应主动与招标方联系，获得资格预审文件，按照招标人的要求，提供参加资格预审的材料。资格预审文件的内容应与招标人资格预审的要求相符，一般包括：企业营业执照、资质等级证书和其他有效证明文件，企业简历，主要检测设备一览表，近 3 年来的主要咨询监理业绩等。

2. 投标书的编制

为了不使投标的价格因素对选择过程产生较大影响，通常招标文件都要求将投标书分成技术建议书和财务建议书两部分分别分装，并在封套上标明。

(1) 技术建议书的主要内容包括：咨询监理单位简介及组织结构概况、从事同类工程咨询监理服务的经验和能力；对委托任务的目的和工作范围的理解，以及执行咨询监理任务的计划或方案；派驻现场承担各阶段和各方面咨询监理工作的人员组成；派驻现场的咨询师或总监理工程师的人选及简历等。

(2) 财务建议书的主要内容包括：人员酬金报价表；自备计算机、仪器设备报价表；包括管理费、税金、保险费等几项费用在内的总报价表；要求招标单位提供为开展正常监理工作所必需的设备和设施清单。

3. 递送投标文件

投标人应当在招标文件要求提交投标文件的截止时间前，将投标文件送达指定地点，否则被视为废标，招标人可以拒收。投标书应当使用专用投标袋并密封，封口处必须加盖投标人公章和法定代表人的印鉴。

4. 签订监理合同

待收到招标人发来的中标通知书后，中标的咨询监理单位会与业主进行合同签订前的谈判，主要就合同专用条款部分进行谈判，双方达成共识后投标即告结束。

3.3 工程项目勘察设计招标与投标

3.3.1 勘察设计招投标的概念

工程项目勘察设计招投标是指由项目法人作为招标方,通过发布招标公告或向特定的勘察设计单位发出招标邀请书,提出对工程项目进行勘察设计的技术要求、提交成果的时间、对投标人的资格要求、合同条件等招标文件,表明将选择最能满足项目勘察设计的单位与之签订勘察设计合同的意向,由各有意提供勘察设计服务的单位作为投标方,向招标方书面提出自己的勘察设计方案、实施计划和报价参加投标竞争。经招标方对各投标者进行审查比较后,择优选定中标者,并与其签订合同的全部交易过程。

3.3.2 勘察设计招标

1. 勘察设计招标的范围

按照《招标投标法》和《工程建设项目招标范围和规模标准规定》的规定:关系社会公共利益、公共安全的基础设施项目,公共事业项目,使用国有资金投资的项目,国家融资项目和使用国际组织或国外政府资金项目的勘察、设计服务,单项合同估算价在50万人民币以上的,或单项合同估算价低于50万人民币但项目总投资额在3000万元人民币以上的,必须进行招标。依法必须进行招标的勘察设计项目,如果全部使用国有资金投资或者国有资金投资占控股或者主导地位的,应当公开招标。

2. 勘察设计招标的发包形式

勘察设计招标的发包形式既可以将勘察、设计任务单独发包给具有相应资质的勘察单位和设计单位,也可以将勘察、设计任务合并发包给具有相应资质的勘察设计单位。勘察设计总发包,不仅可以减少发包方的工作量,而且在合同履行的过程中,便于总包单位统一协调勘察、设计工作,缩短勘察设计工作的工期。

3.3.3 勘察设计投标

勘察设计单位应按照招标文件的要求进行投标工作。

1. 报送投标申请书

勘察设计单位应按照招标公告规定的时间报送投标申请书,内容包括以下几方面。
(1) 单位名称、地址、负责人姓名、勘察设计证书编号和开户银行账号等。
(2) 单位性质和隶属关系。

(3) 单位简况，包括成立时间、近期勘察设计的主要工程情况、技术人员的数量。
(4) 招标书要求的有关复印件。

2. 按照招标文件要求编制报送投标文件

(1) 综合说明书。
(2) 勘察设计方案及其实施的组织和技术措施。
(3) 需要招标单位提供配合的条件。
(4) 勘察设计开工、完工和提供勘察设计资料日期。
(5) 勘察设计费用报价。
(6) 其他说明的内容。

3.3.4 勘察设计评标与定标

由于设计招标采用方案竞选方式，每份投标书内都包含有投标单位对该工程项目设计的创造性方案设想。为了保护投标单位的知识产权，开标后对有效的工程勘察、设计投标书，应在招投标管理机构的监督下进行保密处理后移交给评标委员会。

1. 勘察标书的评审

勘察标书评审的主要内容如下。
(1) 勘察方案是否合理。
(2) 勘察技术水平是否先进。
(3) 各种所需勘察数据能否准确可靠。
(4) 报价是否合理。

2. 设计标书的评审

虽然各工程项目设计投标书的设计方案各异，需要评审的内容很多，但大致可以归纳为如下几个方面。

(1) 设计方案的优劣。设计方案的优劣评审内容主要包括：设计的指导思想是否正确，设计方案是否反映了国内外同类工程项目较先进的水平，总体布置是否合理，工艺流程是否先进，设备选型的适用性，主要建筑物、构筑物的结构是否合理，造型是否美观大方，是否与周围环境协调，"三废"治理方案是否有效。

(2) 投入产出，经济效益好坏。它主要涉及以下几个方面：建筑标准是否合理，投资估算是否超过投资限额，先进的工艺流程可能带来的投资回报，实现该方案可能需要的外汇额估算等。

(3) 设计进度快慢。评价投标书内的设计进度计划，看其能否满足招标单位制定的项目建设总进度计划要求，不应妨碍或延误施工的顺利进行。

(4) 设计资质和社会信誉。没有设置资格预审程序的邀请招标，在评标后还要进行资格后审，作为对各申请投标单位的比较内容之一。

(5) 报价的合理性。不仅评定总价，还要审查各分项取费的合理性。

3. 定标

评标委员会通过评审标书和投标人的评标答辩后，在评标报告中推选出备选中标方案。招标单位在定标前，还要与备选中标人进行决标前谈判。谈判的主要内容涉及改正或补充原投标方案的可能性，以及将其他投标人的某些设计特点融于该设计方案之中的可能性等有关事项。但为了保护非中标单位的权益，当使用非中标单位的技术成果时，应首先征得其同意，并有偿使用。

招标单位根据投标书所表明的设计方案合理，特色鲜明，工艺、技术水平先进，综合效益好，设计进度能够满足工程需要的原则，最终选定中标单位，并与之签订合同。对未中标单位，也应依据标书设计工作量的大小，予以一定的经济补偿。

3.4 工程项目施工招标与投标

3.4.1 施工招投标的概念及程序

1. 施工招标及招标人的概念

工程项目施工招标是指招标人在发包施工项目之前，公开通告或邀请投标人，根据招标人的意图和要求来投标，以便从中择优选定施工承包单位并达成协议的活动。施工招标人是指依法提出施工招标项目、进行招标的法人或者其他组织。

凡符合招标范围和规模标准规定的工程项目，必须通过招标选择施工单位。任何单位和个人不得将依法必须进行招标的项目化整为零或者以其他任何方式规避招标。工程施工招标投标活动，依法由招标人负责。任何单位和个人不得以任何方式非法干涉工程施工招标投标活动。

2. 施工投标及投标人的概念

工程项目施工投标是指具有合法资格和能力的投标人根据招标文件要求，在指定期限内向招标人提交施工投标文件，供招标单位选择，以获得承包权的行为。

投标人是指响应招标、参加投标竞争的法人或者其他组织。招标人的任何不具独立法人资格的附属机构单位，或者为招标项目的前期准备或者监理工作提供设计、咨询服务的任何法人及其任何附属机构单位，都无资格参加该招标项目的投标。

3. 施工招标与投标的程序

工程项目施工招投标程序如图 3-1 所示。

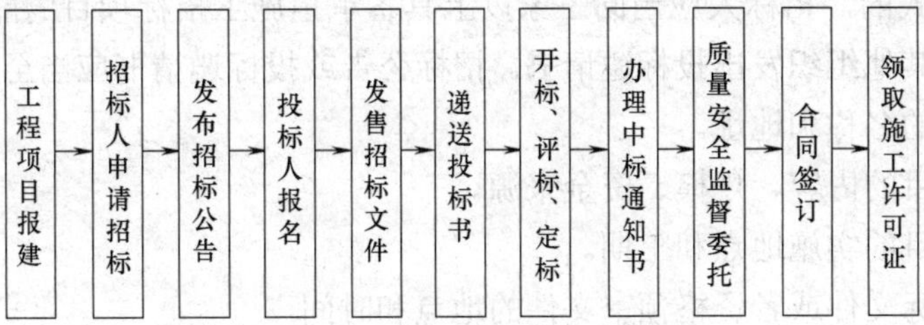

工程项目报建 → 招标人申请招标 → 发布招标公告 → 投标人报名 → 发售招标文件 → 递送投标书 → 开标、评标、定标 → 办理中标通知书 → 质量安全监督委托 → 合同签订 → 领取施工许可证

图 3-1　施工招投标程序示意图

3.4.2　施工招标

1. 工程施工招标的条件

依法必须招标的工程建设项目，应当具备下列条件才能进行施工招标。
(1) 招标人已经依法成立。
(2) 初步设计及概算应当履行审批手续的，已经批准。
(3) 有相应资金或资金来源已经落实。
(4) 有招标所需的设计图纸及技术资料。

2. 工程施工招标的方式

工程施工招标分为公开招标和邀请招标。

依法必须进行公开招标的项目，有下列情形之一的，可以邀请招标。
(1) 项目技术复杂或有特殊要求，或者受自然地域环境限制，只有少量潜在投标人可供选择。
(2) 涉及国家安全、国家秘密或者抢险救灾，适宜招标但不宜公开招标。
(3) 采用公开招标方式的费用占项目合同金额的比例过大。

依法必须进行施工招标的工程建设项目有下列情形之一的，可以不进行施工招标。
(1) 涉及国家安全、国家秘密、抢险救灾或者属于利用扶贫资金实行以工代赈，需要使用农民工等特殊情况，不适宜进行招标。
(2) 施工主要技术采用不可替代的专利或者专有技术。
(3) 已通过招标方式选定的特许经营项目投资人依法能够自行建设。
(4) 采购人依法能够自行建设。
(5) 在建工程追加的附属小型工程或者主体加层工程，原中标人仍具备承包能力，并且其他人承担将影响施工或者功能配套要求。
(6) 国家规定的其他情形。

3. 施工招标公告或投标邀请书的内容

采用公开招标方式的，招标人应当发布招标公告，邀请不特定的法人或者其他组织投标。依法必须进行施工招标项目的招标公告，应当在国家指定的报刊和信息网络上发布。

采用邀请招标方式的，招标人应当向三家以上具备承担施工招标项目的能力、资信良好的特定的法人或者其他组织发出投标邀请书。招标公告或投标邀请书应当至少载明下列内容。

(1) 招标人的名称和地址。
(2) 招标项目的内容、规模、资金来源。
(3) 招标项目的实施地点和工期。
(4) 获取招标文件或者资格预审文件的地点和时间。
(5) 对招标文件或者资格预审文件收取的费用。
(6) 对招标人的资质等级的要求。

4. 施工招标文件的发布

(1) 招标人应当按招标公告或者投标邀请书规定的时间、地点出售招标文件或资格预审文件。自招标文件或者资格预审文件出售之日起至停止出售之日止，最短不得少于5日。

(2) 招标人可以通过信息网络或者其他媒介发布招标文件，通过其他媒介发布的招标文件与书面招标文件具有同等法律效力，出现不一致时以书面招标文件为准。

(3) 对招标文件或者资格预审文件的收费应当限于补偿印刷、邮寄的成本支出，不得以营利为目的。对于所附的设计文件，招标人可以向投标人酌收押金；对于开标后投标人退还设计文件的，招标人应当向投标人退还押金。

(4) 招标文件或者资格预审文件售出后，不予退还。除不可抗力的原因外，招标人在发布招标公告、发出投标邀请书后或者售出招标文件或资格预审文件后不得终止招标。

5. 施工投标资格的审查

招标人可以根据招标项目本身的特点和需要，要求潜在投标人或者投标人提供满足其资格要求的文件，对潜在投标人或者投标人进行资格审查。资格审查分为资格预审和资格后审。

(1) 资格预审，是指在投标前对潜在投标人进行的资格审查。
(2) 资格后审，是指在开标后对投标人进行的资格审查。

进行资格预审的，一般不再进行资格后审，但招标文件另有规定的除外。

采取资格预审的，招标人应当发布资格预审公告。招标人应当在资格预审文件中载明资格预审的条件、标准和方法；采取资格后审的，招标人应当在招标文件中载明对投标人资格要求的条件、标准和方法。

招标人不得改变载明的资格条件或者以没有载明的资格条件对潜在投标人或者投标人进行资格审查。经资格预审后，招标人应当向资格预审合格的潜在投标人发出资格预审合格通知书，告知获取招标文件的时间、地点和方法，并同时向资格预审不合格的潜在投标人告知资格预审结果。资格预审不合格的潜在投标人不得参加投标。经资格后审不合格的投标人的投标应予否决。

资格审查应主要审查潜在投标人或者投标人是否符合下列条件。

(1) 具有独立订立合同的权利。
(2) 具有履行合同的能力，包括专业、技术资格和能力，资金、设备和其他物质设施状况，管理能力，经验、信誉和相应的从业人员。

(3) 没有处于被责令停业，投标资格被取消，财产被接管、冻结，破产状态。

(4) 在最近 3 年内没有骗取中标和严重违约及重大工程质量问题。

(5) 国家规定的其他资格条件。

资格审查时，招标人不得以不合理的条件限制、排斥投标人，不得对投标人实行歧视待遇。任何单位和个人不得以行政手段或者其他不合理的方式限制投标人的数量。

6. 施工招标代理

招标人符合法律规定的自行招标条件的，可以自行办理招标事宜。任何单位和个人不得强制其委托招标代理机构办理招标事宜。如果实施招标代理的，工程招标代理机构与招标人应当签订书面委托合同，并按双方约定的标准收取代理费。招标代理机构不得无权代理、越权代理，不得明知委托事项违法而进行代理。并且，招标代理机构不得在所代理的招标项目中投标或者代理投标，也不得为所代理的招标项目的投标人提供咨询；未经招标人同意，不得转让招标代理业务。

招标代理机构应当在招标人委托的范围内承担招标事宜。招标代理机构可以在其资格等级范围内承担下列招标事宜。

(1) 拟订招标方案，编制和出售招标文件、资格预审文件。

(2) 审查投标人资格。

(3) 编制标底或投标限价。

(4) 组织投标人踏勘现场。

(5) 组织开标、评标，协助招标人定标。

(6) 草拟合同。

(7) 招标人委托的其他事项。

7. 施工招标文件的编制

招标人根据施工招标项目的特点和需要编制招标文件。招标文件一般包括下列内容。

(1) 招标公告或投标邀请书。

(2) 投标人须知。

(3) 合同主要条款。

(4) 投标文件格式。

(5) 采用工程量清单招标的，应当提供工程量清单。

(6) 技术条款。

(7) 设计图纸。

(8) 评标标准和方法。

(9) 投标辅助材料。

招标人应当在招标文件中规定实质性要求和条件，并用醒目的方式标明。

招标人可以要求投标人在提交符合招标文件规定要求的投标文件外，提交备选投标方案，但应当在招标文件中做出说明，并提出相应的评审和比较办法。

招标文件规定的各项技术标准应符合国家强制性标准。但招标文件中规定的各项技术标准均不得要求或标明某一特定的专利、商标、名称、设计、原产地或生产供应者，不得含有倾向或者排斥潜在投标人的其他内容。如果必须引用某一生产供应者的技术标准才能准确或清楚地说明拟招标项目的技术标准时，则应当在参照后面加上"或相当于"的字样。

施工招标项目需要划分标段、确定工期的，招标人应当合理划分标段、确定工期，并在招标文件中载明。对工程技术上紧密相连、不可分割的单位工程不得分割标段。招标人不得以不合理的标段或工期限制、排斥潜在投标人或者投标人。依法必须进行施工招标的项目的招标人不得利用划分标段规避招标。

招标文件应当明确规定所有的评标因素，以及如何将这些因素量化或者据以进行评估。评标过程中，不得改变招标文件中规定的评标标准、方法和中标条件。

招标文件应当规定一个适当的投标有效期，以保证招标人有足够的时间完成评标并与中标人签订合同。投标有效期从投标人提交投标文件截止之日起计算。在原投标有效期结束前出现特殊情况的，招标人可以书面形式要求所有投标人延长投标有效期。投标人同意延长的，不得要求或被允许修改其投标文件的实质性内容，但应当相应延长其投标保证金的有效期；投标人拒绝延长的，其投标失效，但投标人有权收回其投标保证金。因延长投标有效期造成投标人损失的，招标人应当给予补偿，但因不可抗力需要延长投标有效期的除外。

施工招标项目工期较长的，招标文件中可以规定工程价格调整因素和调整方法。

招标人应当确定投标人编制投标文件所需要的合理时间，但是，依法必须进行招标的项目，自招标文件开始发出之日起至投标人提交投标文件截止之日止，最短不得少于20日。

8. 踏勘项目现场的组织

招标人根据招标项目的具体情况，可以组织潜在投标人踏勘项目现场，向其介绍工程场地和相关环境的有关情况。潜在投标人依据招标人介绍情况做出的判断和决策，由投标人自行负责。

招标人不得单独或者分别组织任何一个投标人进行现场踏勘。

对于潜在投标人在阅读招标文件和现场踏勘中提出的疑问，招标人可以书面形式或召开投标预备会的方式解答，但需同时将解答以书面方式通知所有购买招标文件的潜在投标人。该解答的内容为招标文件的组成部分。

9. 标底或投标限价的编制

招标人可根据项目特点决定是否编制标底。编制标底的，标底编制过程和标底在开标前必须保密，开标时应当公布。招标项目编制标底的，应根据批准的初步设计、投资概算，依据有关计价办法，参照有关工程定额，结合市场供求状况，综合考虑投资、工期和质量等方面的因素合理确定。标底由招标人自行编制或委托中介机构编制。一个工程只能编制一个标底。标底只能作为评标的参考，禁止以标底为基准价格设定一个上下限范围作为确定投标报价是否有效和中标的直接依据。任何单位和个人不得强制招标人编制或报审标底，或干预其确定标底。

招标项目可以不设标底，进行无标底招标。

招标人设有最高投标限价的，应当在招标文件中明确最高投标限价或者最高投标限价的计算方法。最高限价对投标报价的有效性具有强制约束力，投标人必须响应。招标人不得规定最低投标限价。

3.4.3 施工投标

1. 施工投标文件的编制

投标人应当按照招标文件的要求编制投标文件。投标文件应当对招标文件提出的实质性要求和条件做出响应。投标文件一般包括下列内容。

(1) 投标函。
(2) 投标报价。
(3) 施工组织设计。
(4) 商务和技术偏差表。

投标人根据招标文件载明的项目实际情况，拟在中标后将中标项目的部分非主体、非关键性工作进行分包的，应当在投标文件中载明。

2. 投标保证金

投标保证金是指在招标投标活动中，投标人随投标文件一同递交给招标人的一定形式、一定金额的投标责任担保。投标保证金是为了保护买方免遭因投标人的行为而蒙受的损失，买方在因投标人的行为受到损害时，可根据规定没收投标人的投标保证金。

招标人可以在招标文件中要求投标人提交投标保证金。投标保证金除现金外，可以是银行出具的银行保函、保兑支票、银行汇票或现金支票。投标保证金不得超过项目估算价的百分之二。投标保证金有效期应当与投标有效期一致。

投标人应当按照招标文件要求的方式和金额，将投标保证金随投标文件提交给招标人或其委托的招标代理机构。依法必须进行施工招标的项目的境内投标单位，以现金或者支票形式提交的投标保证金应当从其基本账户转出。

3. 投标文件送达及接收

投标人应当在招标文件要求提交投标文件的截止时间前，将投标文件密封送达投标地点。招标人收到投标文件后，应当向投标人出具标明签收人和签收时间的凭证，在开标前任何单位和个人不得开启投标文件。

在招标文件要求提交投标文件的截止时间后送达的投标文件，招标人应当拒收。

依法必须进行施工招标的项目提交投标文件的投标人少于三个的，招标人在分析招标失败的原因并采取相应措施后，应当依法重新招标。重新招标后投标人仍少于三个的，属于必须审批、核准的工程建设项目，报经原审批、核准部门审批、核准后可以不再进行招标；其他工程建设项目，招标人可自行决定不再进行招标。

投标人在招标文件要求提交投标文件的截止时间前，可以补充、修改、替代或者撤回已提交的投标文件，并书面通知招标人。补充、修改的内容为投标文件的组成部分。

在提交投标文件截止时间后到招标文件规定的投标有效期终止之前，投标人不得撤销其投标文件，否则招标人可以不退还其投标保证金。

投标文件有下列情形之一的，招标人应当拒收：逾期送达；未按招标文件要求密封。

开标前，招标人应妥善保管已接收的投标文件、修改或撤回通知、备选投标方案等投标资料。

4. 联合体投标

联合体投标是指两个以上法人或者其他组织组成一个联合体，以一个投标人的身份共同投标的行为。联合体是一个临时性的组织，不具有法人资格。组成联合体的目的是增强投标竞争能力，弥补各方技术力量的相对不足，提高共同承担的项目完工的可靠性。

联合体各方签订共同投标协议后，不得再以自己的名义单独投标，也不得组成新的联合体或参加其他联合体在同一项目中投标。

招标人接受联合体投标并进行资格预审的，联合体应当在提交资格预审申请文件前组成。资格预审后联合体增减、更换成员的，其投标无效。

联合体各方应当指定牵头人，授权其代表所有联合体成员负责投标和合同实施阶段的主办、协调工作，并应当向招标人提交由所有联合体成员法定代表人签署的授权书。

联合体投标的，应当以联合体各方或者联合体中牵头人的名义提交投标保证金。以联合体中牵头人名义提交的投标保证金，对联合体各成员具有约束力。

3.4.4　施工开标、评标和定标

1. 开标时间及地点

开标应当在招标文件确定的提交投标文件截止时间的同一时间公开进行；开标地点应当为招标文件中确定的地点。开标由招标人或其委托的代理机构主持，由投标人或其代表检查投标文件密封情况。由招标人或其代理机构，对所有合格的投标文件当众拆封。

投标人自主决定是否参加开标。投标人对开标有异议的，应当在开标现场提出，招标人应当当场做出答复，并制作记录。

2. 评标程序

评标活动一般按照下列步骤进行。

(1) 评标准备。评标委员会成员熟悉招标文件、投标文件、评标标准、方法和评审表格、投标文件基础数据整理分析。

(2) 初步评审。以招标文件为依据，检查各投标文件是否响应招标文件的各项要求，确定各投标文件是否有效。

(3) 实质评审。对各投标文件进行技术和商务方面的审查，评定其合理性；对各投标

文件分项进行量化比较，评出先后次序。

(4) 编写评标报告并推荐中标候选人或确定中标人。

3. 评标时对投标文件的否决

有下列情形之一的，评标委员会应当否决其投标。

(1) 投标文件未经投标单位盖章和单位负责人签字。
(2) 投标联合体没有提交共同投标协议。
(3) 投标人不符合国家或者招标文件规定的资格条件。
(4) 同一投标人提交两个以上不同的投标文件或报价，但招标文件要求提交备选者除外。
(5) 投标报价低于成本或者高于招标文件设定的最高投标限价。
(6) 投标文件没有对招标文件的实质性要求和条件做出响应。
(7) 投标人有串通投标、弄虚作假、行贿等违法行为。

4. 评标时允许对投标文件的澄清与修正

评标委员会可以书面方式要求投标人对投标文件中含义不明确、对同类问题表述不一致或者有明显文字和计算错误的内容做必要的澄清、说明或补正。评标委员会不得向投标人提出带有暗示性或诱导性的问题，或向其明确投标文件中的遗漏和错误。

投标文件不响应招标文件的实质性要求和条件的，评标委员会不得允许投标人通过修正或撤销其不符合要求的差异或保留，使之成为具有响应性的投标。

评标委员会在对实质上响应招标文件要求的投标进行报价评估时，除招标文件另有约定外，应当按下述原则进行修正。

(1) 用数字表示的数额与用文字表示的数额不一致时，以文字数额为准。
(2) 单价与工程量的乘积与总价之间不一致时，以单价为准。若单价有明显的小数点错位，应以总价为准，并修改单价。

投标文件中没有列入的价格和优惠条件在评标时不予考虑。

5. 评标方法

评标方法因时因地因项目而异，无统一性，一般应当采用综合评估法、经评审的最低投标价法或者合理低价法。

(1) 综合评估法：是将投标报价、施工组织设计、投标人和项目经理资信具体量化，并赋予相对权重分值，按照得分由高到低择优选择最佳投标人的方法。综合评估法不保证投标报价最低的投标人中标。评审因素分值由两部分构成：投标报价占60~70分，其中，投标总价20~30分、分部分项费20分、措施项目费20分；施工组织设计占30~40分。

(2) 经评审的最低投标价法：是将施工组织设计、投标人和项目经理资信等价格以外因素，按照一定估算比例折合成价格，按照奖优罚劣的原则，将折算价格计入投标人的投标报价，按照含估算的最终且经评审的投标报价由低到高顺序确定最佳投标人的方法。经评审的最低投标价法不保证投标报价最低的投标人中标。

(3) 合理低价法：是对投标报价、施工组织设计、投标人和项目经理资信进行合格评审，按照投标报价由低到高顺序确定最佳投标人的方法。合格的标准主要从其完整性、合理性、针对性三个方面进行评审。

6. 中标人的确定

对于投标人提交的优越于招标文件中技术标准的备选投标方案所产生的附加收益，不得考虑进评标价中。符合招标文件的基本技术要求且评标价最低或综合评分最高的投标人，其所提交的备选方案方可予以考虑。

评标委员会完成评标后，应向招标人提出书面评标报告。招标人应当自收到评标报告之日起3日内公示中标候选人，公示期不得少于3日。

评标委员会推荐的中标候选人应当限定在一至三人，并标明排列顺序。招标人应当接受评标委员会推荐的中标候选人，不得在评标委员会推荐的中标候选人之外确定中标人。

国有资金占控股或者主导地位的依法必须进行招标的项目，招标人应当确定排名第一的中标候选人为中标人。排名第一的中标候选人放弃中标、因不可抗力提出不能履行合同、不按照招标文件的要求提交履约保证金，或者被查实存在影响中标结果的违法行为等情形，不符合中标条件的，招标人可以按照评标委员会提出的中标候选人名单排序依次确定其他的中标候选人为中标人。依次确定其他的中标候选人与招标人预期差距较大，或者对招标人明显不利的，招标人可以重新招标。招标人也可以授权评标委员会直接确定中标人。

7. 中标通知书的发出

所谓中标通知书，是指招标人在确定中标人后向中标人发出的通知其中标的书面凭证。中标通知书的内容应当简明扼要，主要内容包括：中标工程名称、中标价格、工程范围、工期、开工及竣工日期、质量等级等。

中标通知书由招标人发出。

关于中标通知书的发放时间，《招标投标法》及《招标投标法实施条例》对此未做具体规定。必须在评标结果已经公示，没有质疑投诉或质疑投诉已处理完毕，且最迟应当在投标有效期结束日30个工作日之前发出，以便有时间签订合同。

招标人不得向中标人提出压低报价、增加工作量、缩短工期或其他违背中标人意愿的要求，以此作为发出中标通知书和签订合同的条件。

中标通知书对招标人和中标人具有法律效力。中标通知书发出后，招标人改变中标结果的，或者中标人放弃中标项目的，应当依法承担法律责任。

招标人全部或者部分使用非中标单位投标文件中的技术成果或技术方案时，需征得其书面同意，并给予一定的经济补偿。

8. 签订合同及退还投标保证金

招标人和中标人应当在自中标通知书发出之日起30日内，按照招标文件和中标人的投标文件订立书面合同。招标人和中标人不得再行订立背离合同实质性内容的其他协议。

招标人要求中标人提供履约保证金或其他形式履约担保的，招标人应当同时向中标人提供工程款支付担保。招标人不得擅自提高履约保证金，不得强制要求中标人垫付中标项目建设资金。

招标人最迟应当在与中标人签订合同后 5 日内，向中标人和未中标的投标人退还投标保证金及银行同期存款利息。

合同中确定的建设规模、建设标准、建设内容、合同价格应当控制在批准的初步设计及概算文件范围内；确需超出规定范围的，应当在中标合同签订前，报原项目审批部门审查同意。凡应报经审查而未报的，在初步设计及概算调整时，原项目审批部门一律不予承认。

招标人不得直接指定分包人。对于不具备分包条件或者不符合分包规定的，招标人有权在签订合同或者中标人提出分包要求时予以拒绝。发现中标人转包或违法分包时，可要求其改正；拒不改正的，可终止合同，并报请有关行政监督部门查处。

9. 招标投标情况书面报告的提交

依法必须进行施工招标的项目，招标人应当自发出中标通知书之日起 15 日内，向有关行政监督部门提交招标投标情况的书面报告，应包括下列内容。

(1) 招标范围。
(2) 招标方式和发布招标公告的媒介。
(3) 招标文件中投标人须知、技术条款、评标标准和方法、合同主要条款等内容。
(4) 评标委员会的组成和评标报告。
(5) 中标结果。

3.4.5 施工招投标的禁止性规定

1. 投标人之间串通投标

投标人不得相互串通投标报价，不得排挤其他投标人，阻碍公平竞争，损害招标人或者其他投标人的合法权益。投标人之间串通投标有以下几种表现形式。

(1) 投标者之间相互约定，一致抬高或者压低投标价。
(2) 投标者之间相互约定，在招标项目中分别以高、中、低价位报价。
(3) 投标者之间进行内部竞价，内定中标人，然后再参加投标。
(4) 投标者之间其他串通投标行为。

2. 投标人与招标人之间串通招标投标

投标人不得与招标人串通投标，损害公共利益或其他人的合法权益。其表现形式如下。

(1) 招标人在开标前开启投标文件，并将有关信息泄露给其他投标人。
(2) 招标人授意投标人撤换、修改投标文件。
(3) 招标人直接或间接向投标人泄露标底、评标委员会成员等信息。
(4) 招标人明示或者暗示投标人压低或抬高投标报价。

(5) 招标人明示或者暗示投标人，为特定投标人中标提供方便。
(6) 招标人和投标人之间的其他串通行为，如通过故意做引导性提问等。

3. 投标人以行贿的手段谋取中标

投标人以行贿的手段谋取中标是违背《招标投标法》基本原则的行为，对其他投标人是不公平的。投标人以行贿手段谋取中标的法律后果是中标无效，有关责任人和单位应当承担相应的行政责任或刑事责任，给他人造成损失的，还应当承担民事赔偿责任。

4. 投标人以低于成本的报价竞争

投标人不得为了排挤其他对手，以低于成本的报价竞标。因为如果投标人以低于成本的报价竞标，就很难保证工程质量，各种偷工减料、以次充好等现象也随之产生。

5. 投标人以非法手段骗取中标

投标人不得以他人名义投标或者以其他方式弄虚作假，骗取中标。在工程实践中，投标人以非法手段骗取中标的现象大量存在，主要表现在如下几方面。
(1) 投标人挂靠其他施工单位或通过受让、租借的方式获取资质证书参加投标。
(2) 投标文件中故意在商务上和技术上采用模糊的语言骗取中标。
(3) 投标时递交虚假业绩证明、资格文件。
(4) 假冒法定代表人签名、私刻公章、递交假的委托书等。

3.4.6 施工招标投标案例

【例 3-1】综合评标法在施工评标中的应用案例。

某工程采用公开招标方式，有 A、B、C、D 四家承包商参加投标，经资格预审这四家承包商均满足要求。该项工程采用两阶段评标法评标，评标委员会共由 5 名成员组成，评标的具体规定及相关资料如下。

1. 第一阶段评技术标

技术标共计 40 分。其中施工方案 16 分，总工期 10 分，工程质量 5 分，项目班子 4 分，企业信誉 5 分。评委对四家承包商的施工方案、总工期、工程质量、项目班子、企业信誉评分结果汇总如表 3-1 所示。

表 3-1 各评委对四家承包商得分汇总表

投标单位	施工方案	总工期	工程质量	项目班子	企业信誉
A	13.67	8.5	4	2.5	4.0
B	12.83	8.0	4.5	3.0	4.5
C	13.83	8.5	3.5	3.0	4.5
D	12.67	9.0	4.0	2.5	3.5

2. 第二阶段评商务标

商务标共计 60 分。其中,投标报价 30 分,措施项目费报价 10 分,分部分项工程量清单项目综合单价报价 20 分(抽取 20 项,每项满分 1 分)。超过最高限价者为无效标书。

(1) 基准价计算。

$$投标总价基准价 = 0.97 \times 各有效报价算数平均值$$

$$措施项目费报价基准价 = 各有效报价的措施项目费算数平均值$$

$$分部分项综合单价基准价 = 各有效报价的同一项目综合单价算数平均值$$

(2) 报价偏差率计算。

$$投标总价偏差率 = 100 \times (投标报价 - 总报价基准价) / 总报价基准价$$

$$措施项目费报价偏差率 = 100 \times (措施项目费报价 - 措施项目基准价) / 措施项目基准价$$

$$分部分项综合单价偏差率 = 100 \times (某分部分项报价 - 相应的基准价) / 相应的基准价$$

(3) 评分标准。

总报价评分标准:总报价每高于基准价一个百分点扣 0.4 分,每低于一个百分点扣 0.2 分。扣完为止。

措施项目费报价评分标准:措施项目费报价每高于或低于基准价一个百分点扣 0.2 分,扣完为止。

分部分项综合单价报价评分标准:同一分部分项工程量清单项目综合单价报价每高于相应基准价一个百分点扣 0.02 分,每低于一个百分点扣 0.01 分。扣完为止。

各承包商的报价及分部分项报价得分如表 3-2 所示。

表 3-2　各承包商的报价　　　　　　　　　　　　　　　单位:万元

报价单位	A	B	C	D	最高限价
总报价	19 000	22 000	21 000	18 000	23 700
措施费	2000	2100	2000	1900	—
分部分项报价得分	18 分	20 分	19 分	16 分	—

问题:请按综合得分最高中标的原则确定中标单位。

【解】(1) 根据表 3-1 计算各投标单位技术标的得分。

A 单位=13.67+8.5+4.0+2.5+4.0=32.67。

B 单位=12.83+8.0+4.5+3.0+4.5=32.83。

C 单位=13.83+8.5+3.5+3.0+4.5=33.33。

D 单位=12.67+9.0+4.0+2.5+3.5=31.67。

(2) 计算各投标单位商务标的得分。

① 计算各单位投标总报价的得分。

$$有效报价算数平均值 = \frac{19\,000 + 22\,000 + 21\,000 + 18\,000}{4} = 20\,000 \,(万元)。$$

投标总价基准价=0.97×20 000=19 400(万元)。

A 单位投标总价偏差率=100×(19 000−19 400)/19 400=−2.1,扣 0.2×2.1=0.42,得分 29.58。

B 单位投标总价偏差率=100×(22 000−19 400)/19 400=13.4，扣 0.4×13.4=5.36，得分 24.64。
C 单位投标总价偏差率=100×(21 000−19 400)/19 400=8.2，扣 0.4×8.2=3.28，得分 26.72。
D 单位投标总价偏差率=100×(18 000−19 400)/19 400=−7.2，扣 0.2×7.2=1.44，得分 28.56。

② 计算各单位措施项目费报价得分。

$$措施项目基准价 = \frac{2000 + 2100 + 2000 + 1900}{4} = 2000$$

A 单位措施项目偏差率=100×(2000−2000)/2000=0，得 10 分。
B 单位措施项目偏差率=100×(2100−2000)/2000=5，得 9 分。
C 单位措施项目偏差率=100×(2000−2000)/2000=0，得 10 分。
D 单位措施项目偏差率=100×(1800−2000)/2000=10，得 8 分。

③ 各投标单位商务标总得分。

A 单位商务标总得分=29.58+10+18=57.58。
B 单位商务标总得分=24.64+9+20=53.64。
C 单位商务标总得分=26.72+10+19=55.72。
D 单位商务标总得分=28.56+8+16=52.56。

(3) 计算各承包商的综合得分。

A 单位=32.67+57.58=90.25。
B 单位=32.83+53.64=86.47。
C 单位=33.3+55.72=89.02。
D 单位=31.67+52.56=84.23。

结论：在四个承包商中，承包商 A 的得分最高，所以选择 A 单位中标。

【例 3-2】招标投标过程中的错误行为分析案例。

背景：某项目进行施工招标时，有五家投标单位，其中，A、B、C、D 四家公司属单独投标，E 投标单位属 D 公司与另一家投标人组成的联合体。在投标截止日前，A 公司提交一份补充文件，说明愿意在原报价基础上降低 3%作为最终报价。开标后，B 公司考虑自己报价过高，难以中标，向招标单位提出，如果中标，将承诺工期比原投标文件中的工期再提前两个月。开标后评标委员会发现 C 公司有两项分项工程报价计算错误，认定 C 公司的投标文件为无效标书。

问题：上述招标投标过程中，有哪些行为是错误的？ 为什么？

【解】错误的行为如下。

(1) D 公司不能既以自己的名义投标，又以联合体的名义投标，违反《中华人民共和国招标投标法》。

(2) B 公司不应在开标后再提出工期提前的承诺。《中华人民共和国招标投标法》规定，开标后投标人不得再提出优惠条件，不得对投标文件做实质性修改。

(3) 评标委员会不应认定 C 公司投标无效。报价计算错误可以由评标委员会修改后经投标人确认，不应属于无效标书。

3.5 工程项目物资招标与投标

工程项目物资设备招标投标是招标人通过招标的方式，择优选择物资设备供应单位并与其签订供应合同的一系列法律活动的总称。通过招标投标的方式采购和供应建设物资，可以保证建设物资优质、及时和按合理的价格供应，也可以为物资设备的供应商提供公开、公平的竞争机会。

3.5.1 工程项目物资招标投标程序

工程项目物资招标与投标应遵循以下程序。

(1) 由主持招标的单位编制招标文件。招标文件应包括招标通告、投标者须知、投标格式、合同格式、货物清单、质量标准或技术规范以及必要的附件。

(2) 刊登招标公告。

(3) 投标单位购买招标书(在需要进行资格预审的招标中，招标书只发售给资格合格的厂商)。

(4) 投标报价，投标单位应在指定的时间、地点投标报价。

(5) 开标、确定中标单位，招标单位应在预定的时间、地点公开开标，由评标委员会按招标文件规定的评标方法，对所有合格的投标文件进行评审，确定中标人。

(6) 签订合同。

3.5.2 划分物资采购合同包的基本原则

由于材料、设备种类繁多，不管是以直接订购还是公开招标方式采购材料、设备，都不可避免地遇到分标的问题。分标时需要考虑的因素主要有以下几个方面。

(1) 招标项目的规模。根据工程项目中各设备之间的关系、预计金额大小等来分标。分标时要大小适当，以吸引众多的供货商，这样有利于降低报价，便于买方挑选。

(2) 设备性质和质量要求。分标时可考虑大部分设备由同一厂商制造供货，或按相同行业划分，以减少招标工作量，吸引更多竞争者。有时可将国内制造有困难的设备单列一个标向国外招标。

(3) 工程进度与供货时间。如果一个工程所需供货时间较长，而在项目实施过程中对各类设备、材料的需要时间不同，则应从资金、运输、仓储等条件来进行分标，以降低成本。

(4) 供货地点。如果一个工程地点分散，则所需机电设备的供货地点也势必分散，因而应考虑供货商的供货能力、运输、仓储等条件来进行分标，以保证供应和降低成本。

(5) 市场供应情况。有时一个大型工程需要大量的建筑材料和设备，如果一次采购，势必引起价格上涨,应合理计划、分批采购。

(6) 贷款来源。如果买方是由一个以上单位贷款,各贷款单位对采购的限制条件有不同要求,则应合理分标,以吸引更多的供货商参加投标。

3.5.3 物资采购评标

对合格标书进行评审比较时,不仅要看所报价格的高低,还要考虑招标单位在货物运抵现场过程中可能要支付的其他费用,以及设备在评审预定的寿命期内可能投入的运营和管理费多少。如果投标人所报的设备价格较低,但运营费很高时,仍不符合以最合理价格采购的原则。货物采购评标,一般采用评标价法或打分法。

1. 评标价法

以货币价格为指标的评标价法,依据标的性质和特点不同,可选择最低投标价法、综合评标价法和以寿命周期成本为基础的评标价法之中的任何一种方法。

(1) 最低投标价法。

最低投标价法是指采购简单商品、半成品、原材料,以及其他性能、质量相同或容易进行比较的货物时,仅以投标价格作为评标考虑的唯一因素,选择投标价最低者中标。

(2) 综合评标价法。

综合评标价法是指以投标价为基础,将评定各要素按预定的方法换算成相应的价格,在原投标价上增加或扣减该值而形成评标价格。评标价格最低的投标书为最优。采购机组、车辆等大型设备时,较多采用这种方法。

评标时,投标价格以外还需考察的因素和折算为价格的方法,一般包括以下几个方面。

① 运输费用。这部分为招标单位可能支付的额外费用包括运费、保险费和其他费用。

② 交货期。以招标文件的"供货一览表"中规定的具体交货时间作为标准。当投标书中提出的交货期早于规定时间,一般不给予评标优惠,同时若推迟的时间尚在可以接受的范围之内,交货日期每延迟一个月,按投标价的某一百分比(一般为 2%)计算折算价,将其加到投标价上去。

③ 付款条件。投标人应按招标文件中规定的付款条件来报价,对不符合规定的投标,可视为非响应性投标而予以拒绝。但在订购大型设备的招标中,如果投标人在投标致函内提出,若采用不同的付款条件(如增加预付款或前期阶段支付款)可降低报价的方案供招标单位选择时,这一付款要求在评标时也应予以考虑。当支付要求的偏离条件在可接受范围情况下,应将因偏离要求而给项目法人增加的费用(资金利息等)按招标文件中规定的贴现率换算成评标时的净现值,加到投标致函中提出的更改报价上后作为评标价格。

④ 零配件和售后服务。零配件以设备运行两年内各类易损备件的获取途径和价格作为评标要素。售后服务内容一般包括安装检测、设备调试、提供备件、负责维修、人员培训等工作,评价提供这些服务的可能性和价格。评标时如何对待这两笔费用,要视招标文件的规定区别对待。当这些费用已要求投标人包括在投标价之内,则评标时不再考虑这些

因素;若要求投标人在投标价之外单报这些费用,则应将其加到报价上。

⑤ 设备性能、生产能力。投标设备应具有招标文件技术规范中规定的生产效率。如果所提供设备的性能、生产能力等某些技术指标没有达到技术规范要求的基准参数,则每种参数比基准参数降低 1% 时,应以投标设备实际生产效率单位成本为基础计算,在投标价上增加若干金额。

将以上各项评审价格加到投标价上去后,累计金额即为该标书的评标价。

(3) 以设备寿命周期成本为基础的评标法。

评标时应首先确定一个统一的设备评审寿命期,然后再根据各投标书的实际情况,在投标价上加上该年限运行期内所发生的各项费用,再减去寿命期末设备的残值。计算各项费用和残值时,都应按招标文件中规定的贴现率折算成净现值。这些以贴现值计算的费用包括以下几个方面。

① 估算寿命期内所需的燃料消耗费。

② 估算寿命期内所需备件及维修费用。备件费可按投标人在技术规范附件中提供的担保数字,或过去已用过可做参考的类似设备实际消耗数据为基础,以运行时间来计算。

③ 估算寿命期末的残值。

2. 打分法

打分法是按预先确定的评分标准,对各投标书进行评审记分,得分最高者中标。

(1) 评审指标内容:投标价格,运输费、保险费和其他费用,投标书中所报的交货期限,偏离招标文件规定的付款条件,备件价格和售后服务,设备的性能、质量、生产能力,技术服务和培训,其他有关内容。

(2) 评审指标分值的分配。

评审指标分值的分配无统一标准,可根据具体工程设备特点确定。

打分法的优点是简便、全面,可以将难以用金额表示的各项要素量化后进行比较,从中选出最好的标书;缺点是各评标人独立给分,对评标人的水平和知识面要求高,主观随意性较大。另外,投标人提供的设备型号各异,难以合理确定不同技术性能的分值,有时甚至会忽视一些重要指标。若采用打分法评标,评分要素和各要素的分值分配均应在招标文件中加以说明。

3.5.4 物资采购招标投标案例

【例 3-3】背景:某项目委托监理公司承担施工监理任务,在项目施工招标过程中共有 A、B、C、D、E 五家施工单位竞标。其中 E 工程公司的投标文件在招标文件要求提交投标文件的截止时间后半小时送达;C 工程公司的投标文件未密封。经过评标,业主选定 A 公司为中标单位。且在施工合同中双方约定,A 公司将设备安装、配套工程和桩基工程的施工分别分包给 SH、PT 和 ZH 三家专业工程公司,业主负责采购设备。

问题:

(1) 评标委员会是否应该对 E、C 这两家公司的投标文件进行评审？为什么？

(2) 桩基工程施工完毕，按有关规定和合同约定做了检测验收。监理师对其中某混凝土桩质量有怀疑，建议业主采用钻孔取样方法进一步检验。ZH 公司不配合，监理师要求 A 公司给予配合，A 公司以桩基工程是由 ZH 公司施工为由加以拒绝。A 公司的做法妥当否？

(3) 若桩钻孔取样检验合格，A 公司要求该监理公司承担由此发生的全部费用，赔偿其窝工损失，并顺延所影响的工期。A 公司的要求合理吗？为什么？

(4) 业主采购的设备提前进场，A 公司派人参加开箱清点，并向监理工程师提交因此增加的保管费支付申请。监理工程师是否应予以签认？为什么？

(5) PT 公司在配套工程的设备安装过程中发现配套工程设备材料库中部分配件丢失，要求业主重新采购供货。PT 公司的要求是否合理？为什么？

【解】(1) 对 E 公司的投标文件不评定，按《招投标法》，逾期送达的投标文件视为废标，应予拒收。对 C 公司的投标文件不评定，按《招投标法》，未密封的投标文件视为废标。

(2) 不妥，因 A 公司与 ZH 公司是总分包关系，A 公司对 ZH 公司的施工质量问题承担连带责任，故 A 公司有责任配合监理工程师的检验要求。

(3) 不合理，由业主而非监理公司承担由此发生的全部费用并顺延所影响的工期。

(4) 应予签认，业主供应的材料设备提前进场，导致保管费用增加，属发包人责任，由业主承担因此发生的保管费用。

(5) PT 公司提出的要求不合理，PT 公司与业主无合同关系，不应直接向业主提出采购要求，业主供应的材料设备经清点移交，配件丢失责任在承包方 A 公司。

复 习 题

一、单项选择题(每题备选项中，只有一个最符合题意)

1. 招标人以招标公告的方式邀请不特定的法人或者其他组织投标的方式称(　　)。
   A. 邀请招标　　　B. 公开招标　　　C. 议标　　　D. 有限招标

2. 评标委员会评估投标报价时，当投标项目单价与工程量的乘积与总价不一致时，以(　　)为准。
   A. 单价　　　　　　　　　　B. 总价
   C. 数字表示的数额　　　　　D. 文字表示的数额

3. 自施工招标文件开始发出之日起至投标人提交投标文件截止之日止，最短不得少于(　　)日。
   A. 30　　　　B. 15　　　　C. 20　　　　D. 14

4. 自招标文件出售之日起至停止出售之日止，最短不得少于(　　)个工作日。
   A. 10　　　　B. 20　　　　C. 30　　　　D. 5

5. 招标人和中标人应当自中标通知书发出之日(　　)日内，订立书面合同。

A. 50　　　　B. 40　　　　C. 30　　　　D. 20

6. 招标文件应当载明投标有效期，投标有效期从(　　)日起计算。
   A. 提交投标文件截止　　　　B. 招标文件出售
   C. 招标文件停止出售　　　　D. 招标公告发布

7. 招标方为了确保招标的有效性，在招标投标时收取各个投标商的信誉保证，称为(　　)。
   A. 投标保证金　　B. 履约保证金　　C. 保留金　　D. 银行保函

8. 招标人对已发出的招标文件进行必要的澄清或修改的，应当在招标文件要求提交投标文件截止时间至少(　　)日前，以书面形式通知所有招标文件收受人。
   A. 7　　　　B. 15　　　　C. 30　　　　D. 60

9. 属于工程招标范围施工单项合同估算价在(　　)以上的，必须进行招标。
   A. 100万元　　B. 150万元　　C. 200万元　　D. 300万元

10. 评标委员会由招标人的代表和有关技术、经济方面的专家组成，成员人数为(　　)以上单数，其中技术、经济等方面的专家不得少于成员总数的(　　)。
    A. 5人，1/2　　B. 5人，2/3　　C. 7人，1/2　　D. 7人，2/3

二、多项选择题(每题备选项中，至少有 2 个符合题意，多选、错选不得分)

1. 工程项目施工招标文件通常包括(　　)。
   A. 建设方案　　B. 投标人须知　　C. 合同条款
   D. 设计图纸　　E. 工程量清单

2. 进行施工招标资格预审时，主要审查投标人(　　)。
   A. 与招标人的合作经历　　　　B. 企业的财务状况
   C. 同类工程的施工经验　　　　D. 技术资格能力
   E. 企业拥有的设备能力

3. 投标保证金的形式通常包括(　　)。
   A. 交付现金　　B. 口头保证　　C. 银行保函
   D. 可撤销信用证　　E. 支票

4. 建设工程招标方式有(　　)。
   A. 公开招标　　B. 邀请招标　　C. 议标
   D. 区域性招标　　E. 专业招标

5. 施工投标文件应当包括(　　)。
   A. 投标函　　B. 投标报价　　C. 施工方案
   D. 设计图纸　　E. 不平衡报价说明

6. 投标过程中，承包人的(　　)行为属于招标投标法规禁止的行为。
   A. 分公司以总公司名义投标　　　B. 与其他人组成联合体投标
   C. 以他人名义投标　　　　　　　D. 以低于成本的报价竞标
   E. 与其他投标人串通投标

7. 开标时发现有( )等情况之一递交的标书,应视为该投标书无效。
   A. 提交投标保函而未交纳投标保证金　　B. 不在资格预审合格名单内的投标人
   C. 投标书内有备选投标方案　　　　　　D. 联合体投标未附联合体协议书
   E. 出席会议代表人的姓名与法定代表人签发授权书的姓名不一致

8. 施工招标确定中标人后,招标人应( )。
   A. 立即发出中标通知书
   B. 与中标人协商签订承包合同
   C. 向招标行政监督管理部门提交招标投标书面情况报告
   D. 按照招标文件和中标人的投标文件签订书面合同
   E. 在招标投标情况报告被行政监督主管部门认可后发出中标通知书

9. 有下列( )情形之一的,不予退还投标人的投标保证金。
   A. 投标人递送投标文件后,无正当理由放弃投标的
   B. 投标人未中标的
   C. 中标人无正当理由不与招标人签订合同的
   D. 中标后不按规定提供履约保证金的
   E. 投标人在投标过程中被查明有串标等违法违纪行为的

10. 建设工程施工招标应具备的条件是( )。
    A. 招标人已经依法成立
    B. 初步设计已经批准
    C. 招标范围、招标方式和招标组织形式等应当履行核准手续的,已经核准
    D. 有相应资金或资金来源已经落实
    E. 已刊登资格预审公告

三、案例分析题

【案例一】某工程采用公开招标方式进行施工招标,当年3月1日发出招标文件,3月6日停止出售招标文件,招标文件规定:3月28日上午9时为投标截止时间,投标保证金为100万元,投标保证金有效期同投标有效期。通过资格预审的A、B、C、D、E五家施工单位在规定的时间递送了投标文件。3月30日在当地招投标管理办公室负责人主持下进行开标,其中A单位在开标前要求撤回投标文件。开标会议上对退出竞标的A单位宣布了其报价未宣布单位名称。经过综合评选,确定B单位中标。

问题:
(1) 招标文件发售时间和投标文件截止时间是否符合规定?
(2) 对A单位撤回投标文件的要求应当如何处理?为什么?
(3) 上述招标投标程序中,有哪些不妥之处?请说明理由。

【案例二】某重点工程由省政府投资建设,由于技术特别复杂,业主自行决定采取邀请招标方式选择施工承包商,向通过资格预审的A、B、C、D、E五家企业发出了投标邀请书,五家企业于规定时间提交了投标文件。在规定时间6月1日进行了开标,开标时由招

标人代表检查了投标文件的密封情况。经评标委员会按招标文件规定的评标方法，对所有合格的投标文件进行评审，确定 A 企业中标，评标委员会由 5 人组成，其中当地招投标管理办公室 1 人、公证机构 1 人、招标人代表 1 人、技术经济专家 2 人。6 月 3 日招标人向 A 企业发出了中标通知书并确认收到。此后，业主与 A 企业就合同价格进行了多次谈判，直至 8 月 10 日才与 A 企业签订了书面合同，合同价为 A 企业正式报价的 97%。

问题：
(1) 本招投标案例中哪些文件属于要约邀请、要约和承诺？
(2) 本案例中有哪些不妥之处？并说明理由。
(3) 在业主迟迟不签订合同时，承包商可采取哪些措施？

第4章 工程项目流水作业原理

【学习要点及目标】

- 熟悉流水作业的概念、分类及流水作业参数。
- 掌握流水作业的组织方式。
- 掌握多层建筑物流水段 m、作业过程 n、总工期 T 之间的关系。

【核心概念】

流水作业、流水参数、全等节拍流水、成倍节拍流水和分别流水等。

4.1 流水作业概述

4.1.1 表示工程进展状况的方式

在长期的工程实践中,人们总结发明了无数种表示工程进展状况的方法,其中横道图和网络图是最为常用和有效的两种方法。

1. 横道图计划

横道图是用水平线条表示工作流程的一种图表。它是美国管理学家亨利·劳伦斯·甘特(Henry Laurence Gantt)于1917年发明的,故横道图也称甘特图。甘特图起初被应用于一系列著名的基础设施建设项目,如胡佛大坝等。随着项目管理的发展,如今甘特图被广泛应用到了各个领域。

如图4-1所示是横道图的一个示例,图表中横向表示时间进度,纵向表示作业过程,水平线条的长度表示作业持续时间。

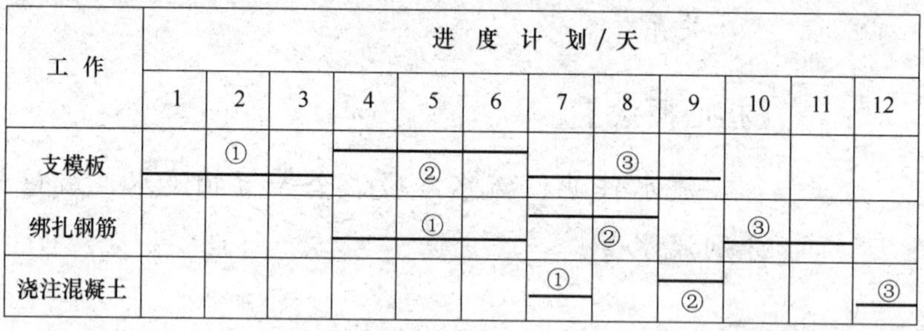

工作	进度计划/天											
	1	2	3	4	5	6	7	8	9	10	11	12
支模板	①			②			③					
绑扎钢筋					①			②		③		
浇注混凝土							①		②			③

图4-1 用横道图表示的进度计划

(1) 横道图的优点。
① 横道图能够清楚地表达各项工作的起止时间,排列有序,形象直观。
② 可直接根据横道图计算各时段的资源需要量,并绘制资源需要量计划。
③ 使用方便,易于掌握。

正是由于横道图这些非常明显的优点,使横道图自发明以来被广泛地应用于各行各业的生产管理活动中,直到现在仍被普遍使用着。

(2) 横道图的局限性。
① 不能清楚地表达工作间的逻辑关系,因此,当某项工作出现进度偏差时,不便于分析进度偏差对后续工作及总工期的影响,难以调整进度计划。
② 不能反映各项工作的相对重要性,不便于掌握影响工期的主要矛盾。
③ 对于大型复杂项目,由于计划内容多、逻辑关系不明,难以用计算机技术对项目计划进行处理和优化,其局限性更为明显。

2. 网络图计划

为了克服横道图的局限性，1956年由美国杜邦公司的摩根·沃克(Morgan Walker)与赖明顿兰德公司的詹姆斯·凯利(James E. Kelly)合作开发了一种面向计算机安排进度计划的方法，即关键线路法。以后在此方法的基础上陆续开发了一些新的其他计划方法，统称为网络图计划。

网络图是由箭线和节点组成的，用来表示工作流程的、有向和有序的网状图形，如图4-2所示。网络图与横道图相比具有以下特点。

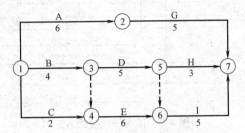

图 4-2　用网络图表示的进度计划

(1) 网络图的优点。
① 能全面明确地反映工作之间的逻辑关系，便于分析进度偏差和调整进度计划。
② 能进行工作时间参数计算，确定关键工作和关键线路。
③ 能应用计算机对计划进行优化、调整和管理。

(2) 网络图的局限性。
① 除双代号时标网络计划以外，其他网络计划技术没有横道图简单、直观。
② 不能直接根据网络图计算资源需要量。

4.1.2　组织作业的基本方式

在所有的生产、生活领域中，组织作业活动的方式较多，归纳起来有三种基本方式，分别是依次作业、平行作业和流水作业。

以某桥梁工程墩台施工为例，墩台施工工艺流程为：施工准备、测量放线、承台凿毛、模板安装、混凝土浇筑、养护拆模。为简便起见，假设有三座桥墩，施工工艺简化为墩台钢筋绑扎、支模、浇混凝土，分别由相应的专业队按施工工艺要求依次完成，每个专业队在每座墩台上的施工时间均为5天，各专业队的人数均为10人。

现分别采取依次作业、平行作业和流水作业三种不同方式，作业过程组织如下。

1. 依次作业

依次作业的组织方式是将拟建工程的作业活动分解成若干个过程或工序，按照一定的工艺顺序依次进行，前一个过程完成后，后一个过程才能开始作业的一种组织方式。以该桥墩施工为例，先施工第一座桥墩，依次绑扎钢筋、支模板、浇筑混凝土，之后再施工第二座桥墩、第三座桥墩。依次作业的组织方式如图4-3所示。

编号	施工过程	人数	施工天数	进度计划/天								
				5	10	15	20	25	30	35	40	45
Ⅰ	绑扎钢筋	10	5	—								
	支模板	10	5		—							
	浇混凝土	10	5			—						
Ⅱ	绑扎钢筋	10	5				—					
	支模板	10	5					—				
	浇混凝土	10	5						—			
Ⅲ	绑扎钢筋	10	5							—		
	支模板	10	5								—	
	浇混凝土	10	5									—
资源需要量/人				10								
施工组织方式				依次施工								
工期/天				$T=45$								

图4-3 依次作业组织方式

由图4-3可见，依次施工组织方式具有以下特点。
(1) 不同专业的工人班组不能连续作业，有窝工现象。
(2) 只需要一个工作队和一套机械设备，单位时间资源需要量较少。
(3) 施工现场的组织及管理比较简单。

2. 平行作业

在拟建工程任务十分紧迫、工作面允许以及资源保证供应的条件下，可以组织几个相同的工作队，在同一时间、不同的空间上进行作业，这样的作业组织方式称为平行作业。

以该桥墩施工为例，三座桥墩安排三个工作队，各队依绑扎钢筋、支模板、浇筑混凝土的顺序同时施工。其组织方式如图4-4所示。

由图4-4可以看出，平行作业组织方式具有以下特点。
(1) 充分地利用了工作面，争取了时间，工期较短。
(2) 同时需要多个工作队和多套机械设备，单位时间资源需要量较大，现场临时设施也相应增加。
(3) 作业现场组织与管理比较复杂。

3. 流水作业

流水作业是把整个的加工过程分成若干不同的工序，由执行各工序的工人按规定的工艺顺序像流水似的不断地进行各工序的加工。

以该桥墩施工为例，将每座桥墩作为一个作业对象(术语称施工段)，即划分成三个施工段。首先由钢筋施工队开始绑扎第一座桥墩的钢筋，钢筋绑扎完成后，模板施工队即可开始第一座桥墩支模工作，而这时钢筋施工队可开始进行第二座桥墩的钢筋绑扎工作。依次类推，按顺序进行施工。其组织方式如图4-4所示。由图4-4可以看出，流水作业组织方式具有以下特点。

(1) 与依次作业相比，流水作业专业队组及其工人能够连续作业，无窝工现象，工期短。

(2) 与平行作业相比，流水作业只需要一个工作队、一套机械设备，单位时间资源需要量较少。

(3) 作业活动有明显的节奏性和均衡性，组织过程科学合理。

编号	施工过程	人数	施工天数	进度计划/天 5 10 15	进度计划/天 5 10 15 20 25
Ⅰ	绑扎钢筋	10	5		
Ⅰ	支模板	10	5		
Ⅰ	浇混凝土	10	5		
Ⅱ	绑扎钢筋	10	5		
Ⅱ	支模板	10	5		
Ⅱ	浇混凝土	10	5		
Ⅲ	绑扎钢筋	10	5		
Ⅲ	支模板	10	5		
Ⅲ	浇混凝土	10	5		
资源需要量/人				30	10 20 30 20 10
施工组织方式				平行施工	流水施工
工期/天				$T=15$	$T=25$

图 4-4 平行和流水作业组织方式

4.1.3 流水作业的概念及技术经济效果

1. 流水作业的概念

流水作业的组织方式是将拟建工程在平面上划分成若干个作业段，在竖向上划分成若干个作业层，再给每个作业过程配以相应的专业队组，各专业队组按照一定的作业顺序依次连续地投入到各作业段，完成各自的任务，从而保证拟建工程在时间和空间上，有节奏地、连续均衡地进行下去，直到完成全部作业任务的一种作业组织方式。

流水作业的组织思想由来已久。我国早在明代，景德镇的瓷业生产中就已出现了圆器生产流水线。1869 年，在美国中央太平洋铁路与东段联合太平洋铁路贯通前的最后阶段，西段铁路华工于 4 月 28 日应用流水作业方式创造了日铺轨 10 英里的世界纪录。20 世纪 30 年代，美国工程师泰勒提出了规范化的流水线生产模式，标志着流水作业成为一种科学化的生产组织方式。

2. 流水作业的技术经济效果

流水作业是一种科学合理，经济效果明显的作业方式。以建筑工程施工为例，其优点如下。

(1) 缩短了工期。由于流水施工的连续性，减少了专业工作的间隔时间，达到了缩短工期的目的，可使拟建工程项目尽早竣工，交付使用，发挥投资效益。

(2) 提高了劳动生产率。流水施工的连续性和专业化，有利于改进施工方法和机具，有利于提高劳动生产率。

(3) 保证了工程质量。专业化施工可提高工人的技术水平，使工程质量相应提高。

(4) 降低了工程成本。由于工期短、效率高、用人少、资源消耗均衡，可以减少用工量和管理费，降低工程成本，提高利润水平。

4.1.4 流水作业的分类

1. 按流水作业对象分类

以建筑工程施工为例，流水施工通常可分为以下几类。

(1) 分项工程流水施工。分项工程流水施工也称为细部流水施工，它是在一个专业工种内部组织起来的流水施工。

(2) 分部工程流水施工。分部工程流水施工也称为专业流水施工，它是在一个分部工程内部、各分项工程之间组织起来的流水施工。

(3) 单位工程流水施工。单位工程流水施工也称为综合流水施工，它是在一个单位工程内部、各分部工程之间组织起来的流水施工。

(4) 群体工程流水施工。群体工程流水施工也称为大流水施工，它是在若干单位工程之间组织起来的流水施工。

2. 按流水的节奏特征分类

按流水的节奏特征可将流水作业分为等节奏流水、异节奏流水、无节奏流水。

(1) 等节奏流水。等节奏流水也称全等节拍流水，是指流水组中，每一个施工过程在各施工段上的作业时间(流水节拍)都相同，并且各个施工过程之间流水节拍也相等。

(2) 异节奏流水。异节奏流水是指流水组中，每一个施工过程本身在各流水段上的流水节拍都相同，但不同施工过程之间流水节拍不一定相等。异节奏流水中最典型的一种方式称为成倍节拍流水。

(3) 无节奏流水。无节奏流水也称分别流水，是指流水组中各施工过程本身在各流水段上的作业时间(流水节拍)不完全相等，相互之间亦无规律可循。这种方式是流水施工中最常见的一种。

4.2 流水作业参数

为清楚地表达流水作业在工艺流程、空间布置和时间安排等方面开展的状态和方式，需要引入一些术语和符号，称为流水作业参数，主要包括工艺参数、空间参数和时间参数三类。以建筑工程施工为例，这些参数的含义及确定方法如下所述。

4.2.1 工艺参数

在组织流水施工时，用以表达施工活动在工艺上开展顺序及其特征的参数称为工艺参数。通常工艺参数包括施工过程和流水强度两种。

1. 施工过程(作业过程)

在工程项目施工作业过程中，施工过程可理解为施工的工艺阶段或工序，施工工艺阶段的划分可大可小，既可以是分部分项工程，也可以是单位工程或单项工程。它是流水施工的基本参数之一，根据工艺性质不同，可分为制造准备类施工过程、运输类施工过程和砌筑安装类施工过程等。施工过程的数目，一般以 n 表示。

2. 流水强度

某施工过程在单位时间内所完成的工程量，称为该施工过程的流水强度。流水强度一般以 V_i 表示，可由式(4-1)计算求得。

$$V_i = R_i \cdot S_i \tag{4-1}$$

式中：V_i——某施工过程 i 的人工(或机械)操作流水强度；

R_i——投入施工过程 i 的某种专业工作队工人数(或施工机械台数)；

S_i——投入施工过程 i 的专业工作队(或施工机械)产量定额。

例如，某饰面工程每日安排 4 名工人，其产量定额 5(m²/工日)，则该饰面工程流水强度 20(m²/日)。

4.2.2 空间参数

在组织流水施工时，用以表达流水施工在空间布置上所处状态的参数称为空间参数。空间参数主要有工作面、施工段和施工层三种。

1. 工作面

某专业工种的工人在从事建筑产品施工生产过程中，所必须具备的操作空间，称为工作面。它的大小是根据相应工种单位时间内的产量定额、建筑安装工程操作规程和安全规程等要求确定的。工作面确定得合理与否，直接影响到专业工种工人的劳动生产效率，为此，必须认真加以对待。主要工种工作面数据可参考表 4-1 所示。

表 4-1 主要工种工作面数据参考表

工作项目	砌砖墙	浇筑混凝土	墙面摸灰	屋面防水	门窗安装
工作面	7~8(m/人)	3~5(m³/人)	16~18(m²/人)	18(m²/人)	11(m²/人)

2. 施工段

为了有效地组织流水施工，通常把拟建工程项目在平面上划分成若干个劳动量大致相等的施工段落，这些施工段落称为施工段。施工段的数目，通常以 m 表示，它是流水施工的基本参数之一。划分施工段是组织流水施工的基础，其目的是：在保证工程质量的前提下，为专业工作队确定合理的空间活动范围，使其按流水施工的原理，集中人力和物力，依次连续地完成各段的任务，为相邻专业工作队尽早地提供工作面，以缩短工期。划分施工段，通常应遵循以下基本原则。

(1) 为了充分发挥流水作业的特点，各专业工作队在各个施工段上的劳动量要大致相等，其相差幅度不宜超过 10%～15%。

(2) 为了充分地发挥工人、主导机械的效率，每个施工段要有足够的工作面，使其所容纳的劳动力人数或机械台数，能满足合理劳动组织的要求。

(3) 为了保证拟建工程项目的结构整体完整性，施工段的分界线应尽可能与结构的自然界线(如沉降缝、伸缩缝等)相一致。如果必须将分界线设在墙体中间时，应将其设在对结构整体性影响小的门窗洞口等部位，以减少留槎，便于修复。

(4) 对于多层拟建工程项目，即要划分施工段，又要划分施工层，且为保证相应的专业工作队在施工层之间连续施工，施工段数 m 与施工过程数 n 应满足，$m \geq n$。

3. 施工层

在组织流水施工时，为了满足专业工种对操作高度和施工工艺的要求，将拟建工程项目在竖向上划分为若干个操作层，这些操作层称为施工层。施工层一般以 r 表示。

施工层的划分，应按工程项目的具体情况，根据建筑物的高度、楼层来确定。如砌筑工程的施工层高度一般为 1.2m，室内抹灰、木装饰、油漆、玻璃和水电安装等，可按楼层进行施工层划分。

4.2.3 时间参数

1. 流水节拍

流水节拍是指某个专业队在某一个施工段上的作业持续时间。流水节拍的大小，可以反映出流水施工速度的快慢、节奏感的强弱和资源消耗量的多少。

影响流水节拍数值大小的因素主要有：项目施工时所采取的施工方案，各施工段投入的劳动力人数或施工机械台数，工作班次，以及该施工段工程量的多少。为避免工作队转移时浪费工时，流水节拍在数值上最好是半个班的整倍数。其数值的确定，通常有以下三种方法。

1) 定额计算法

根据各施工段的工程量、能够投入的工人数、机械台数和材料量等，按式(4-2)计算。

$$t_i = \frac{Q_i}{S_i \cdot R_i \cdot N_i} = \frac{P_i}{R_i \cdot N_i} \quad (4-2)$$

式中：t_i——某专业工作队在第 i 施工段的流水节拍；

　　　Q_i——某专业工作队在第 i 施工段要完成的工程量；

　　　S_i——某专业工作队的计划产量定额；

　　　R_i——某专业工作队投入的工作人数或机械台数；

　　　N_i——某专业工作队的工作班次；

　　　P_i——某专业工作队在第 i 施工段需要的劳动量或机械台班数量，$P_i = Q_i/S_i$。

2) 经验估算法

它是根据以往的施工经验进行估算，多适用于采用新工艺、新方法和新材料等没有定额可循的工程。一般为了提高其准确程度，往往先估算出该流水节拍的最长、最短和正常三种时间，然后据此求出期望时间作为某专业工作队在某施工段上的流水节拍。这种方法也称为三点时间估算法。其计算式为

$$t = \frac{a + 4m + b}{6} \quad (4-3)$$

式中：t——某施工过程在某施工段上的流水节拍；

　　　a——某施工过程在某施工段上的最短估算时间；

　　　b——某施工过程在某施工段上的最长估算时间；

　　　m——某施工过程在某施工段上的正常估算时间。

3) 工期反算法(或称倒排进度法)

对在规定日期内必须完成的工程项目，往往采用倒排进度法。其具体步骤如下。

(1) 根据工期倒排进度，确定某施工过程总的工作延续时间。

(2) 确定某施工过程在某施工段上的流水节拍。若同一施工过程的流水节拍不等，则用估算法；若流水节拍相等，则

$$t = \frac{T}{m} \quad (4-4)$$

式中：t——流水节拍；

　　　T——某施工过程总的工作持续时间；

　　　m——施工段数。

当施工段数确定后，流水节拍大，则工期相应的就长。因此，从理论上讲，总是希望流水节拍越小越好。但实际上由于受工作面的限制，每一施工过程在各施工段上都有最小的流水节拍，其值为

$$t_{\min} = \frac{A_{\min} \cdot \mu}{S} \quad (4-5)$$

式中：$t_{\min}$——某施工过程在某施工段的最小流水节拍；

　　　$A_{\min}$——每个工人所需最小工作面，可查阅施工手册；

μ——单位工作面工程量含量；

S——产量定额。

根据工期反算的流水节拍，应大于最小流水节拍。

2. 流水步距

流水步距是指两个相邻工作队(或施工过程)在同一施工段上相继开始作业的时间间隔，以符号"k"表示。

(1) 确定流水步距的原则。

① 流水步距要满足相邻两个专业工作队在施工顺序上的相互制约关系。

② 流水步距要保证各专业工作队都能连续作业。

③ 流水步距要保证相邻两个专业工作队，在开工时间上最大限度及合理地搭接。

④ 流水步距的确定要保证工程质量，满足安全生产需要。

(2) 确定流水步距的方法。

流水步距一般随流水组织方式而定，有以下几种情况。

① 当组织全等节拍流水时，流水步距是常数且等于流水节拍。

② 当组织成倍节拍流水时，流水步距等于流水节拍的最大公约数。

③ 当组织不定节拍流水时，流水步距是变数，常用潘考夫斯基定理确定。

3. 平行搭接时间

在组织流水施工时，有时为了缩短工期，在工作面允许的条件下，如果前一个专业工作队完成部分施工任务后，能够提前为后一个专业工作队提供工作面，使后者提前进入该工作面，两者在同一施工段上平行搭接施工，这个搭接时间称为平行搭接时间。如绑扎钢筋与支模板可平行搭接一段时间。平行搭接时间通常以符号 C 表示。

4. 技术间歇时间

在组织流水施工时，由于施工工艺技术要求或建筑材料、构配件的工艺性质，使相邻两施工过程在流水步距以外需增加一段间歇等待时间，称为技术间歇时间。如混凝土浇筑后的养护时间、砂浆抹面和油漆面的干燥时间及墙体砌筑前的墙身位置弹线等，技术组织间歇时间以符号 Z 表示。

5. 流水施工工期

流水施工工期是指从第一个专业工作队投入施工开始，到最后一个专业工作队完成施工为止的整个持续时间。由于一项建设工程往往包含有许多流水组，故流水施工工期一般不是整个工程的总工期。

4.3 流水作业的组织方式

按照流水节拍的节奏特征,流水作业主要包括全等节拍流水作业、成倍节拍流水作业和分别流水施工三种方式。以建筑工程施工为例,这三种作业组织方法如下。

4.3.1 全等节拍流水施工

1. 组织全等节拍流水施工的条件

当所有的作业过程(如施工过程)在各个作业段(施工段)上的流水节拍彼此相等,这时组织的流水施工方式称为全等节拍流水。组织这种流水,首先,尽量使各施工段的工程量基本相等;其次,要先确定主导施工过程的流水节拍;最后,使其他施工过程的流水节拍与主导施工过程的流水节拍相等,做到这一点的办法主要是调节各专业队的人数。

2. 组织方法

(1) 确定项目施工起点流向,确定施工顺序,确定施工过程数 n。
(2) 划分施工段。对多层建筑物,为保证层间连续,施工段数 $m \geq$ 施工过程数 n。
(3) 确定流水节拍。根据全等节拍流水要求,应使各流水节拍相等。
(4) 确定流水步距,$k=t$。
(5) 计算流水施工的工期。

流水作业施工的工期可按下式进行计算。

$$T = (j \cdot m + n - 1)k + \sum Z_1 - \sum C \tag{4-6}$$

式中:T——流水施工总工期;
　　　j——施工层数;
　　　m——施工段数;
　　　n——施工过程数;
　　　k——流水步距;
　　　Z_1——两施工过程在同一层内的技术组织间歇时间;
　　　C——同一层内两施工过程间的平行搭接时间。

(6) 绘制流水施工计划图表。

3. 应用举例

1) 单层无技术间歇和搭接

【**例 4-1**】某主体工程有砌墙、浇梁、安板三道工序,划分成五个施工段,流水节拍均为 2 天,无技术间歇和搭接,试组织其流水作业。

【**解**】由已知条件知,宜组织全等节拍流水。

(1) 确定流水步距。

由全等节拍流水特点知：$k=t=2$(天)。

(2) 计算工期。

$$T = (m+n-1)k = (5+3-1)\times 2 = 14\,(天)$$

(3) 绘制流水施工进度表如图 4-5 所示。

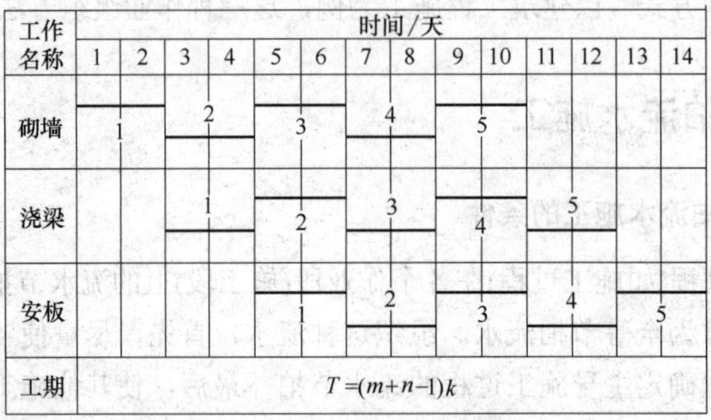

工作名称	时间/天
砌墙	1，2，3，4，5（每段2天，依次推进）
浇梁	1，2，3，4，5（滞后砌墙2天）
安板	1，2，3，4，5（滞后浇梁2天）
工期	$T=(m+n-1)k$

图 4-5　等节拍专业流水施工进度

2) 多层建筑物无技术间歇和搭接

【例 4-2】某二层现浇钢筋混凝土工程，有支模板、绑扎钢筋和浇混凝土三个施工过程，即 $n=3$。假如流水节拍都是 2 天(可通过调整劳动力人数来实现)，试分别按施工段数 $m=2$、$m=3$、$m=4$ 三种情况组织全等节拍流水。

【解】按全等节拍流水施工组织方法，则流水施工的开展状况如图 4-6 所示。由图 4-6 可以看出如下几个方面。

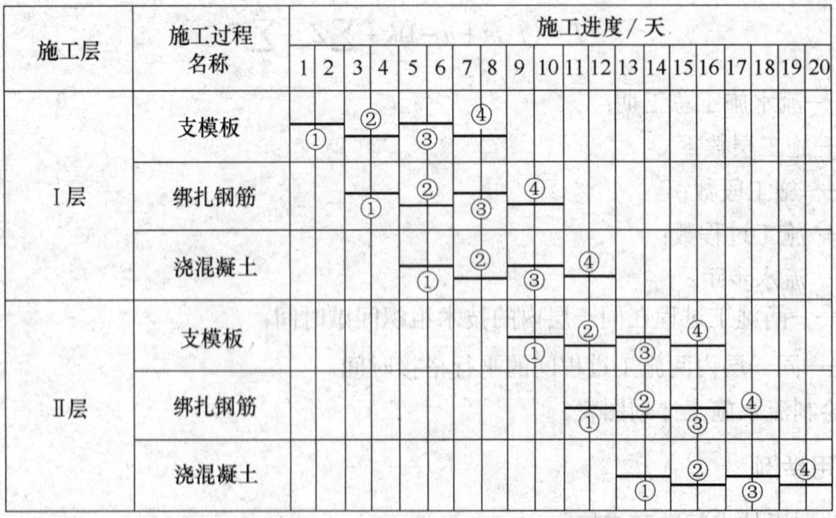

施工层	施工过程名称	施工进度/天
Ⅰ层	支模板	①②③④（1—8天）
Ⅰ层	绑扎钢筋	①②③④（3—10天）
Ⅰ层	浇混凝土	①②③④（5—12天）
Ⅱ层	支模板	①②③④（7—14天）
Ⅱ层	绑扎钢筋	①②③④（9—16天）
Ⅱ层	浇混凝土	①②③④（11—18天）

(a) $m>n$ 时流水施工开展状况

图 4-6　流水施工开展状况

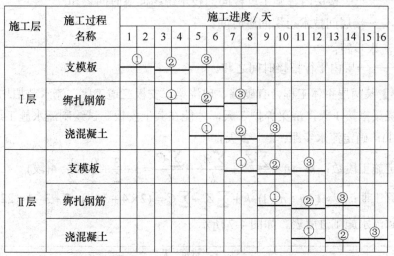

(b) $m=n$ 时水流施工开展状况

(c) $m<n$ 时流水施工开展状况

图 4-6　流水施工开展状况(续)

(1) 当施工段数 m 大于施工过程数 n，各施工段上不能连续有工作队在工作，但各工作队能连续工作，不会产生窝工现象。

(2) 当施工段数 m 等于施工过程数 n，各工作队都能连续工作，且各施工段上都能连续有工作队在工作。

(3) 当施工段数 m 小于施工过程数 n，各工作队不能连续工作，产生窝工现象，但各施工段上能连续地有工作队在工作。

因此，对多层建筑物，为保证层间连续作业，施工段数 m 应大于或等于施工过程数 n。

3) 多层建筑物有技术间歇和平行搭接

组织多层建筑物有技术间歇和平行搭接的流水施工时，为保证工作队在层间连续施工，施工段数目 m 应满足下列条件。

$$m \geqslant n + \frac{\sum Z_1}{k} + \frac{\sum Z_2}{k} - \frac{\sum C}{k} \tag{4-7}$$

式中：$\sum Z_1$ ——一个楼层内各施工过程间的技术组织间歇时间之和；

$\sum Z_2$ ——楼层间技术组织间歇时间；

k ——流水步距；

$\sum C$ ——一层内平行搭接时间之和。

【例4-3】某两层主体工程，有砌墙、现浇梁、安板三道工序，流水节拍均为2天。其中，砌墙与浇梁搭接1天，浇梁养护3天，才能在其上安板。试绘制流水施工进度表。

【解】(1) 确定流水步距：$k=t=2$(天)。

(2) 确定施工段数：$m = n + \dfrac{\sum Z_1}{k} + \dfrac{\sum Z_2}{k} - \dfrac{\sum C}{k} = 3 + \dfrac{3}{2} + \dfrac{0}{2} - \dfrac{1}{2} = 4$(段)。

(3) 计算工期：$T = (jm+n-1)\cdot k + \sum Z_1 - \sum C = (2\times 4+3-1)\times 2 + 3 - 1 = 22$(天)。

(4) 绘制流水施工进度表，如图4-7所示。

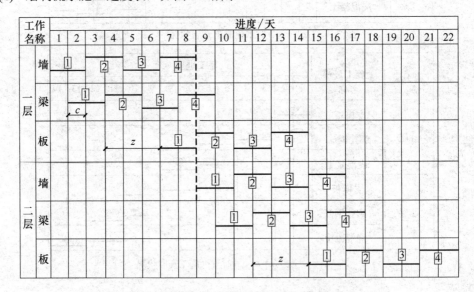

图4-7 分层并有技术、组织间歇时的全等节拍专业流水

4.3.2 成倍节拍流水施工

1. 组织成倍节拍流水施工的条件

当同一施工过程在各施工段上的流水节拍都相等，不同施工过程之间彼此的流水节拍全部或部分不相等但互为倍数时，可组织成倍节拍流水施工。

2. 组织方法

(1) 确定施工起点流向，分解施工过程。

(2) 确定流水节拍。

(3) 确定流水步距 k_b，计算公式为：k_b=各流水节拍最大公约数。

(4) 确定专业工作队数，计算公式为

$$n_1 = \sum_{j=1}^{n} b_j = \sum_{j=1}^{n} \frac{t_j}{k_b} \tag{4-8}$$

式中：j——施工过程编号；

t_j——施工过程 j 在各施工段上的流水节拍；

b_j——施工过程 j 所要组织的专业工作队数；

n_1——专业工作队总数。

(5) 确定施工段数。

当为单层时不要求施工段数与施工过程数之间有一定的关系。

当为多层时，要求施工段数满足：

$$m \geq n_1 + \frac{\sum Z_1}{k_b} + \frac{\sum Z_2}{k_b} - \frac{\sum c}{k_b} \tag{4-9}$$

式中，符号含义同前。

(6) 确定计划总工期。

$$T = (jm + n_1 - 1) \cdot k_b + \sum Z_1 - \sum C \tag{4-10}$$

式中：j——施工层数；

n_1——专业施工队数；

k_b——流水步距；

其他符号含义同前。

(7) 绘制流水施工进度表。

3. 应用举例

【例 4-4】 某管道工程有挖土、铺管子、回填土三道施工工序，流水节拍分别为 $t_1=2$ 天，$t_2=6$ 天，$t_3=4$ 天，合同工期 $T_r=22$，无最小工作面限制，试组织流水施工。

【解】 (1) 确定流水步距：k_b=最大公约数$\{2, 6, 4\}$=2(天)。

(2) 求专业工作队数：$b_1 = \dfrac{t_1}{k_b} = \dfrac{2}{2} = 1$ (队)

$$b_2 = \frac{t_2}{k_b} = \frac{6}{2} = 3 \text{(队)}$$

$$b_3 = \frac{t_3}{k_b} = \frac{4}{2} = 2 \text{(队)}$$

$$n_1 = \sum_{i=1}^{3} b_i = 1+3+2 = 6 \text{(队)}$$

(3) 求施工段数：$m = T_r / k - n_1 + 1 = 22/2 - 6 + 1 = 6$ (段)。

(4) 绘制流水施工进度表，如图 4-8 所示。

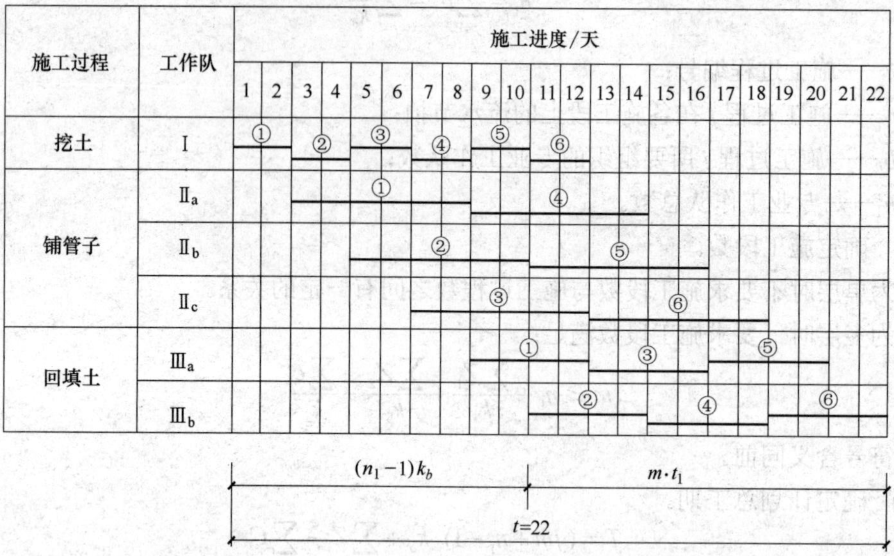

施工过程	工作队	施工进度/天																					
		1	2	3	4	5	6	7	8	9	10	11	12	13	14	15	16	17	18	19	20	21	22
挖土	Ⅰ	①――		②――		③――		④――		⑤――		⑥――											
铺管子	Ⅱa					①――						④――												
	Ⅱb							②――						⑤――										
	Ⅱc									③――						⑥――								
回填土	Ⅲa										①―			③―			⑤―						
	Ⅲb												②―			④―			⑥―					

$$\underbrace{(n_1-1)k_b \quad | \quad m \cdot t_1}_{t=22}$$

图 4-8 成倍节拍流水施工进度计划

【例 4-5】某二层现浇钢筋混凝土工程，有支模板，绑扎钢筋，浇混凝土三道工序，流水节拍分别为 $t_1=4$ 天，$t_2=2$ 天，$t_3=2$ 天。绑扎钢筋与支模板可搭接 1 天。混凝土养护层间技术间歇为 1 天。试组织成倍节拍流水施工。

【解】(1) 确定流水步距：k_b=各流水节拍的最大公约数=2(天)。

(2) 求工作队数：

支模板 $b_1 = \dfrac{t_1}{k_b} = \dfrac{4}{2} = 2$ (队)。

绑扎钢筋 $b_2 = \dfrac{t_2}{k_b} = \dfrac{2}{2} = 1$ (队)。

浇混凝土 $b_3 = \dfrac{t_3}{k_b} = \dfrac{2}{2} = 1$ (队)。

施工总队数 $n_1 = \sum_{i=1}^{3} b_i = 2+1+1 = 4$ (队)。

(3) 求施工段数：$m = n_1 + \dfrac{\sum Z_1}{k_b} + \dfrac{\sum Z_2}{k_b} - \dfrac{\sum c}{k_b} = 4 + \dfrac{0}{2} + \dfrac{1}{2} - \dfrac{1}{2} = 4$ (段)。

(4) 求总工期：
$$T = (j \cdot m + n_1 - 1)k_b + \sum Z_1 - \sum c = (2 \times 4 + 4 - 1) \times 2 + 0 - 1 = 21(\text{天})。$$

(5) 绘制流水施工进度表，见图 4-9。

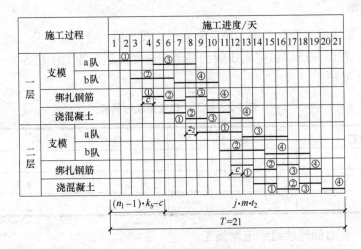

图 4-9 二层现浇钢筋混凝土框架主体结构成倍节拍流水施工进度计划

4.3.3 分别流水施工

1. 组织无节奏流水施工的条件

在组织流水施工时，经常由于工程结构形式、施工条件不同等原因，使得各施工过程在各施工段上的工程量有较大差异，导致各施工过程的流水节拍差异很大，无任何规律。这时，可组织无节奏流水施工，最大限度地实现连续作业。这种无节奏流水，亦称分别流水，是工程项目流水施工的普遍方式。

2. 组织方法

组织分别流水施工的方法有两种：一种是保证空间连续(工作面连续)；另一种是保证时间连续(工人队组连续)。组织方法如下。

(1) 确定施工起点流向，分解施工过程。
(2) 确定施工顺序，划分施工段。
(3) 按相应的公式计算各施工过程在各个施工段上的流水节拍。
(4) 按空间连续或时间连续的组织方法确定相邻两个专业工作队之间的流水步距。
保证空间连续时，按流水作业的概念确定流水步距。
保证时间连续时，按"潘特考夫斯基定理"计算流水步距，方法如下。
① 根据专业工作队在各施工段上的流水节拍，求累加数列。累加数列是指同一施工过程或同一专业工作队在各个施工段上的流水节拍的累加。
② 根据施工顺序，对所求相邻的两累加数列，错位相减。
③ 取错位相减结果中数值最大者作为相邻专业工作队之间的流水步距。
(5) 绘制流水施工进度表。

3. 应用举例

【例 4-6】某屋面工程有三道工序：保温层、找平层、卷材层，分三段进行流水施工，试分别绘制该工程时间连续和空间连续的横道图进度计划。各工序在各施工段上的作业持续时间如表 4-2 所示。

表 4-2 各工序作业持续时间表

施工过程	第一段	第二段	第三段
保温层	3 天	3 天	4 天
找平层	2 天	2 天	3 天
卷材层	1 天	1 天	2 天

【解】(1) 按时间连续组织流水施工。

① 确定流水步距。

首先求保温层与找平层两施工过程之间的流水步距。

$$\begin{array}{r} 3,\ 6,\ 10,\ 0 \\ -)\quad 2,\ 4,\ 7 \\ \hline 3,\ 4,\ 6,\ -7 \end{array}$$

$K_{a,b} = \max\{3,\ 4,\ 6,\ -7\} = 6(天)$

同理可求出找平层与卷材层之间的流水步距，为 5 天。

② 绘制时间连续横道图进度计划，如图 4-10 所示。

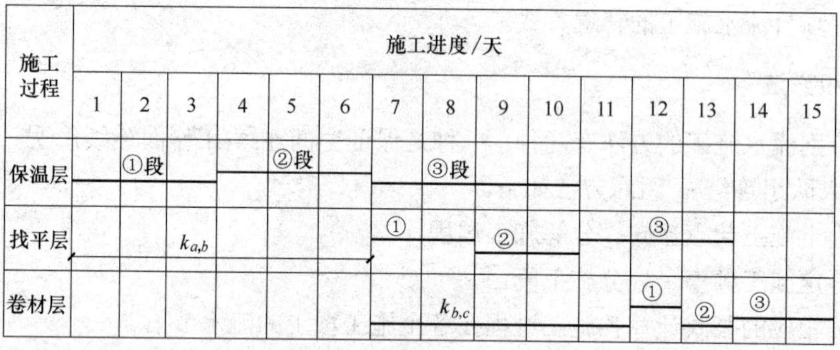

施工过程	施工进度/天														
	1	2	3	4	5	6	7	8	9	10	11	12	13	14	15
保温层	①段			②段			③段								
找平层			$k_{a,b}$				①		②		③				
卷材层							$k_{b,c}$			①		②	③		

图 4-10 时间连续的横道图计划

(2) 按空间连续组织流水施工。

① 确定流水步距。按流水施工概念分别确定各工序在各施工段上的流水步距。

② 绘制空间连续横道图进度计划，如图 4-11 所示。

施工过程	施工进度/天														
	1	2	3	4	5	6	7	8	9	10	11	12	13	14	15
保温层	①段			②段			③段								
找平层					①			②					③		
卷材层						①			②					③	

图 4-11 空间连续的横道图进度计划

复 习 题

一、单项选择题(每题备选项中，只有一个最符合题意)

1. 相邻两工序在同一施工段上相继开始的时间间隔称(　　)。
   A. 流水作业　　B. 流水步距　　C. 流水节拍　　D. 技术间歇

2. 某工程划分为 4 个施工过程，5 个施工段进行施工，各施工过程的流水节拍分别为 6 天、4 天、4 天、2 天。如果组织成倍节拍流水施工，则流水施工工期为(　　)天。
   A. 40　　　　B. 30　　　　C. 24　　　　D. 20

3. 某基础工程土方开挖总量为 8800m³，该工程拟分 5 个施工段组织全等节拍流水施工，两台挖掘机每台班产量定额均为 80m³，其流水节拍为(　　)天。
   A. 55　　　　B. 11　　　　C. 8　　　　D. 6

4. 对多层建筑物，为保证层间连续作业，施工段数 m 应(　　)施工过程数 n。
   A. 大于　　　B. 小于　　　C. 等于　　　D. 大于或等于

5. 组织无节奏分别流水施工时，应用潘考夫斯基定理确定流水步距是为了保证(　　)。
   A. 时间连续　B. 空间连续　C. 工作面连续　D. 时间和空间均连续

6. 全等节拍流水施工的特点是(　　)。
   A. 各专业队在同一施工段流水节拍固定
   B. 各专业队在施工段可间歇作业
   C. 各专业队在各施工段的流水节拍均相等
   D. 专业队数等于施工段数

7. 某基础工程有挖土、垫层、混凝土浇筑、回填土 4 个施工过程，分 5 个施工段组织流水施工，流水节拍均为 3 天，且混凝土浇筑 2 天后才能回填土，该工程的施工工期为(　　)天。
   A. 39　　　　B. 29　　　　C. 26　　　　D. 14

8. 多层建筑物在保证层间连续施工的前提下，组织全等节拍流水施工的工期计算式 $T=(j \cdot m+n-1) \cdot k+\sum z_1-\sum c$ 中的 z_1 为两施工过程（　　）。
   A. 一层内的技术组织间歇时间　　B. 在楼层间的技术组织间歇时间
   C. 在一层内的平行搭接时间　　　D. 层内和层间技术组织间歇时间之和

9. 在流水施工方式中，成倍节拍流水施工的特点之一是（　　）。
   A. 相邻专业工作队之间的流水步距相等，且等于流水节拍的最大公约数
   B. 相邻专业工作队之间的流水步距相等，且等于流水节拍的最小公倍数
   C. 相邻专业工作队之间的流水步距不相等，但其值之间为倍数关系
   D. 同一施工过程在各施工段的流水节拍不相等，但其值之间为倍数关系

10. 某工程有前后两道施工工序，在 4 个施工段组织时间连续的流水施工，流水节拍分别为 4 天、3 天、2 天、5 天与 3 天、2 天、4 天、3 天，则组织时间连续时的流水步距与流水施工工期分别为（　　）天。
    A. 5 和 17　　B. 5 和 19　　C. 4 和 16　　D. 4 和 26

二、多项选择题(每题备选项中，至少有两个符合题意，多选、错选均不得分)

1. 无论是否应用流水作业原理，工程进展状况均可用（　　）等表示方法。
   A. 横道图　　B. 网络图　　C. 系统图
   D. 结构图　　E. 流程图

2. 流水施工是一种科学合理、经济效果明显的作业方式，其特点为（　　）。
   A. 工期比较合理　　B. 提高劳动生产率　　C. 保证工程质量
   D. 降低工程成本　　E. 施工现场的组织及管理比较复杂

3. 确定流水节拍的方法有（　　）。
   A. 测试法　　B. 定额计算法　　C. 潘考夫斯基法
   D. 经验估算法　　E. 工期计算法

4. 组织产品生产的方式较多，归纳起来有（　　）等基本方式。
   A. 全等节拍流水　　B. 分别流水　　C. 流水作业
   D. 平行作业　　E. 依次作业

5. 表达流水施工的时间参数有（　　）。
   A. 流水强度　　B. 流水节拍　　C. 流水段
   D. 流水步距　　E. 流水施工工期

6. 划分施工段，通常应遵循（　　）等基本原则。
   A. 各施工段上的工程量大致相等
   B. 能充分发挥主导机械的效率
   C. 对于多层建筑物，施工段数应小于施工过程数
   D. 保证结构整体性
   E. 对于多层建筑物，施工段数应不小于施工过程数

7. 有可能同时保证时间连续和保证空间连续的组织方式是（　　）流水作业。

A. 全部   B. 全等节拍   C. 成倍节拍
D. 分别   E. 不定节拍

8. 组织流水作业的基本方式有（　　）。
   A. 全等节拍流水   B. 分别流水   C. 成倍节拍流水
   D. 平行作业   E. 依次作业

9. 确定流水步距的原则是（　　）。
   A. 保证各专业队能连续作业   B. 流水步距等于流水节拍
   C. 满足安全生产需要   D. 流水步距等于各流水节拍的最大公约数
   E. 满足相邻工序在工艺上的要求

10. 流水施工工期 $T=(j \cdot m+n-1) \cdot k + \sum z_1 - \sum c$ 计算式，适用于（　　）。
    A. 单层建筑物全等节拍流水   B. 多层建筑物全等节拍流水，无技术间歇
    C. 分别流水   D. 有技术间歇和平行搭接的流水作业
    E. 多层建筑物全等节拍流水，且有技术间歇

三、分析计算题

1. 某两层主体结构工程有支模板→绑扎钢筋→浇混凝土三个施工过程，组织流水作业，已知流水节拍均为 2 天，混凝土养护需要 2 天，试绘制其流水施工横道图计划表。

2. 某工程包括三幢结构相同的单层砖混住宅楼，以每幢住宅楼为一个施工段组织流水作业。已知±0.00m 以下部分有挖土、垫层、基础混凝土、回填土四个施工过程，流水节拍为 2 周；±0.00m 以上部分有主体结构、装饰工程、室外工程三个施工过程，流水节拍分别为 4 周、4 周、2 周。当每幢楼地下工程完成后即可进行地上工程，不考虑间歇时间，试绘制其横道图施工进度计划。

3. 某二层砖混结构工程，有砌墙→安预制梁→现浇板三道工序，流水节拍分别为 4 天、2 天、2 天，现浇板需养护 2 天。试组织成倍节拍流水施工。

4. 某管道工程有挖土→铺管子→回填土三道工序，分三个施工段组织流水施工，试绘制时间连续的横道图进度计划。已知各工序在各施工段上的作业持续时间如表 4-3 所示。

表 4-3 各工序作业持续时间表

施工过程	施工段		
	第一段	第二段	第三段
挖土	3 天	3 天	3 天
铺管	2 天	2 天	2 天
回填	1 天	1 天	1 天

第 5 章 工程项目网络计划技术

【学习要点及目标】

- 掌握双代号网络图的绘制、时间参数的计算和关键线路的确定。
- 掌握单代号网络图的绘制、时间参数的计算和关键线路的确定。
- 掌握双代号时标网络图的绘制和时间参数的确定。
- 熟悉搭接网络图的搭接关系、绘制、时间参数的计算和关键线路的确定。
- 熟悉网络计划工期优化、费用优化和资源优化。

【核心概念】

双代号网络图、双代号时标网络图、单代号网络图、单代号搭接网络图等。

5.1 网络计划概述

5.1.1 网络计划技术及发展过程

1. 网络图

网络图是由箭线和节点组成，用来表示工作流程的有向的、有序的网状图形。一个网络图表示一项计划任务。网络图中的工作是计划任务按需要的粗细程度划分而成的、消耗时间也消耗资源的一项子任务。

2. 网络计划技术

网络计划技术是利用网络图对工作任务进行安排和控制，以保证实现预定目标的计划管理技术。它是一种科学有效的计划和控制方法，广泛地应用于各行各业的计划管理工作和项目规划、实施各阶段，能为项目提供多种信息，有助于实现项目目标。

3. 网络计划技术发展过程

1956 年美国杜邦公司与赖明顿兰德公司的研究人员合作开发了一种应用计算机安排进度计划的关键线路法(Critical Path Method)，简称 CPM 法。该方法最初用于一个设备检修项目和化工厂建设项目，缩短了工期，节约了费用，取得了良好的效果。1958 年，美国海军武器规划局在研制北极星导弹计划时，在 CPM 法的基础上提出了计划评审技术(Program Evaluation and Review Technique)，简称 PERT 技术，使北极星导弹提前两年研制成功。CPM/PERT 方法在工程管理中产生的效益引起了人们的广泛关注，在美国得到了迅速推广，并开始将其引入日本和西欧其他国家。

1966 年，A.Pritsker 等在研究计算阿波罗空间系统的最终发射时间时，提出了一种可以对逻辑关系进行条件和概率处理的图示评审技术(Graphical Evaluation and Review Technique，GERT)。与 CPM/PERT 相比，它的应用范围更为广泛。实际上，CPM/PERT 可作为 GERT 的特殊情况来处理。

20 世纪 70 年代初期，美国人在 GERT 网络技术的基础上发展了网络数学分析器，同时也开发了全面风险评估和费用估算网络技术，到 1973 年，美国学者 G.L.默勒研制出最早的风险评审技术模型，使风险度估计成为可能。此后，经过改进和扩充，形成现在的 VERT (Venture Evaluation Review Technique)，20 世纪 80 年代初期，风险评审技术在美国大型系统研制计划和评估中得到实际应用。

以上方法统称为网络计划技术(Network Technique)。随着现代科学技术的迅猛发展、管理水平的不断提高，网络计划技术已成为一种现代化生产管理的科学方法，广泛地应用于世界各国的工业、国防、建筑、运输和科研等领域。

我国对网络计划技术的研究与应用始于 1965 年，著名数学家华罗庚教授首先在我国的生产管理中推广和应用网络计划技术,并与其他科学管理方法相结合,形成了以统筹兼顾、全面安排为指导思想的统筹法。改革开放以后,网络计划技术在我国的工程建设领域得到了迅速的推广和应用,尤其是以网络计划技术为核心的项目管理软件的研制和应用,对大中型工程项目建设的资源合理安排、计划编制与优化等效果显著。

为使网络计划技术在实际应用中有一个可遵循的、统一的技术规范,以保证计划的科学性。1992 年,我国颁布了《网络计划技术》(GB/T13400)系列标准,2012 年国家质量监督检验检疫总局和国家标准化管理委员会对其进行了修订。学习和实施网络计划技术标准,对提高我国的工程项目管理水平具有重要意义。

5.1.2 网络计划技术的种类

网络计划种类繁多,可以从不同的角度进行分类。

1. 按逻辑关系及工作持续时间是否确定划分

按各项工作持续时间和各项工作之间的相互关系是否确定,网络计划可分为肯定型和非肯定型两类。肯定型网络计划的类型主要有:关键线路法、搭接网络计划、有时限的网络计划、多级网络计划和流水网络计划。非肯定型网络计划的类型主要有:计划评审技术、图示评审技术、风险评审技术、决策网络技术法、随机网络计划技术等。

2. 按工作的表示方式不同划分

按工作的表示方式不同,网络计划可分为双代号网络计划和单代号网络计划。

3. 按目标的多少划分

按目标的多少,网络计划可分为单目标网络计划和多目标网络计划。

4. 按其发展过程划分

按发展过程,网络计划可分为关键线路法、计划评审技术、图示评审技术、风险评审技术、决策网络技术法和随机网络计划技术等。

5. 按其应用对象不同划分

按应用对象的不同,网络计划分为分部工程网络计划(以一个分部工程为对象编制的)、单位工程网络计划(以一个单位工程或单体工程为对象编制的)和群体工程网络计划(以一个建设项目或群体工程为对象编制的)。

5.2 双代号网络计划

5.2.1 双代号网络图的概念及组成要素

1. 双代号网络图的概念

用箭线或箭线两端节点的编号表示工作的网络图,称为双代号网络图。通常把工作的名称标在箭线上，工作的持续时间标在箭线下方。网络图中工作的表示方法如图 5-1 所示。

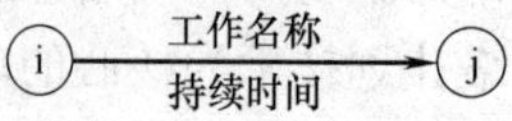

图 5-1　双代号表示法

2. 双代号网络图的组成要素

双代号网络图是由节点和箭线两个要素组成的。其中，箭线表示工作，箭尾表示工作的开始，箭头表示工作的结束。工作是指计划任务按粗细程度划分而成的耗用时间和资源的一项子任务；节点表示工作之间的联结关系，它不消耗资源，也不占用时间，只是一个"瞬间"。箭尾节点 i 称为工作的始节点，箭头节点 j 称为工作的末节点。

5.2.2　双代号网络图的基本术语

1. 内向箭线

以节点而言，箭头指向该节点的箭线，称为该节点的内向箭线。

2. 外向箭线

以节点而言，箭头背向该节点的箭线，称为该节点的外向箭线。

3. 紧前工作

紧安排在本工作之前进行的工作称本工作的紧前工作。如图 5-2 所示，工作 b 的紧前工作为工作 a。

4. 紧后工作

紧安排在本工作之后进行的工作称本工作的紧后工作。如图 5-2 所示，工作 a 的紧后工作为工作 b 和 c。

5. 先行工作

自开始节点至本工作之前各条线路上的所有工作称本工作的先行工作。如图 5-2 所示，工作 e 的先行工作为工作 a、工作 b 和工作 c。

6. 后续工作

本工作之后至结束节点各条线路上的所有工作称本工作的后续工作。如图 5-2 所示，工作 b 的后续工作为工作 d、工作 e 和工作 f。

7. 平行工作

平行工作可与本工作同时进行的工作。如图 5-2 所示，工作 b 的平行工作为工作 c。

8. 逻辑关系

工作之间的先后顺序关系称逻辑关系，分为工艺关系和组织关系两种。

(1) 工艺关系：由生产工艺或工作程序决定的先后顺序关系称工艺上的逻辑关系，简称工艺关系。如柱绑扎钢筋应在柱支模之前进行。

(2) 组织关系：由组织安排或资源调配的需要而规定的先后顺序关系称组织上的逻辑关系，简称组织关系。如不同施工段的先后施工顺序。

9. 虚工作

既不消耗资源，又不占用时间，仅表示逻辑关系的工作称虚工作。如图 5-2 所示，工作 ③→④ 为虚工作。虚工作有联系、区分和断路三大作用，如图 5-2 所示。

10. 线路

网络图从开始节点沿箭线方向连续通过若干个中间节点，最后到达结束节点所经过的道路称线路。图 5-2 中，①→②→③→⑤→⑥ 即为一条线路。

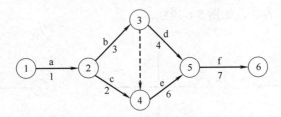

图 5-2 双代号网络图示意

5.2.3 双代号网络图的绘图

1. 双代号网络图的绘图规则

(1) 网络图必须按照既定的工作逻辑关系绘制，并使其简便、易读和易于处理。

(2) 网络图中工作代号或数字编号不允许重复使用。

(3) 网络图中只允许有一个开始节点和一个结束节点。

(4) 网络图中所有节点都必须由小到大编号，编号严禁重复，但可以不连续。

(5) 网络图中一对节点代号只能表示一项工作，不能出现相同编号的箭线。

(6) 除起点节点和终点节点外，其他所有节点都应同时有内向和外向箭线。

(7) 网络图中严禁出现双向箭头或无箭头的连线，如图 5-3 所示为错误的画法。

(a) 双向箭头　　　　　　　　　　　(b) 无箭头

图 5-3 错误画法

(8) 网络图中严禁出现没有箭尾节点或没有箭头节点的连线，如图 5-4 所示为错误画法。

图 5-4 错误画法

(9) 在肯定型网络计划的网络图中，不允许出现封闭循环回路，如图 5-5 所示。

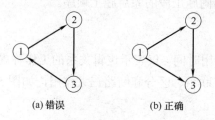

图 5-5 循环回路示意图

(10) 绘制网络图时，应尽量避免箭线交叉，当交叉不可避免时，可采用过桥法、断线法、指向法等几种表示方法，如图 5-6 所示。

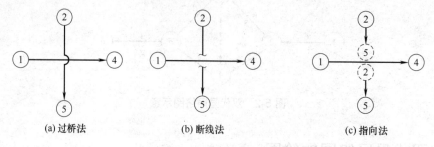

图 5-6 交叉箭线示意图

(11) 网络图应含有能够表明基本信息的明确标识，包括文字、字母、数字的标注和重要特征的标识。对标识允许另表说明。

(12) 网络图的主方向是从起点节点到终点节点的方向，在绘制网络图时应优先选择由左至右的水平走向。箭线方向优先选择与主方向相应或垂直的走向。

(13) 同一网络图若需要用两张以上图纸表示，其断开部分的连接，应在连接点加以提示、标识或说明。

(14) 当网络图的开始节点有多条外向箭线或结束节点有多条内向箭线时，为使图形简洁，可采用母线法绘制，母线与子线可垂直或呈锐角，子线宜首选水平方向，子线与母线相交处可为弧形。

(15) 网络图应条理清楚，布局合理，箭线尽量横平竖直，节点排列均匀。

2. 双代号网络图的绘图方法

(1) 逻辑关系分析。

依据已设计的工作方案、收集到的有关信息、工作分解、工作经验等，分析工作的逻辑关系，确定每项工作的紧前工作或紧后工作，形成工作逻辑关系分析表。

(2) 网络图的构图。

依据网络图的绘制规则、工作逻辑关系分析表等，按照方便使用、方便分图与并图的原则，确定网络图的布局。

(3) 从起始工作开始，自左至右依次绘制初始网络图。

首先绘制无紧前工作的工作箭线，使它们具有相同的开始节点，以保证网络图只有一个起点节点。再依次绘制其他工作箭线。当各项工作都绘制出来之后，应合并那些没有紧后工作的工作末节点，以保证网络图只有一个终点节点。

(4) 检查各项工作及逻辑关系。

逐项检查网络图所表示的各项工作逻辑关系是否与给定的工作逻辑关系相一致。如需修正，主要是利用虚工作的断路或联系作用，增减虚工作来实现。

(5) 节点编号。

当确认所绘制的网络图正确后，按前述要求进行节点编号。为了避免以后增加工作时而改动整个网络图的节点编号，可采用不连续的编号方式。

3. 双代号网络图绘图示例

【例 5-1】已知各工作之间的逻辑关系如表 5-1 所示，绘制其双代号网络图。

表 5-1 工作逻辑关系表

工作名称	A	B	C	D
紧前工作	—	—	A、B	B

【解】(1) 绘制工作箭线 A 和工作箭线 B，如图 5-7(a)所示。

(2) 按前述原则绘制工作箭线 C，如图 5-7(b)所示。

(3) 按前述原则绘制工作箭线 D 后，将工作箭线 C 和 D 的箭头节点合并，以保证网络图只有一个终点节点。当确认给定的逻辑关系表达正确后，再进行节点编号。表 5-1 所给定的逻辑关系对应的双代号网络图如图 5-7(c)所示。

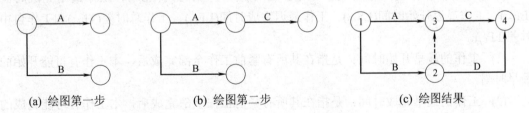

(a) 绘图第一步　　　　(b) 绘图第二步　　　　(c) 绘图结果

图 5-7　网络图绘图过程

【例 5-2】已知各项工作逻辑关系如表 5-2 所示，绘制其双代号网络图。

表 5-2 工作逻辑关系表

工作名称	A	B	C	D	E	F
紧后工作	E	E、F	E、F	F	—	—

【解】根据给定的逻辑关系和绘图规则绘制的网络图如图 5-8 所示。在该图中，工作②→③起区分作用，工作③→④起联系作用，工作③→⑤起断路和联系双重作用。

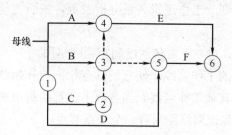

图 5-8　网络图绘制结果

5.2.4　双代号网络图时间参数的计算

1. 网络图时间参数的概念

为了确定网络计划的工期、关键线路、各项工作开始及结束时间等，需要引入一些时间术语及符号，通称网络计划时间参数。

1) 工作持续时间

工作持续时间是指一项工作从开始到完成的时间，常用 D_{i-j} 表示。

2) 工期

工期泛指完成一项任务所需要的时间。在网络计划中，工期一般有三种。

(1) 计算工期。是根据网络计划时间参数计算而得到的工期，用 T_c 表示。

(2) 要求工期。要求工期是任务委托人所提出的指令性工期，用 T_r 表示。

(3) 计划工期。计划工期是根据要求工期所确定的预期工期，用 T_p 表示。

当已规定了要求工期时，计划工期不应超过要求工期，即：$T_p \leqslant T_r$。

当未规定要求工期时，可令计划工期等于计算工期，即：$T_p = T_c$。

3) 工作的六个基本时间参数

网络计划中工作的六个时间参数是：工作最早开始时间(ES_{i-j})、工作最早完成时间(EF_{i-j})、工作最迟开始时间(LS_{i-j})、工作最迟完成时间(LF_{i-j})、工作总时差(TF_{i-j})和工作自由时差(FF_{i-j})。

(1) 工作的最早开始时间：是指在其所有紧前工作全部完成后，本工作有可能开始的最早时刻。

(2) 工作的最早完成时间：是指在其所有紧前工作全部完成后，本工作有可能完成的最早时刻。

(3) 工作的最迟开始时间：是指在不影响整个任务按期完成的前提下，本工作必须开始的最迟时刻。

(4) 工作的最迟完成时间：是指在不影响整个任务按期完成的前提下，本工作必须完成的最迟时刻。

(5) 工作的总时差：是指在不影响总工期的前提下，本工作所具有的最大的机动时间。

(6) 工作的自由时差：是指在不影响其紧后工作按最早开始时间开始的前提下，本工作可以自由支配的机动时间。工作自由时差永远小于或等于其总时差。

4) 节点最早时间和最迟时间

(1) 节点最早时间：双代号网络计划中，以该节点为始节点的工作的最早开始时间。

(2) 节点最迟时间：双代号网络计划中，以该节点为末节点的工作的最迟完成时间。

5) 相邻两项工作之间的时间间隔

相邻两项工作之间的时间间隔是指本工作的最早完成时间与其紧后工作最早开始时间之间的差值。

2. 按工作计算法

按工作计算法就是直接以网络图中各项工作为对象，按时间参数的含义计算各项工作的时间参数。按工作计算法计算时间参数的过程可概括为三个阶段：首先，从网络计划的开始节点顺着箭线方向依次计算各项工作的最早开始和最早完成时间；其次，从网络计划终点节点开始，逆着箭线方向依次计算各项工作的最迟完成和最迟开始时间；最后，计算各项工作的总时差和自由时差。下面以图 5-9 所示双代号网络计划为例加以说明。

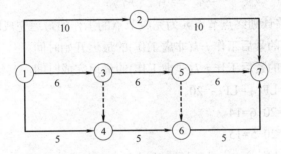

图 5-9 双代号网络计划

1) 计算工作的最早开始时间 ES_{i-j} 和最早完成时间 EF_{i-j}

以网络计划开始节点为始节点的工作，一般规定其最早开始时间为零，该工作的最早完成时间等于本工作的最早开始时间加上其作业持续时间。其他工作的最早开始时间等于其紧前工作最早完成时间的最大值，依次类推，用公式(5-1)表示为

$$\begin{aligned} ES_{1-i} &= 0 \\ EF_{1-i} &= ES_{1-i} + D_{1-i} \\ ES_{i-j} &= \max(EF_{h-i}) = \max(ES_{h-i} + D_{h-i}) \\ EF_{i-j} &= ES_{i-j} + D_{i-j} \end{aligned} \quad (5\text{-}1)$$

式中：EF_{h-i}——工作 i–j 的紧前工作 h–i(非虚工作)的最早完成时间；

ES_{h-i}——工作 i–j 的紧前工作 h–i(非虚工作)的最早开始时间；

D_{h-i}——工作 h–i(非虚工作)的持续时间，其他符号同理。

如本例中，$ES_{1-3}=0$，$EF_{1-3}=ES_{1-3}+D_{1-3}=6$。

$ES_{1-4}=0$，$EF_{1-4}=ES_{1-4}+D_{1-4}=5$。

$ES_{4-6}=\max(EF_{1-3}, EF_{1-4})=\max(6, 5)=6$，$EF_{4-6}=ES_{4-6}+D_{4-6}=6+5=11$。

2) 计算工期 T_c 的确定

计算工期等于以终点节点 n 为末节点的工作的最早完成时间的最大值,即

$$T_c = \max(EF_{i\text{-}n}) \tag{5-2}$$

式中：$EF_{i\text{-}n}$——以网络计划终点节点；

n——末节点的工作最早完成时间。

如图 5-9 所示，$T_c = \max(EF_{2\text{-}7}, EF_{5\text{-}7}, EF_{6\text{-}7}) = \max(20,18,17) = 20$。

3) 计算工作的最迟完成时间 $LF_{i\text{-}j}$ 和最迟开始时间 $LS_{i\text{-}j}$

网络计划的最迟完成时间本应等于工程的计划工期 T_p，但在网络计划时间参数计算时，一般假定 $T_p=T_c$。因此，以网络图终点节点为末节点的工作的最迟完成时间等于网络计划的计算工期 T_c，则该工作最迟开始时间等于其最迟完成时间减作业持续时间。依次类推，其他工作的最迟完成时间等于其紧后工作最迟开始时间的最小值。用公式表示为

$$\begin{aligned} LF_{j\text{-}n} &= T_p = T_c \\ LS_{j\text{-}n} &= LF_{j\text{-}n} - D_{j\text{-}n} \\ LF_{i\text{-}j} &= \min(LS_{j\text{-}k}) = \min(LF_{j\text{-}k} - D_{j\text{-}k}) \\ LS_{i\text{-}j} &= LF_{i\text{-}j} - D_{i\text{-}j} \end{aligned} \tag{5-3}$$

式中：$LF_{j\text{-}n}$——以网络计划终点节点 n 为完成节点的工作的最迟完成时间；

$LS_{j\text{-}k}$——工作 $i\text{-}j$ 的紧后工作 $j\text{-}k$(非虚工作)的最迟开始时间；

$LF_{j\text{-}k}$——工作 $i\text{-}j$ 的紧后工作 $j\text{-}k$(非虚工作)的最迟完成时间，其他符号同理。

如本例中，$LF_{2\text{-}7}=LF_{5\text{-}7}=LF_{6\text{-}7}=20$。

$LS_{5\text{-}7}= LF_{5\text{-}7}-D_{5\text{-}7}=20-6=14$。

$LS_{6\text{-}7}= LF_{6\text{-}7}-D_{6\text{-}7}=20-5=15$。

$LF_{3\text{-}5}=\min(LS_{5\text{-}7}, LS_{6\text{-}7})=\min(14, 15)=14$。

4) 计算工作总时差

工作总时差等于该工作最迟完成时间与最早完成时间或最迟开始时间与最早开始时间之差，亦等于该工作的紧后工作最迟开始时间与本工作最早完成时间之差的最小值，即

$$TF_{i\text{-}j} = LF_{i\text{-}j} - EF_{i\text{-}j} = LS_{i\text{-}j} - ES_{i\text{-}j} = \min(LS_{j\text{-}k} - EF_{i\text{-}j}) \tag{5-4}$$

如本例中，$TF_{3\text{-}5}=LF_{3\text{-}5}-EF_{3\text{-}5}=14-12=2$。

或　　　　　$TF_{3\text{-}5}=LS_{3\text{-}5}-ES_{3\text{-}5}=8-6=2$。

5) 计算工作的自由时差

工作自由时差等于该工作的紧后工作最早开始时间与本工作最早完成时间之差的最小值，即

$$FF_{i\text{-}j} = \min(ES_{j\text{-}k} - EF_{i\text{-}j}) \tag{5-5}$$

式中：$ES_{j\text{-}k}$——工作 $i\text{-}j$ 的紧后工作 $j\text{-}k$(非虚工作)的最早开始时间。

以网络计划终点节点为完成节点的工作，其自由时差等于计算工期与本工作最早完成时间之差。

在本例中，$FF_{3\text{-}5}=\min\{ES_{5\text{-}7}-EF_{3\text{-}5}, ES_{6\text{-}7}-EF_{3\text{-}5}\}=\min\{12-12, 12-12\}=0$。

再如，$FF_{4\text{-}6}= ES_{6\text{-}7}-EF_{4\text{-}6}=12-11$。

同理，$FF_{6-7}= T_c-EF_{6-7}= 20-17=3$。

本例时间参数计算结果如图 5-10 所示。

图 5-10 双代号网络计划

3. 按节点计算法

按节点计算法是先计算网络计划中各个节点的最早时间和最迟时间，然后再据此计算各项工作的时间参数和网络计划的计算工期。下面仍以图 5-9 为例，说明按节点计算法计算时间参数的过程。

1) 计算节点的最早时间

节点最早时间的计算应从网络计划起点节点开始顺着箭线方向依次进行。当未规定其最早开始时间时，网络计划起点节点的最早时间为零，其他节点最早时间等于其紧前节点最早完成时间的最大值，即

$$ET_1=0$$
$$ET_j=\max\{ET_i+D_{i-j}\} \tag{5-6}$$

式中：ET_j——工作 i-j 的完成节点 j 的最早时间；

ET_i——工作 i-j 的开始节点 i 的最早时间。

例如在本例中，节点④的最早时间为

$$ET_4=\max\{ET_1+D_{1-4}，ET_3+D_{3-4}\}=\max\{0+5，6+0\}=6$$

同理可得其他节点最早时间。

2) 确定网络计划的计算工期

计算工期等于网络计划终点节点的最早时间，即

$$T_c=ET_n \tag{5-7}$$

例如在本例中，$T_c=ET_7=20$。

3) 计算节点的最迟时间

节点最迟时间的计算应从网络计划的终点节点开始逆着箭线方向依次进行。当规定有计划工期时，网络计划终点节点的最迟时间等于网络计划的计划工期；当未规定计划工期时，一般假定 $T_p= T_c$，即

$$LT_n=T_p=T_c \tag{5-8}$$

式中：LT_n——网络计划终点节点 n 的最迟时间。

其他节点的最迟时间应按公式(5-9)进行计算

$$LT_i=\min\{LT_j-D_{i-j}\} \tag{5-9}$$

式中：LT_i——工作 i-j 的开始节点 i 的最迟时间；

LT_j——工作 i-j 的完成节点 j 的最迟时间。

例如在本例中，节点⑤的最迟时间为

$$LT_5=\min\{LT_6-D_{5\text{-}6},\ LT_7-D_{5\text{-}7}\}=\min\{15-0,\ 20-6\}=14$$

同理可得其他节点最迟时间。

4) 根据节点的最早时间和最迟时间判定工作的六个时间参数

(1) 工作最早开始时间等于该工作始节点的最早时间，即

$$ES_{i\text{-}j}=ET_i \tag{5-10}$$

(2) 工作最早完成时间等于该工作始节点的最早时间与其持续时间之和，即

$$EF_{i\text{-}j}=ET_i+D_{i\text{-}j} \tag{5-11}$$

(3) 工作最迟完成时间等于该工作末节点的最迟时间，即

$$LF_{i\text{-}j}=LT_j \tag{5-12}$$

(4) 工作最迟开始时间等于该工作末节点的最迟时间与其持续时间之差，即

$$LS_{i\text{-}j}=LT_j-D_{i\text{-}j} \tag{5-13}$$

(5) 工作总时差含义及计算方法同前。

$$TF_{i\text{-}j}=LF_{i\text{-}j}-EF_{i\text{-}j}=LS_{i\text{-}j}-ES_{i\text{-}j} \tag{5-14}$$

(6) 工作自由时差含义及计算方法同前。

$$FF_{i\text{-}j}=\min\{ES_{j\text{-}k}-EF_{i\text{-}j}\} \tag{5-15}$$

本例中节点时间计算结果如图 5-11 所示，工作时间参数计算结果同图 5-10。

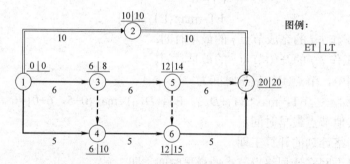

图 5-11 双代号网络计划按节点计算法

5.2.5 双代号网络图关键工作和关键线路的确定

1. 关键工作

网络计划中没有机动时间或总时差最小的工作称为关键工作。当计划工期等于计算工期时，总时差等于零的工作称为关键工作。例如在图 5-10 中，工作①-②和工作②-⑦的总时差最小，均为零，它们都是关键工作。关键工作在网络图上可用粗线或双线标注。

2. 关键线路

自始至终全部由关键工作组成的线路为关键线路，或工作总持续时间最长的线路为关

键线路。网络图上的关键线路可用双线或粗线标注,也可用该线路上的节点代号来记述,如在本例中,关键线路为①→②→⑦。关键线路上各项工作的持续时间总和应等于网络计划的计算工期,这一特点也是判别关键线路是否正确的准则。

5.2.6 标号法在双代号网络计划时间参数计算中的应用

标号法是一种快速寻求网络计划计算工期和关键线路的方法。它利用按节点计算法的基本原理,对网络计划中的每一个节点进行标号,然后利用标号值确定网络计划的计算工期和关键线路。

1. 标号法的计算步骤

以图 5-12 为例,说明标号法的计算过程。

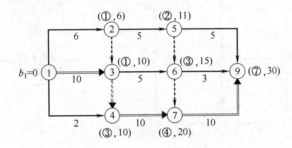

图 5-12 标号法计算结果

(1) 网络计划起点节点的标号值为零。例如在本例中,节点①的标号值为零。
(2) 其他节点标号值按节点编号从小到大顺序用公式(5-16)进行计算。

$$b_j = \max\{b_i + D_{i\text{-}j}\} \tag{5-16}$$

式中:b_j 为工作 $i\text{-}j$ 的完成节点 j 的标号值;b_i 为工作 $i\text{-}j$ 的开始节点 i 的标号值;$D_{i\text{-}j}$ 为工作 $i\text{-}j$ 的作业持续时间。

例如在本例中,节点③和节点④的标号值分别为

$$b_3 = \max\{b_1 + D_{1\text{-}3}, b_2 + D_{2\text{-}3}\} = \max\{0 + 10, 6 + 0\} = 10$$
$$b_4 = \max\{b_1 + D_{1\text{-}4}, b_3 + D_{3\text{-}4}\} = \max\{0 + 2, 10 + 0\} = 10$$

(3) 对节点进行双标注。

当计算出节点的标号值后,应该用标号值及其源节点对该节点进行双标注。所谓源节点,就是用来确定本节点标号值的节点。例如在本例中,节点④的标号值 10 是由节点③所确定,故节点④的源节点就是节点③。如果源节点有多个,应将所有源节点标出。

2. 应用标号法确定计算工期

网络计划的计算工期就是网络计划终点节点的标号值。例如在本例中,其计算工期就等于终点节点的标号值 30。

3. 应用标号法确定关键工作和关键线路

关键工作和关键线路应从网络计划的终点节点开始,逆着箭线方向按源节点确定。例

如在本例中，从终点节点开始，逆着箭线方向找出源节点，关键线路为①→③→④→⑦→⑨，关键工作为 1-3、4-7 和 7-9 工作。

5.3 单代号网络计划

5.3.1 单代号网络图的概念及特点

用节点或节点的编号表示工作的网络图，称为单代号网络图，如图 5-13 所示。与双代号网络图相比，单代号网络图的特点如下。

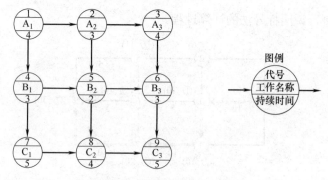

图 5-13 单代号网络计划示例

(1) 单代号网络图是以节点及其编号表示工作，以箭线表示工作之间的逻辑关系。

(2) 单代号网络图中箭线无虚实之分，亦无长短之分。

(3) 由于工作持续时间表示在节点之中，不能用节点直径的大小表示工作时间长短，既无法绘制单代号时标网络图，更不能直接根据单代号网络进行优化。

(4) 表示工作之间逻辑关系的箭线可能产生较多的纵横交叉现象，这时可通过增加虚节点解决。

5.3.2 单代号网络图的绘制规则与方法

1. 单代号网络图的绘制规则

单代号网络图的绘制规则与双代号网络图的绘制规则基本相同，但由于二者的表现形式不同，对这些绘图规则应灵活运用。如在单代号网络图中，当有两个以上的开始工作或结束工作时，为清楚表示它们同时开始或同时结束，需增加一个虚拟的开始或结束节点，如图 5-14 所示的①号和⑩号节点。

2. 单代号网络图的绘制方法

单代号网络图的绘制步骤与双代网络图的绘制步骤基本相同，不再赘述。

3. 单代号网络图绘制示例

【例 5-3】已知各工作之间的逻辑关系如表 5-3 所示，绘制单代号网络图。

表 5-3 工作逻辑关系表

工作	A	B	C	D	E	G	H	I
紧后工作	D、G	D、E	E	G、H	H、I	—	—	—
持续时间	10	4	2	10	6	10	3	5

【解】根据上述绘制规则和方法，绘图结果如图 5-14 所示。

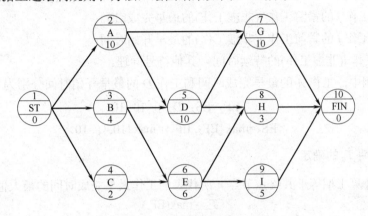

图 5-14 单代号网络图的绘制

5.3.3 单代号网络计划时间参数的计算

单代号网络计划与双代号网络计划只是表现形式不同，它们所表达的内容及逻辑关系完全一样。因此，两者时间参数计算方法是相同的，下面以图 5-14 所示单代号网络计划为例，说明其时间参数的计算过程。计算结果如图 5-15 所示。

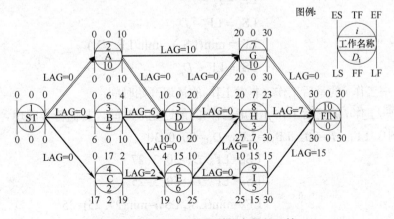

图 5-15 单代号网络图时间参数的计算

1. 计算工作的最早开始时间和最早完成时间

以单代号网络图开始节点为始节点的工作，其最早开始时间为零，其他工作的最早开始时间等于其紧前工作最早完成时间的最大值，工作的最早完成时间等于本工作的最早开始时间与其持续时间之和，用公式表示为

$$\begin{aligned} ES_1 &= 0 \\ EF_1 &= ES_1 + D_1 \\ ES_j &= \max(EF_i) = \max(ES_i + D_i) \\ EF_j &= ES_j + D_j \end{aligned} \quad (5\text{-}17)$$

式中：EF_i——工作 j 的紧前工作 i(非虚工作)的最早完成时间；

ES_i——工作 j 的紧前工作 i(非虚工作)的最早开始时间；

D_i——工作 i(非虚工作)的持续时间，其他符号同理。

例如在本例中，工作 A 的最早完成时间和工作 D 的最早开始时间分别为

$$EF_2 = ES_2 + D_2 = 0 + 10 = 10$$
$$ES_5 = \max\{EF_2, EF_3\} = \max\{10, 4\} = 10$$

2. 计算工期 T_c 的确定

网络图的计算工期等于其终点节点 n 所代表的工作最早完成时间的最大值，即

$$T_c = \max(EF_n) \quad (5\text{-}18)$$

式中：EF_n——网络计划终点节点 n(非虚工作)所代表的工作最早完成时间。

如本例中，$T_c = \max(EF_7, EF_8, EF_9) = \max(30, 23, 15) = 30$。

3. 计算工作的最迟完成时间和最迟开始时间

单代号网络图终点节点所代表的工作最迟完成时间等于网络计划的计算工期 T_c，其他工作的最迟完成时间等于该工作各紧后工作最迟开始时间的最小值，工作最迟开始时间等于其最迟完成时间减作业持续时间，即

$$\begin{aligned} LF_n &= T_p = T_c \\ LS_n &= LF_n - D_n \\ LF_i &= \min(LS_j) = \min(LF_j - D_j) \\ LS_i &= LF_i - D_i \end{aligned} \quad (5\text{-}19)$$

式中：LS_j——工作 i 的紧后工作 j(非虚工作)的最迟开始时间；

LF_j——工作 i 的紧后工作 j(非虚工作)的最迟完成时间，其他符号同理。

如本例中，$LF_{10} = T_c = 30$，$LS_{10} = LF_{10} - D_{10} = 30 - 0 = 30$

$$LS_8 = LF_8 - D_8 = 30 - 3 = 27$$
$$LS_9 = LF_9 - D_9 = 30 - 5 = 25$$
$$LF_6 = \min(LS_8, LS_9) = \min(27, 25) = 25$$

4. 计算相邻两项工作之间的时间间隔 LAG

相邻两项工作之间的时间间隔指其紧后工作的最早开始时间与本工作最早完成时间的差值，用 LAG 表示，计算公式为

$$LAG_{i,j} = ES_j - EF_i \tag{5-20}$$

式中：$LAG_{i,j}$——紧前工作 i 与紧后工作 j 的时间间隔，其他符号同前。

如本例中，工作 C 与工作 E 的时间间隔为

$$LAG_{4,6} = ES_6 - EF_4 = 4 - 2 = 2$$

5. 计算工作的总时差

单代号网络图工作总时差的计算有两种方法：一种是与双代号网络图的计算方法相同。另一种是工作总时差等于本工作与其各紧后工作之间的时间间隔加该紧后工作的总时差所得之和的最小值。其计算公式为

$$TF_i = LF_i - EF_i = LS_i - ES_i$$

或

$$TF_i = \min(LAG_{i,j} + TF_j) \tag{5-21}$$

式中：TF_j——工作 i 的紧后工作 j 的总时差；

$LAG_{i,j}$——i、j 工作时间间隔，其他符号同理。

如本例中，工作 H 和工作 D 的总时差分别为

$$TF_8 = LAG_{8,10} + TF_{10} = 7 + 0 = 7$$

$$TF_6 = \min\{LAG_{6,8} + TF_8, LAG_{6,9} + TF_9\} = \min\{10+7, 0+15\} = 15$$

6. 计算工作的自由时差

单代号网络图工作自由时差的计算也有两种方法：一种是与双代号网络图的计算方法相同；另一种是用相邻两项工作之间的时间间隔计算，工作自由时差等于本工作与其紧后工作之间时间间隔的最小值，即

$$FF_i = \min(ES_j - EF_i)$$

或

$$FF_i = \min(LAG_{i,j}) \tag{5-22}$$

式中，符号同上。

如本例中，工作 D 和工作 E 的自由时差分别为

$$FF_5 = \min\{ES_7 - EF_5, ES_8 - EF_5\} = \min\{20-20, 20-20\} = 0$$

$$FF_6 = \min\{LAG_{6,8}, LAG_{6,9}\} = \min\{10, 0\} = 0$$

5.3.4 单代号网络图关键工作与关键线路的确定

1. 关键工作的确定

单代号网络图关键工作的确定方法与双代号网络图相同，不再赘述。

2. 关键线路的确定

由于单代号网络图与双代号网络图表现形式不同,在确定单代号网络图关键线路时,将各关键工作连起来并不一定是关键线路。此时需要两个条件才能确定关键线路:相邻两项工作必须是关键工作,且它们之间的时间间隔为零。如本例中,A 与 G 不能构成关键线路,A 与 D 才能构成关键线路。

5.4 双代号时标网络计划

5.4.1 双代号时标网络计划的概念及特点

将表示工作的箭线的水平投影长度按该工作持续时间大小成比例绘制而成的双代号网络计划称双代号时标网络计划,简称时标网络计划。在时标网络计划中,必须以水平时间坐标为尺度表示工作的持续时间大小,并以实箭线表示实工作,以虚箭线表示虚工作,以波形线表示工作与其紧后工作之间的时间间隔。

时标网络计划既具有网络计划逻辑关系清晰的优点,又具有横道图直观易懂的优点,它将网络计划的时间参数直观地表达出来。

5.4.2 时标网络计划的分类

根据工作开始和完成时间不同,分为早时标网络计划和迟时标网络计划。
(1) 早时标网络计划:各项工作均按最早开始和最早完成绘制的时标网络计划。
(2) 迟时标网络计划:各项工作均按最迟开始和最迟完成绘制的时标网络计划。

5.4.3 时标网络计划的绘制方法

时标网络计划的绘制方法有间接法和直接法,以早时标网络计划为例方法如下。

1. 间接绘制法

间接绘制法是指先根据普通网络图计算其时间参数并确定关键线路,然后在时间坐标上按时间参数计算结果进行绘制。在绘制时应先将所有节点按其最早时间定位在时标网络计划表中的相应位置,然后再用规定线型按比例绘出实工作和虚工作。当某些工作箭线的长度不足以到达该工作的完成节点时,需用波形线补足,箭头应画在与该工作完成节点的连接处。由于此法在技术上无难度,不再举例说明。

2. 直接绘制法

直接绘制法是指不用计算时间参数而直接根据普通网络图各项工作持续时间的大小按

比例绘制其箭线的长度，即可形成时标网络计划。现以图 5-16 所示的网络计划为例，说明用直接法绘制时标网络计划的过程。

（1）将网络计划的起点节点定位在时标网络计划表的起始刻度线上，再按工作持续时间的大小成比例绘制以网络计划起点节点为始节点的工作箭线。如图 5-17(a)所示，节点①定位在起始刻度线"0"位置后，可分别绘出工作箭线 A、B 和 C。

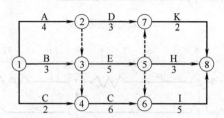

图 5-16　双代号网络计划

（2）除网络计划的起点节点外，其他节点定位在所有以该节点为末节点的工作箭线最早完成时间中，相对而言最晚结束的箭线末端(即最早完成时间 EF 的最大值)。也就是说，只有当某个节点的所有内向箭线全部都绘制出来之后，从中选择最晚结束的箭线，才能确定其正确位置。

当某些工作箭线的长度不足以到达该节点时，需用波浪线补足，箭头画在与该节点的连接处。如本例中，节点③应定位在 2-3 箭线(时间刻度线第 4 天末)和 1-3 箭线(时间刻度线第 3 天末)最早完成时间中最大值的末端(即第 4 天末)，1-3 箭线长度不足以达到第 4 天末用波浪线补之。节点④同理，如图 5-17(b)所示。

（3）当某个节点的位置确定之后，可绘制以该节点为始节点的所有工作箭线(即该节点的所有外向箭线)。如在本例中，在图 5-17(b)的基础之上，可以分别以节点②、节点③和节点④为开始节点绘制工作箭线 D、工作箭线 E 和工作箭线 G，如图 5-17(c)所示。

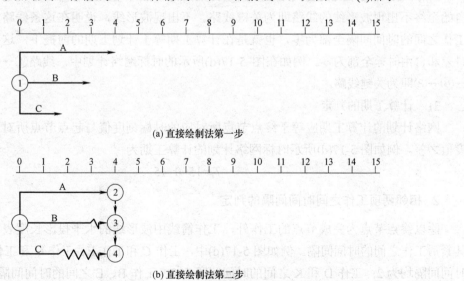

(a) 直接绘制法第一步

(b) 直接绘制法第二步

图 5-17　直接法绘图过程示意图

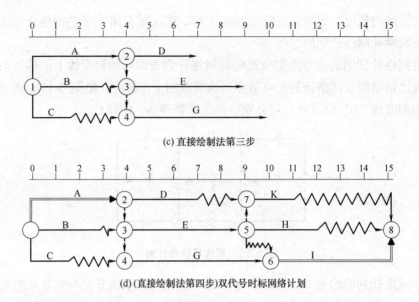

(c) 直接绘制法第三步

(d)(直接绘制法第四步)双代号时标网络计划

图 5-17 直接法绘图过程示意图(续)

(4) 依次类推，重复上述步骤以确定其他各个节点的位置，直至绘出网络计划的终点节点。本例所对应的时标网络计划如图 5-17(d)所示，图中双箭线表示关键线路。

5.4.4 时标网络计划中时间参数的判定

1. 关键线路和计算工期的判定

1) 关键线路的判定

时标网络计划中的关键线路可从网络图的终点节点开始，逆着箭线方向进行判定。凡自始至终不出现波形线的线路即为关键线路。不出现波形线，说明在这条线路上相邻两项工作之间的时间间隔全部为零，也就是在计算工期等于计划工期的前提下，这些工作的总时差和自由时差全部为零。例如在图 5-17(d)所示的时标网络计划中，线路①→②→③→④→⑥→⑧即为关键线路。

2) 计算工期的判定

网络计划的计算工期应等于终点节点所对应的时标刻度值与起点节点所对应的时标刻度值之差。例如图 5-17(d)所示时标网络计划的计算工期为

$$T_c = 15 - 0 = 15$$

2. 相邻两项工作之间时间间隔的判定

除以终点节点为完成节点的工作外，工作箭线中波形线的水平投影长度表示本工作与其紧后工作之间的时间间隔。例如图 5-17(d)中，工作 C 和工作 E、工作 C 和工作 G 之间的时间间隔均为 2；工作 D 和 K 之间的时间间隔为 2；工作 B、E 之间的时间间隔为 1。

3. 工作六个时间参数的判定

1) 工作最早开始时间和最早完成时间的判定

工作箭线左端节点中心所对应的时标值为该工作的最早开始时间。当工作箭线中不存在波形线时，其右端节点中心所对应的时标值为该工作的最早完成时间；当工作箭线中存在波形线时，工作箭线实线部分右端点所对应的时标值为该工作的最早完成时间。例如在图 5-17(d)所示的时标网络计划中，工作 C 和工作 K 的最早开始时间分别为 0 和 9，而它们的最早完成时间分别为 2 和 11。

2) 工作总时差的判定

工作总时差的判定应从网络计划的终点节点开始，逆着箭线方向依次进行。

(1) 以终点节点为末节点的工作总时差等于计划工期与其最早完成时间之差。

$$TF_{i-n}=T_p-EF_{i-n} \qquad (5-23)$$

式中：TF_{i-n}——以网络计划终点节点 n 为完成节点的工作的总时差；

T_p——网络计划的计划工期；

EF_{i-n}——以网络计划终点节点 n 为完成节点的工作的最早完成时间。

例如在图 5-17(d)中，假设计划工期为 15，则工作 H 的总时差为

$$TF_{5-8}=T_p-EF_{5-8}=15-12=3$$

(2) 其他工作的总时差等于其紧后工作的总时差加上本工作与该紧后工作之间的时间间隔所得之和的最小值，即

$$TF_{i-j}=\min\{TF_{j-k}+LAG_{i-j,\ j-k}\} \qquad (5-24)$$

例如在图 5-17(d)所示的时标网络计划中，工作 B 的总时差为

$$TF_{1-3}=\min\{TF_{3-5}+LAG_{1-3,3-5},\ TF_{4-6}+LAG_{1-3,4-6}\}=\min\{1+1,\ 0+1\}=1$$

3) 工作自由时差的判定

(1) 以终点节点为末节点的工作自由时差等于计划工期与本工作最早完成时间之差。

$$FF_{i-n}=T_p-EF_{i-n} \qquad (5-25)$$

(2) 其他工作的自由时差一般是该工作箭线中波形线的水平投影长度，但当工作之后只紧接虚工作时，则其紧接的虚箭线中波形线水平投影长度的最短者为该工作自由时差。或本工作与其所有紧后工作时间间隔的最小值即为其自由时差。

例如在图 5-17(d)中，$FF_{3-5}=\min(LAG_{E-H},\ LAG_{E-K},\ LAG_{E-I})=\min(0,\ 0,\ 1)=0$

4) 工作最迟开始时间和最迟完成时间的判定

(1) 工作的最迟开始时间等于本工作的最早开始时间与其总时差之和。

$$LS_{i-j}=ES_{i-j}+TF_{i-j} \qquad (5-26)$$

例如在图 5-17(d)中，$LS_{2-7}=ES_{2-7}+TF_{2-7}=4+6=10$。

(2) 工作的最迟完成时间等于本工作的最早完成时间与其总时差之和。

$$LF_{ij}=EF_{i-j}+TF_{i-j} \qquad (5-27)$$

例如在图 5-17(d)中，$LF_{2-7}=EF_{2-7}+TF_{2-7}=7+6=13$。

根据时标网络计划确定的时间参数应与数解法确定的时间参数结果完全一致。

5.5 单代号搭接网络计划

在建筑工程施工中，为了缩短工期，常常将许多工序安排成平行搭接方式进行。这种平行搭接关系，如果用一般单代号或双代号网络图描述，会增加网络图绘制和计算的工作量，且图面复杂难懂。20 世纪 70 年代，出现了一种既能反映各种搭接关系，又能简化网络图表示方式的网络计划技术，即搭接网络图，补充和扩大了网络计划技术的应用范围。

搭接网络计划是用搭接关系与时距表示相邻工序之间逻辑关系的一种网络计划。有双代号和单代号两种表达方式。由于双代号搭接网络与普通双代号无多大差别，而单代号搭接网络差别较大，也比较简明，使用较普遍，本节仅介绍单代号搭接网络计划。

5.5.1 工序的基本搭接关系

单代号搭接网络计划有四种基本的搭接关系。

(1) 结束到开始的搭接关系(用 FS 或 FTS 表示)：指相邻两工序，前项工序 i 结束后，经过时距 $Z_{i,j}$，后面工序 j 才能开始的搭接关系。当 $Z_{i,j}=0$ 时，表示相邻两工序之间没有间歇时间，即前项工序结束后，后面工序立即开始，这就是一般网络图。

(2) 开始到开始的搭接关系(用 SS 或 STS 表示)：指相邻两工序，前项工序 i 开始以后，经过时距 $Z_{i,j}$，后面工序 j 才能开始的搭接关系。

(3) 结束到结束的搭接关系(用 FF 或 FTF 表示)：指相邻两工序，前项工序 i 结束以后，经过时距 $Z_{i,j}$，后面工序 j 才能结束的搭接关系。

(4) 开始到结束的搭接关系(用 SF 或 STF 表示)：这是指相邻两工序，前项工序 i 开始以后，经过时距 $Z_{i,j}$，后面工序 j 才能结束的搭接关系。

四种基本搭接关系表达方法如表 5-4 所示。除此四种搭接关系外，还有各种组合型搭接关系，最常用到的是 STS 和 FTF 之间的组合。

表 5-4 基本搭接关系表

搭接关系	横道图表示方法	单代号搭接网络	
		表示方法	简易表示方法
FS(FTS)			
SS(STS)			

续表

搭接关系	横道图表示方法	单代号搭接网络 表示方法	单代号搭接网络 简易表示方法
FF(FTF)	(图示：i 与 j，Z_{ij})	(图示：$\frac{i}{D_i}$ → $\frac{j}{D_j}$，FF，Z_{ij})	(图示：$\frac{i}{D_i}$ —FF Z_{ij}→ $\frac{j}{D_j}$)
SF(STF)	(图示：i 与 j，Z_{ij})	(图示：$\frac{i}{D_i}$ → $\frac{j}{D_j}$，SF，Z_{ij})	(图示：$\frac{i}{D_i}$ —SF Z_{ij}→ $\frac{j}{D_j}$)

5.5.2 单代号搭接网络图的绘制

单代号搭接网络图的绘制与单代号网络图的绘图方法基本相同：首先根据工序的工艺关系与组织关系绘制工序逻辑关系表，确定相邻工序的搭接类型与搭接时距；再根据工序逻辑关系表，按单代号网络图的绘制方法，绘制单代号网络图；最后将搭接类型与时距标注在工序箭线上。需强调指出：与一般网络图相同，在单代号搭接网络图中，也不允许有两个或两个以上的开始节点或结束节点。此时，可通过增加虚箭线以解决这一问题。如图 5-18 所示的虚箭线 1-6 和虚箭线 7-9。

【例 5-4】某工程各项工作搭接关系及时距如表 5-5 所示。试绘制单代号搭接网络图。

表 5-5 工作搭接关系及时距

工作名称	作业时间	紧前工作	搭接关系	搭接时距 $Z_{i,j}$
A	5	—	—	—
B	8	—	—	—
C	10	A	SS	2
D	20	A	FF	15
		B	FS	4
		C	SS	11
E	15	B	FF	3
F	13	C	FS	15
		D	FS	4
G	8	D	SS	10
		D	FF	5
		E	FS	3
		F	SS	3

【解】(1) 根据普通网络图绘图规则，结合工作搭接类型和搭接时距绘制的单代号搭接网络图，如图 5-18 所示。

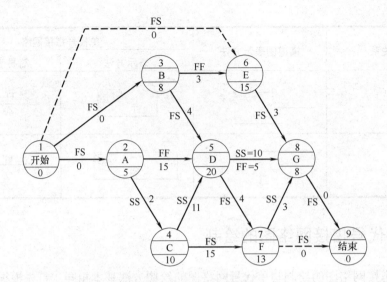

图 5-18 单代号搭接网络图

(2) 在图 5-18 中，6 号节点工作 E 的开始时间无约束，应在其前增加一条虚箭线 1-6。7 号节点工作 F 的结束时间无约束，应在其后增加一条虚箭线 7-9。

5.5.3 单代号搭接网络图时间参数的计算

单代号搭接网络计划时间参数的计算与普通单代号网络计划时间参数的计算原理基本相同，但计算时需要考虑搭接类型和搭接时距的影响，具体计算公式如表 5-6 所示。

表 5-6 单代号搭接网络计划时间参数的计算

搭接类型	ES_j 与 EF_j (紧前工作为 i)	LS_i 与 LF_i (紧后工作为 j)	FF_i
FS	$ES_j=EF_i+Z_{i,j}$ $EF_j=ES_j+D_j$	$LF_i=LS_j-Z_{i,j}$ $LS_i=LF_i-D_i$	$FF_i=ES_j-EF_i-Z_{i,j}$
SS	$ES_j=ES_i+Z_{i,j}$ $EF_j=ES_j+D_j$	$LS_i=LS_j-Z_{i,j}$ $LF_i=LS_i+D_i$	$FF_i=ES_j-ES_i-Z_{i,j}$
FF	$EF_j=EF_i+Z_{i,j}$ $ES_j=EF_j-D_j$	$LF_i=LF_j-Z_{i,j}$ $LS_i=LF_i-D_i$	$FF_i=EF_j-EF_i-Z_{i,j}$
SF	$EF_j=ES_i+Z_{i,j}$ $ES_j=EF_j-D_j$	$LS_i=LF_j-Z_{i,j}$ $LF_i=LS_i+D_i$	$FF_i=EF_j-ES_i-Z_{i,j}$

应用表 5-6 中相应公式计算时间参数时，尚需注意以下几方面。

(1) 工作的最早开始和最早完成时间，应该是依据本工作与所有紧前工作的搭接关系和搭接时距的相应公式计算出的 ES、EF 后取最大值。

(2) 工作的最迟完成和最迟开始时间，应该是依据本工作与所有紧后工作的搭接关系和搭接时距的相应公式计算出的 LF、LS 后取最小值。

(3) 搭接网络图中，工作自由时差的含义是在满足其与紧后工作搭接关系和搭接时距，且不影响紧后工作的最早开始或最早完成时间的前提下，本工作能够自由支配的机动时间。确定方法是按表 5-6 中相应公式计算后取最小值作为本工作的自由时差。

(4) 总时差的含义及计算方法与前述普通单代号、双代号网绘图相同，不再赘述。

(5) 搭接网络图中，前后两项工作的时间间隔计算公式为

$$LAG=紧后工作\ ES\ 或\ EF-紧前工作\ ES\ 或\ EF-搭接时距\ Z$$

现以图 5-18 中的 5 号节点工作 D 为例，说明其计算方法。本例全部时间参数计算结果如图 5-19 所示，箭线旁边数字为时间间隔 LAG。

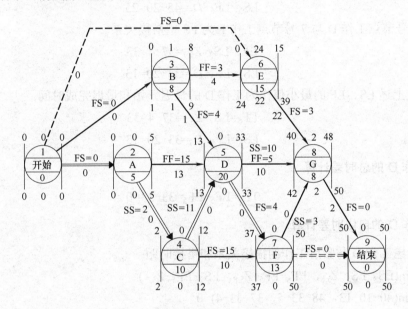

图 5-19 单代号搭接网络图时间参数计算结果

1. 工作 D 的最早开始和最早完成时间的计算

(1) 3 号节点工作 B 与 5 号节点工作 D 为 FS 型搭接关系，则

$$ES_5=EF_3+Z_{3,5}=8+4=12$$
$$EF_5=ES_5+D_5=12+20=32$$

(2) 2 号节点工作 A 与 5 号节点工作 D 为 FF 型搭接关系，则

$$EF_5=EF_2+Z_{2,5}=5+15=20$$
$$ES_5=EF_5-D_5=20-20=0$$

(3) 4 号节点工作 C 与 5 号节点工作 D 为 SS 型搭接关系，则

$$ES_5=ES_4+Z_{4,5}=2+11=13$$
$$EF_5=ES_5+D_5=13+20=33$$

(4) 取上述 ES、EF 的最大值作为工作 D 的最早开始和最早完成时间，即

$$ES_5=ES_4+Z_{4,5}=2+11=13$$

$$EF_5 = ES_5 + D_5 = 13 + 20 = 33$$

2. 工作 D 的最迟开始和最迟完成时间的计算

(1) 5 号节点工作 D 与 8 号节点工作 G 为 SS 和 FF 混合型搭接关系。

① SS 型搭接关系，则

$$LS_5 = LS_8 - Z_{5,8} = 42 - 10 = 32$$
$$LF_5 = LS_5 + D_5 = 32 + 20 = 52$$

② FF 型搭接关系，则

$$LF_5 = LF_8 - Z_{5,8} = 50 - 5 = 45$$
$$LS_5 = LF_5 - D_5 = 45 - 20 = 25$$

(2) 5 号节点工作 D 与 7 号节点工作 F 为 FS 型搭接关系。

$$LF_5 = LS_7 - Z_{5,7} = 37 - 4 = 33$$
$$LS_5 = LF_5 - D_5 = 33 - 20 = 13$$

(3) 取上述 LS、LF 的最小值作为工作 D 的最迟开始和最迟完成时间。

$$LF_5 = LS_7 - Z_{5,7} = 37 - 4 = 33$$
$$LS_5 = LF_5 - D_5 = 33 - 20 = 13$$

3. 工作 D 的总时差计算

$$TF_5 = LF_5 - EF_5 = 33 - 33 = 0$$

4. 工作 D 的自由时差计算

主要考虑工作 D 与紧后工作的搭接关系和搭接时距

$$FF_5 = \min(ES_8 - ES_5 - Z_{5,8},\ EF_8 - EF_5 - Z_{5,8},\ ES_7 - EF_5 - Z_{5,7})$$
$$= \min(40 - 10 - 13,\ 48 - 33 - 5,\ 37 - 33 - 4) = 0$$

5. 工作 D 的相关时间间隔计算

(1) 工作 D 与工作 A、C 之间的时间间隔。

$$LAG_{a,d} = EF_d - EF_a - Z_{a,d} = 33 - 5 - 15 = 13$$
$$LAG_{c,d} = ES_d - ES_c - Z_{c,d} = 13 - 2 - 11 = 0$$

(2) 工作 D 与工作 G、F 之间的时间间隔。

$$LAG_{d,g} = \min(ES_g - ES_d - Z_{d,g},\ EF_g - EF_d - Z_{d,g}) = \min(40 - 13 - 10,\ 48 - 33 - 5) = 10$$
$$LAG_{d,f} = (ES_f - EF_d - Z_{d,f}) = 37 - 33 - 4 = 0$$

5.5.4 单代号搭接网络图关键工作与关键线路的确定

1. 确定关键工作

搭接网络图中关键工作的确定与普通网络图关键工作的确定方法相同，即总时差最小或没有机动时间的工作为关键工作。

如图 5-19 所示，工作 A、C、D、F 为关键工作。

2. 确定关键线路

单代号搭接网络图中，关键线路的确定需要三个条件：必须是关键工作，必须满足搭接关系及搭接时距的要求，相邻两关键工作之间的时间间隔必须为零。

如图 5-19 所示，工作 A 与工作 D 相连不能构成关键线路，正确的关键线路为 1-2-4-5-7-9。

5.6 网络计划的优化

网络计划的优化是指在一定约束条件下，按既定目标对网络计划进行不断改进，以寻求满意方案的过程。根据优化目标的不同，网络计划的优化可分为工期优化、费用优化和资源优化三种。

5.6.1 工期优化

所谓工期优化，是指网络计划的计算工期不满足要求工期时，通过压缩关键工作的持续时间以满足要求工期的过程。

1. 工期优化的方法

网络计划工期优化的基本方法是在不改变网络计划中各项工作之间逻辑关系的前提下，通过压缩关键工作的持续时间来达到优化目标。在工期优化过程中，按照经济合理的原则，不能将关键工作压缩成非关键工作。此外，当工期优化过程中出现多条关键线路时，必须将各条关键线路的总持续时间压缩相同数值；否则，不能有效地缩短工期。

网络计划的工期优化可按下列步骤进行。

(1) 确定初始网络计划的计算工期和关键线路。

(2) 按要求工期计算应缩短的时间 ΔT_i，如式(5-28)所示。

$$\Delta T_n = T_{n-1} - T_r \tag{5-28}$$

式中：ΔT_n——第 n 次优化时，距要求工期的时间；

T_{n-1}——第 n 次优化前网络计划的计算工期。

T_r——要求工期。

如果 $\Delta T_n = 0$，则优化结束。

(3) 选择应缩短持续时间的关键工作。

选择压缩对象时宜在关键工作中考虑下列因素。

① 缩短持续时间对质量和安全影响不大的关键工作。

② 有充足备用资源的关键工作。

③ 缩短持续时间所需增加的费用最少的关键工作。

(4) 压缩选定的关键工作的持续时间，其压缩时间的确定必须符合下列原则。

① 压缩后工作的持续时间不能小于其最短持续时间；

② 不能将原关键工作的持续时间压缩使其变成非关键工作；

③ 压缩工作持续时间后的计算工期满足要求工期。

这些原则可用公式表示为

$$\Delta t = \min(D_{n-1} - D_c, \text{TF}_{\min}^f, \Delta T_n) \quad (5\text{-}29)$$

式中：Δt——某关键工作可压缩的时间；

D_{n-1}——该关键工作第 n 次优化前的作业时间；

D_c——该关键工作最短作业时间；

$\text{TF}_{\min}^f$——所有非关键工作总时差的最小值。

(5) 重新确定计算工期和关键线路。

(6) 当计算工期仍超过要求工期时，则重复上述(2)~(5)，直至计算工期满足要求工期或计算工期已不能再缩短为止。

(7) 当所有关键工作的持续时间都已达到其能缩短的极限而寻求不到继续缩短工期的方案，但网络计划的计算工期仍不能满足要求工期时，应对网络计划的原技术方案、组织方案进行调整，或对要求工期重新审定。

2．压缩关键工作持续时间的措施

为压缩工作持续时间，必须采取一定的措施，常见的措施如下。

(1) 组织措施。增加工作面、劳动力或机械数量，增加工作时间，组织流水作业等。

(2) 技术措施。改变施工工艺，采用先进技术或机械设备，缩短技术间歇时间等。

(3) 经济措施。采用经济补偿，提高奖金数额等。

(4) 其他配套措施。改善劳动条件，加强协调，加强合同管理和信息管理等。

3．工期优化示例

【例 5-5】 已知某工程双代号网络计划如图 5-20 所示，图中箭线下方括号外数字为工作的正常持续时间，括号内数字为最短持续时间；箭线上方括号内数字为优选系数，该系数综合考虑了质量、安全和费用情况，系数越小表示应优先作为压缩对象。现假设要求工期为 18 时间单位，试对其进行工期优化。

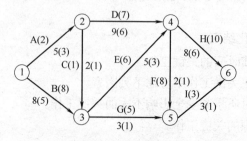

图 5-20 初始网络计划

【解】该网络计划的工期优化可按以下步骤进行。

(1) 根据各项工作的正常持续时间，计算各工作总时差，如表 5-7 所示。此时，关键线路为①—②—④—⑥，总工期 T_0=22 天，大于要求工期，需要优化，如图 5-21 所示。

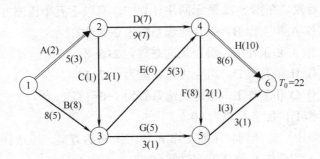

图 5-21 初始网络计划关键线路

表 5-7 各工作总时差

工作名称	A	B	C	D	E	F	G	H	I
总时差	0	1	2	0	1	3	8	0	3

(2) 第一次优化。

① 需要缩短的时间 ΔT_1 =22−18=4。

② 选择压缩对象。

可行方案：由于此时关键工作为工作 A、工作 D 和工作 H，而其中工作 A 的优选系数最小，故应将工作 A 作为优先压缩的对象。

③ 确定工作 A 可压缩的时间

$$\Delta t = \min(D_n - D_c, \ TF_{\min}^f, \ \Delta T_1) = \min(5-3, 1, 4) = 1$$

所以，工作 A 新的作业时间 $D_{1\text{-}2}$=4 天。

④ 用 $D_{1\text{-}2}$=4 代替原作业时间，重新计算各工作总时差和网络计划总工期，如表 5-8 和图 5-22 所示。此时，网络计划出现两条关键线路，即：①—②—④—⑥和①—③—④—⑥，工期 T_1 =21 天。

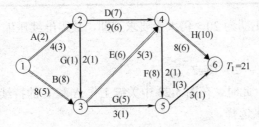

图 5-22 第一次优化后的网络计划

表 5-8 第一次优化后非关键工作总时差

工作名称	C	G	F	I
总时差	2	7	3	3

⑤ 由于此时计算工期为 21 天，大于要求工期，故需继续压缩。

(3) 第二次优化。

① 需要缩短的时间，$\Delta T_2 =21-18=3$。

② 选择压缩对象。在图 5-22 所示网络计划中，有以下五个压缩方案。

a. 同时压缩工作 A 和工作 B，组合优选系数为 2+8=10。

b. 同时压缩工作 A 和工作 E，组合优选系数为 2+6=8。

c. 同时压缩工作 B 和工作 D，组合优选系数为 8+7=15。

d. 同时压缩工作 D 和工作 E，组合优选系数为 7+6=13。

e. 单独压缩工作 H，优选系数为 10。

在上述压缩方案中，选择同时压缩工作 A 和工作 E 的方案，即选择方案 2。

③ 确定工作 A 和工作 E 可压缩的时间

$$\Delta t = \min(D_n^a - D_c^a, D_n^e - D_c^e, \text{TF}_{\min}^f, \Delta T_2) = \min(4-3, 5-3, 2, 3)=1$$

所以，工作 A 和 E 各压缩 1 天，新的作业时间 $D_{1-2}=3$、$D_{3-4}=4$ 天。

④ 用 $D_{1-2}=3$、$D_{3-4}=4$ 代替原作业时间，重新计算总时差和工期，如表 5-9 和图 5-23 所示。确定新的计算工期和关键线路，如图 5-23 所示。此时，关键线路未变仍为两条。工期 $T_2=20$ 天。

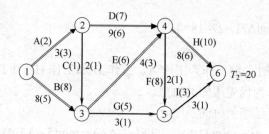

图 5-23　第二次压缩后的网络计划

表 5-9　第二次优化后非关键工作总时差

工作名称	C	G	F	I
总时差	3	6	3	3

⑤ 由于此时计算工期为 20，仍大于要求工期，故需继续压缩。

(4) 第三次优化。

① 压缩时间：$\Delta T_3 =20-18=2$。

② 选择压缩对象。此时，在图 5-23 中关键工作 A 和 E 的持续时间已达最短，不能再压缩，只有两个方案可供选择。

a. 同时压缩工作 B 和工作 D，组合优选系数为 8+5=13。

b. 压缩工作 H，优选系数为 10。

在上述方案中，选择压缩工作 H。

③ 确定工作 H 可压缩的时间：

$$\Delta t = \min(D_n^h - D_c^h, \text{TF}_{\min}^f, \Delta T_3) = \min(8-6, 3, 2)=2$$

所以，工作 H 压缩 2 天，新的作业时间 D_{4-6}=6 天。

④ 用 D_{4-6}=6 代替原作业时间，重新计算总工期和关键线路，如图 5-23 所示。此时，计算工期为 18 天，已满足要求工期，优化过程结束，图 5-24 即为最优计划方案。

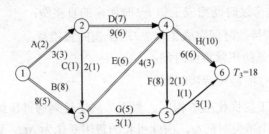

图 5-24 最优计划方案

5.6.2 费用优化

费用优化又称工期-成本优化，是指寻求工程总成本最低时的工期安排，或按要求工期寻求最低成本的计划方案的过程。

1. 费用和时间的关系

建筑安装工程施工成本由直接费和间接费组成。直接费由人工费、材料费、机械使用费等组成，直接费会随着工期的缩短而增加。间接费包括企业经营管理的全部费用，它一般会随着工期的缩短而减少。工程费用与工期的关系如图 5-25 所示。

2. 费用优化的基本原理

对网络计划中的每一项工作，其费用与持续时间之间的关系类似于工程费用与工期之间的关系。其中，工作间接费与持续时间之间的关系被近似地认为是一条直线关系，直线斜率称为间接费率，是指工期或作业持续时间每缩短一个单位时间引起间接费的变化率；工作直接费与持续时间之间的关系为非线性关系，为简化计算，近似地用一条割线表示，如图 5-26 所示。该割线的斜率称为直接费率，指工期或作业持续时间每缩短一个单位时间引起直接费的变化率，按式(5-30)计算。

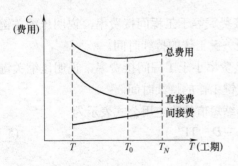

图 5-25 工程费用与工期的关系

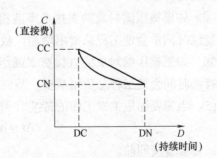

图 5-26 工作持续时间与直接费的关系

$$K_{i-j} = \frac{CC_{i-j} - CN_{i-j}}{DN_{i-j} - DC_{i-j}} \tag{5-30}$$

式中：K_{i-j}——工作 i-j 的直接费率；

CC_{i-j}——按最短持续时间完成工作 i-j 时所需的直接费；

CN_{i-j}——按正常持续时间完成工作 i-j 时所需的直接费；

DN_{i-j}——工作 i-j 的正常持续时间；

DC_{i-j}——工作 i-j 的最短持续时间。

费用优化的原理与工期优化基本相同。假说，网络计划通过压缩某些关键工作的持续时间，使工期缩短了一个单位时间 Δt，由此引起的费用变化为 ΔC，则

$$\Delta C = (\sum K_{i-j} - \xi)\Delta t \tag{5-31}$$

式中：$\sum K_{i-j}$——组合直接费费率；

ξ——工程间接费费率，其他符号意义同上。

如果 $\Delta C < 0$，说明工期缩短一个单位时间 Δt 后，费用减少了，工期更优了。

3. 费用优化的方法步骤

费用优化的基本思路是：不断地在网络计划中找出直接费率(或组合直接费率)最小的关键工作，缩短其持续时间，同时考虑间接费随工期缩短而减少的数值，最后求得工程总成本最低时的最优工期。

按照上述基本思路，费用优化可按以下步骤进行。

(1) 按工作的正常持续时间确定计算工期和关键线路。

(2) 计算各项工作的直接费率。

(3) 当只有一条关键线路时，应找出直接费率最小的一项关键工作，作为缩短持续时间的对象；当有多条关键线路时，应找出组合直接费率最小的一组关键工作，作为缩短持续时间的对象。

(4) 对选定的压缩对象，比较其直接费率或组合直接费率与间接费率的大小。

① 如果被压缩对象的直接费率或组合直接费率大于工程间接费率，说明压缩关键工作的持续时间会使工程总费用增加，此时应停止缩短关键工作的持续时间，在此之前的方案即为优化方案。

② 如果被压缩对象的直接费率或组合直接费率等于工程间接费率，说明压缩关键工作的持续时间不会使工程总费用增加，故应缩短关键工作的持续时间。

③ 如果被压缩对象的直接费率或组合直接费率小于工程间接费率，说明压缩关键工作的持续时间会使工程总费用减少，故应缩短关键工作的持续时间。

(5) 当需要缩短关键工作的持续时间时，其缩短值的确定用公式表示为

$$\Delta t = \min(D_{n-1} - D_c, \ TF_{\min}^f) \tag{5-32}$$

式中：符号含义同前。

(6) 计算关键工作持续时间缩短后总费用的变化。

(7) 重复上述(3)~(6)步骤，直至得到优化方案。

4. 费用优化示例

【例 5-6】已知某工程双代号网络计划如图 5-27 所示，图中箭线下方括号外数字为工作正常时间，括号内数字为最短持续时间；箭线上方括号内数字为工作的直接费费率。假设该工程间接费费率为 22 千元/天，时间单位为天。试确定其最优工期。

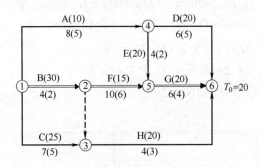

图 5-27 费用优化初始网络图

【解】(1) 计算初始工期，确定关键线路。得 T_0=20 天，关键线路如图 5-27 所示。

(2) 第一次优化。

① 确定压缩对象：可行方案如下。

a. 压缩工作 1-2，k_{1-2}=30(千元/天)。

b. 压缩工作 2-5，k_{2-5}=15(千元/天)。

c. 压缩工作 5-6，k_{5-6}=20(千元/天)。

故选择压缩工作 2-5，且 $(k_{2-5}=15)<(\xi=22)$(千元/天)，可以压缩。

② 确定压缩时间：$\Delta t_{2-5} = \min(D_n - D_c, TF_{\min}^f) = \min(10-6, 2) = 2$(天)。

③ 费用变化：$\Delta C = \Delta t(k_{2-5} - \xi) = 2 \times (15-22) = -14$(千元)。

所以，$T_1 = T_0 - 2 = 20 - 2 = 18$(天)，优于 $T_0 = 20$(天)。

④ 第一次优化后的网络图如图 5-28 所示。

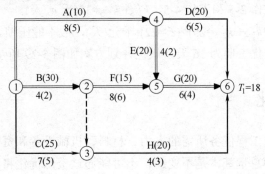

图 5-28 第一次优化后的网络图

(3) 第二次优化。

① 压缩对象，可行方案有：

a. 同时压缩工作 1-2 和工作 1-4，$k_{1-2} + k_{1-4} = 40$(千元/天)；

b. 同时压缩工作 1-2 和工作 4-5，$k_{1-2}+k_{4-5}=50$(千元/天);
c. 同时压缩工作 2-5 和工作 1-4，$k_{2-5}+k_{1-4}=25$(千元/天);
d. 同时压缩工作 2-5 和工作 4-5，$k_{2-5}+k_{4-5}=35$(千元/天);
e. 压缩工作 5-6，$k_{5-6}=20$ 千元/天。

选择压缩工作 5-6，且 $(k_{5-6}=20)<(\xi=22)$(千元/天)，可以压缩。

② 压缩时间：$\Delta t_{5-6} = \min(D_n - D_c, \mathrm{TF}_{\min}^f) = \min(6-4,4) = 2$

③ 费用变化：$\Delta C = \Delta t(k_{5-6}-\xi) = 2\times(20-22) = -4$(千元)。

由此可见：$T_2 = T_1 - 2 = 18 - 2 = 16$(天)，优于 $T_1 = 18$ 天。

④ 第二次优化后的网络图如图 5-29 所示。

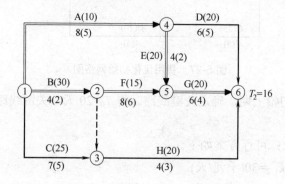

图 5-29　第二次优化后的网络图

(4) 第三次优化。

确定压缩对象：可行方案如下。

① 同时压缩工作 1-2 和工作 1-4，$k_{1-2}+k_{1-4}=40$(千元/天);
② 同时压缩工作 1-2 和工作 4-5，$k_{1-2}+k_{4-5}=50$(千元/天);
③ 同时压缩工作 2-5 和工作 1-4，$k_{2-5}+k_{1-4}=25$(千元/天);
④ 同时压缩工作 2-5 和工作 4-5，$k_{2-5}+k_{4-5}=35$(千元/天)。

选择方案 3，但$(k_{1-4}+k_{2-5}=25)>(\xi=22)$(千元/天)，故不能压缩。

结论：该工作最优工期为 16 天，最优计划方案如图 5-29 所示。

5.6.3　资源优化

资源是指为完成工程任务所需的人力、材料、机械设备和资金等的统称。一项工程任务的完成，所需资源总量基本是不变的，不可能通过资源优化将其减少。资源优化是通过改变工作的起止时间，使资源按时间的分布符合资源有限或均衡的优化目标。资源优化中常用到如下术语。

资源强度：一项工作在单位时间内所需的某种资源数量。工作 $i-j$ 资源强度用 r_{i-j} 表示。

资源需用量：网络计划中各项工作在某一单位时间内所需某种资源数量。第 t 天资源需用量用 R_t 表示。

资源限量:单位时间内可供使用的某种资源的最大数量,用 R_a 表示。

根据限定条件不同,资源优化分为资源有限-工期最短和工期固定-资源均衡两类问题。

1. 资源有限-工期最短的优化

其思路是通过改变某些工作起止时间,以满足资源限制条件,并使工期推迟最少。

1) 优化的前提条件

(1) 优化过程中,原网络计划的逻辑关系不改变。

(2) 优化过程中,网络计划的各工作持续时间不改变。

(3) 除规定可中断的工作外,一般不允许中断工作,应保持其连续性。

(4) 各工作资源强度是均衡合理的,在优化过程中不予变更。

2) 优化原理

假设在某时段总的资源需要量超过了资源限量,在该时段同时进行的工作有若干项,将任意两项工作 a 和 b 由原来的平行作业改变为工作 a 在工作 b 之前进行,如图 5-30 所示。

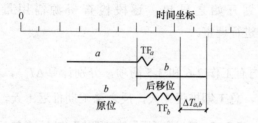

图 5-30 优化原理图

按新顺序进行时,工期延长的时间为

$$\Delta T_{a,b} = EF_a + D_b - LF_b = EF_a - LS_b \tag{5-33}$$

式中:$\Delta T_{a,b}$——工作 a 安排在工作 b 之前时,所对应的工期延长时间;

EF_a——工作 a 的最早完成时间;

LS_b——工作 b 的最迟开始时间。

同理可得 $\Delta T_{b,a}$,比较 $\Delta T_{a,b}$ 和 $\Delta T_{b,a}$,选择其中的最小者为优化方案。

3) 优化步骤

(1) 计算网络计划每个时间单位的资源需用量。

(2) 从计划开始日期起,逐段检查每个时段(资源需用量相同的时间区段)资源需用量是否超过资源限量 R_a。

① 若该时段内 $R_t \leq R_a$,则不用调整该时段的工作计划,转而考察下个时段 R_t。

② 若发现 $R_t > R_a$,则转入下一步调整计划。

(3) 按公式(5-33)调整计划,将某项工作安排在另一项工作之后进行,以降低该时段的资源需要量。

(4) 绘制调整后的网络计划,重复以上步骤,直到满足要求。

4) 优化示例

【例 5-7】已知某工程网络进度计划如图 5-31 所示。图中箭线上方为工作资源强度,箭线下方为持续时间(天)，若资源限量为 $R_a=20$(资源单位)，试对其进行资源有限-工期最短的优化。

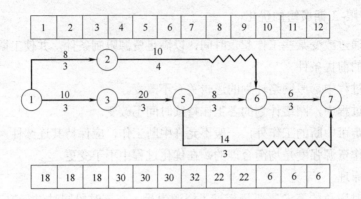

图 5-31 某工程网络进度计划

【解】 (1) 从计划开始之日起，逐段检查资源需用量，发现在(3,6)时段，$(R_{3,6}=30)>(R_a=20)$，故需进行调整。

(2) 第一次调整。

① 资源超限时段内有工作 2-6 和 3-5 两项，分别计算 $\Delta T_{a,b}$，如表 5-10 所示。可见，如果 2-6 在前、3-5 在后，总工期推迟 4 天，反之总工期推迟 1 天。所以，选择方案 2。

表 5-10 超过资源限量的时段的工作时间参数

工作代号	EF_{i-j}	LS_{i-j}	工作方案	安排在前	安排在后	$\Delta T_{a,b}$
2-6	7	5	方案 1	2-6	3-5	7−3=4
3-5	6	3	方案 2	3-5	2-6	6−5=1

② 将工作 3-5 安排在工作 2-6 之前进行，重新绘制其网络计划，并计算资源需要量，如图 5-32 所示，此时工期为 13 天。

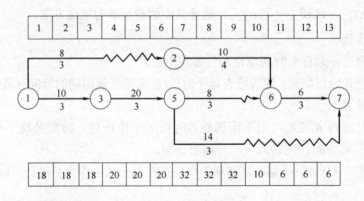

图 5-32 工作 3-5 安排在工作 2-6 之前进行的网络进度计划图

③ 继续逐段检查资源需用量，发现在(6,9)时段，$(R_{6,9}=32)>(R_a=20)$，故需进行第二次

调整。

(3) 第二次调整。

① 资源超限时段内有工作 2-6、工作 5-6 和 5-7 三项，分别计算 $\Delta T_{a,b}$，如表 5-11 所示。所以，选择方案 6。

表 5-11 超过资源限量的时段的工作时间参数

工作代号	EF_{i-j}	LS_{i-j}	工作顺序	方案 1	方案 2	方案 3	方案 4	方案 5	方案 6
2-6	10	6	安排在前	2-6	5-6	2-6	5-7	5-7	5-6
5-6	9	7	安排在后	5-6	2-6	5-7	2-6	5-6	5-7
5-7	9	10	$\Delta T_{a,b}$	10-7=3	9-6=3	10-10=0	9-6=3	9-7=2	9-10=-1

② 将工作 5-6 安排在工作 5-7 之前进行，重新绘制其网络计划，并计算资源需要量，如图 5-33 所示，此时工期未增加仍为 13 天。

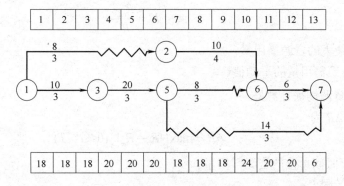

图 5-33 工作 5-6 安排在工作 5-7 之前进行的网络进度计划图

③ 继续逐段检查资源需用量，发现在(9,10)时段，$(R_{9,10}=24)>(R_a=20)$，故需进行第三次调整。

(4) 第三次调整。

① 资源超限时段内有工作 2-6 和 5-7 两项，计算 $\Delta T_{a,b}$，如表 5-12 所示。选择方案 1。

表 5-12 超过资源限量的时段的工作时间参数

工作代号	EF_{i-j}	LS_{i-j}	工作方案	安排在前	安排在后	$\Delta T_{a,b}$
2-6	10	6	方案 1	2-6	5-7	10-10=0
5-7	12	10	方案 2	5-7	2-6	12-6=6

② 将工作 2-6 安排在工作 5-7 之前进行，重新绘制其网络计划，并计算资源需要量，如图 5-34 所示，此时工期未增加，仍为 13 天。

③ 继续逐段检查资源需用量，均能满足要求，图 5-34 为最优计划方案。

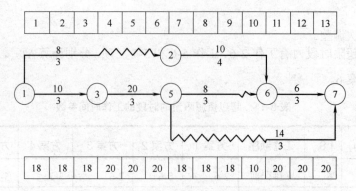

图 5-34　工作 2-6 安排在工作 5-7 之前进行的网络进度计划图

2. 工期固定-资源均衡的优化

1) 衡量资源均衡性的指标

(1) 不均衡系数 K 为

$$K = \frac{R_{\max}}{R_m} \tag{5-34}$$

式中：$R_{\max}$——最大的资源需用量；

R_m——资源需用量的平均值。

K 值愈小，资源均衡性愈好。

(2) 极差值 ΔR 为

$$\Delta R = \max\left[\left|R_t - R_m\right|\right](0 \leqslant t \leqslant T) \tag{5-35}$$

式中：R_t——第 t 时间单位的资源需用量；

R_m——含义同上。

ΔR 值愈小，资源均衡性愈好。

(3) 方差值 σ^2 为

$$\sigma^2 = \frac{1}{T}\sum_{t=1}^{T}(R_t - R_m)^2 \tag{5-36}$$

式中：T——网络计划总工期，其他符号含义同上。

σ^2 值愈小，资源均衡性愈好。

2) 用方差值 σ^2 最小进行优化的基本原理

优化的基本思想是在总工期不变的前提下，通过改变非关键工作的开始时间和完成时间，使资源需要量的方差值减到最小，从而达到均衡使用资源的目的。将式(5-36)展开：

$$\sigma^2 = \frac{1}{T}\sum_{t=1}^{T}(R_t - R_m)^2$$

$$= \frac{1}{T}\sum_{t=1}^{T}(R_t^2 - 2R_t R_m + R_m^2)$$

$$= \frac{1}{T}\sum_{t=1}^{T}R_t^2 - 2\frac{1}{T}\sum_{t=1}^{T}R_t R_m + \frac{1}{T}\sum_{t=1}^{T}R_m^2$$

$$= \frac{1}{T}\sum_{t=1}^{T}R_t^2 - R_m^2$$

由上式可以看出，T 及 R_m 皆为常数，欲使 σ^2 为最小，只需 $\sum_{t=1}^{T} R_t^2$ 为最小值。

对网络计划中某项工作 k-1 而言，其资源强度为 r_{k-1}。在调整计划前，工作 k-1 从第 i 天初开始，到第 j 天末完成。令

$$W = \sum_{t=1}^{T} R_t^2 = R_1^2 + \cdots + R_i^2 + R_{i+1}^2 + \cdots R_j^2 + R_{j+1}^2 + \cdots + R_T^2 \tag{5-37}$$

如果工作 k-1 右移一天，则第 i 天的资源需用量将减少 r_{k-1}，而第 $j+1$ 天的资源需用量增加 r_{k-1}。这时，W 值的变化量为

$$\begin{aligned}\Delta W &= (R_i - r_{k-l})^2 + (R_{j+1} + r_{k-l})^2 - R_i^2 - R_{j+1}^2 \\ &= 2r_{k-l}(R_{j+1} - R_i + r_{k-l})\end{aligned} \tag{5-38}$$

若 $\Delta W < 0$ 时，即 $R_{j+1} + r_{k-l} \leqslant R_i$，说明工作 k-l 右移一天会使 σ^2 减小，可右移一天。

若 $\Delta W > 0$ 时，即 $R_{j+1} + r_{k-l} > R_i$，表示工作 k-l 不能向右移一天。此时，可考虑在总时差允许的范围内右移多天，计算各天 ΔW 的累计值 $\sum \Delta W$，如果 $\sum \Delta W \leqslant 0$，则将工作右移至该天；否则，不能右移。

3) 优化步骤

(1) 确定关键线路及非关键工作总时差。为了满足工期固定的条件，在优化过程中不能调整关键工作的起止时间，只能调整非关键工作的起止时间。

(2) 调整顺序。调整宜自网络计划终点节点开始，从右向左逐次进行。按工作末节点编号从大到小的顺序进行调整，同一个完成节点的工作则先调整开始时间较迟的工作。

工作右移的条件：一是工作有时差，右移不影响工期；二是方差值应减小。

(3) 当所有工作都按上述顺序自右向左进行了一次调整之后，再按上述顺序自右向左进行多次调整，直至所有工作的位置都不能再移动为止。

4) 优化示例

【例 5-8】已知网络计划如图 5-35 所示，图中箭线上方为资源强度，箭线下方为持续时间，网络计划下方为资源需用量，试对其进行工期固定-资源均衡的优化。

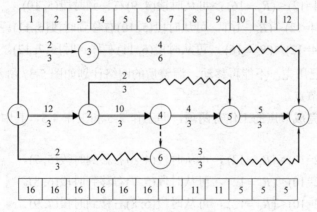

图 5-35 初始网络计划

【解】1) 计算初始方差值

$$R_m=(6×16+3×11+3×5)/12=12$$
$$\sigma_0^2=[(16-12)^2×6+(11-12)^2×3+(5-12)^2×3]/12=20.5$$

2) 第一次调整

(1) 考察⑦号节点。

以⑦号节点为完成节点的工作有 3-7、5-7 和 6-7，其中 5-7 为关键工作，不能后移，工作 3-7 的开始时间晚于 6-7，故先调整工作 6-7。

① 向右移动工作 6-7。

$(R_{9+1}+r_{6-7}=5+3=8)<(R_7=11)$，可从时段(7, 9)右移到时段(8, 10)。

$(R_{10+1}+r_{6-7}=5+3=8)<(R_8=11)$，可从时段(8, 10)右移到时段(9, 11)。

$(R_{11+1}+r_{6-7}=5+3=8)<(R_9=11)$，可从时段(9, 11)右移到时段(10, 12)。

工作 6-7 时差已用完，不能再移动，调整后的网络计划如图 5-36 所示。

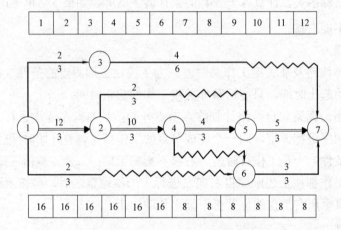

图 5-36　工作 6-7 右移后的网络计划

② 向右移动工作 3-7。

$(R_{9+1}+r_{3-7}=8+4=12)<(R_4=16)$，可从时段(4, 9)右移到时段(5, 10)。

$(R_{10+1}+r_{3-7}=8+4=12)<(R_5=16)$，可从时段(5, 10)右移到时段(6, 11)。

$(R_{11+1}+r_{3-7}=8+4=12)<(R_6=16)$，可从时段(6, 11)右移到时段(7, 12)。

工作 3-7 时差已用完，不能再移动，调整后的网络计划如图 5-37 所示。

(2) 考察⑤号节点。

以⑤号节点为完成节点的工作有两项，即工作 2-5 和工作 4-5，其中 4-5 为关键工作，只能右移工作 2-5。

$(R_{6+1}+r_{2-5}=8+2=10)<(R_4=12)$，可从时段(4, 6)右移到时段(5, 7)。

$(R_{7+1}+r_{2-5}=8+2=10)<(R_5=12)$，可从时段(5, 7)右移到时段(6, 8)。

$(R_{8+1}+r_{2-5}=8+2=10)<(R_6=12)$，可从时段(6, 8)右移到时段(7, 9)。

工作 2-5 时差已用完，不能再移动，调整后的网络计划如图 5-38 所示。

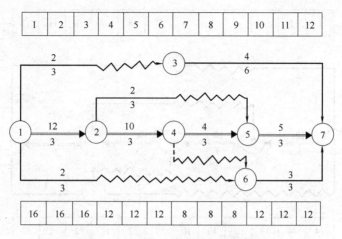

图 5-37 工作 3-7 调整后的网络计划

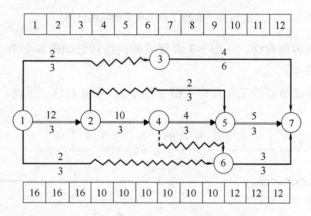

图 5-38 右移工作 2-5 后的网络计划

(3) 考察⑥号节点。

以⑥号节点为完成节点的工作有 2-4 和 1-6，只能向右移动工作 1-6。

$(R_{3+1} + r_{1-6} = 10+2=12) < (R_1 = 16)$，可从时段(1, 3)右移到时段(2, 4)；

$(R_{4+1} + r_{1-6} = 10+2=12) < (R_2 = 16)$，可从时段(2, 4)右移到时段(3, 5)；

$(R_{5+1} + r_{1-6} = 10+2=12) < (R_3 = 16)$，可从时段(3, 5)右移到时段(4, 6)；

$(R_{6+1} + r_{1-6} = 10+2=12) = (R_4 = 10+2=12)$，可从时段(4, 6)右移到时段(5, 7)；

$(R_{7+1} + r_{1-6} = 10+2=12) = (R_5 = 10+2=12)$，可从时段(5, 7)右移到时段(6, 8)；

$(R_{8+1} + r_{1-6} = 10+2=12) = (R_6 = 10+2=12)$，可从时段(6, 8)右移到时段(7, 9)；

工作 1-6 时差已用完，不能再移动，调整后的网络计划如图 5-39 所示。

(4) 考察③号节点。

以③号节点为完成节点的工作只有工作 1-3。

$(R_{3+1} + r_{1-3} = 10+2=12) < (R_1 = 14)$，可从时段(1, 3)右移到时段(2, 4)。

$(R_{4+1} + r_{1-3} = 10+2=12) < (R_2 = 14)$，可从时段(2, 4)右移到时段(3, 5)。

$(R_{5+1} + r_{1-3} = 10+2=12) < (R_3 = 14)$，可从时段(3, 5)右移到时段(4, 6)。

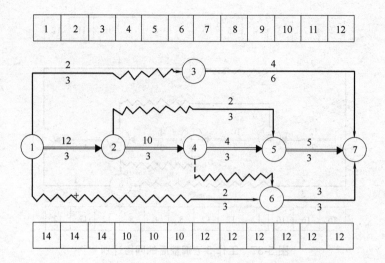

图 5-39 右移工作 1-6 后的网络计划

已无时差，不能再向右移。工作 1-3 调整后的网络计划如图 5-40 所示。

(5) 考察②号节点。

以②号节点为完成节点的工作只有关键工作 1-2，不能右移。至此，第一次调整结束。

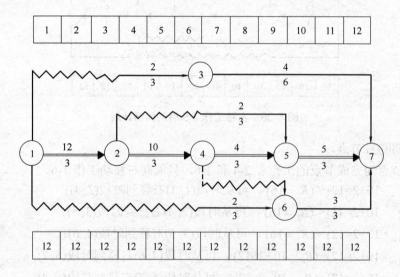

图 5-40 优化后的网络计划

3) 第二次调整

自右至左考察所有工作，均不能向右移，所以优化后的网络计划如图 5-40 所示。

4) 优化调整后的方差值为

$$\sigma^2 = \sum (R_t - R_m)^2 / T = (12-12)^2 \times 12/12 = 0$$

复 习 题

一、单项选择题(每题备选项中,只有一个最符合题意)

1. 双代号网络计划中的虚工作( )。
   A. 既消耗时间,又消耗资源　　　　B. 只消耗时间,不消耗资源
   C. 不消耗时间,只消耗资源　　　　D. 既不消耗时间,也不消耗资源

2. 网络计划中,工作 K 是工作 H 的先行工作,则工作 H 必是工作 K 的( )。
   A. 紧后工作　　B. 后续工作　　C. 紧前工作　　D. 平行工作

3. 由生产工艺或工作程序决定的先后顺序关系简称( )。
   A. 工艺关系　　B. 组织关系　　C. 隶属关系　　D. 搭接关系

4. 用箭线或箭线两端节点的编号表示工作的网络图,称为( )。
   A. 单代号网络图　　　　　　　　B. 双代号网络图
   C. 时标网络图　　　　　　　　　D. 搭接网络图

5. 网络计划中,紧前工作与紧后工作共同拥有的机动时间称为紧前工作的( )。
   A. 总时差　　B. 自由时差　　C. 相干时差　　D. 线路时差

6. 双代号时标网络计划中,工作后面波形线的长度表示( )。
   A. 工作自由时差　　　　　　　　B. 工作间的时间间隔
   C. 工作总时差　　　　　　　　　D. 工作相干时差

7. 单代号网络计划中,由关键工作连成的线路( )。
   A. 一定是关键线路　　　　　　　B. 是非关键线路
   C. 可能是关键线路　　　　　　　D. 与双代号相同

8. 在双代号时标网络计划中,关键线路是指( )。
   A. 没有波形线的线路　　　　　　B. 由关键节点组成的线路
   C. 没有虚工作的线路　　　　　　D. 工作持续时间最长所在的线路

9. 网络计划中,前后两项工作间的时间间隔与紧前工作自由时差的关系是( )。
   A. 自由时差等于时间间隔　　　　B. 自由时差等于时间间隔的最小值
   C. 自由时差大于时间间隔　　　　D. 自由时差小于时间间隔

10. 在工程网络计划中,工作 M 的最迟完成时间为第 25 天,其持续时间为 6 天。该工作有三项紧前工作,它们的最早完成时间分别为第 10 天、第 12 天和第 13 天,则工作 M 的总时差为( )天。
    A. 6　　　　B. 9　　　　C. 12　　　　D. 15

二、多项选择题(每题备选项中,至少有两个符合题意,错选、多选不得分)

1. 双代号网络计划中的虚工作一般起着( )三个作用。
   A. 联系　　　　　　B. 平行搭接　　　　　　C. 区分

D. 断路　　　　　　　　　E. 技术间歇
2. 网络计划的总工期应为( )。
   A. 关键线路的长度　　　　　B. 总持续时间最长线路的长度
   C. 线路的总长度　　　　　　D. 工作持续时间最长所在线路的长度
   E. 关键工作持续时间之和
3. 在双代号网络计划中，节点时间与工作时间的关系为( )。
   A. 工作的最早开始时间等于其开始节点的最早时间
   B. 工作的最迟开始时间等于其开始节点的最迟时间
   C. 工作的最迟完成时间等于其完成节点的最早时间
   D. 工作的最早完成时间等于其完成节点的最早时间
   E. 工作的最迟完成时间等于其完成节点的最迟时间
4. 工程网络计划资源优化中，衡量资源均衡性的指标有( )。
   A. 资源强度均方差值　　　　B. 资源需用量方差值
   C. 资源需用量不均衡系数　　D. 资源需用量极差值
   E. 资源强度极差值
5. 网络计划中工作 M 只有一项紧后工作 N，已知 ES_n=8 天，ES_m=4 天，LS_m=9 天，D_m=3 天，则工作 M 的( )。
   A. 总时差为 5 天　　　　　　B. 自由时差为 1 天
   C. 总时差为 6 天　　　　　　D. 自由时差为 2 天
   E. 与紧后工作 N 之间的时间间隔为 1 天
6. 下列关于网络计划关键线路的叙述，( )是正确的。
   A. 关键线路只有一条　　　　B. 关键线路可能有多条
   C. 关键线路始终不变　　　　D. 关键线路上可能有虚工作
   E. 非关键线路可以转化为关键线路
7. 在网络计划的工期优化过程中，应选择( )作为压缩对象。
   A. 有充足备用资源的工作
   B. 有充足备用资源的关键工作
   C. 缩短持续时间所需增加费用最少的关键工作
   D. 缩短持续时间对质量和安全影响不大的工作
   E. 缩短持续时间对质量和安全影响不大的关键工作
8. 工作总时差、自由时差及相邻两项工作之间时间间隔的关系为( )。
   A. 工作自由时差为零，其总时差一定为零
   B. 工作总时差为零，其自由时差一定为零
   C. 工作自由时差一定不会超过其总时差
   D. 工作总时差等于其自由时差与紧后工作时间间隔之和
   E. 工作自由时差一定不会超过该工作与其紧后工作之间的时间间隔
9. 单代号网络计划中，工作 i 的紧后工作为 j，则工作 i 的总时差为( )。

A. 工作i的最迟完成时间与工作i的最早完成时间之差
B. 工作i的最迟开始时间与工作i的最早开始时间之差
C. 工作i的最早完成时间与工作j的最迟开始时间之差
D. 工作i与工作j的时间间隔加上j工作的总时差的最小值
E. 工作i的最早完成时间与工作j的最迟开始时间之和

10. 工程网络计划资源优化的目的是( )。

A. 资源均衡利用条件下的最短工期安排　　B. 资源有限条件下的最短工期安排
C. 工期最短条件下的资源均衡方案　　　　D. 工期固定条件下的资源均衡方案
E. 工期最短条件下的总费用最低方案

三、计算绘图题

1. 已知某工程逻辑关系如表5-13所示，试绘制双代号网络图和单代号网络图。

表5-13 逻辑关系表

工作	A	B	C	D	E	G	H
紧前工作	C、D	E、H	—	—	—	D、H	—

2. 已知某工程逻辑关系如表5-14所示，试绘制双代号网络图和单代号网络图。

表5-14 逻辑关系表

工作	A	B	C	D	E	G
紧前工作	—	—	—	—	B、C、D	A、B、C

3. 某网络计划的有关资料如表5-15所示，试绘制双代号网络计划，并按工作计算法计算各项工作的六个时间参数，最后用双箭线标明关键线路。

表5-15 逻辑关系表

工作	A	B	C	D	E	F	G	H	I	J	K
持续时间	22	10	13	8	15	17	15	6	11	12	20
紧前工作	—	—	B、E	A、C、H	—	B、E	E	F、G	F、G	A、C、I、H	F、G

4. 某网络计划的有关资料如表5-16所示，试绘制双代号网络计划，按节点计算法计算各项工作的六个时间参数，用双箭线标明关键线路。

表5-16 逻辑关系表

工作	A	B	C	D	E	G	H	I	J	K
持续时间	2	3	4	5	6	3	4	7	2	3
紧前工作	—	A	A	A	B	C、D	D	B	E、H、G	G

5. 某工程逻辑关系如表5-17所示，试绘制单代号网络图，并在图中标出各项工作的六

个时间参数及相邻两项工作之间的时间间隔,用双箭线标明关键线路。

表 5-17 逻辑关系表

工作	A	B	C	D	E	G
持续时间	12	10	5	7	6	4
紧前工作	—	—	—	B	B	C、D

6. 某网络计划的有关资料如表 5-18 所示,试绘制双代号时标网络计划。

表 5-18 逻辑关系表

工作	A	B	C	D	E	G	H	I	J	K
持续时间	2	3	5	2	3	3	2	3	6	2
紧前工作	—	A	A	B	B	D	C	E、G	C、E、G	H、I

7. 已知网络计划如图 5-41 所示,箭线下方括号外数字为工作的正常持续时间,括号内的数字为工作的最短持续时间;箭线上方括号内的数字为优选系数。要求工期为 12 天,试对其进行工期优化。

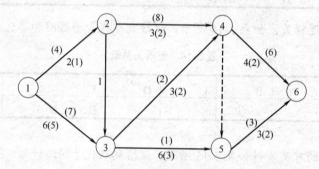

图 5-41 网络计划工期优化

8. 某单代号搭接网络计划如图 5-42 所示,完善并计算其时间参数,确定关键工作和关键线路。未注明的搭接关系均为 FTS=0 类型。

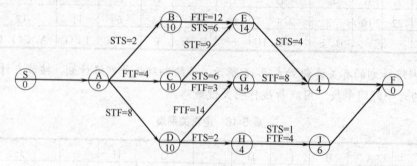

图 5-42 搭接网络计划图

9. 已知网络计划如图 5-43 所示,箭线下方括号外的数字为工作的正常持续时间,括号内的数字为工作的最短持续时间;箭线上方括号外的数字为正常持续时间时的直接费,括号内的数字为工作最短持续时间时的直接费。费用单位为千元,时间单位为天。如果工程间接费率为0.8千元/天,则最低工程费用时的工期为多少天?

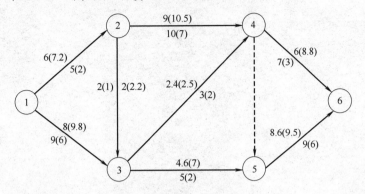

图 5-43　网络计划费用优化

10. 已知某工程网络进度计划如图 5-44 所示,图中箭杆上方为资源强度,箭杆下方为工作持续时间,若资源限量 $Q=20$,如何调整该进度计划?

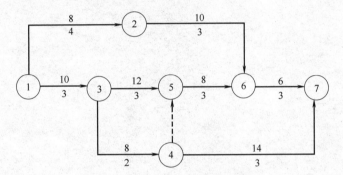

图 5-44　网络计划资源有限优化

11. 已知某工程进度计划如图 5-45 所示,箭杆上方为资源强度,箭杆下方为持续时间。试对其进行工期固定,资源均衡的优化。

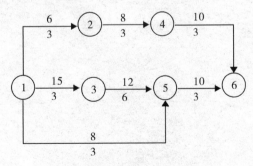

图 5-45　网络计划资源均衡优化

第 6 章 工程项目进度控制

【学习要点及目标】

- 了解工程项目进度控制的基本原理及工程项目进度计划系统的构成。
- 掌握横道图比较法、S 形曲线比较法、香蕉形曲线比较法、前锋线比较法、列表比较法。
- 掌握工程项目进度计划的调整方法。

【核心概念】

横道图比较法、S 形曲线比较法、香蕉形曲线比较法、前锋线比较法等。

6.1 工程项目进度控制概述

6.1.1 工程项目进度控制的概念及原理

1. 工程项目进度控制的概念

工程项目进度控制是指项目管理者围绕目标工期的要求编制计划，付诸实施，并在实施过程中不断地检查计划的实际执行情况，分析产生进度偏差的原因，进行相应调整和修改；通过对进度影响因素实施控制及各种关系协调，综合运用各种可行方法、措施，将项目的计划工期控制在事先确定的目标工期范围之内。在兼顾费用、质量控制目标的同时，努力缩短建设工期。参与工程项目建设活动的建设单位、设计单位、施工单位、工程监理单位均可构成工程项目进度控制的主体。

2. 工程项目进度控制的基本原理

工程项目进度控制的基本原理可以概括为三大系统的相互作用。即由进度计划系统、进度监测系统、进度调整系统共同构成了进度控制的基本过程，如图6-1所示。

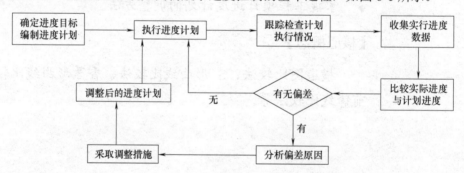

图6-1 进度控制基本原理示意图

进度控制人员必须事先对影响工程项目进度的各种因素进行调查分析，预测它们对工程项目进度的影响程度，确定合理的进度控制目标，编制可行的进度计划，使工程建设工作始终按计划进行。在计划执行过程中不断地检查工程项目实际进展情况，并将实际状况与计划安排进行对比，从中得出偏离计划的信息。然后在分析偏差及其产生原因的基础上，通过采取组织、技术、合同、经济等措施对原进度计划进行调整或修正，再按新的进度计划实施。这样在进度计划的执行过程中不断地检查和调整，以保证工程项目进度得到有效的控制与管理。

6.1.2 影响工程项目进度的因素

影响工程项目进度的不利因素有很多，常见的影响因素可归纳为如下几个方面。

(1) 业主因素。如由于业主原因要求进行设计变更，不能及时提供施工场地条件或所提供的场地不能满足工程正常需要，不能及时向施工承包单位或材料供应商付款等。

(2) 勘察设计因素。如勘察资料不准确，设计内容不完善，设计对施工的可能性未考虑或考虑不周，施工图纸供应不及时、不配套，或出现重大差错等。

(3) 施工技术因素。如施工工艺错误，不合理的施工方案，施工安全措施不当等。

(4) 自然环境因素。如复杂的工程地质条件，洪水、地震、台风等不可抗力等。

(5) 社会环境因素。如外单位干扰，市容整顿的限制，临时停水、停电等。

(6) 组织管理因素。如向有关部门提出各种申请审批手续的延误，合同签订时遗漏条款，计划安排不周密，组织协调不力，指挥失当，各个单位配合上发生矛盾等。

(7) 材料、设备因素。如材料、构配件、设备供应环节的差错，品种、规格、质量、数量、时间不能满足工程的需要，施工设备安装失误，设备故障等。

(8) 资金因素。如有关方资金不到位、资金短缺、汇率浮动和通货膨胀等。

6.1.3 工程项目进度控制的主要任务

1. 设计准备阶段进度控制的任务

(1) 编制工程项目建设总进度计划。

(2) 编制设计准备阶段详细工作计划，并控制其执行。

(3) 进行环境及施工现场条件的调查和分析。

2. 设计阶段进度控制的任务

(1) 编制设计阶段工作计划，并控制其执行。

(2) 编制详细的出图计划，并控制其执行。

3. 施工阶段进度控制的任务

(1) 编制施工总进度计划，并控制其执行。

(2) 编制单位工程施工进度计划，并控制其执行。

(3) 编制工程年、季、月实施计划，并控制其执行。

6.2 工程项目进度计划系统

6.2.1 进度计划编制前的调查研究

1. 调查研究目的及内容

调查研究的目的是掌握足够充分、准确的资料，从而为确定合理的进度目标、编制科学的进度计划提供可靠依据。调查研究的内容包括：工程任务情况、实施条件、设计资料；有关标准、定额、规程、制度；资源需求与供应情况；资金需求与供应情况；有关统计资料、经验总结及历史资料等。

2. 目标工期的设定

进度控制目标主要分为项目的建设周期、设计周期和施工工期。其中建设周期可根据国家基本建设统计资料确定；设计周期国家已制定颁布了设计周期定额可供查阅；施工工期可参考国家颁布的施工工期定额，并综合考虑工程特点及合同要求等确定。

6.2.2 进度计划系统的构成

工程项目进度控制计划体系主要包括业主单位的计划系统、监理单位的计划系统、设计单位的计划系统和施工单位的计划系统。这些计划既互相区别又有联系，从而构成了工程项目进度控制的计划总系统，如表6-1～表6-3所示。其作用是从不同的层次和方面共同保证工程项目进度控制总体目标的顺利实现。监理单位计划系统取决于监理合同委托的工作范围，可参考业主计划系统。

表6-1 业主单位的进度计划系统

序号	计划种类	计划内容	编制依据	编制目的
1	工程项目前期工作计划	安排项目可行性研究，设计任务书及初步设计等工作的进度	预测	有效衔接建设前期各项工作
2	工程项目总进度计划	(1) 总进度计划安排原则、依据 (2) 工程项目一览表 (3) 工程项目总进度计划	初步设计	保证工程设计到竣工投产全过程各项任务如期完成
3	工程项目年度计划	(1) 年度计划安排原则、依据 (2) 年度计划项目表 (3) 年度竣工投产交付使用计划表	工程总进度计划	合理安排年度建设工作内容

表6-2 设计单位的进度计划系统

序号	计划种类	计划内容	编制依据	编制目的
1	设计总进度计划	包括设计准备、初步设计、施工图设计的总体时间安排	工程项目总进度计划、合同文件	按既定时间的要求提供施工图纸等各种设计文件
2	设计准备工作计划	设计条件确定、设计基础资料收集等工作所做的时间安排	设计总进度计划及不同设计阶段的时间要求	

续表

序号	计划种类	计划内容	编制依据	编制目的
3	初步设计工作进度计划	包括方案设计、初步设计、项目概算编审等工作所做的时间安排		
4	施工图设计工作进度计划	确定单项工程、单位工程设计进度及其搭接关系		
5	专业设计作业进度计划	生产工艺、建筑结构、给排水、电气设计等工作的时间安排	施工图设计工作进度计划	

表6-3　施工单位的进度计划系统

序号	计划种类	计划内容	编制依据	编制目的
1	施工总进度计划	各单位工程的施工期限、开竣工时间与相互搭接关系、施工总进度计划图表	工程总进度计划、初步设计、合同文件、施工总方案、自然及资源条件	单项工程施工时间及衔接关系
2	单位工程进度计划	施工过程及工程量、劳动量及机械台班数量、施工时间、单位工程施工进度计划	施工总进度计划、施工方案、施工图、施工条件等	分部分项工程施工时间及衔接关系
3	阶段施工进度计划	年度、季度、月季施工进度计划及旬、周作业进度计划	施工总进度计划、单位工程施工进度计划	施工进度计划按阶段进行分解落实

6.2.3　工程项目进度计划的编制

工程项目进度计划一般可用横道图或网络图表示，当应用网络图编制工程项目进度计划时，其编制程序一般包括四个阶段十个步骤，如表6-4所示。应用横道图编制进度计划的程序基本类似。

表6-4　工程项目进度计划编制程序

编制阶段	编制步骤	编制阶段	编制步骤
1. 计划准备阶段	(1) 调查研究	3. 计算时间参数及确定关键线路阶段	(6) 计算工作持续时间
	(2) 确定计划目标		(7) 计算网络计划时间参数
2. 绘制网络图阶段	(3) 进行项目分解		(8) 确定关键线路和关键工作
	(4) 分析逻辑关系	4. 编制正式计划阶段	(9) 优化网络计划
	(5) 绘制网络图		(10) 编制正式网络计划

6.3 工程项目进度监测与比较方法

6.3.1 进度计划实施中的监测过程

1. 进度计划执行中的跟踪检查

进度计划执行中的跟踪检查途径主要有以下几方面。

(1) 定期收集进度报表资料。

进度报表是反映工程实际进度的主要方式之一。进度控制人员应按照进度计划规定的内容，定期填写进度报表，通过收集进度报表资料掌握工程实际进展的情况。

(2) 现场实地检查工程进展情况。

派管理人员常驻现场，随时检查进度计划的实际执行情况，这样可以加强进度监测工作，掌握工程实际进度的第一手资料，使获取的数据更加及时、准确。

(3) 定期召开现场会议。

定期召开现场会议，通过与进度计划执行单位的有关人员面对面地交谈，既可以了解工程的实际进度状况，同时也可以协调有关方面的进度关系。

2. 实际进度数据的加工处理

为了进行实际进度与计划进度的比较，必须对收集到的实际进度数据进行加工处理，形成与计划进度具有可比性的数据。

3. 实际进度与计划进度的对比分析

将实际进度数据与计划进度数据比较，可以确定工程项目进度实际执行状况与计划目标之间的差距。

6.3.2 实际进度与计划进度的横道图比较法

横道图比较法是指将项目实施过程中收集到的数据，经加工整理后直接用横道线平行绘于原计划的横道线处，进行实际进度与计划进度的比较方法。采用横道图比较法，可以形象、直观地反映实际进度与计划进度的比较情况。

横道图比较法分为匀速进展横道图比较法和非匀速进展横道图比较法。

1. 匀速进展横道图比较法

匀速进展指的是项目进行中，单位时间完成的任务量是相等的。采用匀速进展横道图比较法的步骤如下。

(1) 编制横道图进度计划。

(2) 在进度计划上标出检查日期。

(3) 将实际进度用粗黑线标于计划进度的下方。

(4) 比较分析实际进度与计划进度。具体方法如下。

① 如果粗黑线右端落在检查日期的左侧，表明实际进度拖后。

② 如果粗黑线右端落在检查日期的右侧，表明实际进度超前。

③ 如果粗黑线右端与检查日期重合，表明实际进度与计划进度一致。

例如某基础工程的计划进度和截止到第 9 周末的实际进度如图 6-2 所示，其中细线条表示该工程计划进度，粗实线表示实际进度。从图 6-2 中实际进度与计划进度的比较可以看出，到第 9 周末进行实际进度检查时，挖土方和做垫层两项工作已经完成；支模板按计划也应该完成，但实际只完成 75%，任务量拖欠 25%；绑扎钢筋按计划应该完成 60%，而实际只完成 20%，任务量拖欠 40%。

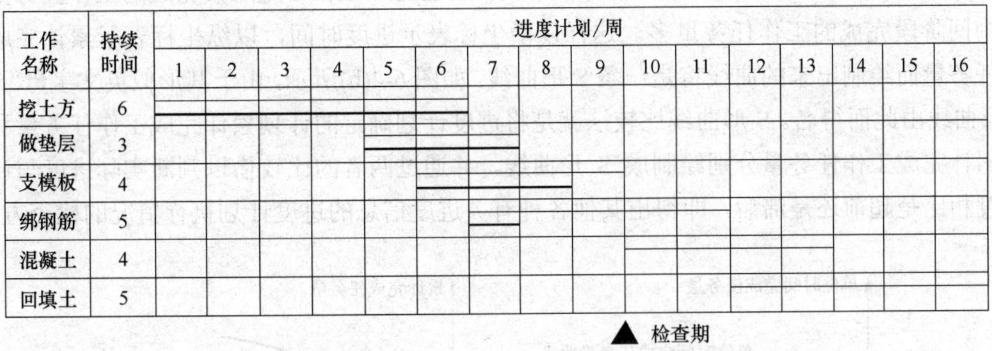

工作名称	持续时间	进度计划/周															
		1	2	3	4	5	6	7	8	9	10	11	12	13	14	15	16
挖土方	6																
做垫层	3																
支模板	4																
绑钢筋	5																
混凝土	4																
回填土	5																

▲ 检查期

图 6-2　匀速进展横道图比较法

2. 非匀速进展横道图比较法

实际工作中，非匀速进展更为普遍，其比较的方法步骤如下。

(1) 编制横道图进度计划。

(2) 在横道线上方标出计划完成任务量累计百分比曲线。

(3) 用粗线标出实际进度，并在粗线下方标出实际完成任务量累计百分比。

(4) 比较分析实际进度与计划进度。

① 如果同一时刻横道线上方累计百分比大于横道线下方累计百分比，表明实际进度拖后，二者之差即为拖欠的任务量。

② 如果同一时刻横道线上方累计百分比小于横道线下方累计百分比，表明实际进度超前，二者之差即为超前的任务量。

③ 如果同一时刻横道线上方累计百分比等于横道线下方累计百分比，表明实际进度与计划进度一致。

非匀速进展横道图比较法示意图如图 6-3 所示。

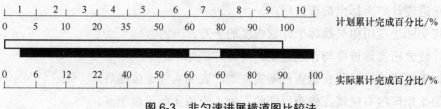

图 6-3 非匀速进展横道图比较法

6.3.3 实际进度与计划进度的 S 形曲线比较法

1. S 形曲线的概念

从整个工程项目建设进展的全过程看,单位时间内完成的工作任务量一般都随着时间的递进而呈现出如图 6-4(a)所示的分布规律,即工程的开工和收尾阶段完成的工作任务量少而中间阶段完成的工作任务量多。这样以横坐标表示进度时间,以纵坐标表示累计完成工作任务量而绘制出来的曲线将是一条 S 形曲线,如图 6-4(b)所示,由于其形似英文字母"S",S 形曲线由此而得名。S 形曲线比较法就是将进度计划确定的计划累计完成工作任务量和实际累计完成工作任务量分别绘制成 S 形曲线,并通过两者的比较借以判断实际进度与计划进度相比是超前还是滞后,即得出其他各种有关进度信息的进度计划执行情况的检查方法。

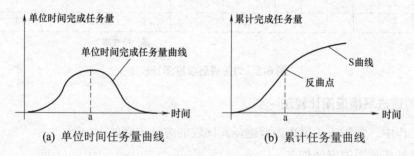

(a) 单位时间任务量曲线　　(b) 累计任务量曲线

图 6-4 时间与完成任务量关系曲线

2. S 形曲线的绘制方法

(1) 确定单位时间计划和实际完成的任务量。
(2) 确定单位时间计划和实际累计完成的任务量。
(3) 确定单位时间计划和实际累计完成任务量的百分比。
(4) 绘制计划和实际的 S 形曲线。
(5) 分析比较 S 形曲线。

【例 6-1】某土方工程计划开挖量如表 6-5 所示,试绘制其计划开挖量百分比曲线。

表 6-5 某土方工程计划开挖量

时间/天	1	2	3	4	5	6	7	8
计划每日完成量/100m³	2	5	8	10	10	8	5	2

【解】(1) 计算每日完成量及每日累计完成量百分比，如表 6-6 所示。

表 6-6　每日完成量及每日累计完成量百分比

时间/天		1	2	3	4	5	6	7	8
计划	每日完成量/100m³	2	5	8	10	10	8	5	2
	每日累计完成量/100m³	2	7	15	25	35	43	48	50
	每日累计完成量百分比/%	4	14	30	50	70	86	96	100

(2) 根据表 6-6，以时间为横坐标，以累计工作量百分比为纵坐标绘制计划的 S 形曲线如图 6-5 所示。

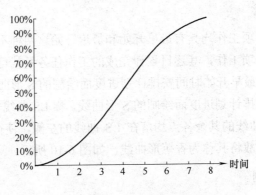

图 6-5　S 形曲线示意图

3. S 形曲线的比较分析

一般情况下，S 形曲线形式如图 6-6 所示。应用 S 形曲线比较法比较实际和计划进度两条 S 形曲线，可以得出以下分析与判断结果。

1) 实际进度与计划进度比较情况

对应于任意检查日期，如果相应的实际进度曲线上的一点，位于计划 S 形曲线左侧，表示此时实际进度比计划进度超前，位于右侧则表示实际进度比计划进度滞后。

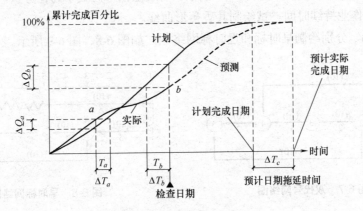

图 6-6　S 形曲线比较法

2) 实际进度比计划进度超前或滞后的时间

ΔT_a 表示 T_a 时刻实际进度超前的时间，ΔT_b 表示 T_b 时刻实际进度滞后的时间。

3) 实际比计划超出或拖欠的工作任务量

ΔQ_a 表示 T_a 时刻超额完成的工作任务量，ΔQ_b 表示在 T_b 时刻拖欠的工作任务量。

4) 预测工作进度

若工程按原计划速度进行，则此项工作的总计拖延时间的预测值为 ΔT_c。

6.3.4 实际进度与计划进度的香蕉形曲线比较法

1. 香蕉形曲线的概念

网络计划中的任何一项工作均具有最早开始和最迟开始这两种不同的开始时间，于是，工程网络计划中的任何一项工作，其逐日累计完成的工作任务量就可借助于两条 S 形曲线概括表示：一是按工作的最早开始时间安排计划进度而绘制的 S 形曲线，称 ES 曲线；二是按工作的最迟开始时间安排计划进度而绘制的 S 形曲线，称 LS 曲线。两条曲线除在开始点和结束点相重合外，ES 曲线的其余各点均落在 LS 曲线的左侧，使得两条曲线围合成一个形如香蕉的闭合曲线圈，故将其称为香蕉形曲线，如图 6-10 所示。

2. 香蕉形曲线的绘制

由于香蕉形曲线是由两条 S 形曲线构成的，其绘制方法与 S 形曲线绘制基本相同。绘制过程及方法用实例说明。

(1) 绘制早时标和迟时标网络图。
(2) 根据时标网络图确定单位时间计划完成的任务量。
(3) 确定单位时间计划累计完成的任务量及百分比。
(4) 分别绘制计划的 ES 曲线和 LS 曲线，形成香蕉形曲线。
(5) 分析比较香蕉形曲线。

【例 6-2】某工程进度计划如图 6-7 所示，箭线上括号内数字为任务量，计量单位相同，箭线下数字为作业持续时间。试绘制其香蕉形曲线。

【解】(1) 分别绘制早时标和迟时标网络图，如图 6-8、图 6-9 所示。

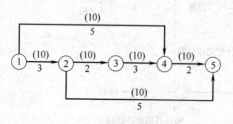

图 6-7 双代号网络图

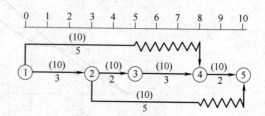

图 6-8 早时标网络图

(2) 根据迟时标和早时标网络图，确定其单位时间计划完成的任务量，如表 6-7 所示。
(3) 确定单位时间计划累计完成的任务量及百分比，如表 6-7 所示。

(4) 在同一张时间坐标上绘制 ES 和 LS 曲线，形成香蕉形曲线，如图 6-10 所示。

表 6-7 每日完成量及每日累计完成量百分比

时间/天		1	2	3	4	5	6	7	8	9	10
早时标	任务量/t	20	20	20	30	30	20	20	20	10	10
	累计任务量/t	20	40	60	90	120	140	160	180	190	200
	累计任务量百分比/%	10	20	30	45	60	70	80	90	95	100
迟时标	任务量/t	10	10	10	20	20	30	30	30	20	20
	累计任务量/t	10	20	30	50	70	100	130	160	180	200
	累计任务量百分比/%	5	10	15	25	35	50	65	80	90	100

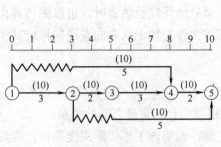

图 6-9 迟时标网络图

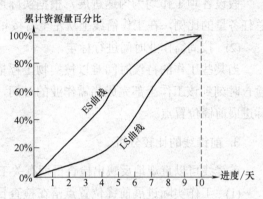

图 6-10 香蕉形曲线示意图

3. 香蕉形曲线的作用

在项目实施过程中进度控制的理想状况是在任一时刻按实际进度描出的点均落在香蕉形曲线区域内，说明实际工程进度被控制在工作的最早开始时间和最迟开始时间的要求范围之内，呈现正常状态。而一旦按实际进度描出的点落在 ES 曲线的上方(左侧)或 LS 曲线的下方(右侧)，则说明与计划要求相比实际进度超前或滞后，已产生进度偏差。香蕉形曲线的作用还可用于对工程实际进度进行合理地调整与安排，以及确定在计划执行情况检查状态下后期工程的 ES 曲线和 LS 曲线的变化趋势。

6.3.5 实际进度与计划进度的前锋线比较法

1. 前锋线的概念

所谓前锋线，是指在原时标网络计划上，从检查时刻的时标点出发，用虚线或点划线依次将各项工作实际进展的前锋位置点连接而成的折线。前锋线比较法就是通过实际进度前锋线与原进度计划中各工作箭线交点的位置来判断工作实际进度与计划进度的偏差，进而判定该偏差对后续工作及总工期影响程度的一种方法。

2. 前锋线的绘制

采用前锋线比较法进行实际进度与计划进度的比较，其步骤如下。

1) 绘制时标网络计划图

为了清楚起见，可在时标网络计划图的上方和下方各设一时间坐标。

2) 绘制实际进度前锋线

一般从时标网络计划图上方时间坐标的检查日期开始绘制，依次连接相邻工作的实际进展前峰位置点，最后与时标网络计划图下方坐标的检查日期相连接。工作实际进展前锋位置点的标定方法有两种。

(1) 按该工作已完任务量比例进行标定。

假设各项工作均为匀速进展，根据实际进度检查时刻该工作已完任务量占其计划完成总任务量的比例，在工作箭线上从左至右按相同的比例标定其实际进展前锋位置点。

(2) 按尚需作业时间进行标定。

当某些工作的持续时间难以按实物工程量来计算而只能凭经验估算时，可以先估算出检查时刻到该工作全部完成尚需作业的时间，然后在该工作箭线上从右向左逆向标定其实际进展前锋位置点。

3. 前锋线的比较分析

前锋线可以直观地反映出检查日期有关工作实际进度与计划进度之间的关系。

(1) 工作实际进展前锋位置点落在检查日期的左侧，表明该工作实际进度拖后，拖后时间为二者之差。

(2) 工作实际进展位置点与检查日期重合，表明该工作实际进度与计划进度一致。

(3) 工作实际进展位置点落在检查日期的右侧，表明该工作实际进度超前，超前时间为二者之差。

(4) 预测进度偏差对后续工作及总工期的影响。

通过实际进度与计划进度的比较确定进度偏差后，还可根据工作的自由时差和总时差预测该进度偏差对后续工作及项目总工期的影响。前锋线比较法既适用于工作实际进度与计划进度之间的局部比较，又可用来分析和预测工程项目整体进度状况。

4. 前锋线比较法应用示例

【例 6-3】某工程项目时标网络计划如图 6-11 所示。该计划执行到第 6 周末检查实际进度时，发现工作 A 和 B 按计划已全部完成，工作 D 完成计划任务量的 20%，工作 E 刚完成，工作 C 尚需 3 周完成，试用前锋线法进行实际进度与计划进度的比较。

【解】根据第 6 周末实际进度的检查结果绘制前锋线，如图 6-11 中虚折线所示。通过比较可以看出以下几方面

(1) 工作 D 实际进度拖后 2 周，将使工作 F 最早开始时间推迟 1 周，但不影响总工期。

(2) 工作 E 实际进度拖后 1 周，不影响后续工作的正常进行，也不影响总工期。

(3) 工作 C 实际进度拖后 2 周，将使其后续工作 G、H、J、M、F 的最早开始时间推

迟 2 周，并使总工期延长 2 周。

综上所述，如果不采取措施加快进度，该工程项目的总工期将延长 2 周。

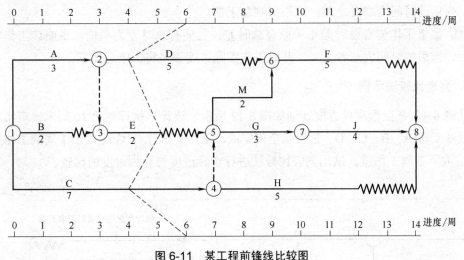

图 6-11　某工程前锋线比较图

6.3.6　实际进度与计划进度的列表比较法

1. 列表比较法的表格形式

当工程进度计划用非时标网络图表示时，可以采用列表比较法进行实际进度与计划进度的比较。这种方法是记录检查日期应该进行的工作名称及其已经作业的时间，然后列表并计算有关时间参数，并根据工作总时差进行实际进度与计划进度比较的方法。其表格形式如表 6-8 所示。

2. 列表比较法的步骤

采用列表比较法进行实际进度与计划进度的比较，其步骤如下。

(1) 对于实际进度检查日期应该进行的工作，根据已经使用的时间，确定其尚需作业时间。

(2) 根据原进度计划，计算检查日期应该进行的工作从检查日期到原计划最迟完成时尚余(有)的时间。

(3) 计算工作尚有总时差，其值等于工作从检查日期到原计划最迟完成时间尚余时间与该工作尚需作业时间之差。

3. 实际进度的检查分析

利用表格比较法进行实际进度的检查分析，可能有以下几种情况。

(1) 如果工作尚有总时差与原有总时差相等，说明该工作实际进度与计划进度一致。

(2) 如果工作尚有总时差大于原有总时差，说明该工作实际进度超前，超前的时间为二者之差。

(3) 如果工作尚有总时差小于原有总时差，且尚有总时差为正，说明该工作实际进度拖后，拖后的时间为二者之差，但不影响总工期。

(4) 如果工作尚有总时差小于原有总时差，且尚有总时差为负值，说明该工作实际进度拖后，拖后的时间为二者之差，此时工作实际进度偏差将影响总工期。

4. 列表比较法示例

【例6-4】某工程项目进度计划如图6-12所示。该计划执行到第10周末检查实际进度时，发现工作A、B、C、D、E已经全部完成，工作F和工作G完成了1周的工作量，工作H完成了2周工作量，试用列表比较法进行实际进度与计划进度的比较。

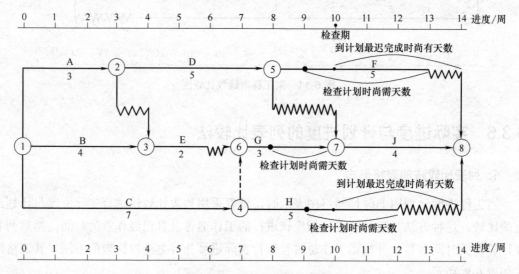

图6-12 双代号时标网络图

【解】根据工程项目进度计划及实际进度检查结果，可以计算出检查日期应进行的工作的尚需作业时间、原有总时差及尚有总时差等，结果如表6-8所示。通过比较尚有总时差和原有总时差，即可判断目前工程实际进展状况。

表6-8 工程进度检查比较表

工作名称	检查计划时尚需作业时间	到计划最迟完成尚有时间	原有总时差	尚有总时差	情况判断
F	4	4	1	0	拖后1周，但不影响工期
G	2	0	0	-2	拖后2周，影响工期2周
H	3	4	2	1	拖后1周，但不影响工期

6.4 工程项目进度调整系统

6.4.1 进度偏差的影响性分析

进度计划执行过程中如发生实际进度与计划进度不符，究竟有无必要修改与调整原定计划，使之与变化后的实际情况相适应，应视进度偏差的具体情况而定。

1. 当某项工作的实际进度超前

由于加快某些工作的实施进度，往往可导致资源使用情况发生变化。特别是在有多个平行分包单位施工的情况下，由此会引起后续工作潜在风险和索赔事件的发生，使缩短工期的实际效果得不偿失。因此，当进度计划执行过程中产生的进度偏差体现为某项工作的实际进度超前，若超前幅度不大，此时计划不必调整；若超前幅度过大，则此时计划需要调整。

2. 当某项工作的实际进度滞后

进度计划执行过程中若出现实际工作进度滞后，此时是否调整原定计划通常应视进度偏差和相应工作总时差及自由时差的比较结果而定。

(1) 若出现进度偏差的工作为关键工作，则由于工作进度滞后，会引起后续工作最早开工时间的延误和计划工期的延长，因而必须对原定进度计划采取相应调整措施。

(2) 当出现进度偏差的工作为非关键工作，且工作进度偏差已超出其总时差，则由于工作进度延误同样会引起后续工作最早开工时间的延误和计划工期的延长，因而，必须对原定进度计划采取相应调整措施。

(3) 若出现进度偏差的工作为非关键工作，且工作进度偏差超出其自由时差但未超出其总时差，则由于工作进度延误只引起后续工作最早开工时间的拖延而对整个计划工期并无影响，此时只有在后续工作最早开工时间不宜推后的情况下才考虑对原定进度计划采取相应的调整措施。

(4) 若出现进度偏差的工作为非关键工作，且工作进度偏差未超出其自由时差，则由于工作进度延误对后续工作的最早开工时间和整个计划工期均无影响，因而不必对原定进度计划采取调整措施。

通过分析，进度控制人员可以根据进度偏差的影响程度，制定相应的纠偏措施进行调整，以获得符合实际进度情况和计划目标的新进度计划。

6.4.2 进度计划的调整方法

由于工作进度滞后引起后续工作开工时间或计划工期的延误，主要有两种调整方法。

1. 改变某些后续工作之间的逻辑关系

若进度偏差已影响计划工期，且有关后续工作之间的逻辑关系允许改变，但不能压缩后续工作的持续时间。此时可变更位于关键线路或位于非关键线路但延误时间已超出其总时差的有关工作之间的逻辑关系，从而达到缩短工期的目的。例如可将按原计划安排依次进行的工作关系改变为平行进行、搭接进行或分段流水进行的工作关系。通过变更工作逻辑关系缩短工期往往简便易行且效果显著。

2. 缩短某些后续工作的持续时间

当进度偏差已影响计划工期，且有关后续工作之间的逻辑关系不允许改变，但允许压缩某些后续工作的持续时间，以此加快后期工程进度使原计划工期仍然能够得以实现。

缩短某些后续工作的持续时间其调整方法视限制条件及对其后续工作的影响程度的不同，一般可分为以下两种情况。

(1) 网络计划中某项工作进度拖延的时间已超过其自由时差但未超过其总时差。

如前所述，此时该工作的实际进度不会影响总工期，而只对其后续工作产生影响。因此，在进行调整前，需要确定其后续工作允许拖延的时间限制。

① 后续工作拖延的时间无限制。

如果后续工作拖延的时间完全被允许时，可将拖延后的时间参数带入原计划，并化简网络图(即去掉已执行部分，以进度检查日期为起点，将实际数据代入，绘制出未实施部分的进度计划)，即可得调整方案。

② 后续工作拖延的时间有限制。

如果后续工作不允许拖延或拖延的时间有限制时，需要根据限制条件对网络计划进行调整，寻求最优方案。一般情况下，可利用工期优化的原理确定后续工作中被压缩的工作，从而得到满足后续工作限制条件的最优调整方案。

(2) 网络计划中某项工作进度拖延的时间超过其总时差。

此时，进度计划的调整方法又可分为以下三种情况。

① 项目总工期不允许拖延。

如果工程项目必须按照原计划工期完成，则只能采取缩短关键线路上后续工作持续时间的方法来达到调整计划的目的。

② 项目总工期允许拖延，且拖延的时间无限制。

如果项目总工期允许拖延，则此时只需以实际数据取代原计划数据，并重新绘制实际进度检查日期之后的简化网络计划即可。

③ 项目总工期允许拖延，但拖延的时间有限制。

如果项目总工期允许拖延，但允许拖延的时间有限。则当实际进度拖延的时间超过此限制时，也需要对网络计划进行调整，即通过缩短关键线路上后续工作持续时间的方法来使总工期满足规定工期的要求。

复 习 题

一、单项选择题(每题备选项中，只有一个最符合题意)

1. 当采用匀速进展横道图比较法时，如果实际进度的横道线右端点位于检查日期的右侧，则该端点与检查日期的距离表示工作(　　)。
   A. 实际少耗费的时间 B. 实际多耗费的时间
   C. 进度超前的时间   D. 进度拖后的时间

2. 在工程网络计划中，已知工作 M 没有自由时差，但总时差为 5 天，检查实际进度时发现该工作的持续时间延长了 4 天，说明此时工作 M 的实际进度(　　)。
   A. 不影响后续工作和总工期   B. 不影响总工期，但影响紧后工作最早开始时间
   C. 影响总工期 1 天   D. 使紧后工作和总工期均延长 4 天

3. 当计划单位时间完成的工程量是匀速时，累计完成工程量是(　　)。
   A. S 形曲线   B. 香蕉形曲线
   C. 斜直线   D. 正态分布曲线

4. 在工程网络计划的实施过程中，需要确定某项工作的进度偏差对紧后工作最早开始时间的影响程度，应根据(　　)的差值进行确定。
   A. 自由时差与进度偏差   B. 自由时差与总时差
   C. 总时差与进度偏差   D. 时间间隔与进度偏差

5. 对某工程网络计划实施过程进行监测时，发现非关键工作 K 存在的进度偏差不影响总工期，但会影响后续承包单位的进度，调整该工程进度计划的最有效的方法是缩短(　　)。
   A. 后续工作的持续时间   B. 工作 K 的持续时间
   C. 与 K 平行的工作的持续时间 D. 关键工作的持续时间

6. 当采用 S 形曲线比较法时，如果按实际进度描出的点位于计划 S 形曲线的右侧，则该点与计划 S 形曲线的垂直距离表明实际进度比计划进度(　　)。
   A. 超前的时间   B. 拖后的时间
   C. 超额完成的任务量 D. 拖欠的任务量

7. 某工程网络计划中工作 H 的自由时差为 3 天，总时差为 5 天。检查进度时发现该工作的实际进度拖延，且影响总工期 1 天。则工作 H 的实际进度比计划进度拖延了(　　)天。
   A. 3   B. 4   C. 5   D. 6

8. 某工程施工过程中，检查进度时发现工作 G 的总时差由原计划的 2 天变为 -1 天，若其他工作的进度均正常，则说明工作 G 的实际进度(　　)。
   A. 提前 1 天，不影响工期   B. 拖后 3 天，影响工期 1 天
   C. 提前 3 天，不影响工期   D. 拖后 3 天，影响工期 2 天

9. 应用香蕉形曲线进行实际进度与计划进度比较时，按实际进度描出的点均落在香蕉形曲线之 ES 曲线下方，说明实际工程进度(　　)。

A. 呈现正常状态　　　　　　　B. 超前
C. 滞后　　　　　　　　　　　D. 不能判断

10. 工作尚有总时差等于( )。
A. 从检查日期到该工作原计划最迟完成时尚余时间-该工作尚需作业时间
B. 从检查日期到该工作原计划最早完成时尚余时间-该工作尚需作业时间
C. 该工作尚需作业时间-从检查日期到该工作原计划最早完成时尚余时间
D. 该工作原计划最迟完成时间-该工作原计划最早完成时间

二、多项选择题(每题备选项中，至少有两个符合题意，错选、多选不得分)

1. 由于工作进度滞后，需要调整进度计划时采用的主要方法有( )。
A. 改变工作间的逻辑关系　　B. 香蕉曲线法　　C. 负时差法
D. 分析进度偏差对总工期的影响　　E. 缩短某些工作的持续时间

2. 施工进度控制的技术措施主要有( )。
A. 改进施工工艺　　　　　　B. 缩短技术间隙时间
C. 增加人数或机械数量　　　D. 采用更先进的施工方法和施工机械
E. 延长作业时间

3. 进行工程项目实际进度与计划进度比较时，采用香蕉形曲线比较法的主要作用表现在( )。
A. 合理安排项目进度计划　　B. 定期比较实际进度与计划进度
C. 预测后期工程进展趋势　　D. 判定时间与任务量的关系
E. 衡量资源的均衡性

4. 通过实际进度前锋线与原进度计划中各工作箭线交点的位置可( )。
A. 判断实际进度与计划进度的偏差　B. 判定进度偏差对后续工作影响程度
C. 判定进度偏差对总工期影响程度　D. 合理安排项目进度计划
E. 预测后期工程进展趋势

5. 应用S形曲线比较法比较实际进度和计划进度可获得( )信息。
A. 工作进展情况　　　　　　B. 实际比计划超出或拖欠的工作量
C. 预测后期工作进度　　　　D. 实际进度比计划超前或滞后的时间
E. 单位时间计划和实际完成的任务量

6. 影响施工项目进度的施工技术因素主要有( )等。
A. 施工安全措施不当　　　　B. 不合理的施工方案
C. 设计内容不完善　　　　　D. 施工图纸供应不及时
E. 计划安排不周密

7. 网络计划中，某工作原有总时差为2天，在检查计划时尚需作业时间3天，到计划最迟完成时尚余4天，该工作( )。
A. 正常　　　　　　　　　　B. 尚有总时差1天
C. 拖后1天，影响工期1天　　D. 拖后1天，但不影响工期

E. 正常与否不能确定

8. 进度计划执行中的跟踪检查途径主要有( )。

   A. 加工处理实际进度数据　　　B. 实地检查工程进展情况
   C. 定期召开现场会议　　　　　D. 定期收集进度报表资料
   E. 定期比较实际进度与计划进度

9. 某工程项目中,某工作计划进度与实际进度如图 6-13 所示,从图中可获得的正确信息有( )。

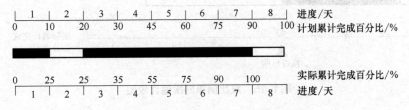

图 6-13　某工作计划进度与实际进度图

   A. 第 4 天至第 7 天内计划进度为非匀速进展
   B. 第 1 天实际进度超前,但在第 2 天停工 1 天
   C. 该工作已提前 1 天完成
   D. 第 3 天至第 6 天内实际进度为匀速进展
   E. 第 3 天内实际进度与计划进度一致

10. 某工程双代号时标网络计划执行到第 4 周末和第 10 周末时,检查其实际进度如图 6-14 中前锋线所示,检查结果表明( )。

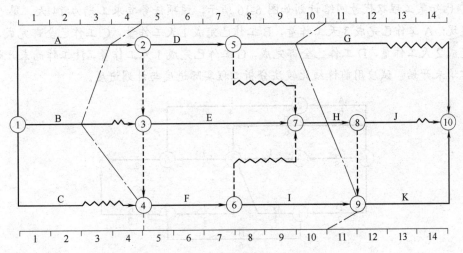

图 6-14　某工程双代号时标网络图

   A. 第 4 周末检查时工作 B 拖后 1 周,影响工期 1 周
   B. 第 4 周末检查时工作 A 拖后 1 周,影响工期 1 周
   C. 第 10 周末检查时工作 I 提前 1 周,工期提前 1 周
   D. 第 10 周末检查时工作 G 拖后 1 周,影响工期 1 周

E. 第10周末检查时工作G拖后1周，但不影响工期

三、分析计算题

1. 某钢筋工程按施工计划需要9天完成，其实际进度与计划进度如图6-15所示。试应用横道图比较法分析各天实际进度与计划进度之偏差。

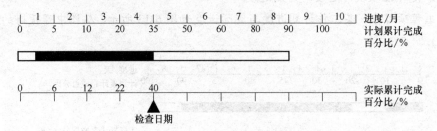

图6-15 双比例单侧横道比较图

2. 某土方工程的总开挖量为10 000m³，要求在10天内完成，不同时间计划土方开挖量和实际完成任务情况如表6-9所示。试应用S形曲线对第2天和第6天的工程实际进度与计划进度进行比较分析。

表6-9 土方开挖量　　　　　　　　　　　　　　　　　　　　　　　单位：m³

时间/天	1	2	3	4	5	6	7	8	9	10
计划完成量	200	600	1000	1400	1800	1800	1400	1000	600	200
实际完成量	600	800	600	700	800	1000	—	—	—	—

3. 已知某工程双代号网络计划如图6-16所示，该项任务要求工期为14天。第5天末检查发现：A工作已完成3天工作量，B工作已完成1天工作量，C工作已全部完成，E工作已完成2天工作量，D工作已全部完成，G工作已完成1天工作量，H工作尚未开始，其他工作均未开始。试应用前锋线比较法分析工程实际进度与计划进度。

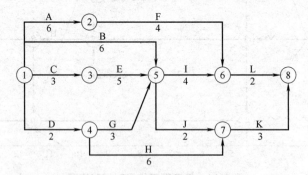

图6-16 某工程双代号网络计划图

4. 已知条件同上第3题，试应用列表比较法分析工程实际进度与计划进度。

第7章 工程项目费用控制

【学习要点及目标】

- ◆ 了解工程项目费用的组成。
- ◆ 掌握工程款结算方法。
- ◆ 掌握挣值法在工程项目费用控制中的应用。

【核心概念】

建筑安装工程费、价值工程、工程进度款、工程变更、工程索赔、挣值法等。

7.1 建设单位的工程项目费用控制

7.1.1 建设单位费用控制的概念

从建设单位角度看，工程项目费用控制贯穿于工程建设全过程。即在项目建设全过程中，通过综合运用技术、经济、合同、法律等手段，对工程项目费用进行合理地确定和有效地控制，使得人力、物力、财力能够得到最优的使用，并取得良好的经济效益和社会效益。工程项目费用控制工作可概括为两个方面：其一，在项目建设的各个阶段，采用科学的计算方法和切合实际的计价依据，合理确定项目的投资估算、初步设计概算、施工图预算、承包合同价、竣工结算和竣工决算；其二，在项目建设的各个阶段，把工程项目费用控制在批准的目标限额以内，随时纠正发生的偏差以确保工程项目目标的实现。

从建设程序看建设单位费用控制包括：投资决策阶段费用控制；设计阶段工程费用的控制；施工发承包阶段工程费用的控制；施工阶段工程费用的控制及竣工验收阶段工程费用的控制。此处，重点介绍设计阶段和施工阶段的费用控制。

7.1.2 设计阶段工程费用的控制

该阶段建设单位应通过合同、经济等手段，组织设计单位共同做好如下工作。

1. 设计方案的优化与评价

设计方案的优化与评价是控制工程费用有效手段之一。不同类型的建筑，使用目的及功能要求不同，设计方案的评价内容、方法也不同，通常采用综合评价法。以某民用建筑设计方案为例，说明这一方法的应用。

【例7-1】目前，多层建筑物常用的结构类型为砖混结构和框架结构，这两种结构在墙体材料、建筑物自重、施工复杂性方面存在着明显的局限性。由某科研单位提出的密肋轻板结构较好地克服了上述缺点，密肋轻板结构是由截面及配筋较小的钢筋混凝土梁柱为结构框架，内嵌以炉渣、粉煤灰等工业废渣为主要原料的加气硅酸盐块组成的密肋式复合墙板作为结构的主要受力构件共同承担结构的竖向荷载和抵抗外部水平力，以替代传统的黏土砖。为此大大地提高了结构的强度、刚度和墙板的保温性能，实现了建筑生产的工厂化，有效地利用了工业废料，节约了钢材，降低了工程造价。现对多层民用建筑分别采用这三种结构体系时进行设计方案评价。

【解】(1) 指标体系建立。

经过调查研究，选用如图7-1所示的指标进行这三种结构体系的比较。

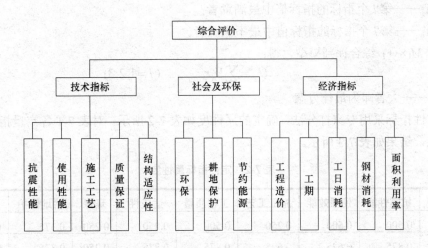

图 7-1 设计方案评价因素示意图

(2) 典型工程的选择及有关数据的测算。

在对这三种结构体系进行综合评价比较时,以某学生公寓工程作为研究对象,该工程占地面积 1421 m²,建筑面积 10 487 m²。由某设计院分别设计了砖混结构、框架结构和密肋轻板三种结构图纸,确定了不同结构体系下主要消耗指标,如表 7-1 所示(表中相关指标的最满意值和最不满意值是根据统计资料调查得到的)。

表 7-1 造价、工期及工料消耗表

结构类型	造价/(元/m²)	工期/天	劳动消耗/(工日/m²)	净面积利用率/%	钢材/(kg/m²)
砖混	576.4	360	2.23	92.7	23.1
框架	838.7	420	3.78	93.2	46.7
板	672.1	270	3.33	94.2	19.8
最理想值	500	250	1.03	95	11.2
最不理想值	1500	500	5.71	58.6	50

(3) 综合评价方法。

设评价指标(因素)集为

F = {抗震性能、使用性能、施工工艺、工程质量、结构适应性、环保、耕地保护、节约能源、工程造价、工期、劳动消耗、钢材消耗、面积利用率} = $\{F_1, F_2, \cdots, F_i, \cdots\}$

评价对象(方案)集为

A =(砖混结构,框架结构,密肋轻板结构)=(A_1, A_2, A_3) =(A_j)

各方案可用其评价指标值表示,构成集合 $X=(X_{ij})_{m \times n}$,对 X_{ij} 进行同趋势化,把最满意的指标值取为 1,最不满意的指标值取为 0,即得其映射值或称属性度,转换公式如下。

$$r_{ij} = \frac{X_{ij} - X_e}{X_b - X_e} \tag{7-1}$$

式中:r_{ij}——第 j 个方案第 i 个指标值 X_{ij} 的映射值;

X_b——第 i 个指标的指标值中最满意者；

X_e——第 i 个指标的指标值中最不满意者。

采用 $M(×·+)$ 综合评判模型，得：

$$U_j = \sum W_i r_{ij} \qquad (j=1,2,3) \tag{7-2}$$

式中：U_j——大者即为最佳方案。

对定性指标采用专家打分法，确定的属性度如表 7-2 所示。对表 7-1 各定量指标值进行同趋势化，结果如表 7-3 所示。

表 7-2　定性指标属性度

结构类型	抗震性能	使用效能	施工工艺	工程质量	适应性	环保	耕地保护	节约能源
砖混	0.500	0.500	0.250	0.500	0.250	0.250	0.375	0.375
框架	0.875	0.625	0.625	0.875	0.875	0.250	0.375	0.500
轻板	0.750	0.875	0.750	0.750	0.500	0.875	0.875	0.750

表 7-3　定量指标属性度

结构类型	造价	工期	劳动消耗	钢材消耗	面积利用率
砖混	0.924	0.56	0.693	0.663	0.818
框架	0.662	0.32	0.385	0.083	0.830
轻板	0.828	0.92	0.418	0.775	0.885

根据表 7-2 和表 7-3 确定的关系矩阵为

$$R = \begin{bmatrix} 0.500 & 0.500 & 0.250 & 0.500 & 0.250 & 0.250 & 0.375 & 0.375 & 0.924 & 0.56 & 0.693 & 0.663 & 0.818 \\ 0.875 & 0.625 & 0.625 & 0.875 & 0.625 & 0.250 & 0.375 & 0.500 & 0.662 & 0.32 & 0.385 & 0.083 & 0.830 \\ 0.750 & 0.750 & 0.750 & 0.750 & 0.500 & 0.875 & 0.875 & 0.750 & 0.828 & 0.92 & 0.418 & 0.775 & 0.885 \end{bmatrix}$$

根据调查确定的权重矩阵为

$W_i = [0.025 \quad 0.027 \quad 0.09 \quad 0.025 \quad 0.114 \quad 0.198 \quad 0.102 \quad 0.042 \quad 0.009 \quad 0.089 \quad 0.038 \quad 0.242]^T$

据综合评判模型计算这三种方案的综合属性度，得向量 $U_j = (0.46, 0.369, 0.747)^T$

从而可知，密肋轻板方案的综合属性度最大，为 0.747，所以该方案为最优方案。

2. 应用价值工程优化设计方案

1) 价值工程原理

价值工程方法是 20 世纪 40 年代由美国通用电气公司劳伦斯·麦尔斯(L.D.Miles)提出的，他对价值的定义与一般意义上的价值不同。价值工程中价值的含义是产品的一定功能与获得这种功能所支出的费用之比，即

$$价值(V) = \frac{功能(F)}{成本(C)} \tag{7-3}$$

其中，功能指研究对象(产品)所具有的能够满足某种需要的属性或效用；成本指产品在寿命周期内所花费的全部费用，包括生产成本和使用成本。

由此可见，提高产品价值有以下五种途径。

(1) 在提高功能水平的同时，降低成本。
(2) 在保持成本不变的情况下，提高功能水平。
(3) 在保持功能水平不变的情况下，降低成本。
(4) 成本稍有增加，但功能水平大幅度提高。
(5) 功能水平稍有下降，但成本大幅度下降。

2) 价值工程的工作步骤

价值工程是一项有组织的管理活动，涉及面广，过程复杂，必须按照一定的程序进行。价值工程的工作程序如下。

(1) 对象选择。明确研究目标，选择影响产品成本和功能的关键因素。
(2) 组成价值工程领导小组，并制订工作计划。
(3) 收集与研究对象相关的信息资料。
(4) 功能分析。这是价值工程的核心，通过功能分析应明确功能的本质和要求，弄清研究对象各项功能之间的关系以及功能评价标准，调整功能间的比重，使研究对象功能结构更合理。
(5) 功能评价。计算研究对象的成本和功能评价值，分析各项功能与成本之间的匹配程度，从而明确功能改进区域及改进思路，为方案创新打下基础。
(6) 方案创新及评价。在前面功能分析与评价的基础上，提出各种不同的方案，并从技术、经济等方面综合评价各方案的优劣，选出最佳方案。
(7) 方案实施与检查。制订实施计划，组织实施，并跟踪检查，对实施后取得的技术经济效果进行成果鉴定。

3) 价值系数分析

功能分析或方案评价时，价值系数的计算结果有以下三种情况。

(1) $V=1$。即功能评价值等于功能现实成本，这表明评价对象的现实成本与实现功能所必需的最低成本大致相当。此时评价对象的价值为最佳，一般无须改进。

(2) $V<1$。即评价对象的现实成本大于功能评价值。表明评价对象的现实成本偏高，而功能偏低。可能原因有三。第一种是单纯的功能偏低，成本偏高。改进方向是提供功能、降低成本。第二种存在着部分过剩的功能，换言之实现该部分过剩功能的成本是无效的。改进方向是剔除过剩功能，消除无效成本。第三种可能是功能虽无过剩，但实现功能的方法不佳或技术落后，以致使实现功能的成本太高。改进方向是优化方案、采用先进技术、降低成本，使成本与功能更好匹配。

(3) $V>1$。即评价对象的现实成本小于功能评价值。可能原因有三种：第一，由于评价对象具有某些技术经济特点，功能重要、成本消耗少，即功能是必要的、成本是有效的，这种情况一般不应列为改进对象；第二，评价对象的功能比较重要，但分配的成本较少，这种情况应列为改进对象，改善方向是增加成本；第三，评价对象目前具有的功能已经超过了其应有的水平，存在过剩功能，属改进对象，改进方向是降低功能水平。

4) 价值工程应用示例

【例7-2】某公司拟开发一商住小区，以多层住宅所占比重最大。

【解】(1) 选择价值工程研究对象：以多层住宅设计方案作为价值工程研究对象。

(2) 调查研究：主要收集有关住宅功能和建造成本方面的数据资料以及用户意见。

(3) 功能分析：依据调查资料的分析，确定住宅功能评价因素为：平面布局；采光通风；层高层数；坚固耐用；防火、防震、防空三防设施；室内外装饰；绿化及景观等环境设计。

(4) 功能评价指标权重的确定：综合设计人员和用户意见，确定住宅功能评价指标权重，如表7-5所示。

(5) 方案创造：根据地质等其他条件，设计单位提供了多种方案，如表7-4所示。

表7-4 设计方案的特征及造价

方案名称	主要特征	单方造价/(元/m²)	成本系数
方案1	混合结构，内外砖墙，预制桩基础，半地下室储存间，装修较好	700	0.2500
方案2	混合结构，内外砖墙，条形基础，装修较好	500	0.1786
方案3	混合结构，内外砖墙，沉管灌注桩基础，半地下室存储间	600	0.2143
方案4	混合结构，层高3m，空心砖内墙，满堂基础，装修及设备一般	450	0.1607
方案5	混合结构，层高2.9m，加气混凝土内墙，满堂基础，外装修较好	550	0.1964

(6) 求成本系数C：某方案成本系数=该方案单方造价÷各方案单方造价之和，如表7-4所示。

(7) 求功能系数F：方案功能系数F=该方案加权总分÷各方案加权总分之和，如表7-5所示。

(8) 求价值系数V，进行方案评价：$V=F/C$，如表7-6所示。

价值系数最大的方案4为最优方案。

表7-5 设计方案功能系数

功能因素		方案名称				
因素名称	因素权重	方案1	方案2	方案3	方案4	方案5
平面布局	0.30	10	10	9	9	10
采光通风	0.20	10	9	10	10	9
层高层数	0.05	9	8	9	10	9
坚固耐用	0.20	10	10	9	8	10
三防设施	0.05	8	7	8	7	7
内外装饰	0.15	10	8	9	6	6
环境设计	0.05	8	10	8	6	10
方案加权总分		9.75	9.25	9.15	8.35	9.00
方案功能系数		0.2142	0.2032	0.2011	0.1836	0.1979

表 7-6 设计方案价值系数

方案名称	方案 1	方案 2	方案 3	方案 4	方案 5
功能系数 F	0.2142	0.2032	0.2011	0.1836	0.1979
成本系数 C	0.2500	0.1786	0.2143	0.1607	0.1964
价值系数 V	0.8568	1.1377	0.9384	1.1425	1.0076

3. 推行限额设计

1) 限额设计的概念

限额设计就是按照批准的可行性研究和投资估算额进行初步设计,按照初步设计的概算额进行施工图设计,根据施工图预算额对各专业设计进行限额分配,使各专业在分配的投资限额内进行设计并保证各专业满足使用功能的要求,最终保证总的投资额不被突破。限额设计强化了设计人员的工程造价意识,改变了设计过程不算账、设计完成后再计算的被动现象,达到事前主动控制工程投资的目的。

2) 限额设计的实施条件

(1) 投资分解。投资分解是实行限额设计的首要条件和基础工作,投资分解的方法是按照项目特点和相关技术经济指标,将上一阶段审定的投资限额切块分配、层层分解,作为各专业、各分部分项工程设计的控制目标。例如,某展览馆工程投资估算 4000 万元,按 90%比例作为限额设计控制目标。根据项目建设标准、地质条件、相关技术经济指标的统计数据,确定的各单位工程设计限额如表 7-7 所示。其中,对土建工程再进一步进行设计限额分解,确定的土建工程主要功能项目设计限额亦如表 7-7 所示。

表 7-7 设计限额分解示例   单位:万元

	项目	设计限额		项目	设计限额
展览馆项目	土建工程	2600	土建工程项目	桩基围护结构	300
	给排水工程	200		地下室工程	300
	电气工程	300		主体结构工程	1000
	采暖通风工程	500		装饰工程	1000
	合计	3600		合计	2600

(2) 优化设计方案,确保限额目标的实现。

优化设计是以系统理论为基础,应用现代化技术和方法对设计方案、材料及设备选型、成本、效益等进行分析、评价和完善的过程,是保证投资不超出限额的重要措施和行之有效的方法。优化设计不仅可提高设计质量,而且能实现对投资限额的有效控制。

(3) 健全和加强限额设计的经济责任制。

限额设计的管理工作主要是加强建设单位的经济意识,健全设计单位内部的经济责任制。建设单位也可与设计单位在设计合同中约定实行限额设计的节奖超罚条款。

3) 限额设计的不足与完善

(1) 限额设计的不足。限额设计由于突出地强调了设计限额的重要性,而忽视了功能水平的要求以及功能与成本的匹配性。限额设计中的限额是指建设项目的一次性投资，而对项目建成后的维护使用费、项目使用期满后的报废拆除费用则考虑较少，就可能出现项目全寿命费用不一定很经济的现象。

(2) 限额设计的完善。正确理解限额设计，加强限额设计的过程控制，合理确定设计限额，正确处理限额与项目功能、成本之间的关系，合理分解和使用投资限额。

7.1.3 施工阶段工程费用的控制

建设单位在施工阶段对工程费用的控制主要应做好工程价款结算、控制工程变更、妥善处理施工索赔。

1. 工程预付备料款

施工企业实行包工包料工程的，发包单位在开工前拨付给承包单位一定限额的工程预付备料款。此预付款用于施工企业为该工程储备主要材料、结构件所需的周转金。

按工程承包合同规定，由发包单位供应材料的，其材料可按材料预算价格转给承包单位，材料价款在结算工程款时陆续抵扣。对这部分材料，承包单位不应收取备料款。

(1) 预付备料款的拨付时间和要求。建设工程施工合同示范文本中规定：实行工程预付款的，双方应当在专用条款内约定发包方向承包方预付工程款的时间和数额，开工后按约定的时间和比例逐次扣回。预付时间应不迟于约定的开工日期前 7 天。发包方不按约定预付，承包方在约定预付时间 7 天后向发包方发出要求预付的通知，发包方收到通知后仍不能按要求预付，承包方可在发出通知后 7 天停止施工，发包方应从约定应付之日起向承包方支付应付款的贷款利息，并承担违约责任。

工程预付款仅用于承包方支付施工开始时与本工程有关的动员费用。如果承包方收取备料款后两个月仍不开工或滥用此款，发包方有权立即收回。

发包方支付预付款的条件：在承包方向发包方提交金额等于预付款数额的银行保函后，发包方按规定的金额和规定的时间向承包方支付预付款，在发包方全部扣回预付款之前，该银行保函将一直有效，当预付款被发包方扣回时，银行保函金额相应递减。

(2) 预付备料款的数额。预付备料款限额主要取决于主要材料、构件费用占建安工作量的比例，材料储备周期，施工工期等，一般可按下式计算：

$$预付备料款数额 = \frac{年度承包工程总价 \times 主要材料费比重}{年度施工天数} \times 材料储备天数$$

一般建筑工程不应超过当年建筑工作量(包括水、电、暖)的 30%；安装工程按年度安装工作量的 10%，材料占比重较多的安装工程按年计划产值的 15%左右拨付。

(3) 备料款的扣回。发包单位拨付给承包单位的备料款属于预支性质，随着工程的实施所需主要材料的储备会逐步减少，备料款应以抵充工程价款的方式陆续扣回，扣回的方法由双方在合同中约定。常见的备料款扣回方法有以下两种。

① 当未完工程尚需的主要材料及构件费等于备料款数额时起扣，从每次结算工程价

款中，按材料费比重扣抵工程价款，竣工前全部扣清。其基本表达公式为

$$T = P - \frac{M}{N} \tag{7-4}$$

式中：T——起扣点，即预付备料款开始扣回时的累计完成工作量金额；

M——预付备料款限额；

N——主要材料、构件费所占比重；

P——承包工程价款总额。

② 当承包方累计完成工作量金额达到合同总价的一定比例后，发包方从每次应付给承包方的工程款中扣回工程预付款，发包方至少应在合同规定的完工期前将预付款全部逐次扣回。

实际情况比较复杂，工期短、造价低的工程无须分期扣回；工期长、跨年度工程，当年可以扣回部分预付备料款，将未扣回部分，转入次年，直到竣工年度全部扣回。

【例 7-3】某工程合同金额 200 万元，合同工期 5 个月，预付备料款 30 万元，主材费所占比重 60%，每月完成工程量 40 万元，预付备料款如何扣回？

【解】① 预付款起扣点：

$$T = P - \frac{M}{N} = 200 - \frac{30}{60\%} = 150 \, (万元)$$

即当累计完成工程量达到 150 万元时，起扣预付备料款。

② 预付款扣回时间及数额：前 3 个月累计完成工程量为 120 万元，小于 150 万元，不扣；前 4 个月累计完成工程量为 160 万元，大于 150 万元，所以，应从第 4 个月开始扣预付款，数额为(160-150)×60%=6(万元)；第 5 个月扣预付款数额为 40×60%=24(万元)，或 30-6=24(万元)。具体如表 7-8 所示。

表 7-8　预付款扣回时间及数额

月份	第 1 个月	第 2 个月	第 3 个月	第 4 个月	第 5 个月
完成工程量	40	40	40	40	40
扣预付款数额	—	—	—	6	24
进度款支付额	40	40	40	34	16

2. 工程计量与进度款支付

工程进度款的支付主要涉及工程量的计量和工程单价的确定。

(1) 工程计量的程序。施工合同示范文本规定：承包人应按专用条款约定的时间，向工程师提交已完工程量报告，工程师接到报告后 7 天内按设计图纸核实已完工程量，并在计量前 24 小时通知承包人，承包人为计量提供便利条件并派人参加。承包人收到通知后不参加计量，计量结果有效，作为工程价款支付的依据。工程师收到承包人报告后 7 天内未进行计量，从第 8 天起，承包人报告中开列的工程量即视为已被确认，作为工程价款支付的依据。工程师不按约定时间通知承包人，使承包人不能参加计量，计量结果无效。对承包人超出设计图纸范围和由于承包人原因造成返工的工程量，工程师不予计量。

(2) 工程单价的计算。工程单价主要根据合同约定的计价方法确定。目前我国工程价格的计价方法一般分为工料单价和综合单价两种方法。所谓工料单价法,是指分部分项工程单价只包括人工费、材料费、机械费,而间接成本、利润、税金等另按规定方法计算。综合单价法是指分部分项工程量的单价是全部费用单价,既包括直接成本,也包括间接成本、利润、税金等一切费用。二者在选择时,既可采取可调价格的方式,即工程价格在实施期间可随价格变化而调整,也可采取固定价格的方式,即工程价格在实施期间不因价格变化而调整,单价中已考虑了价格风险因素并在合同中明确了固定价格所包括的内容和范围。实践中采用较多的是可调工料单价法和固定综合单价法。

(3) 工程款的支付。工程进度款的支付,一般按当月实际完成工程量进行结算,工程竣工后办理竣工结算。在工程竣工前,承包人收取的工程预付款和进度款的总额一般不超过合同总额(包括工程合同签订后经发包人签证认可的增减工程款)的95%,其余5%尾留款(质保金),在工程竣工结算时扣除保修金外一并清算。

施工合同示范文本关于工程款支付责任的约定:在确认计量结果后14天内,发包人应向承包人支付工程款。发包人超过约定的支付时间不支付工程款,承包人可向发包人发出要求付款的通知,发包人接到承包人通知后仍不能按要求付款,可与承包人协商签订延期付款协议,经承包人同意后可延期支付。协议应明确延期支付的时间和从计量结果确认后第15天起计算应付款的贷款利息。发包人不按合同约定支付工程款,双方又未达成延期付款协议,导致施工无法进行,承包人可停止施工,由发包人承担违约责任。

3. 工程保修金的预留与返还

(1) 工程保修金的预留。按照有关规定,工程项目合同总额中应预留出一定比例(约3%~5%)的尾留款作为质量保修费用(又称保留金),预留方法一般有两种。

① 当工程进度款拨付累计额达到该建筑安装工程造价的一定比例(95%~97%)时,停止支付,剩余部分作为尾留款。

② 也可以从第一次支付工程进度款开始,在每次承包方应得的工程款中扣留投标书附录中规定的金额作为保留金,直至保留金总额达到投标书附录中规定的限额为止。

(2) 工程保修金的返还。

发包人在质量缺陷责任期满后14天内,将剩余保修金和利息返还给承包商。

4. 工程其他费用的支付

(1) 安全施工方面的费用。

承包人按工程质量、安全及消防管理有关规定组织施工,采取严格的安全防护措施,承担由于自身的安全措施不力造成事故的责任和因此发生的费用。非承包人责任造成安全事故,由责任方承担责任和发生的费用。

发生重大伤亡及其他安全事故,承包人应按有关规定立即上报有关部门并通知工程师,同时按政府有关部门要求处理,发生的费用由事故责任方承担。

承包人在动力设备、输电线路、地下管道、密封防震车间、易燃易爆地段以及临街交通要道附近施工时,施工开始前应向工程师提出安全保护措施,经工程师认可后实施,防护措施费用由发包人承担。

实施爆破作业，在放射、毒害性环境中施工及使用毒害性、腐蚀性物品施工时，承包人应在施工前 14 天以书面形式通知工程师，并提出相应的安全保护措施，经工程师认可后实施。安全保护措施费用由发包人承担。

(2) 专利技术及特殊工艺涉及的费用。

发包人要求使用专利技术或特殊工艺，负责办理申报手续，承担申报、试验、使用等费用，承包人按发包人要求使用，并负责试验等有关工作。承包人提出使用专利技术或特殊工艺，报工程师认可后实施，承包人负责办理申报手续并承担有关费用。

擅自使用专利技术侵犯他人专利权，责任者承担全部后果及所发生的费用。

(3) 文物和地下障碍物涉及的费用。

在施工中发现古墓、遗址等文物及化石或其他有考古研究价值的物品时，承包人应立即保护好现场并于 4 小时内以书面形式通知工程师，工程师应于收到书面通知后 24 小时内报告当地文物管理部门，承发包双方按文物管理部门的要求采取妥善保护措施。发包人承担由此发生的费用，延误的工期相应顺延。

如施工中发现古墓、古建筑遗址等文物及化石或其他有考古、地质研究价值的物品，隐瞒不报致使文物遭受破坏的，责任人依法承担相应责任。

施工中发现影响施工的地下障碍物时，承包人应于 8 小时内以书面形式通知工程师，同时提出处置方案，工程师收到处置方案后 8 小时内予以认可或提出修正方案。发包人承担由此发生的费用，延误的工期相应顺延。

5. 工程竣工结算

(1) 竣工结算的含义及要求。工程竣工结算是指施工企业按照合同规定的内容和要求全部完成所承包的工程，经验收质量合格，向发包单位进行的最终工程价款清算的文件。施工合同示范文本规定如下。

① 工程竣工验收报告经发包方认可后 28 天内，承包方向发包方递交竣工结算报告及完整的结算资料，按合同约定的结算价款及调整内容，进行工程竣工结算。

② 发包方收到竣工结算报告及结算资料后 28 天内给予确认或者提出修改意见，确认后向承包方支付竣工结算价款。承包方收到竣工结算价款后 14 天内将竣工工程交付发包方。

③ 发包方收到竣工结算报告后 28 天内无正当理由不支付竣工结算价款，承包方可以催告发包方支付结算价款，且从第 29 天起按承包方同期向银行贷款利率支付拖欠工程价款的利息。自发包方收到竣工结算报告后 56 天内仍不支付的，承包方可以与发包方协议将该工程折价，或由承包方申请人民法院将该工程依法拍卖，承包方优先受偿拍卖的价款或折价款。

④ 工程竣工验收报告经发包方认可后 28 天内，承包方未能向发包方递交竣工结算报告，造成工程竣工结算不能正常进行或竣工结算价款不能及时支付，发包方要求交付工程的，承包方应当交付；发包方不要求交付工程的，承包方承担保管责任。

(2) 竣工结算工程款的计算公式。办理工程价款竣工结算的一般公式为

竣工结算工程款=合同价款+合同价款调整额-预付及已结算工程款-保修金

(3) 竣工结算的审查。认真审查竣工结算是建设单位及审计部门等在竣工阶段控制工程费用的一项重要工作。经审查核定的工程竣工结算是核定建设工程造价的依据,也是建设项目验收后编制竣工决算和核定新增固定资产价值的依据。一般从以下几方面入手:核对质量验收合格证书;明确结算要求;检查隐蔽验收记录;核对设计变更签证;按图核实工程量;认真核实单价;核实结算子目及计算结果。

(4) 竣工结算示例。

【例7-4】 某工程承包合同总额为600万元,主材费占合同总额的62.5%,预付备料款额度为25%,当未完工程尚需的主材费相等于预付款数额时起扣,从每次中间结算工程价款中,按材料费比重抵扣工程价款。保留金为合同总额的5%。实际施工中因设计变更和现场签证发生了60万元合同调增额,在竣工结算时支付。各月实际完成合同价值如表7-9所示。试计算各月工程款结算额及竣工价款结算额。

表7-9 实际完成合同价值 单位:万元

月份	1月	2月	3月	4月	5月
工作量	80	120	180	180	40

【解】 ① 预付备料款=600×25%=150(万元)。

② 求预付备料款的起扣点。

当累计完成合同价值=600-150/62.5%=360(万元)时,开始扣预付款。

③ 1月完成合同价值80万元,结算80万元。

④ 2月完成合同价值120万元,结算120万元,累计结算工程款200万元。

⑤ 3月完成合同价值180万元,到3月份累计完成合同价值380万元,超过了预付备料款的起扣点。

3月份应扣预付款=(380-360)×62.5%=12.5(万元)

3月份结算工程款=180-12.5=167.5(万元),累计结算工程款367.5万元。

⑥ 4月份完成合同价值180万元,应扣预付款=180×62.5%=112.5(万元)。

4月份结算工程款=180-112.5=67.5(万元),累计结算工程款435(万元)。

⑦ 5月份完成合同价值40万元,应扣预付款=40×62.5%=25(万元)。

5月份本应扣保留金,但例中有足够的合同调增价可用来支付,故可以不扣保留金。如果变更发生时,在当月进度款中已支付过合同调增价,则仍应在最后一月进度款中预扣保留金。5月份结算=40-25=15(万元),累计结算450万元,加上预付款后已支付总价款600万元。

⑧ 保留金数额=(600+60)×5%=33(万元)。

⑨ 竣工结算价款=合同总价-已支付价款-保留金=660-600-33=27(万元)。

6. 工程价款的动态结算

由于工程建设周期较长,人工、材料等价格经常会发生较大变化,为准确反映工程实际耗费，维护双方正当权益，可对工程价款进行动态结算。常用的动态结算方法如下。

(1) 按实际价格结算法。这种方法是按主要材料的实际价格对原合同价进行调整，承包商可凭发票实报实销。这种方法优点是简便具体，但建设单位承担过大风险，为了避免副作用，造价管理部门要定期公布最高结算限价，同时合同文件中应规定建设单位有权要求承包商选择更廉价的供应来源。

(2) 按主材计算价差。发包人在招标文件中列出需要调整价差的主要材料及其基期价格(一般采用当时当地造价管理机构公布的信息价或结算价)，竣工结算时按当时当地造价管理机构公布的材料信息价或结算价，与招标文件中列出的基期价比较计算材料差价。

(3) 主料按量计算价差，其他材料按系数计算价差。主要材料按施工图计算的用量和竣工当月当地造价管理机构公布的材料结算价与基价对比计算差价。其他材料按当地造价管理机构公布的竣工调价系数计算差价。

(4) 竣工调价系数法。

按工程造价管理机构公布的竣工调价系数及调价计算方法计算差价。

(5) 调值公式法(又称动态结算公式法)。根据国际惯例，对建设工程已完成投资费用的结算，一般采用此法。建安工程费用价格调值公式包括固定部分、材料部分和人工部分三项。调值公式为

$$P = P_0 \left(\alpha_0 + \alpha_1 \frac{A}{A_0} + \alpha_2 \frac{B}{B_0} + \alpha_3 \frac{C}{C_0} + \alpha_4 \frac{D}{D_0} + \cdots \right) \tag{7-5}$$

式中：P——调值后合同价款或工程实际结算款；

P_0——合同价款中工程预算进度款；

α_0——固定要素，代表合同支付中不能调整的部分；

α_1、α_2、α_3、α_4……——代表有关成本要素(如：人工、钢筋、水泥、木材、钢构件、沥青制品费用等)在合同总价中所占的比重，其和为1；

A_0、B_0、C_0、D_0……——基准日期与对应的α_1、α_2、α_3、α_4各项费用的基期价格指数或价格；

A、B、C、D……——与特定付款证书有关的期间最后一天的49天前与α_1、α_2、α_3、α_4对应的各成本要素的现行价格指数或价格。

7. 工程变更的控制

1) 工程变更的概念

项目在实施过程中，由于现场施工条件、自然条件、社会环境、材料设备的供应以及施工技术水平等因素的影响，导致设计图纸、工程量、工程进度、工程内容等的变化，这些变化统称为工程变更。工程变更主要有以下内容。

(1) 设计变更。由于提高标准、增加建筑面积、改变结构布局，或发现设计错误等引起设计变更。提出设计变更的主体可为发包人、承包人、设计人、监理工程师等。

(2) 施工条件变更。由于地质条件、现场情况的变化而引起的工程变更。

(3) 进度计划变更。由于某种需求或因素的改变导致进度计划的加快或减缓。

(4) 增减工程项目内容。为完善或调整功能提出新增或减少某些工程项目内容。

2) 工程变更的控制及处理程序

工程变更会导致工程费用和工期的改变，甚至会影响工程质量，建设单位应该严格控制。要建立工程变更的相关制度，尤其是要有严格的工程变更处理程序。

(1) 设计单位提出的工程变更，应编制设计变更文件，报监理工程师审查；建设单位或承包单位提出的变更，先交监理工程师审查，再交原设计单位编制设计变更文件。当工程变更涉及安全、环保，或超过原批准的建设规模时，应按规定经有关部门批准审定。

(2) 监理工程师审查同意后，必须根据实际情况、设计变更文件以及施工合同等其他有关资料，对工程变更的费用和工期做出评估。

(3) 监理工程师应就工程变更费用及工期的评估情况与承包单位和建设单位进行协调。如果双方未能就工程变更费用达成协议时，监理工程师应提出一个暂定价格，作为临时支付工程款的依据，竣工结算时，应以双方达成的协议为依据。

(4) 监理工程师签发工程变更单。工程变更单内容包括变更要求及说明、变更费用和工期等内容，设计变更应附设计变更文件。

(5) 监理工程师根据项目变更单监督承包单位实施。未经监理工程师审查同意而实施的工程变更，不予计量，由此导致的发包人的直接损失，由承包人承担，延误的工期不得顺延。

3) 工程变更价款的确定方法

施工合同示范文本规定如下。

(1) 承包方在工程变更确定后 14 天内，提出变更工程价款的报告，经工程师确认后调整合同价款。合同中已有适用于变更工程的价格，按合同已有的价格计算合同价款；合同中只有类似于变更工程的价格，可以参照类似价格变更合同价款；合同中没有适用或类似于变更工程的价格，由承包方提出适当的变更价格，经工程师确认后执行。

(2) 承包方在确定变更后 14 天内不向工程师提出变更工程价款报告时，视为该项变更不涉及合同价款的变更。

(3) 工程师收到变更工程价款报告之日起 14 天内，应予以确认。工程师无正当理由不确认时，自变更价款报告送达之日起 14 天后变更工程价款报告自动生效。

(4) 工程师不同意承包方提出的变更价款，可以通过有关部门调解，调解不成的，双方可以采用仲裁或向人民法院起诉的方式解决。

8. 工程索赔的控制

1) 工程索赔的概念及特征

工程索赔是指在合同履行过程中，合同当事人一方由于非自身原因而遭受到经济损失或权利损害时，通过一定的合法程序向对方提出经济或时间补偿的要求。

(1) 索赔是双向的，承包人可以向发包人索赔，发包人也可以向承包人索赔。

(2) 索赔的前提条件是由于非己方原因造成的，且实际发生了经济损失或权利损害。

(3) 索赔是一种未经确认的单方行为，它与工程签证不同。签证是双方达成一致的补充协议，可以直接作为工程款结算的依据，而索赔必须通过确认后才能实现。

2) 索赔事件产生的原因

索赔事件产生的主要原因主要有：当事人违约；不可抗力事件；合同缺陷；合同变更；工程师指令；其他原因引起的索赔。

3) 索赔事件的处理原则

索赔是一种正当的权利要求，是合同履行过程中经常发生的正常现象。索赔的性质是一种补偿行为，而不是惩罚行为。实践证明，开展健康的索赔以及正确处理索赔事件具有重要意义。处理索赔事件的原则如下。

(1) 索赔必须以合同为依据。

(2) 必须注意资料的可靠性，缺乏支撑和佐证索赔事件的资料，索赔不能成立。

(3) 及时、合理地处理索赔，防止新的索赔发生。

(4) 加强索赔的前瞻性，有效避免过多索赔事件的发生。

4) 索赔的处理程序及规定

施工合同示范文本中对索赔的程序和时间要求有明确而严格的限定。

(1) 递交索赔意向通知。承包人应在索赔事件发生后的 28 天内向工程师递交索赔意向通知，表明将对此事件提出索赔。如果超出这个期限，工程师和业主有权拒绝承包人的索赔要求。

(2) 递交索赔报告。索赔意向通知提交后的 28 天内，承包人应递交正式的索赔报告。如果索赔事件持续进行时，承包人应当阶段性地提出索赔要求和证据资料，在索赔事件终了后 28 天内，报出最终索赔报告。

(3) 工程师审查索赔报告。工程师在收到承包人送交的索赔报告和有关资料后，于 28 天内给予答复，或要求承包人进一步补充索赔理由和证据。工程师在 28 天内未予答复或未对承包人做进一步要求，视为该项索赔已经认可。

(4) 工程师与承包人协商补偿办法，做出索赔处理决定。协商无果，工程师有权确定一个他认为合理的价格作为最终处理意见报请业主批准并通知承包人。

(5) 发包人审查工程师的索赔处理报告，决定是否批准工程师的处理意见。索赔报告经业主批准后工程师即可签发有关证书。

(6) 承包商决定是否接受最终索赔处理。如果承包商接受最终的索赔处理决定，索赔事件的处理即告结束。如果承包商不同意，就会导致合同争议，可进一步通过协商、仲裁或诉讼解决。

承包人未能按合同履行自己的义务给发包人造成损失的，发包人也可按上述时限向承包人提出索赔。

5) 索赔费用的组成

不同的索赔事件可索赔的费用不同，施工单位提出索赔的费用一般包括以下几方面。

(1) 人工费。索赔费用中的人工费是指完成合同计划以外的额外工作所花的人工费用；

由于非承包商责任的劳动效率降低所增加的人工费用；超过法定工作时间加班劳动，以及法定人工费的增长等。

(2) 材料费。材料费的索赔包括由于索赔事件导致材料实际用量超过计划用量和材料价格大幅度上涨。为了证明材料单价的上涨，承包商应提供可靠的订货单、采购单或官方公布的材料价格调整指数。

(3) 施工机械费。由于索赔事件导致施工机械额外工作、工效降低而增加的机械使用费、机械窝工费及机械台班单价上涨费等。

(4) 工地管理费。索赔款中的工地管理费，是指承包商完成额外工程以及工期延长期间的现场管理费用。

(5) 总部管理费。总部管理费是指由于索赔事件使施工企业为此而多支付的对该工程进行指导和管理的费用。

(6) 利息。利息索赔通常包括：延时付款的利息；增加施工成本的利息；索赔款的利息；错误扣款的利息等。

(7) 分包费。由于发包人的原因而使得工程费用增加时，分包人可以提出索赔，但分包人的索赔应如数列入总包人的索赔款总额以内。

(8) 保险费。由于发包人原因工程延期的保险费。

(9) 保函手续费。由于发包人原因工程延期的保函手续费。

(10) 利润。一般来说，由于工程范围的变更、业主未能提供现场等引起的索赔，承包商可以列入利润。而延误工期的索赔，由于利润包括在每项工程的价格之内，工程暂停并未导致利润减少。所以，工程师很难同意在工程暂停的费用索赔中加进利润损失。

6) 索赔费用的计算方法

索赔费用的计算方法通常有实际费用法、总费用法和修正总费用法。

(1) 实际费用法。实际费用法是以承包商为某项索赔工作所支付的实际开支为根据，向业主要求费用补偿，是工程索赔计算时最常用的一种方法。

由于实际费用法所依据的是实际发生的成本记录，所以，在施工过程中，系统而准确地积累记录资料是非常重要的。

(2) 总费用法。总费用法是当发生多次索赔事件以后，重新计算出该工程项目的实际总费用，再从这个实际总费用中减去投标报价时的预算总费用，即为要求补偿的索赔费用。

索赔费用=实际总费用-投标报价预算费用

在实际索赔工作中，总费用法采用不多。因为实际发生的总费用中，可能包括了由于承包商原因而增加的费用，且投标报价的预算费用因竞争中标而过低，会使索赔费用增加。

(3) 修正总费用法。修正总费用法是在总费用计算的基础上，只计算受影响的某项工作所受的损失，并按受影响工作的实际单价重新核算投标报价费用。修正总费用法计算索赔金额的公式如下：

索赔金额=某项工作调整后的实际总费用-该项工作的报价费用

修正总费用法较总费用法有了实质性的改进，它的准确程度已接近于实际费用法。

7) 索赔案例分析

【例 7-5】某工程于当年(基准年)3 月 1 日开工,第 2 年 3 月 12 日竣工验收合格。该工程供热系统于第 4 年 7 月(保修期已过)出现部分管道漏水,业主检查发现原施工单位所用管材与其向监理工程师报验的不符,全部更换这批供热管道需人民币 30 万元,并造成该工程部分项目停产损失人民币 20 万元。试分析业主可向承包商和监理单位提出哪些索赔要求?

【解】(1) 要求施工单位全部返工更换厂房供热管道。因为管道漏水是由于施工单位使用不合格管材造成的,应负责返工、修理,该工程不受保修期的限制。

(2) 要求施工单位赔偿停产损失计人民币 20 万元。按现行法律,工程质量不合格造成的损失应由责任方赔偿。

(3) 要求监理公司对全部返工工程免费监理。因为依据现行法律法规,监理单位对施工单位的责任引起的损失不负连带赔偿责任,但应承担失职责任。

【例 7-6】某综合楼工程项目合同价为 5000 万元,该工程签订的合同为可调值合同。合同报价日期为某年 3 月,合同工期为 12 个月,每季度结算一次。工程开工日期为当年 4 月 1 日。施工单位当年第四季度完成产值是 1000 万元。工程人工费、材料费构成比例以及相关季度造价指数如表 7-10 所示。

表 7-10 人工费、材料费当年相关季度造价指数

项 目	人工费	材 料 费						不可调值费用
		钢材	水泥	集料	砖	砂	木材	
比例/%	28	18	13	7	9	4	6	15
第一季度造价指数	100	100.8	102	93.6	100.2	95.4	93.4	—
第四季度造价指数	116.8	100.6	110.5	95.6	98.9	93.7	95.5	—

在施工过程中,发生如下几个事件。

事件 1:当年 4 月,在基础开挖过程中,个别部位实际土质与给定地质资料不符造成施工费用增加 2 万元,相应工序持续时间增加了 4 天。

事件 2:当年 5 月施工单位为了保证施工质量,扩大基础底面,开挖量增加导致费用增加 3 万元,相应工序持续时间增加了 3 天。

事件 3:当年 7 月份,在主体砌筑工程中,因施工图设计有误,实际工程量增加导致费用增加 5 万元,相应工序持续时间增加了 2 天。

事件 4:当年 8 月份,进入雨季施工,恰逢 30 年一遇的大雨,造成停工损失 5 万元,工期增加了 4 天。

以上事件中,除第 4 项外,其余工序均未发生在关键线路上,并对总工期无影响。针对上述事件,施工单位提出增加合同工期 13 天和增加费用 15 万元的索赔要求。

问:① 施工单位对施工过程中发生的以上事件可否索赔?为什么?

② 计算监理工程师当年第四季度应确定的工程结算款额。

③ 如果在工程保修期间发生了由施工单位原因引起的屋顶漏水、墙面剥落等问题,

业主在多次催促施工单位修理而施工单位一再拖延的情况下,另请其他施工单位维修,所发生的维修费用该如何处理?

【解】① 事件 1 费用索赔成立,因为业主提供的地质资料与实际情况不符是承包商不可预见的;工期不予延长,因为事件发生在非关键线路上。

事件 2 费用索赔和工期索赔均不成立,该工作属于承包商采取的质量保证措施。

事件 3 费用索赔成立,因为设计方案有误;工期不予延长,事件发生在非关键线路上。

事件 4 费用索赔不成立,因为异常气候条件的变化承包商不应得到费用补偿;工期可以延长,因为事件发生在关键线路上,且是非承包商原因引起的。

② 当年第四季度监理工程师应批准的结算款额为

$P=1000×(0.15+0.28×116.8/100.0+0.18×100.6/100.8+0.13×110.5/102.0+$
   $0.07×95.6/93.6+ 0.09×98.9/100.2+0.04×93.7/95.4+0.06×95.5/93.4)$
   $=1000×1.058=1058(万元)$

③ 所发生的维修费应从乙方保修金中扣除。

7.2 施工单位的工程成本管理与控制

7.2.1 施工项目成本管理的概念及内容

1. 工程成本及其构成

工程成本是施工企业在建筑安装工程施工过程中为生产产品而发生的各种生产费用支出,包括物化劳动的耗费和活劳动中必要劳动的耗费,前者是指工程耗用的各种生产资料的价值,后者是指支付给劳动者的报酬。

按照制造成本法,工程成本是指企业的生产制造成本,包括人工费、材料费、机械使用费、措施费等。企业管理费和财务费用则作为期间费用核算,不列入工程成本。

2. 施工项目成本管理的概念

施工项目成本管理是指施工企业在项目施工过程中,对所发生的成本支出,系统地进行预测、计划、控制、核算、考核、分析等一系列工作的总称。施工项目成本管理可以促进企业改善经营管理水平,合理补偿施工耗费,保证企业再生产的顺利进行。

3. 施工项目成本管理的内容

施工项目成本管理的具体工作内容包括:成本预测、成本计划、成本控制、成本核算、成本分析和成本考核等。

施工项目成本管理系统中每一个环节都是相互联系和相互作用的:成本预测是成本决策的前提;成本计划是成本决策目标的具体化;成本控制是成本计划实施的监督;成本分

析和成本核算又是成本计划是否实现的最后检验，它所提供的成本信息对下一个施工项目成本预测和决策提供基础资料；成本考核是实现成本目标责任制的保证和实现决策目标的重要手段。

7.2.2 施工项目成本预测

施工项目成本预测方法较多，常用的有时间序列预测法、回归预测法、成本因素预测法等。

1. 时间序列预测法

1) 移动平均法

所谓移动平均，就是指从时间序列的第一项数值开始，按一定项数求序列平均数，逐项移动，边移动边平均。这样，就可以得出一个由移动平均数构成的新的时间序列。移动平均法可分为简单移动平均法、加权移动平均法和二次移动平均法等。

(1) 简单移动平均法，又叫一次移动平均法，是在算术平均数的基础上，通过逐项分段移动，求得下一期的预测值。其基本公式为

$$M_t = \frac{Y_{t-1} + Y_{t-2} + \cdots + Y_{t-n}}{n} \tag{7-6}$$

式中：M_t——第 $t-1$ 期的一次移动平均值，即代表第 t 期的预测值；

　　　Y_t——各期的实际数值；

　　　n——移动平均分段数据的项数，根据经验确定。

(2) 加权移动平均法，是在计算移动平均数时，并不同等对待各时间序列的数据，而是给近期的数据以较大的比重，从而使预测值更接近于实际。其计算公式为

$$M_t = \frac{a_1 Y_{t-1} + a_2 Y_{t-2} + \cdots + a_n Y_{t-n}}{n} \tag{7-7}$$

式中：a_i——加权系数，其他符号含义同上式。

2) 指数平滑法

指数平滑法也叫指数修正法，是移动平均法的改进形式。指数平滑法又分为一次指数平滑法、二次指数平滑法和三次指数平滑法。一次指数平滑法的基本公式为

$$S_t = aY_t + (1-a)S_{t-n} \tag{7-8}$$

式中：S_t——第 t 期的一次指数平滑值，也就是第 $t+1$ 期的预测值；

　　　Y_t——第 t 期的实际观察值；

　　　a——加权系数。

【例 7-7】某公司砖混结构单位成本历年统计数据如表 7-11 所示，试分别应用简单移动平均法、加权移动平均法和指数平滑法预测第 7 年此类结构的单位成本。

【解】计算过程和结果如表 7-11 所示。

表 7-11 某公司砖混结构单位成本的历年统计数据及预测结果

年次	平均单位面积成本 /(元/ m²)	简单移动平均值 n=3	加权移动平均值 n=3, a_1=0.3 a_2=0.6, a_3=2.1	指数平滑值 n=3, a=0.9
1	300			S_t取 300
2	320			300
3	380			318
4	420	333	312	374
5	450	373	342	416
6	500	416	395	447
7		456	434	495

2. 回归预测法

回归分析是根据已知的历史统计数据资料，研究测定客观现象的两个或两个以上变量之间的一般关系，寻求其发展变化的规律性所使用的一种数学方法。利用回归分析法进行预测，称为回归预测。常用的回归预测法有一元回归预测和多元回归预测。这里仅介绍一元线性回归预测法和指数曲线回归法。

1) 一元线性回归法

一元线性回归的基本公式为

$$Y = a + bX \tag{7-9}$$

其中，$a = \dfrac{\sum Y_i - b\sum X_i}{N} = \overline{Y_i} - b\overline{X_i}$，$b = \dfrac{\sum X_i Y_i - \overline{X_i}\sum Y_i}{\sum X_i^2 - \overline{X_i}\sum X_i}$

式中：X_i——自变量的历史数据；

Y_i——相应的因变量的历史数据；

N——所采用的历史数据的组数；

$\overline{X_i}$——自变量的平均值；

$\overline{Y_i}$——因变量的平均值。

【例 7-8】某公司欲投标承建某教学楼工程，主体是砖混结构，建筑面积为 3200m²。在投标之前，公司收集总结的近期砖混工程的成本资料如表 7-12 所示。试用一元线性回归法对该教学楼项目进行施工成本的预测和分析。

【解】以建筑面积为自变量，实际总成本为因变量，计算 $X_i \cdot Y_i$ 和 X_i^2，如表 7-12 所示。

表 7-12 某公司近期砖混工程成本资料及回归预测

工程名称	建筑面积 X_i / m²	实际总成本 Y_i /万元	$X_i \cdot Y_i$	X_i^2
A1	2000	200	400 000	4 000 000
A2	3500	300	1 050 000	12 250 000
A3	4000	350	1 400 000	16 000 000

续表

工程名称	建筑面积 X_i / m²	实际总成本 Y_i /万元	$X_i \cdot Y_i$	X_i^2
A4	3000	250	750 000	9 000 000
A5	4500	400	1 800 000	20 250 000
A6	5000	450	2 250 000	25 000 000
$\sum$	22000	1950	7 650 000	86 500 000

根据表 7-12，利用回归系数计算公式，可得

$$b = \frac{\sum X_i Y_i - \overline{X_i} \sum Y_i}{\sum X_i^2 - \overline{X_i} \sum X_i} = \frac{7\,650\,000 - 22\,000 \div 6 \times 1950}{86\,500\,000 - 22\,000 \div 6 \times 22\,000} = 0.086$$

$$a = \frac{\sum Y_i - b\sum X_i}{N} = \frac{1950 - 0.086 \times 22\,000}{6} = 9.67$$

则，回归预测模型为：$Y = 0.086X + 9.67$

该工程的预测成本为：$Y = 0.086 \times 3200 + 9.67 = 284.87(万元)$

2) 指数曲线回归法

指数曲线回归法模型为

$$y = ax^b$$

其中，

$$b = \lg c / \lg 2$$

式中：a，b——回归系数；

c——物价上涨的速度；

x——时间序列数；

y——预测值。

对指数回归模型两边取对数，得

$$\lg y = \lg a + b\lg x$$

令 $Y = \lg y$，$X = \lg x$，$A = \lg a$，可得 $y = A + bx$，化为线形回归法。

3. 成本因素预测法

通过对计划期内影响成本变化的因素进行分析，参照最近已完工类似工程的施工成本，预测对象工程的成本，下面举例说明。

1) 近期类似施工项目的成本调查

某公司在某地区承建了一项 H 工程，总建筑面积 10 000m²，欲预测其成本。经调查，该公司在该地区最近期类似工程施工成本为 550 元/ m²。

2) 结构和建筑上的差异修正

对象工程差异修正成本=参照工程成本+差异部分的量×(对象工程该部分成本-参照工程该部分成本)÷对象工程建筑面积

如 H 工程采用的是铝合金窗，面积为 1300 m²，铝合金窗成本为 400 元/m²，原住宅楼工程采用的是木窗，木窗成本为 200 元/ m²。差异修正如下。

H 工程修正的单位成本=550+1300×(400−200)÷10 000=576(元/ m²)

3) 影响工程成本因素分析

在工程施工过程中，影响工程成本的主要因素可以概括为：材料消耗定额增加或降低；物价上涨或下降；劳动力工资的增长；劳动生产率的变化；其他费用的变化。各因素对成本影响程度的计算公式如下。

(1) 材料价格变化引起的成本变化率=材料费占成本比例×材料价格变化率

(2) 消耗定额变化引起的成本变化率=材料费等占成本比例×消耗定额变化率

(3) 劳动力工资变化引起的成本变化率=人工费占成本比例×平均工资增长率

(4) 其他因素对成本影响程度的计算公式与此相类似。

以 H 工程为例，假设 H 工程材料费占成本比例 60%，材料价格上涨 10%；人工费占成本比例 15%，平均工资增长 20%。

材料价格变化引起的成本变化率=60%×10%=6%。

劳动力工资变化引起的成本变化率=15%×20%=3%。

4) 计算预测成本

对象工程预测成本=对象工程差异修正成本×$\sum$(1+因素对成本的影响程度)

如 H 工程的预测成本=576×(1+6%+3%)=627.84(元/m^2)。

7.2.3 施工项目成本计划

1. 施工项目成本计划的概念及意义

施工项目成本计划是在成本预测的基础上，以货币形式编制的施工项目从开工到竣工计划支出的施工费用，是指导施工项目降低成本的技术经济文件，是施工项目目标成本的具体化。施工项目成本计划工作是成本管理的一个重要环节，是企业生产经营计划工作的重要组成部分，是对生产耗费进行分析和考核的重要依据，是挖掘降低成本潜力的有效手段，也是检验施工企业技术水平和管理水平的重要手段。

2. 施工项目成本计划的编制方法

1) 施工预算法

根据施工图纸中的实物工程量和施工消耗定额，计算工料消耗量，进行工料汇总，再乘以相应的工料单价用货币形式反映其施工生产耗费水平。即用施工预算确定计划成本，再结合技术节约措施计划，以进一步降低施工生产耗费水平。用公式来表示为

计划成本=施工预算成本-技术组织措施节约额

2) 定额估算法

在企业定额比较完备的情况下，通常以施工图预算与施工预算对比的差额，并考虑技术组织措施带来的节约来估算计划成本的降低额，其公式为

计划成本=施工预算成本-(两算对比定额差+技术组织措施计划节约额)

3) 成本习性法

成本习性法是将成本分成固定成本和变动成本两类，以此作为计划成本。

施工项目计划成本=项目变动成本总额+项目固定成本总额

4) 按实计算法

按实计算法是以项目施工图预算的工料分析资料为依据，根据施工项目经理部执行施工定额的实际水平，由项目经理部有关职能部门归口计算人工费、材料费、机械费以及其他各项费用的计划成本。

3. 量本利分析法在施工项目成本计划编制中的应用

量本利分析，全称为产量成本利润分析，又称盈亏平衡分析，用于施工项目成本管理中，可以分析项目的工程量、成本及合同价格之间的相互关系，预测项目的利润水平，为项目成本计划和成本决策提供依据。量本利分析的核心是盈亏平衡点的分析。

盈亏平衡点是指企业的销售收入等于总成本，即利润为零时的销售量。以盈亏平衡点为界限，销售收入高于此点企业盈利，反之企业亏损。因此，盈亏平衡点越低，实现盈利的可能性越大。其基本公式为

$$E = (p - b)x - a \tag{7-10}$$

式中：E——利润；

p——销售单价；

b——单位变动成本；

a——固定成本；

x——产量。

企业的产量处在盈亏平衡点时，企业的利润为零，即企业不亏不盈，如图 7-2 所示。

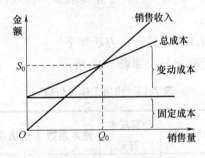

图 7-2 盈亏平衡分析图

【例 7-9】根据某企业统计资料，承建一栋普通住宅楼工程的单位面积平均变动成本 400 元/m²，固定成本 20 万元，单位面积合同价 600 元，试确定拟投标工程的建筑面积不得低于多少？若某工程建筑面积为 1500 m²，试确定承建该工程的预期利润。

【解】施工项目保本建筑面积为

$$x_0 = \frac{a}{p-b} = \frac{200\,000}{600-400} = 1000 (\text{m}^2)$$

施工项目建筑面积为 1500m² 时的预期利润为

$$E = (p-b)x - a = (600-400) \times 1500 - 200\,000 = 10(万元)$$

7.2.4 施工项目成本控制

1. 施工项目成本控制的概念及依据

施工项目成本控制的核心是对施工过程和成本计划进行实时监控，严格审查各项费用支出是否符合标准，计算实际成本和计划成本之间的差异并进行分析。施工项目成本控制的依据有：工程承包合同、施工成本计划、进度报告、工程变更、施工组织设计等。

2. 施工项目成本控制的方法

施工成本控制的方法很多，主要有偏差分析法和价值工程法。

1) 偏差分析法

在施工成本控制中，把施工成本的实际值与计划值的差异叫作施工成本偏差，即

$$施工成本偏差=已完工程计划成本-已完工程实际成本$$

结果为负表示成本超支，结果为正表示成本节约。但需注意，进度偏差对成本偏差的分析结果有重要影响，必须应用挣值法将成本偏差和进度偏差综合考虑，见后述。

2) 价值工程法

为了节省施工成本，施工企业可以应用价值工程进行成本控制，具体方法已如前述，下面举例说明其应用。

【例 7-10】某企业承建了某写字楼工程，预算成本为 1 亿元，该工程划分为基础工程、地下结构工程、主体结构工程、装饰工程。企业要求该工程项目经理部降低成本 8%。试用价值工程确定成本降低目标。

【解】用价值工程确定成本降低目标，方法如下。

(1) 对各分部工程进行功能评分，如表 7-13 所示。

表 7-13　价值工程分析表

分部工程	功能评分	功能系数	预算成本/万元	成本系数	价值系数	目标成本/万元	成本降低额/万元
地基处理工程	6	0.06	500	0.05	1.20	552	-52
地下结构工程	9	0.09	1000	0.10	0.90	828	172
主体结构工程	42	0.42	4000	0.40	1.05	3864	136
装饰装修工程	43	0.43	4500	0.45	0.956	3956	544
合　　计	100	1.00	10000	1.00		9200	800

(2) 根据施工图预算确定各主要分部工程的预算成本，如表 7-13 所示。
(3) 计算分部工程的功能评价系数、成本系数和价值系数，如表 7-13 所示。
(4) 用价值工程求出降低成本的工程对象和目标。

企业要求的成本降低率为 8%，即目标成本为 10000×(1-8%)=9200(万元)。按功能评价系数进行分配，如地基处理工程目标成本为 9200×0.06=552(万元)，成本降低额为

500-552=-52(万元)，其他项目依次类推，如表 7-13 所示。

根据价值工程原理，价值系数小于 1 的项目，应该在功能水平不变的条件下降低成本，或在成本水平不变的条件下提高功能；价值系数大于 1 的项目，如果是重要的功能，应该增加成本投入，如果该项功能不重要，可不做改变。从表 7-13 中成本降低额和价值系数可见，降低成本潜力最大的是装饰装修工程，其次是地下结构和主体结构工程，地基处理工程预算成本低于目标成本，可考虑不用降低成本。

7.2.5 施工项目成本核算

1. 工程成本核算的含义

核算意为查对与确定，施工项目成本核算包括两层含义：一是按照规定的成本开支范围对施工费用进行归集，确定施工费用的实际发生额，即按照成本项目归集企业在施工生产经营过程中所发生的应计入成本核算对象的各项费用；二是根据成本核算对象，采用适当的方法，计算出该施工项目的总成本和单位成本。施工项目成本核算所提供的各种成本信息，是成本分析和成本考核的依据。因此，加强施工项目成本核算工作，对降低施工项目成本、提高企业的经济效益有积极的作用。

2. 工程成本核算对象

工程成本核算对象是指施工企业在进行产品成本核算时，用来归集和分配建筑产品生产成本的工程对象。工程成本核算对象的确定方法主要有以下几种：以单项施工承包合同作为施工工程成本核算对象；对合同分立以确定施工工程成本核算对象；对合同合并以确定施工工程成本核算对象。

3. 工程成本核算的基本要求

(1) 严格遵守国家规定的成本、费用开支范围。

成本、费用开支范围是指国家对企业发生的各项支出，允许其在成本、费用中列支的范围。按照企业财务制度的规定，下列支出不得列入产品成本。

① 资本性支出。如企业为购置和建造固定资产、无形资产和其他长期资产而发生的支出，这些支出效益涵盖若干个会计年度，在财务上不能一次列入产品成本，只能按期逐月摊入成本、费用。

② 投资性支出。如施工企业对外投资的支出以及分配给投资者的利润支出。

③ 期间费用支出。如施工企业的管理费用和财务费用。这些费用与施工生产活动没有直接的联系，发生后直接计入当期损益。

④ 营业外支出。如施工企业固定资产盘亏；处置固定资产、无形资产的净损失；债务重组损失；计提的无形资产、固定资产及在建工程的减值准备；罚款支出；非常损失等。这些支出与施工企业施工生产经营活动没有直接关系，应冲减本年利润。

⑤ 在公积金、公益金中开支的支出。

⑥ 其他不应列入产品成本的支出。如施工企业被没收的财物，支付的滞纳金、赔偿金，以及赞助、捐赠等支出。

(2) 加强成本核算的各项基础工作。

施工成本核算基础工作主要包括：建立健全原始记录制度，建立健全各项财产物资的收发、领退、清查和盘点制度，制定或修订企业定额，划清有关费用开支的界限。

(3) 加强费用开支的审核和控制。

施工企业要由专人负责，依据有关法律法规及企业内部的定额标准等，对施工生产经营过程中发生的各项耗费进行及时的审核和控制，以监督检查各项费用是否应该开支，是否应该计入施工成本或期间费用，以节约消耗，降低费用，确保成本目标的实现。

(4) 建立工程项目台账。

由于施工项目具有规模大、工期长等特点，工程施工有关总账、明细账无法反映各工程项目的综合信息，为了对各工程项目的基本情况做到心中有数，便于及时向企业决策部门提供所需信息，同时为有关管理部门提供所需要的资料，施工企业还应按单项施工承包合同建立工程项目台账。

4. 工程成本核算的程序

工程成本核算程序是指企业在具体组织工程成本核算时应遵循的步骤与顺序。按照核算内容的详细程度，工程成本核算程序主要分为两大步骤。

1) 工程成本的总分类核算

施工企业对施工过程中发生的各项工程成本，应先按其用途和发生的地点进行归集。其中直接费用可以直接计入受益的各个工程成本核算对象的成本中；间接费用则需要先按照发生地点进行归集，然后再按照一定的方法分配计入受益的各个工程成本核算对象的成本中，并在此基础上，计算当期已完工程或已竣工工程的实际成本。

2) 工程成本的明细分类核算

为了详细地反映工程成本在各个成本核算对象之间进行分配和汇总的情况，以便计算各项工程的实际成本，施工企业除了进行工程成本的总分类核算以外，还应设置各种施工生产费用明细账，组织工程成本的明细分类核算。施工企业一般应按工程成本核算对象设置工程成本明细账，用来归集各项工程所发生的施工费用。此外，还应按部门以及成本核算对象或费用项目分别设置辅助生产明细账、机械作业明细账、待摊费用明细账、预提费用明细账和间接费用明细账等，以便于归集和分配各项施工生产费用。

7.2.6 施工项目成本分析

施工项目成本分析是在成本形成的过程中，对施工项目成本进行的对比评价和总结工作。主要利用施工项目的成本核算资料，与计划成本、预算成本以及类似项目的实际成本等进行比较，了解成本的变动情况，分析主要技术经济指标对成本的影响，系统地研究成本变动的因素，检查成本计划的合理性，深入揭示成本变动的规律，寻找降低施工项目成本的途径，以便有效地进行成本控制。

1. 施工成本分析的依据

施工成本分析主要是根据会计核算、业务核算和统计核算提供的资料进行。

1) 会计核算

会计核算主要是价值核算，会计是对一定单位的经济业务进行计量、记录、分析和检查，做出预测，实行监督，旨在实现最优经济效益的管理活动。它通过记账、填审凭证、成本计算和编制会计报表等方法，记录企业生产经营活动，并提出一些综合性经济指标，如企业资产、负债、所有者权益、营业收入、成本、利润等会计指标。由于会计核算记录具有连续性、系统性、综合性等特点，所以它是施工成本分析的重要依据。

2) 业务核算

业务核算是各业务部门根据业务工作的需要而建立的核算制度，它包括原始记录和计算登记表，如工程进度登记、质量登记、工效登记、物资消耗记录、测试记录等。它的特点是对经济业务进行单项核算，只是记载单一的事项，最多略有整理或稍加归类，不求提供综合性指标。业务核算的范围比会计和统计核算要广，但核算范围不固定，方法也很灵活。业务核算的目的，在于迅速取得资料，在经济活动中及时采取措施进行调整。

3) 统计核算

统计核算是利用会计核算资料和业务核算资料，把企业生产经营活动客观现状的大量数据，按统计方法加以系统整理，表明其规律性。它的计量尺度比会计宽，可以用货币计算，也可以用实物或劳动量计量。它通过全面调查和抽样调查等特有的方法，不仅能提供绝对数指标，还能提供相对数和平均数指标，可以计算当前的实际水平，确定变动速度，可以预测发展的趋势。统计除了主要研究大量的经济现象以外，也很重视个别先进事例与典型事例的研究。

2. 施工成本分析的基本方法

施工成本分析的基本方法包括比较法、因素分析法、差额计算法、比率法等。

1) 比较法

比较法又称指标对比分析法，是指通过技术经济指标的对比，检查目标的完成情况，分析产生差异的原因，进而挖掘内部潜力的方法。这种方法，具有通俗易懂、简单易行、便于掌握的特点，因而得到了广泛的应用，但在应用时必须注意各技术经济指标的可比性。比较法的应用，通常有：实际指标与目标指标对比；本期实际指标与上期实际指标对比；与同行业平均水平、先进水平对比。

【例 7-11】某项目当年节约"三材"的目标为 20 万元，实际节约 22 万元，上年节约 19 万元，本企业先进水平节约 23 万元。

试将当年实际数与当年目标数、上年实际数、企业先进水平对比。

【解】具体计算过程如表 7-14 所示，结果表明：实际数比目标数和上年实际数均有所增加，但是本企业比先进水平还少 1 万元，尚有潜力可挖。

表 7-14 成本分析比较表　　　　　　　　　　　　　　　　单位：万元

指标	本年目标数	上年实际数	企业先进水平	本年实际数	差异数		
					与目标比	与上年比	与先进比
"三材"节约额	20	19	23	22	+2	+3	-1

2) 因素分析法

因素分析法又称连锁置换法或连环代替法。这种方法可用来分析各种因素对成本的影响程度。在进行分析时，首先要假定众多因素中的一个因素发生了变化，而其他因素则不变，然后逐个替换，分别比较其计算结果，并确定各个因素的变化对成本的影响程度。

因素分析法的计算步骤如下。

(1) 确定分析对象，计算出实际数与目标数的差异。

(2) 确定该指标是由哪几个因素组成的，并按其相互关系进行排序。排序规则是：先实物量，后价值量；先绝对值，后相对值。

(3) 以目标数为基础，将各因素的目标数相乘，作为分析替代的基数。

(4) 将各个因素的实际数按排列顺序进行替换计算，并将替换后的实际数保留下来。

(5) 将每次替换计算所得的结果，与前一次的计算结果相比较，两者的差异即为该因素对成本的影响程度。

【例 7-12】某基础结构混凝土工程，目标成本为 364 000 元，实际成本为 383 760 元，成本增加 19 760 元，资料如表 7-15 所示。用因素分析法分析成本增加的原因。

表 7-15 商品混凝土目标成本与实际成本对比表

项 目	单 位	计 划	实 际	差 额
产量	m³	500	520	+20
单价	元	700	720	+20
损耗率	%	4	2.5	-1.5
成本	元	364 000	383 760	+19 760

【解】(1) 分析对象是浇筑基础结构混凝土的成本，实际成本与目标成本的差额为 19 760 元。该指标是由产量、单价、损耗率三个因素组成的，其排序如表 7-16 所示。

(2) 以目标数 500×700×1.04=364 000(元)为分析替代的基础。

第一次替代产量因素：以 520 替代 500，520×700×1.04=378 560(元)。

第二次替代单价因素：以 720 替代 700，并保留上次替代后的值，520×720×1.04=389 376(元)；

第三次替代损耗率因素：以 1.025 替代 1.04，并保留上两次替代后的值，520×720×1.025=383 760(元)。

(3) 计算差额。

第一次替代与目标数的差额=378 560-364 000=14 560(元)；

第二次替代与第一次替代的差额=389 376-378 560=10 816(元)；

第三次替代与第二次替代的差额=383 760-389 376=-5616(元)。

(4) 产量增加使成本增加了 14 560 元，单价提高使成本增加了 10 816 元，而损耗率下降使成本减少了 5616 元。

(5) 各因素的影响程度之和=14 560+10 816-5616=19 760(元)，与实际成本与目标成本的总差额相等。

为简便起见，可运用因素分析表来进行成本分析，其具体形式如表 7-16 所示。

表 7-16 商品混凝土成本变动因素分析表

	连环替代计算	差异/元	因素分析
目标数	500×700×1.04		
第一次替代	520×700×1.04	14 560	由于产量增加 20m³ 成本增加 14 560 元
第二次替代	520×720×1.04	10 816	由于单价提高 20 元成本增加 10 816 元
第三次替代	520×720×1.025	-5616	由于损耗率下降 1.5%，成本减少 5616 元
合计		19 760	

3) 差额计算法

差额计算法是因素分析法的一种简化形式，它利用各个因素的目标值与实际值的差额来计算其对成本的影响程度。举例说明如下。

【例 7-13】某施工项目某月的实际成本降低额比目标数提高了 2.4 万元，如表 7-17 所示。试用差额分析法分析成本降低额超过目标数的原因，以及成本降低率对成本降低额的影响程度。

表 7-17 差额分析法分析表

项 目	计划降低	实际降低	差 异
预算成本/万元	300	320	+20
成个降低率/%	4	4.5	+0.5
成本降低额/万元	12	14.40	+2.40

【解】成本增加对成本降低额的影响程度：(320-300)×4%=0.80(万元)。

成本降低率提高对成本降低额的影响程度：(4.5%-4%)×320=1.60(万元)。

以上合计：0.80+1.60=2.40(万元)。其中成本降低率的提高是主要原因，根据有关资料可进一步分析成本降低率提高的原因。

4) 比率法

比率法是指用两个以上指标的比例进行分析的方法。它的基本特点是：先把对比分析的数值变成相对数，再观察其相互之间的关系。常用的比率法有以下几种。

(1) 相关比率法。相关比率法是指由于项目经济活动的各个方面是相互联系，相互依存，又相互影响的，因而可以将两个性质不同而又相关的指标加以对比，求出比率，并以此来考察经营成果的好坏。例如：产值和工资是两个不同的概念，但它们的关系又是投入与产出的关系。在一般情况下，都希望以最少的工资支出完成最大的产值。因此，用产值工资率指标来考核人工费的支出水平，就很能说明问题。

(2) 构成比率法。构成比率法又称比重分析法或结构对比分析法。通过构成比率，可以考察成本总量的构成情况及各成本项目占成本总量的比重，同时也可看出预算成本、实际成本和降低成本的比例关系，从而为寻求降低成本的途径指明方向。构成比率法样式如表 7-18 所示。

表 7-18 构成比率法样表

成本项目	预算成本		实际成本		降低成本		
	金额	比重	金额	比重	金额	占本项/%	占总量/%
1.人工费							
2.材料费							
3.机械使用费							
…							

(3) 动态比率法。动态比率法就是将同类指标不同时期的数值进行对比，求出比率，以分析该项指标的发展方向和发展速度。动态比率的计算，通常采用基期指数和环比指数两种方法。动态比率法样式如表 7-19 所示。

表 7-19 动态比率法样表

指　　标	第一季度	第二季度	第三季度	第四季度
降低成本/万元	45.60	47.80	52.50	64.30
基期指数/%(第一季度=100)		104.82	115.13	141.01
环比指数/%(上一季度=100)		104.82	109.83	122.48

7.2.7 施工项目成本考核

1. 施工项目成本考核的概念

所谓成本考核，就是指施工项目完成后，对施工项目成本形成中的各责任者，按施工项目成本目标责任制的有关规定，将成本的实际指标与计划指标进行对比和考核，评定施工项目成本计划的完成情况和各责任者的业绩，并以此给予相应的奖励和处罚。

施工项目成本考核的目的，在于贯彻落实责权利相结合的原则，促进成本管理工作的健康发展，更好地完成施工项目的成本目标。

2. 施工项目成本考核的内容

(1) 施工项目成本考核按时间可分为月度考核、阶段考核和竣工考核三种。

(2) 施工项目的成本考核按考核对象，可以分为两个层次；一是企业对项目经理的考核；二是项目经理对所属部门、施工队组的考核。

3. 施工项目成本考核的实施方法

(1) 施工项目成本考核可采取评分制。
(2) 施工项目的成本考核要与相关指标的完成情况相结合。
(3) 施工项目的成本考核应奖罚分明。

7.3 工程项目费用控制的挣值法

7.3.1 挣值法的产生背景

项目费用控制过程中，仅仅依靠计划费用与实际费用的偏差无法判断费用是否超支或有节余，如某项工程计划第一个月完成 100 万元的工作量，监测结果表明第一个月实际完成了 108 万元的工作量。这种情况有可能是进度正常，费用超支了 8 万元；也有可能是费用支出正常，进度提前超额完成了 8 万元的工作量；或是更为复杂的其他情况。因此，有必要研究费用偏差和进度偏差之间的关系，需引入费用/进度综合度量指标，此即为挣值法。挣值法也称赢得值法，是一种能全面衡量工程费用/进度整体状况的偏差分析方法。1967 年美国国防部针对大型合同的管理，正式采用了赢得值的概念，提出了一套成本/进度控制系统标准，这些标准被称为 C/SCSC 或 CS 标准。

挣值法的实质是进度偏差用费用来表示的一种项目费用监控方法。挣值法既可应用于承包商的成本控制，也可应用于业主的费用控制。

7.3.2 挣值法的基本理论

1. 挣值的概念及挣值法的三个基本参数

挣值法主要运用三个基本费用参数进行分析，它们都是时间的函数，这三个参数分别是已完工程预算费用、拟完工程预算费用和已完工程实际费用。

(1) 已完工程预算费用 BCWP。已完工程预算费用(Budgeted Cost for Work Performed)是指在某一时间已经完成的工程，以批准认可的预算单价为标准所需要的资金总额。由于业主正是根据这个值为承包商完成的工程量支付相应的费用，也就是承包商获得(挣得)的金额，故称赢得值或挣得值(Earned Value)。

$$BCWP=实际已完成工程量×预算单价$$

(2) 拟完工程预算费用 BCWS。拟完工程预算费用(Budgeted Cost for Work Scheduled)也称计划完成工作预算费用，是指在某一时刻计划应当完成的工程，以预算单价为标准所需要的资金总额。一般来说，除非合同有变更，BCWS 在工作实施过程中应保持不变。

$$BCWS=计划完成工程量×预算单价$$

(3) 已完工程实际费用 ACWP。已完工程实际费用(Actual Cost for Work Performed) 是

指在某一时刻已经完成的工程实际所花费的资金总额。

$$ACWP=实际已完成工程量×实际单价$$

2. 挣值法的四个评价指标

在这三个费用参数的基础上,可以确定挣值法的四个评价指标。

(1) 费用偏差 CV(Cost Variance)。

$$CV=BCWP-ACWP \tag{7-11}$$

当 CV<0 时,表示项目运行的实际费用超出预算费用;当 CV>0 时,表示项目实际运行费用节约;当 CV=0 时,实际费用与预算费用一致。

(2) 进度偏差 SV(Schedule Variance)。

$$SV=BCWP-BCWS \tag{7-12}$$

当 SV<0 时,表示进度延误,即实际进度落后于计划进度;当 SV>0 时,表示实际进度提前;当 SV=0 时,实际进度与计划进度一致。

(3) 费用绩效指数 CPI(Cost Performed Index)。

$$CPI=BCWP/ACWP \tag{7-13}$$

当 CPI<1 时,表示实际费用高于预算费用;当 CPI>1 时,表示实际费用低于预算费用;当 CPI=1 时,实际费用与预算费用一致。

(4) 进度绩效指数 SPI(Schedule Performed Index)。

$$SPI=BCWP/BCWS \tag{7-14}$$

当 SPI<1 时,表示实际进度比计划进度拖后;当 SPI>1 时,表示实际进度比计划进度提前;当 SPI=1 时,实际进度与计划进度一致。

【例 7-14】假设某项目预算费用 300 万元,工期 6 个月,每月计划支出 50 万元,第三个月检查计划时,累计应完工程预算费用 150 万元,累计已完工程预算费用 100 万元,累计已完工程实际费用 130 万元,如表 7-20 所示。

表 7-20 某项目费用完成情况 单位:万元

费用项目	第1月	第2月	第3月	第4月	第5月	第6月
BCWS	50	50	50	50	50	50
BCWP	40	30	30			
ACWP	50	40	40			

到第 3 个月末累计工程进展状况为

$$CV=\sum_{i=1}^{3}(BCWP_i-ACWP_i)=100-130=-30,费用超支 30 万元。$$

$$SV=\sum_{i=1}^{3}(BCWP_i-BCWS_i)=100-150=-50,进度拖后的工作量为 50 万元。$$

$$CPI=\sum_{i=1}^{3}(BCWP_i/ACWP_i)=100/130=0.77,表明费用超支,实际支出费用应降低到 77\%$$

才可与计划保持一致。

$$SPI = \sum_{i=1}^{3}(BCWP_i/BCWS_i) = 100/150 = 0.67$$，表明进度拖后，实际进度只相当于计划进度的 67%。

3. 预测项目完工时的总费用

预计完工时的总费用 EAC(Estimate At Completion)是指在检查时刻估算的项目全部工作完成时所需的总费用。

EAC 的计算是以项目的实际执行情况为基础，再加上项目未完工程的费用预测。在不同的情况下，对未完工程的费用预测不同，因此 EAC 的计算方法也不同。最常见的 EAC 计算有以下几种。

(1) 未完工程按目前效率进行。

EAC=累计已完工程实际费用+未完工程按目前效率进行时的费用估算，即

$$EAC = \sum_{i=1}^{t}ACWP_i + n\left(\sum_{j=1}^{n}BCWS_j - \sum_{i=1}^{t}BCWP_i\right)/CPI \tag{7-15}$$

式中，t——检查时刻；

n——总工期

在例 7-14 中，预计完工时的总费用为：EAC=130+(300-100)/0.77=389.74(万元)，即项目完工时总费用会超支 89.74 万元。

(2) 未完工程按原计划效率进行。

EAC=累计已完工程实际费用+未完工程预算费用

即假定剩余的未完工程完全按计划进行，剩余费用不超支。

$$EAC = \sum_{i=1}^{t}ACWP_i + \left(\sum_{j=1}^{n}BCWS_j - \sum_{i=1}^{t}BCWP_i\right) \tag{7-18}$$

在例 7-14 中，预计完工时的总费用为

EAC=130+(300-100)=330(万元)，即项目完工时总费用会超支 30 万元。

(3) 重估未完工程所需费用。

当目前的项目执行情况表明先前的费用估算有根本缺陷或由于条件改变而不再适用新的情况时，需要对所有未完工作重新估算费用，可以使用该方法。

EAC=累计已完工程实际费用+未完工程所需费用的重新估算额

4. 偏差百分比分析

设 SPCI 表示进度偏差百分比，CPCI 表示费用偏差百分比，则

$$SPCI = \sum_{i=1}^{t}BCWP_i / \sum_{j=1}^{n}BCWS_j \tag{7-17}$$

$$CPCI = \sum_{i=1}^{t}ACWP_i / \sum_{j=1}^{n}BCWS_j \tag{7-18}$$

在例 7-14 中，进度偏差百分比和费用偏差百分比分别为

SPCI=100/300=33%

$$CPCI = 130/300 = 43\%$$

说明费用已累计支出了预算费用的 43%，而工作量只完成了计划的 33%，即实际工作进度只是计划进度的 33%。

7.3.3 挣值法应用示例

【例 7-15】某施工单位按合同工期要求编制了混凝土结构工程施工进度时标网络计划，如图 7-3 所示，并经专业监理工程师审核批准。

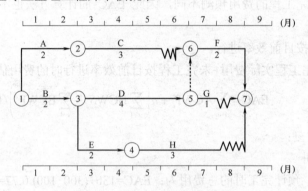

图 7-3 施工进度时标网络计划

该工程于某年 1 月开始正式施工，各项工作均按最早开始时间安排，且各工作每月所完成的工程量相等。各工作的计划工程量和实际工程量如表 7-21 所示。工作 D、E、F 的实际工作持续时间与计划工作持续时间相同。

表 7-21 计划工程量和实际工程量表　　　　　　　　　　　　　单位：m^3

工作	A	B	C	D	E	F	G	H
计划工作量	8600	9000	5400	10000	5200	6200	1000	3600
实际工程量	8600	9000	5400	9200	5000	5800	1000	5000

施工合同约定，混凝土结构工程综合单价为 1000 元/m^3，按月结算。结算价按项目所在地混凝土结构工程价格指数进行调整，项目实施期间各月的混凝土结构工程价格指数如表 7-22 所示。以合同签订之日作为基期，价格指数为 100。

表 7-22 混凝土工程价格指数

时间	基期	1 月	2 月	3 月	4 月	5 月	6 月	7 月	8 月	9 月
价格指数/%	100	115	105	110	115	110	110	120	110	110

施工期间，由于建设单位原因使工作 H 的开始时间比计划的开始时间推迟 1 个月，并由于工作 H 工程量的增加使该工作的工作持续时间延长了 1 个月。

问题：(1) 请计算每月和累计拟完工程计划投资，并简要写出其步骤。

(2) 计算工作 H 各月的已完工程计划投资和已完工程实际投资。

(3) 计算混凝土结构工程已完工程计划投资和已完工程实际投资。

(4) 列式计算 8 月末的投资偏差和进度偏差。

【解】(1) 将各工作计划工程量与单价相乘后，除以该工作持续时间，得到各工作每月拟完工程计划投资额；再将各工作分别按月纵向汇总得到每月拟完工程计划投资额；然后逐月累加得到各月累计拟完工程计划投资额。结果如表 7-23 所示。

(2) H 工作 6—9 月份每月完成工程量为 5000÷4=1250(m^3/月)。

H 工作 6—9 月已完工程计划投资均为 1250×1000=125(万元)。

H 工作 6—9 月已完工程实际投资如下。

6 月份，125×110%=137.5(万元)。

7 月份，125×120%=150.5(万元)。

8 月份，125×110%=137.5(万元)。

9 月份，125×110%=137.5(万元)。

(3) 混凝土结构工程已完工程计划投资和已完工程实际投资计算结果如表 7-23 所示。

表 7-23　混凝土结构工程投资完成状况表

项 目	投资数据								
	1	2	3	4	5	6	7	8	9
每月拟完工程计划投资/万元	880	880	690	690	550	370	530	310	
累计拟完工程计划投资/万元	880	1760	2450	3140	3690	4060	4590	4900	
每月已完工程计划投资/万元	880	880	660	660	4109	355	515	415	125
累计已完工程计划投资/万元	880	1760	2420	3080	3490	3845	4360	4775	4900
每月已完工程实际投资/万元	1012	924	726	759	451	390.5	618	456.5	137.5
累计已完工程实际投资/万元	1012	1936	2662	3421	3872	4262.5	4880.5	5337	5474.5

(4) 计算 8 月末的投资偏差和进度偏差如下：

$$CV = \sum_{i=1}^{8}(BCWP_i - ACWP_i) = 4775 - 5337 = -562$$，费用超支 562 万元。

$$SV = \sum_{i=1}^{8}(BCWP_i - BCWS_i) = 4775 - 4900 = -125$$，进度拖后 125 万元的工作量。

复 习 题

一、单项选择题(每题备选项中，只有一个最符合题意)

1. 价值工程中价值的含义是产品的(　　)。

A. 使用价值
B. 交换价值
C. 效用价值
D. 一定功能与获得这种功能所支出的费用之比

2. 限额设计是按照批准的( )进行初步设计,按照初步设计概算进行施工图设计。
A. 投资估算额
B. 初步设计概算额
C. 施工图预算额
D. 各专业限额分配

3. 在竣工验收报告经发包人认可后( )内,承包人向发包人递交竣工结算报告及完整的结算资料,双方按照协议书约定的合同价款及合同价款调整内容,进行工程竣工结算。
A. 48 小时　　B. 7 天　　C. 14 天　　D. 28 天

4. 某工程合同价为 500 万元,合同价的 60%为可调部分。可调部分中,人工费占 35%,材料费占 55%,其余占 10%。结算时,人工费价格指数增长 10%,材料费价格指数增长了 20%,其余未发生变化,按调值公式法计算,该工程的结算工程价款为( )万元。
A. 610.00　　B. 543.50　　C. 511.25　　D. 500.09

5. 下列( )情况可以索赔利润。
A. 由于工程范围变更引起的索赔
B. 由于工程师原因导致机械停工的索赔
C. 各种工程延误的索赔
D. 非承包商责任导致功效降低而增加的索赔

6. 以承包商为某项索赔工作的实际开支为依据,向业主要求费用补偿的方法,称为( )。
A. 总费用法　　B. 实际费用法　　C. 修正总费用法　　D. 修正实际费用法

7. 在施工成本管理中,( )是指按照计算规定开支范围对施工费用进行归集,并根据成本核算对象,计算出总成本和单位成本。
A. 成本预测　　B. 成本核算　　C. 成本计划　　D. 成本考核

8. 施工成本控制要以( )为依据,围绕降低工程成本目标,从预算收入和实际成本两方面,努力挖掘增收节支潜力,以求获得最大的经济效益。
A. 进度偏差　　B. 施工计划　　C. 施工成本核算　　D. 工程承包合同

9. 挣值法或赢得值法中的挣值是指( )。
A. BCWP　　B. ACWP　　C. BCWS　　D. ACWS

10. 挣值法中,当 BCWP-BCWS<0 时,表示( )。
A. 进度延误　　B. 费用节约　　C. 费用超支　　D. 进度提前

二、多项选择题(每题备选项中,至少有两个符合题意,多选或错选不得分)

1. 提高产品价值有( )等途径。
A. 提高功能,降低成本
B. 成本不变,提高功能
C. 功能和成本同时提高
D. 保持功能不变,降低成本
E. 成本稍有增加,功能大幅提高

2. 限额设计的不足表现在（　　）。
   A. 不能达到主动控制投资的目的　　B. 可控制投资，难以提高设计质量
   C. 突出地强调了设计限额的重要性　D. 忽视了项目功能与成本的匹配性
   E. 限额设计中存在忽视项目全寿命费用的现象
3. 目前，我国工程价格计价方法中采用较多的是（　　）。
   A. 工料单价法　　　　B. 综合单价法　　　　C. 总价法
   D. 动态调价法　　　　E. 成本加酬金法
4. 处理施工索赔事件的原则为（　　）。
   A. 必须以合同为依据　　　　B. 注意资料的可靠性
   C. 加强索赔的前瞻性　　　　D. 必须待工程竣工后处理
   E. 及时合理地处理索赔
5. 索赔费用的计算方法包括（　　）。
   A. 总费用法　　　　B. 实际费用法　　　　C. 调值公式法
   D. 直接费用法　　　E. 修正总费用法
6. 建安工程价款的动态结算方法有（　　）。
   A. 竣工结算法　　　B. 竣工调价系数法　　C. 分次结算法
   D. 动态结算公式法　E. 实际价格结算法
7. 施工成本分析就是根据（　　）提供的资料，对施工成本的形成过程和影响成本升降的因素进行分析，以寻求进一步降低成本的途径。
   A. 会计核算　　　　B. 基本核算　　　　　C. 产量核算
   D. 业务核算　　　　E. 统计核算
8. 挣值法主要运用（　　）参数综合分析进度偏差和费用偏差。
   A. BCWP　　B. ACWP　　C. BCWS　　D. CV　　E. SV
9. 某工程进行偏差分析后，ACWP>BCWP，BCWS<BCWP，则表示（　　）。
   A. 成本超支　　　　B. 成本节约　　　　　C. 进度提前
   D. 进度拖后　　　　E. 无偏差
10. 施工成本分析的基本方法包括（　　）等。
    A. 比较法　　　　　B. 因素分析法　　　　C. 差额计算法
    D. 比率法　　　　　E. 环比指数法

三、案例分析题

【案例一】某业主与承包商签订了某建筑安装工程施工总承包合同，合同总价为2000万元。工期为1年，主要材料及构件费比重占60%；承包合同规定如下。

(1) 业主向承包商支付当年合同价25%的工程预付款，预付款从未施工工程尚需的主要材料及构配件价值相当于工程预付款时起扣，每月以抵充工程款的方式陆续收回。

(2) 工程质量保修金为合同总价的3%，业主每月从承包商的工程款中按3%的比例扣

留。在保修期满后，保修金及其利息扣除已支出费用后的剩余部分退还给承包商。

(3) 除设计变更和其他不可抗力因素外，合同总价不做调整。

(4) 由业主直接提供的材料和设备应在发生当月的工程款中扣回其费用。

承包商各月完成的建安工作量以及业主直接提供的材料、设备价值如表7-24所示。

表7-24 建安工作量及业主直供材料设备价值 单位：万元

月份	1—6月	7月	8月	9月	10月	11月	12月
计划完成建安工作量	900	200	200	200	190	190	120
实际完成建安工作量	900	180	220	205	195	180	120
业主直供材料设备价值	90	35	24	10	20	10	5

问题：

(1) 计算工程预付款的额度。

(2) 计算工程预付款的起扣点。

(3) 工程师各月应签证的工程款是多少？应签发付款凭证金额是多少？

【案例二】业主与承包商签订的施工合同中含两个子项工程，估算工程量甲项为 $2300m^3$，乙项为 $3200m^3$，经协商合同单价甲项为 180 元$/m^3$，乙项为 160 元$/m^3$。承包合同规定如下：

(1) 开工前业主应向承包商支付合同价款 20%的预付款。

(2) 业主自第一个月起，从承包商的工程款中，按5%的比例扣留质量保证金。

(3) 当子项工程实际工程量超过估算工程量10%时，可调整单价，调整系数为0.9。

(4) 根据市场情况规定价格调整系数平均按1.2计算。

(5) 监理工程师签发月度付款最低金额为25万元。

(6) 预付款在最后两个月扣除，每月扣50%。

承包商每月实际完成并经监理工程师签证确认的工程量如表7-25所示。

表7-25 承包商每月完成的工程量 单位：m^3

月份	1月	2月	3月	4月
子项工程甲	500	800	800	600
子项工程乙	700	900	800	600

问题：

(1) 预付款是多少？

(2) 每月工程量价款、工程师应签证及实际签发的付款金额是多少？

【案例三】某工程施工总承包单位经业主同意，与A单位签订了安装工程分包合同，施工过程中发生了如下事件。

事件1：基础工程完成后，业主要求修改设计，授权项目监理机构总承包单位协商变更单价，总监理工程师决定以双方提出的变更单价的均值作为最终的结算单价。

事件2：监理机构认为A分包单位不能胜任变更后的安装工程，要求更换分包单位，由此造成分包单位 A 退场损失费 5 万元。

事件 3：工程竣工后，业主未按约定结清工程款，尚欠施工总承包单位 1000 万元，其中工程款 900 万元，利息 70 万元，业主违约金 30 万元。在催促无果情况下，业主向法院提起申诉，但在申诉其间，业主将本工程抵押给了银行。

问题：

(1) 协商变更单价过程中项目监理机构做法的不妥之处及理由。
(2) 监理能否要求更换分包单位？分包单位的退场损失费如何处理？
(3) 施工单位能如何行使工程款优先受偿权？受偿款数额？

第 8 章 工程项目质量管理

【学习要点及目标】

- 了解工程项目质量的特征、质量控制的基本原理、质量控制的主体和责任。
- 掌握工程项目施工阶段质量控制的主要内容。
- 掌握工程项目质量控制的统计分析方法。

【核心概念】

工程质量、质量控制、验收、检验批、主控项目、一般项目、观感质量等。

8.1 质量管理概述

8.1.1 质量和工程质量

1. 质量

国际标准化组织制定的 ISO9000 标准中质量的定义是：一组固有特性满足要求的程度。

(1) 质量不仅是指产品质量，也可以是某项活动或过程的工作质量。

(2) 特性是指可区分的性质。特性可以是固有的或赋予的，也可以是定性或定量的。

(3) 满足要求就是应满足明示的(如合同、规范、图纸中明确规定的)或隐含的(如一般习惯)或必须履行的(如法律、法规、行业规则)的需要和期望。

(4) 顾客和其他相关方对产品、过程或体系的质量要求是动态的、发展和相对的。

2. 工程项目质量

工程项目质量简称工程质量。工程质量是满足业主需要的，符合国家法律、法规、技术规范标准、设计文件及合同规定的特性综合。

建设工程质量的特性主要表现在以下六个方面。

(1) 适用性。即功能，是指工程满足使用目的的各种性能。

(2) 耐久性。即寿命，是指工程在特定的条件下，满足规定功能要求使用的年限，也就是工程竣工后的合理使用寿命周期。

(3) 安全性。指工程建设及使用过程中保证结构安全，保证人身和环境免受危害的程度。安全是质量的本质要求。

(4) 可靠性。是指工程在规定的时间和规定的条件下完成规定功能的能力。

(5) 经济性。指工程整个产品寿命周期的成本和消耗的费用。

(6) 与环境的协调性。是指工程与其周围生态环境协调，与所在地区经济环境协调以及与周围已建工程相协调，以适应可持续发展的要求。

这六个方面的质量特性彼此之间是相互依存的，都是必须达到的基本要求，缺一不可。但是对于不同门类的工程，如工业建筑、民用建筑、公共建筑、住宅建筑、道路建筑、可根据其所处的特定地域环境条件、技术经济条件的差异，有不同的侧重面。

3. 影响工程质量的因素

影响工程质量的因素很多，归纳起来主要有：人(Man)、材料(Material)、机械(Machine)、方法(Method)和环境(Environment)，简称为 4M1E 因素。

(1) 人员素质。人是生产经营活动的主体，也是工程项目建设的决策者、管理者、操作者，工程建设的全过程，都是通过人来完成的。所以，人员素质是影响工程质量的一个重要因素。

(2) 工程材料。工程材料泛指构成工程实体的各类建筑材料、构配件、半成品等，它是工程建设的物质条件，是工程质量的基础。

(3) 机械设备。机械设备可分为两类：一是指组成工程实体及配套的工艺设备和各类机具；二是指施工过程中使用的各类机具设备。它们或者构成了工程实体，或者是施工生产的手段，直接影响工程使用功能和质量。

(4) 工艺方法。施工中，施工方案是否合理，施工工艺是否先进，施工操作是否正确，都将对工程质量产生重大的影响。

(5) 环境条件。环境条件是指对工程质量特性起重要作用的环境因素，包括工程技术环境，如工程地质、水文、气象等；工程作业环境，如施工作业面大小、防护设施、通风照明和通信条件等；工程管理环境，如组织体制及管理制度等；周边环境，如工程邻近的地下管线、构筑物等。环境条件往往对工程质量产生特定的影响。

4. 工程质量的特点

建设工程生产特点决定了工程质量特点。

(1) 影响因素多。建设工程生产受到多种因素的影响，如决策、设计、材料、机具设备、施工方法、施工工艺、技术措施、人员素质、工期、费用等，这些因素直接或间接地影响工程项目质量。

(2) 质量波动大。由于建筑产品的单件性，流动性，不像一般工业产品的生产那样，有固定的生产流水线，有规范化的生产工艺和完善的检测技术、有成套的生产设备和稳定的生产环境，所以工程质量容易产生波动且波动大。

(3) 质量隐蔽性。建设工程在施工过程中分项工程交接多、中间产品多、隐蔽工程多，因此质量存在隐蔽性。

(4) 终检的局限性。工程项目建成后不可能像一般工业产品那样将产品拆卸、解体来检查其内在的质量，或对不合格零部件可以更换，工程项目的终检(竣工验收)无法进行工程内在质量的检验，发现隐蔽的质量缺陷。

(5) 评价方法的特殊性。工程质量的检查评定及验收是按检验批、分项工程、分部工程、单位工程进行的。工程质量是在施工单位按合格质量标准自行检查评定的基础上，组织有关单位、人员确认验收。这种评价方法体现了"验评分离、强化验收、完善手段、过程控制"的思想。

8.1.2 工程项目质量控制的概念及原则

1. 工程项目质量控制的概念

ISO9000 中，质量控制指致力于满足质量要求的活动，是质量管理的组成部分。

工程项目质量控制是指为了保证工程质量满足工程合同、规范标准所采取的一系列措施、方法和手段。工程质量要求主要表现为工程合同、设计文件、技术规范标准规定的质量标准。

2. 工程项目质量控制的原则

建设项目的各参与方在工程质量控制中，应遵循以下几条原则：坚持质量第一的原则；坚持以人为核心的原则；坚持以预防为主的原则；坚持质量标准的原则；坚持科学、公正、守法的职业道德规范。

8.1.3 工程项目质量控制的基本原理

1. PDCA 循环原理

(1) 计划 P(Plan)：可以理解为质量计划阶段，明确目标并制订实现目标的行动方案。

(2) 实施 D(Do)：包含两个环节，即计划行动方案的交底和按计划规定的方法与要求展开工程作业技术活动。

(3) 检查 C(Check)：是指对计划实施过程进行各种检查，包括作业者的自检，互检和专职管理者专检。

(4) 处置 A(Action)：对于质量检查所发现的质量问题或质量不合格，及时进行原因分析，采取必要的措施，予以纠正，保持质量形成的受控状态。

2. 三阶段控制原理

三阶段控制即通常所说的事前控制、事中控制和事后控制。

(1) 事前控制：要求预先制订周密的质量计划和质量预控对策。

(2) 事中控制：事中控制虽然包含自控和监控两大环节，但其关键还是增强质量意识，发挥操作者自我约束自我控制，即坚持质量标准是根本的，监控或他人控制是必要的补充，没有前者或用后者取代前者都是不正确的。

(3) 事后控制：包括对质量活动结果的评价和对质量偏差的纠正。

3. 三全控制原理

三全管理是来自全面质量管理 TQC 的思想，同时包容在质量体系标准中。它指生产企业的质量管理应该是全面、全过程和全员参与的活动。

(1) 全面质量控制：其核心思想是一切活动都围绕着工程产品的质量来进行，首先包括工程质量和工作质量的控制，其次包括影响工程质量的人、机、材、工艺、方法、环境等的全部因素控制，也包括全面运用一切有效方法进行质量控制，还包括工程建设活动全体参与单位以及每一企业各部门都要参与质量管理工作。

(2) 全过程质量控制：指从工程建设的投资决策、勘察设计、建筑施工、竣工验收直至使用阶段，重视各个阶段的质量监督与控制，才能保证工程项目质量的全面实现。

(3) 全员参与控制：其含义是工程建设每一相关单位的内部，无论是管理者还是作业者都不同程度地、直接或间接地影响工程质量，都承担着相应的质量职能。因此，必须把企业所有人员的积极性和创造性充分调动起来，不断提高人员的质量意识和素质，人人关心质量，人人做好本职工作，才能生产出满足要求的工程产品。

8.1.4 工程项目质量控制的主体及责任

1. 工程项目质量控制的主体

工程项目质量控制的目标，是使项目的适用性、安全性、耐久性、可靠性、经济性及与环境的协调性等方面满足业主方的需要，并符合国家法律、行政法规和技术标准、规范的要求。工程项目质量涵盖了设计质量、材料质量、设备质量、施工质量和环境质量等，涉及建设、勘察、设计、施工、监理、材料设备供应等单位，这些单位的合同地位、工作内容不同，其质量控制的责任与义务不同。

2. 工程项目质量控制的责任和义务

(1) 建设单位的质量责任和义务。

建设单位必须按国家有关法律法规和合同约定履行自己的义务。应当依法对工程项目的勘察、设计、施工、监理以及与工程建设有关的设备、材料采购进行招标。必须向勘察设计、施工、监理等单位提供真实、准确、齐全的原始资料。不得迫使承包方以低于成本的价格竞标，不得任意压缩合理工期。不得违反工程建设强制性标准，降低工程质量。

(2) 勘察设计单位的质量责任和义务。

从事建设工程勘察、设计的单位应当依法取得相应等级的资质证书，在其资质等级许可的范围内承揽工程，并不得转包或者违法分包所承揽的工程。勘察、设计单位必须按照工程建设强制性标准进行勘察、设计，并对其勘察、设计的质量负责。

(3) 施工单位的质量责任和义务。

施工单位应当依法取得相应等级的资质证书，在其资质等级许可的范围内承揽工程，并不得转包或者违法分包工程。施工单位必须按照工程设计要求、施工技术标准和合同约定施工。不得擅自修改工程设计，不得偷工减料。施工单位对工程的施工质量负责。

(4) 工程监理单位的质量责任和义务。

工程监理单位应当依法取得相应等级的资质证书，在其资质等级许可的范围内承担工程监理业务，并不得转让工程监理业务。应当依照法律、法规以及有关技术标准、设计文件和建设工程承包合同，代表建设单位对施工质量实施监理，并对施工质量承担监理责任。

(5) 材料设备供应单位的质量责任和义务。

建筑材料、构配件生产及设备供应单位对其生产或供应的产品质量负责。必须具备相应的生产条件、技术装备和质量保证体系，具备必要的检测人员和设备，把好产品看样、订货、储存、运输和核验的质量关。所供应的建筑材料、构配件及设备质量应当符合国家或行业现行有关技术标准规定的合格标准和设计要求。

8.1.5 质量管理体系标准简介

1987 年 3 月，ISO 正式发布了 ISO9000、ISO9001、ISO9002、ISO9003、ISO9004 五个

标准，在 1994 年、2000 年、2008 年等年度又进行了多次修订。其中，在 2000 年将以前的 ISO9001、ISO9002、ISO9003 合并和修改成为新的 ISO9001，ISO9004 与 ISO9001 进行并列修改，仍沿用 ISO9004 的名字。2000 版 ISO9000 标准由核心标准和其他支持性的标准和文件组成。核心标准有：ISO9000 质量控制体系——基础和术语，ISO9001 质量控制体系——要求，ISO9004 质量控制体系——业绩改进指南，ISO19011 质量控制体系——审核指南；支持性的标准和文件有：测量控制系统，质量计划编制指南，项目管理指南等。目前实行的是 2008 版的 ISO9000 系列标准，与 2000 版相比，标准体系的结构基本没有变化，只是对部分条款的内容进行了一些修改。

我国等同采用了 ISO9000 系列标准，形成了我国的 GB/T19000 系列标准。

8.2 工程项目勘察设计阶段的质量控制

工程勘察是根据建设工程的要求，查明、分析、评价建设场地的地质、地理环境和岩土工程条件，编制工程勘察文件的活动。工程设计是根据建设工程的要求，对建设工程所需的技术、经济、资源、环境等条件进行综合分析、论证、编制工程设计文件的活动。工程勘察设计阶段的质量控制对于工程项目质量起着决定性的作用，勘察设计单位是勘察设计质量的自控主体，政府主管部门、监理单位、建设单位是勘察设计质量的监控主体。

8.2.1 勘察设计质量的概念及控制依据

1. 勘察设计质量的概念

勘察设计质量是指在严格遵守技术标准、法规的基础上，对工程地质条件做出及时、准确的评价，正确处理和协调经济、资源、技术、环境条件的制约，使设计项目能更好地满足业主所需要的功能和使用价值，能充分发挥项目投资的经济效益。

2. 勘察设计质量控制的依据

(1) 有关工程建设及质量管理方面的法律、法规、城市规划、建设工程勘察设计深度要求。铁路、交通、水利等专业建设工程，还应当依据专业规划的要求。

(2) 有关工程建设的质量标准，如勘察和设计的工程建设强制性标准、规范规程、设计参数、定额、指标等。

(3) 项目批准文件，如项目可行性研究报告，项目评估报告及选址报告。

(4) 体现建设单位建设意图的勘察、设计规划大纲、纲要和合同文件。

(5) 反映项目建设过程中和建成后所需要的有关技术、资源、经济、社会协作等方面的协议、数据和资料。

8.2.2 勘察设计单位资质管理及个人职业资格管理

单位资质是指建设行政主管部门对从事建筑活动的人员素质、管理水平、资金数量、业务能力等进行审查，以确定其承担任务的范围，并发给相应的资质证书。

1. 工程勘察单位资质

工程勘察资质分综合类、专业类和劳务类三类。综合类包括工程勘察所有专业，其资质只设甲级；专业类是指岩土工程、水文地质勘查、工程测量等专业中的某一项，专业类资质原则上设甲、乙两个级别；劳务类是指岩土工程治理、工程钻探、凿井等，其资质不分级别。

2. 工程设计单位资质

工程设计资质分为工程设计综合类资质、行业类资质和专项类资质三类。工程设计综合资质只设甲级；工程设计行业资质根据其工程性质划分为煤炭、电力、冶金、建筑等21个行业，设甲、乙、丙三个级别，除建筑、市政等行业设工程设计丙级外，其他行业丙级设置对象为企业内部所属的非独立法人单位；工程设计专项类资质划分为建筑装饰、环境工程、建筑智能化、消防工程、建筑幕墙、轻型房屋钢结构等六个专项，其分级可根据专业发展的需要设置甲、乙、丙或丙以下级别。

3. 勘察设计企业资质及个人职业资格的检查

勘察设计单位资质控制是确保工程质量的关键措施，一般由监理工程师负责核查。

(1) 检查勘察设计单位的资质证书类别和等级与拟建工程的类型、规模、行业特性的要求是否相符，资质证书所规定的有效期是否已过期，其资质年检结论是否合格。

(2) 检查勘察、设计单位的营业执照，重点是有效期和年检情况。

(3) 对参与拟建工程的主要技术人员的执业资格进行检查，包括一级注册建筑师、一级注册结构工程师、注册造价工程师等。

8.2.3 勘察质量控制要点

1. 建设单位选定勘察单位

建设单位应委托具有相应资质等级的工程勘察单位承担勘察业务工作，建设单位原则上应将整个建设工程项目的勘察业务委托给一个勘察单位，也可以根据勘察业务的专业特点和技术要求分别委托几个勘察单位。

2. 勘察工作方案审查和控制

工程勘察单位在实施勘察工作之前，应按照有关规范的规定，结合工程的特点编制勘察工作方案。监理工程师应对勘察工作方案进行认真审查。

3. 勘察现场作业的质量控制

现场作业人员应进行专业培训，持证上岗；原始资料取得的方法、手段及使用的仪器设备应当正确、合理；现场钻探、取样、机具应通过计量认证；原始记录应按要求认真填写清楚，并经有关作业人员检查、签字。

4. 勘察文件的质量控制

勘察单位必须严格认真编写工程勘察成果。

(1) 工程勘察资料、图表、报告等文件要依据工程类别按有关规定执行各级审核、审批程序，并由负责人签字。

(2) 工程勘察成果应齐全、可靠，满足国家有关法规及技术标准和合同规定的要求。

(3) 工程勘察成果必须严格按照质量管理有关程序进行检查和验收，质量合格方能提供使用。

(4) 工程勘察报告中不仅要提出勘察场地的工程地质条件和存在的地质问题，更重要的是结合工程设计、施工条件，以及地基处理的具体要求，提出基础、边坡等工程的设计准则和岩土工程施工的指导性意见，为设计、施工提供依据。

(5) 针对不同的勘察阶段，工程勘察报告的内容和深度应满足勘察任务书和相应设计阶段的要求。

5. 后期服务质量保证

勘察文件交付后，勘察单位应做好施工阶段的勘察配合及验收工作，对施工过程中出现的地质问题要进行跟踪服务。特别是及时参加验槽、基础工程验收和工程竣工验收及与地基基础有关的工程事故处理工作，保证工程建设总体目标得以实现。

6. 勘察技术档案管理

工程项目完成后，勘察单位应将全部资料，分类编目，归档保存。

8.2.4 设计质量控制要点

1. 工程设计质量控制原则

(1) 工程设计应当与社会经济发展水平相适应，做到社会、经济、环境效益相统一。

(2) 工程设计应当按工程建设的基本程序，坚持先勘察，后设计，再施工的原则。

(3) 工程设计应力求做到适用、安全、美观、经济。

(4) 工程设计应符合设计标准、规范的有关规定，计算要准确，文字说明要清楚，图纸要清晰、准确，避免"错、漏、碰、缺"。

2. 设计质量控制内容

(1) 正确贯彻执行国家建设法律法规和各项技术标准。

(2) 保证设计方案的技术经济合理性、先进性和实用性，满足业主提出的各项功能要求，控制工程造价，达到项目技术计划的要求。

(3) 设计文件应符合国家规定的设计深度要求，并注明工程合理使用年限。设计文件中选用的建筑材料、构配件和设备，应当注明规格、型号、性能等技术指标，其质量必须符合国家规定的标准。

(4) 设计图纸必须按规定具有国家批准的出图印章及建筑师、结构工程师的执业印章，并按规定经过有效审图程序。

3. 设计质量控制方法

(1) 根据项目建设要求和有关批文、资料，组织设计招标及设计方案竞赛。通过对设计单位编制的设计大纲或方案竞赛文件的比较，优选设计方案及设计单位。

(2) 对勘察、设计单位的资质业绩进行审查，优选勘察、设计单位，签订勘察设计合同，并在合同中明确有关设计范围、要求、依据及设计文件深度及有效性要求。

(3) 根据建设单位对设计功能、等级等方面的要求，根据国家有关建设法规、标准的要求及建设项目环境条件等方面的情况，控制设计输入，做好建筑设计、专业设计、总体设计等不同工种的协调，保证设计成果的质量。

(4) 控制各阶段的设计深度，并按规定组织设计评审，按法规要求对设计文件进行审批(如对扩初设计、设计概预算、有关专业设计等)，保证各阶段设计符合项目策划阶段提出的质量要求，提交的施工图满足施工的要求，工程造价符合投资计划的要求。

(5) 组织施工图图纸会审，吸取建设单位、施工单位、监理单位等方面对图纸问题提出的意见，以保证施工顺利进行。

(6) 落实设计变更审核，控制设计变更质量，确保设计变更不导致设计质量的下降。并按规定在工程竣工验收阶段，在对全部变更文件、设计图纸校对及施工质量检查的基础上，出具质量检查报告，确认设计质量及工程质量满足设计要求。

4. 施工图审查制度

1) 施工图审查的概念

设计图纸是设计工作的最终成果，又是工程施工的直接依据，所以，设计阶段质量控制的任务，最终还要体现在设计图纸的质量上。根据《房屋建筑和市政基础设施工程施工图设计文件审查管理办法》的规定：国家实施施工图设计文件(含勘察文件)审查制度。

施工图审查，是指施工图审查机构按照有关法律、法规，对施工图涉及公共利益、公众安全和工程建设强制性标准的内容进行的审查。施工图审查应当坚持先勘察、后设计的原则。施工图未经审查合格的，不得使用。按规定应当进行审查的施工图，未经审查合格的，住房和城乡建设主管部门不得颁发施工许可证。从事房屋建筑工程、市政基础设施工程施工、监理等活动，以及实施对房屋建筑和市政基础设施工程质量安全监督管理，应当以审查合格的施工图为依据。

2) 施工图审查的内容

施工图审查的内容主要有：是否符合工程建设强制性标准；地基基础和主体结构的安

全性；是否符合民用建筑节能强制性标准，对执行绿色建筑标准的项目，还应当审查是否符合绿色建筑标准；勘察设计企业和注册执业人员以及相关人员是否按规定在施工图上加盖相应的图章和签字；法律、法规、规章规定必须审查的其他内容。

3) 施工图审查结果的处理

审查机构对施工图进行审查后，应当根据下列情况分别做出处理。

审查合格的，审查机构应当向建设单位出具审查合格书，并在全套施工图上加盖审查专用章。审查合格书应当有各专业的审查人员签字，经法定代表人签发，并加盖审查机构公章。审查机构应当在出具审查合格书后 5 个工作日内，将审查情况报工程所在地县级以上地方人民政府住房和城乡建设主管部门备案。

审查不合格的，审查机构应当将施工图退建设单位并出具审查意见告知书，说明不合格原因。同时，应当将审查意见告知书及审查中发现的建设单位、勘察设计企业和注册执业人员违反法律、法规和工程建设强制性标准的问题，报工程所在地县级以上地方人民政府住房和城乡建设主管部门。

施工图退建设单位后，建设单位应当要求原勘察设计企业进行修改，并将修改后的施工图送原审查机构复审。

任何单位或者个人不得擅自修改审查合格的施工图；确需修改的，凡涉及结构安全性等内容的，建设单位应当将修改后的施工图送原审查机构审查。

8.3 工程项目施工质量控制

8.3.1 施工质量控制概述

1. 施工质量控制的目标

施工质量控制的总体目标是贯彻执行建设工程质量法规和标准，正确配置生产要素和采用科学管理的方法，实现工程项目预期的使用功能和质量标准。不同管理主体的施工质量控制目标如下。

(1) 建设单位的质量控制目标是通过施工过程的全面质量监督管理、协调和决策，保证竣工项目达到投资决策所确定的质量标准。

(2) 设计单位在施工阶段的质量控制目标，是通过设计变更控制及纠正施工中所发现的设计问题等，保证竣工项目的各项施工结果与设计文件所规定的标准相一致。

(3) 施工单位的质量控制目标是通过施工过程的全面质量自控，保证交付满足施工合同及设计文件所规定的质量标准的建设工程产品。

(4) 监理单位在施工阶段的质量控制目标是，通过审核施工质量文件、施工指令和结算支付控制等手段的应用，监控施工承包单位的质量活动行为，正确履行工程质量的监督责任，以保证工程质量达到施工合同和设计文件所规定的质量标准。

2. 施工质量控制的依据

(1) 施工合同文件。施工合同的约定体现了建设单位对工程质量的要求和施工单位的承诺。合同文件明确了发承包双方的权利和义务,是处理施工争议和纠纷的法律依据。

(2) 勘察设计文件。勘察设计文件是工程建设条件、法律法规和建设单位要求的具体性和综合性体现,是施工的最主要标准和依据。

(3) 政府部门颁布的有关质量管理方面的法律法规性文件。这些文件以国家强制力的形式保证了工程建设参与方的行为准则和规范,是工程质量最原则、最根本的要求。

(4) 有关质量检验与控制的专门技术法规性文件。这些标准规范是工程质量控制的专门性和一般性要求。

3. 施工质量控制程序

(1) 确定控制对象,如工序、检验批、分项工程、分部工程质量控制等。
(2) 规定控制标准,即详细说明控制对象应达到的质量要求。
(3) 制定具体的控制方法,如工艺规程、控制用图表等。
(4) 明确所采用的检验方法,包括检验手段。
(5) 实际进行检验。
(6) 分析实测数据与标准之间差异的原因。
(7) 解决差异所采取的措施、方法。

4. 施工质量的自控主体与监控主体

施工单位是施工阶段质量自控主体,其工作质量直接关系到工程产品质量。施工单位必须按照工程设计要求和施工合同的约定,建立健全质量自控体系,贯彻执行有关质量方针和技术标准,落实质量责任制,确保为业主提供质量合格的工程产品。根据有关法律法规,建筑施工企业不能因为监控主体的存在和监控责任的实施而减轻或免除其质量责任。

为了保证项目质量,建设单位、监理单位、设计单位及政府工程质量监督部门是施工质量监控主体,在施工阶段依据相关法律法规和合同约定,对施工单位的质量行为和工程项目质量实施监督控制。

施工质量自控主体和监控主体,在施工阶段应依据国家法律法规及相关合同,履行各自的权利和义务,各负其责、相互协作,最终实现工程项目的质量总目标。

5. 施工质量控制的内容

施工质量控制包括施工准备质量控制、施工过程质量控制和施工验收质量控制三个阶段。施工准备质量控制是指工程项目开工前的全面性施工准备和施工过程中各分部分项工程施工作业准备的质量控制。施工过程的质量控制是指在分部分项工程施工作业过程中,为满足工程质量要求所采取的质量预控、实时监控和质量检验等工作活动。施工验收质量控制是指对已完工程质量验收时的控制,即满足验收条件的工程半成品和工程产品的质量控制。施工质量控制的内容如表 8-1 所示。

表8-1 施工质量控制的阶段划分及内容

施工准备质量控制		从业单位资质核查；施工图纸会审与设计交底；施工组织设计的编制与审批；材料采购及进场的质量控制；现场施工准备的质量控制；施工开工条件质量控制
施工过程质量控制	施工作业质量预控	施工质量计划编审；设置质量控制点；施工作业质量的预控对策；施工技术交底的控制
	施工作业质量实时监控	施工作业条件和施工效果的控制；见证取样及送检工作的控制；见证点的控制；工程变更的控制；监理通知单、工程暂停令、工程复工令的签发；质量记录资料的控制
	施工作业质量检验	基槽基坑检验；隐蔽工程验收；工序交接验收；不合格品的处理；成品保护；质量检验方法与种类
施工质量验收		检验批的验收；分项工程验收；分部工程验收；单位工程验收

8.3.2 施工准备阶段的质量控制

施工准备的基本任务就是为施工项目创造一切必要的施工条件，确保施工生产顺利进行，施工准备工作包括工程开工前的准备和施工过程作业准备。其中，开工前的施工准备内容较多，重点应做好：施工图纸会审与技术交底、施工质量计划的编制与审查、施工质量控制点的设置、材料采购及进场的质量控制、现场施工准备的质量控制等。

1. 监理单位及施工单位资质

1) 监理单位资质

工程监理企业资质分为综合资质、专业资质和事务所三个类别。

综合资质监理企业，指具有五个以上工程类别的专业甲级工程监理资质。综合资质监理企业不分等级，对其业务范围不加限定，可以承担所有专业工程类别建设工程项目的工程监理业务，以及建设工程的项目管理、技术咨询等相关服务。

专业资质监理企业，分为房屋建筑、水利水电、公路、市政公用等14个专业工程类别，除房建、水利等四个专业资质分甲、乙、丙三个级别外，其他诸如化工石油、电力、农林、铁路、航天航空等10个专业工程类别不设丙级资质。专业资质企业可承担相应专业工程类别和级别的工程监理、项目管理、技术咨询等相关服务。

监理事务所，不分等级，可承担三级建设工程项目的工程监理以及相应类别和级别建设工程项目管理、技术咨询等相关服务。

2) 施工单位资质及核查

施工企业按照其承包工程能力，划分为施工总承包、专业承包和劳务分包三大类。

施工总承包企业的资质按专业类别共分为房屋建筑工程、公路工程、铁路工程、港口与航道工程、水利水电工程等12个施工总承包资质类别，每一个资质类别又分成特级、一级、二级、三级。施工总承包企业可以对工程实行施工总承包或者对主体工程实行施工承包，施工总承包企业可以将承包的工程全部自行施工，也可以将非主体工程或者劳务作业分包给具有相应专业承包资质或者劳务分包资质的其他建筑业企业。

专业承包企业资质按专业类别共分为地基与基础工程、土石方工程、建筑装饰工程、建筑幕墙工程、预拌商品混凝土专业、混凝土预制构件专业、建筑防水工程等60个资质类别，每一个资质类别又分为一级、二级、三级。专业承包企业可以承接施工总承包企业分包的专业工程或者建设单位按照规定发包的专业工程。专业承包企业可以对所承接的工程全部自行施工，也可以将劳务作业分包给具有相应劳务分包资质的劳务分包企业。

劳务分包企业，有木工作业、砌筑作业、钢筋作业、架线作业等13个资质类别。根据其专业性质不同，有的类别分成若干级，有的则不分级，如木工、砌筑、钢筋作业劳务分包企业资质分为一级、二级。油漆、架线等作业劳务分包企业则不分级。劳务分包企业可以承接施工总承包企业或者专业承包企业分包的劳务作业。

监理工程师对承包单位资质的审查分两个阶段：招投标阶段和中标后进场阶段。

招投标阶段，主要是根据工程类型、规模和特点，确定参与投标企业的资质等级。对符合投标的企业查对营业执照、企业资质证书、企业年检情况、资质升降级情况等。

中标后进场阶段，主要是对施工企业的质量管理体系进行核查，了解企业贯彻质量、环境、安全认证情况，质量管理机构落实情况。

2. 施工图纸会审与设计交底

1) 图纸会审的概念、目的及内容

图纸会审是指在施工图审查机构对施工图审查合格后，由施工监理单位组织建设单位、施工单位等参建各方，在设计交底前进行全面细致的熟悉和审查施工图纸的活动。

图纸会审的目的：使各参建单位熟悉设计图纸、了解设计意图、解决图纸中存在的问题，减少图纸的差错，将图纸质量隐患消灭在萌芽之中。

图纸会审的内容一般包括：设计图纸与说明是否齐全，有无分期供图的时间表。设计图纸相互间有无矛盾、标注有无遗漏。图中所要求的条件能否满足、材料来源有无保证。地基处理方法是否合理。是否存在不能施工、不便于施工的技术问题，或容易导致质量、安全、工程费用增加等方面的问题。工艺管道、电气线路、设备装置、运输道路与建筑物之间或相互间有无矛盾，布置是否合理。施工安全、环境卫生有无保证。

2) 设计交底的概念、目的及内容

设计交底是指在设计单位交付经审查机构审查合格的设计文件后，按法律规定的义务就工程设计文件的内容向建设单位、施工单位和监理单位做出详细的说明。

设计交底的目的：帮助施工单位和监理单位正确贯彻设计意图；加深对设计文件特点、难点、疑点的理解；掌握关键工程部位的质量要求，以确保工程质量。

设计交底的主要内容一般包括：施工图设计文件总体介绍，设计的意图说明，特殊的工艺要求，建筑、结构、工艺、设备等各专业在施工中的难点、疑点和容易发生的问题说明，以及对施工单位、监理单位、建设单位等对设计图纸疑问的解释等。

3) 设计交底与图纸会审应遵循的原则

设计单位应提交完整的施工图纸，对施工急需的重要专业图纸可提前交底与会审，但在所有成套图纸到齐后需再统一交底与会审。施工中新补的图纸也应进行交底和会审。

经过设计交底与会审的图纸，应以纪要的形式做出确认，未经确认不得交付施工。

凡直接涉及设备制造厂家的工程施工图，应由订货单位邀请制造厂家代表到会，并请建设单位、监理单位、设计单位的代表一起进行技术交底与图纸会审。

4) 设计交底与图纸会审的组织程序

根据施工合同示范文本规定：发包人应按合同约定向承包人提供施工图纸和发布指示，并组织承包人和设计单位进行图纸会审和设计交底。

图纸会审和设计交底的通常做法是设计文件完成后，建设单位将设计图纸发给监理单位和施工单位，由其熟悉和研究施工图纸，在约定时间参建各方进行图纸会审，并整理成会审问题清单，在设计交底前交与设计单位。设计交底一般以会议形式进行，先由设计单位进行设计交底，后转入图纸会审问题解答。针对问题研究，制定解决办法。写出会审纪要，并经各方签字认可。

5) 会议纪要的整理

会议纪要的整理按合同约定处理，未约定者，一般设计交底由设计单位整理会议纪要，图纸会审由施工单位整理会议纪要，与会各方会签。

设计交底与图纸会审中涉及设计变更的尚应按程序办理设计变更手续。设计交底及图纸会审会议纪要一经各方签认，即被视为设计文件的组成部分，成为施工的依据。

3. 施工组织设计的编制与审批

1) 施工组织设计的编制

根据施工合同示范文本规定：承包人应在开工前编制并向监理人提交施工组织设计，施工组织设计未经监理人批准的，不得施工。施工组织设计应至少包含以下内容：施工方案；施工进度计划和保证措施；劳动力及材料供应计划；施工机械设备的选用；质量保证体系及措施；安全生产、文明施工措施；环境保护、成本控制措施等。

承包人需要修改施工组织设计的，需要向监理人提交修改后的施工组织设计，经监理人批准后方可实施。由于承包人原因修改施工组织设计的，承包人不得就此向发包人要求索赔。非承包人原因修改施工组织设计的，承包人有权要求索赔。

2) 施工组织设计审批

建设工程监理规范规定：项目监理机构应审查施工单位报审的施工组织设计、专项施工方案，符合要求的，由总监理工程师签认后报建设单位。

施工组织设计审查的基本内容：编审程序应符合相关规定；施工进度、施工方案及工程质量保证措施应符合施工合同要求；资源(资金、劳动力、材料、设备)供应计划应满足工程施工需要；安全技术措施应符合工程建设强制性标准；施工总平面布置应科学合理。

专项施工方案审查的基本内容：编审程序应符合相关规定；安全技术措施应符合工程建设强制性标准。

施工组织设计、专项施工方案报审表应符合规定格式。项目监理机构应要求施工单位按照已批准的施工组织设计、专项施工方案组织施工。施工组织设计、专项施工方案需要调整的，项目监理机构应按程序重新审查。

4. 材料采购及进场的质量控制

材料质量控制主要体现在以下环节：材料采购、材料进场检验、材料保管和使用。

(1) 材料采购的质量控制：材料采购应符合设计文件、标准、规范、相关法规及承包合同要求。采购要求的形式可以是合同、订单、技术协议、询价单及采购计划等。采购要求包括有关产品的质量要求、外包服务要求、程序性要求、对供方人员资格的要求、对供方质量管理体系的要求、对采购产品的验证要求等。

(2) 材料进场的质量控制：材料进场应提供材料厂家生产许可证、出厂合格证、材质化验单及性能检测报告等质量保证资料，进口材料还应报送进口商检证明文件。进场材料的尺寸、规格、型号、产品标志、包装等外观质量，应符合设计、规范、合同等要求。监理工程师应认真核查，审查不合格者一律不准用于工程。

根据《建筑法》第五十九条、《建设工程质量管理条例》第二十九条和第三十一条、《建筑工程施工质量验收统一标准》第三百零二条等的规定：建设项目用材料进场时必须复检。

复试材料的取样应根据相应建筑材料质量标准、规范要求及合同约定的批次数量随机抽取，严禁在现场外抽取。并实行见证取样和送检制度。送检的检测试样应有唯一性标识，试样交接时，应对试样外观、数量等进行检查确认。

材料复试内容应按相关标准、规范执行，如钢筋需复试屈服强度、抗拉强度、伸长率和冷弯。水泥：抗压强度、抗折强度、安定性、凝结时间。石子和砂的筛分析、含泥量、含水率、吸水率检验。建筑外墙窗的气密性、水密性、抗风压性能检验。装饰材料的甲醛含量、放射性检验。外墙陶瓷面砖的吸水率及抗冻性能复验等。

现场验证不合格的材料不得使用，也可经相关方协商后按有关标准规定降级使用。

对于承包商采购的物资，业主的验证不能代替采购承包商的质量责任，而业主采购的物资，项目的验证也不能取代业主对其采购物资的质量责任。

材料进场验证不齐或对其质量有怀疑时，要单独存放该部分物资，待资料齐全和复验合格后，方可使用。

(3) 材料的保管和使用控制：材料保管应安排专人管理，并建立材料管理台账，进行收、发、储、运等环节管理，避免混料和将不合格的材料使用到工程上。

所有进场材料都应有明确的标识，并要严格按照施工平面布置图的要求进行材料堆放。检验与未检验材料应标明清楚、分开码放，防止非预期使用。

材料保管期间，应做好日常的保养工作，应定期检查，做好记录，确保其质量完好。

合理组织材料使用，减少材料损失，采取有效措施防止损坏、变质和污染环境。

(4) 施工材料质量控制案例分析。

【例 8-1】某工程施工合同规定：设备由业主供应，其他建筑材料由承包方采购。其中，对主要装饰石料，业主经与设计单位商定，由业主指定了材质、颜色和样品，并向承包方推荐厂家，承包方与生产厂家签订了购货合同。厂家将石料按合同采购数量送达现场，进场时经检查,该批材料颜色有部分不符合要求,监理工程师通知承包方该批材料不得使用。承包方要求厂家将不符合要求的石料退换,厂家要求承包方支付退货运费,承包方不同意支付,厂家要求业主在应付给承包方工程款中扣除上述费用。

问题:(1) 业主指定石料材质、颜色和样品是否合理?

(2) 承包商要求退换不符合要求的石料是否合理?为什么?

(3) 简述材料质量控制的要点。

(4) 材料质量控制的内容有哪些?

【答案】(1) 业主指定材质、颜色和样品是合理的。

(2) 要求厂家退货是合理的,因厂家供货不符合合同质量要求。

(3) 进场材料质量控制要点:掌握材料信息,优选供货厂家;合理组织材料供应,确保施工正常进行;加强材料检查验收,严把材料进场关;合理组织材料使用,减少材料损失;要重视材料的使用认证,以防错用或使用不合格的材料;加强材料现场管理。

(4) 材料质量控制的内容主要有:材料的质量标准,材料的性能,材料取样、试验方法,材料的适用范围和施工要求等。

5. 现场施工准备的质量控制

1) 质量管理组织及文件的准备

施工单位现场的质量管理组织机构、管理制度应该健全,管理文件齐备,专职管理人员和特种作业人员的资格符合要求,准备工作主要包括:项目部质量管理体系、现场质量责任制、主要专业工种操作岗位资格证书制度、分包单位管理制度、图纸会审记录、地质勘查资料、施工技术标准、施工组织设计编制及审批制度、物资采购管理制度、施工设施和机械设备管理制度、检测试验管理制度、工程质量检查验收制度等。

2) 计量设备的准备

施工过程中的计量,包括施工生产时的投料计量、施工测量、监测计量以及施工产品或过程的测试、检验、分析计量等。开工前要建立和完善施工现场计量管理的规章制度;明确计量控制责任者和配置必要的计量人员;严格按规定配备计量器具,并进行维修和校验;统一计量单位,组织量值传递,保证量值统一,从而保证施工过程中计量的准确。

3) 测量放线的质量控制

工程测量放线质量直接决定工程的定位和标高是否正确,并且制约施工过程有关工序的质量。因此,施工单位在开工前应编制测量控制方案,经项目技术负责人批准后实施。要对建设单位提供的原始坐标点、基准线和水准点等测量控制点进行复核,并将复测结果上报监理工程师审核。

监理工程师收到施工单位报送的施工控制测量成果后,应审查施工单位的测量依据、测量人员资格和测量成果是否符合规范及标准要求。施工测量成果批准后,才能建立施工测量控制网,进行工程定位和标高基准的控制。

4) 施工场地及平面图控制

建设单位应按照合同约定和施工的实际需要,提供符合要求的施工场地,做好场外的三通一平工作。协调平衡和审查批准各施工单位的施工平面设计。

施工单位要按照批准的施工平面图，科学合理地使用施工场地，做好场内的三通一平工作，正确安装设置施工机械设备，建造生产、生活、办公和储存等相对分离的临时房屋，以及施工便道、便桥、码头、搅拌站和构件预制场等大型临时设施，合理控制材料的进场与堆放，做好冬雨季施工安排，保持良好的防洪排水能力，落实消防和保安措施。

监理单位应监督检查施工单位制定严格的施工场地管理制度和施工纪律，落实相应的奖惩措施，严禁乱占场地和擅自断水、断电、断路，及时制止和处理各种违纪行为，并做好施工现场的质量检查记录。

6. 施工开工条件的准备与报审

开工前，建设单位、施工单位、监理单位应做好各自的开工准备工作。

1) 建设单位的开工准备

(1) 为施工单位提供所需要的现场条件，包括将施工用水、电力、通信线路、道路等施工所必需的条件从施工场地外部接至专用条款约定地点；将施工场地与公共道路的通道开通，并使该通道达到专用条款所约定的标准或要求；以及将专用条款约定的其他设施提供至专用条款约定地点。

(2) 向施工单位提供施工现场及毗邻区域内供水、排水、供电、供气、供热、通信、广播电视等地下管线资料，气象和水文观测资料，相邻建筑物和构筑物、地下工程的有关资料，并对该资料的真实性、准确性、完整性负责。

(3) 在合同约定的期限内，通过监理人向承包人提供测量基准点、基准线和水准点及其书面资料。并应对其提供的测量基准点、基准线和水准点及其书面资料的真实性、准确性和完整性负责。

(4) 由建设单位负责的其他准备工作。如按合同约定由发包人提供的材料和设备，应及时向承包人提供，并保证其数量、质量和规格符合要求。

2) 施工单位的开工准备

(1) 人员准备：应按合同约定向监理人提交承包人在施工场地的人员安排的报告。这些人员应当与承包人在投标或合同订立过程中承诺的人员一致。所有施工生产人员(含劳务人员)均经培训，取得相应资格上岗证书。

(2) 施工设备准备：承包人应根据施工组织设计的要求，及时在施工场地配备数量、规格满足施工需要的施工设备。对于进入施工场地的各项施工设备，承包人应落实具有专业资格的人员负责操作、维护，对于出现故障或安全隐患的施工设备，应及时修理、替换，保持各项施工设备始终处于安全、可靠和可正常使用的状态。

(3) 工程材料、设备准备：对于应由发包人提供的工程材料和设备，施工单位应及时查验、接收和保管。对于应由承包人提供的工程材料和设备，应当依照施工组织设计、施工图设计文件的要求，及时落实货源，订立和履行有关货物采购供应合同，并保证货物进入施工场地的数量、质量、规格和时间满足工程施工要求。

(4) 施工技术准备：对于一般的施工技术准备工作按常规处理；对于施工中需采用的

由他人提供支持的技术，承包人应当及时订立和履行技术服务合同，以适时获得有效的技术支持，保证技术的应用。

(5) 其他准备工作：诸如工程基线、标高等复测满足要求，针对工程特点的突发事件应急预案已经制订，具有健全的质量监控体系，安全、环保等措施符合要求。

施工承包单位必须提交《工程开工报审表》，经监理审查后，才能开始正式施工。

3) 监理单位的开工准备

监理单位在开工前应建立健全监理工作制度、落实好监理责任体系和监理工作细则，检查施工单位现场安全生产规章制度的建立和落实情况，检查施工单位安全生产许可证及施工单位项目经理资格证、专职安全生产管理人员上岗证和特种作业人员操作证，检查施工机械和设施的安全许可验收手续。按监理合同约定，配备满足监理工作需要的检测设备和工器具。根据合同示范文本规定：监理人员在施工现场的办公、生活条件一般由承包人提供，所发生的费用由发包人支付。

根据监理规范规定：总监理工程师应组织专业监理工程师审查施工单位报送的开工报审表及相关资料，同时具备以下条件的，由总监理工程师签署审查意见，报建设单位批准后，总监理工程师签发开工令。

(1) 设计交底和图纸会审已完成。

(2) 施工组织设计已由总监理工程师签认。

(3) 施工单位现场质量、安全生产管理体系已建立，管理及施工人员已到位，施工机械具备使用条件，主要工程材料已落实。

(4) 进场道路及水、电、通信等已满足开工要求。

(5) 开工报审表应符合规定的格式。

8.3.3 施工过程质量控制

工程项目施工是由一系列相互关联、相互制约的作业过程构成，因此施工过程质量控制必须对全部作业过程的质量持续进行控制，主要包括作业质量预控、实时监控和作业过程质量检查等。对施工作业过程的质量控制本身也体现了事前、事中和事后质量控制。

1. 施工作业质量预控

施工作业质量预控指施工技术人员和质量检验人员事先对工序进行分析，找出在施工过程中可能或容易出现的质量问题，从而提出相应的预防措施。质量预控包括：施工质量计划编制、施工质量预控对策制定、施工技术交底、施工生产要素预控等。

1) 施工质量计划的编制与审查

(1) 施工质量计划的概念及表现形式。

施工质量计划是针对施工项目编制的，为达到质量目标应采取的组织管理、资源投入、控制措施及和必要的工作活动的综合性文件。施工质量计划可以独立的质量计划文件形式表现，也可以包含于施工组织设计或施工项目管理实施规划中的形式表现。

(2) 质量计划编制依据。
① 工程承包合同、设计图纸及相关文件。
② 企业的质量管理体系文件及其对项目部的管理要求。
③ 国家和地方相关的法律法规、技术标准、规范及有关施工操作规程。
④ 施工组织设计或施工方案。
(3) 施工质量计划的主要内容。

施工质量计划的基本内容一般应包括：工程特点及施工条件(合同条件、法规条件和现场条件等)的分析，质量总目标及其分解目标，质量管理组织机构和职责，人员及资源配置计划，施工工艺与操作方法，施工方案，施工材料、设备等物资的质量管理及控制措施，施工质量检验、检测、试验工作的计划安排及其实施方法与检测标准，施工质量控制点的设置及其跟踪控制的方式与要求，质量记录的要求等。

(4) 施工质量计划的编制主体。

施工质量计划由施工承包企业编制，在平行发包方式下，各承包单位应分别编制施工质量计划；在总分包模式下，施工总承包单位应编制总承包工程范围的施工质量计划，各分包单位编制相应分包范围的施工质量计划，作为施工总承包方质量计划的深化和组成部分。施工总承包方有责任对各分包方施工质量计划的编制进行指导和审核，并承担相应施工质量的连带责任。

(5) 施工质量计划的审批。

施工质量计划的审批，包括施工企业内部的审批和项目监理机构的审查。

企业内部的审批，通常是由项目经理部主持编制，报企业管理层批准，施工企业内部的审批应从履行工程承包合同的角度，审查实现合同质量目标的合理性和可行性，质量计划是向发包方提供质量保证的依据。

项目监理机构的审批，可按审批施工组织设计的程序进行。对监理机构审查质量计划时，所提出的建议及要求等是否采纳以及采纳的程度，应由施工单位自主确定质量计划的调整、修改和优化，并对执行结果承担责任。按规定程序审查批准的施工质量计划，实施过程中需要修改时，其修改内容仍应按照相应程序经过审批后执行。

2) 施工作业质量控制点的设置

施工质量控制点的设置是施工质量计划的重要组成内容。质量控制点是指为了保证工序质量而确定的重点控制对象、关键部位或薄弱环节。承包单位在工程施工前应根据施工过程质量控制的要求，列出质量控制点明细表，主要包括质量控制点的名称或控制内容、检验标准及方法等，提交监理工程师审查批准后，在此基础上实施质量预控。

质量控制点应选择那些技术要求高、施工难度大、对工程质量影响大或是发生质量问题时危害大的对象进行设置。一般选择下列部位或环节作为质量控制点。

(1) 对工程质量形成过程产生直接影响的关键部位、工序、环节及隐蔽工程。
(2) 施工过程中的薄弱环节，或者质量不稳定的工序、部位或对象；
(3) 对下道工序有较大影响的上道工序。
(4) 采用新技术、新工艺、新材料的部位或环节。

(5) 施工质量无把握的、施工条件困难的或技术难度大的工序或环节。

(6) 用户反馈指出的和过去有过返工的不良工序。

质量控制点应重点控制：人的行为、材料的质量与性能、关键的操作过程、施工技术参数、施工顺序、技术间歇、施工方法、特殊地基或特种结构等。一般工业与民用建筑中质量控制点设置的位置，按分项工程给出，如表 8-2 所示。

表 8-2 质量控制点的设置位置

分项工程	质量控制点
工程测量定位	标准轴线桩、水平桩、龙门板、定位轴线、标高
地基基础	基坑尺寸、土质条件、承载力、基础及垫层尺寸、标高、预留洞孔等
砌体	砌体轴线、皮数杆、砂浆配合比、预留孔洞、砌体砌法
模板	模板位置、尺寸、强度及稳定性，模板内部清理及润湿情况
钢筋混凝土	水泥品种、标号、砂石质量、混凝土配合比、外加剂比例、混凝土振捣、钢筋种类、规格、尺寸，预埋件位置，预留孔洞，预制件吊装
吊装	吊装设备起重能力、吊具、索具、地锚
装饰工程	抹灰层、镶贴面表面平整度、阴阳角、护角、滴水线、勾缝、油漆
屋面工程	基层平整度、坡度、防水材料技术指标，泛水与三缝处理
钢结构	翻样图、放大样
焊接	焊接条件、焊接工艺
装修	视具体情况而定

3) 施工作业质量的预控对策

施工作业质量预控对策是针对分部分项工程施工过程中，可能出现的质量问题或通病，事先分析可能产生的原因，提前制定相应对策。它是质量计划的组成内容之一。质量预控对策的表达方式主要有：文字表达，表格或解析图的形式表达。

(1) 文字表达。

如钢筋电焊焊接质量的预控措施用文字表达如下。

可能产生的质量问题：焊接接头偏心弯折；焊条型号或规格不符合要求；焊缝的长、宽、厚度不符合要求；凹陷、裂纹、烧伤、咬边、气孔、夹渣等缺陷。

质量预控措施：禁止焊接人员无证上岗；焊工正式施焊前，必须按规定进行焊接工艺试验；每批钢筋焊完后，承包单位自检并按规定对焊接接头见证取样进行力学性能试验；在检查焊接质量时，应同时抽检焊条的型号。

(2) 用解析图或表格形式表达的质量预控对策表。

该图表分为两部分，一部分列出某一分部分项工程中各种影响质量的因素；另一部分列出对应于各种质量问题影响因素所采取的对策或措施。以混凝土灌注桩质量预控为例，用表格形式表达的质量预控对策如表 8-3 所示。

表 8-3 混凝土灌注桩质量预控表

可能发生的质量问题	质量预控措施
1. 孔斜	对钻机认真整平
2. 混凝土强度不足	随时抽查原料质量，试配混凝土配合比
3. 缩颈、堵管	测定每根桩的混凝土坍落度 2 次
4. 断桩	准备充分，保证连续不断地浇筑桩体
5. 钢筋笼上浮	掌握泥浆比重和灌注速度

4) 施工技术交底的控制

施工技术交底是在某一单位工程开工前，或一个分项工程施工前，由各级技术负责人将有关工程施工的各项技术要求逐级向下说明、贯彻，直到基层。其目的是使施工人员对工程特点、质量要求、技术方法、安全措施等方面有一个较全面细致的了解，以便每个人都能做到心中有数，避免质量事故的发生。技术交底是施工技术准备的必要环节。

施工技术交底必须执行国家各项技术标准，必须符合施工及验收规范的相应规定，必须符合施工图和施工组织设计的各项技术要求。

施工技术交底是对施工组织设计或施工方案的具体化，根据企业规模及工程复杂程度不同，技术交底层级不同，一般分为公司层级、项目部层级、作业队层级的施工技术交底。不同层次的技术交底，其交底内容和深度不同，一般包括以下几方面。

(1) 工程概况及地形、地貌、水文地质条件。
(2) 工程主要技术经济指标和要求。
(3) 施工图纸的具体要求及特殊要求，施工中的难点、疑点和容易发生的问题。
(4) 主要施工技术方法，关键性或特殊部位的施工工艺及注意事项。
(5) 施工组织设计或施工方案的具体要求及其实施步骤与方法。
(6) 新技术、新工艺、新材料、新结构的施工技术要求及注意事项。
(7) 相关施工单位或班组之间相互协作配合及其有关问题的处理。
(8) 主要分部分项工程施工质量标准和安全技术措施及其注意事项。

未做好技术交底的分部分项工程，不得正式施工。

2. 施工作业过程质量的实时控制

1) 施工作业质量的自控与监控

施工作业过程的质量控制主要包括施工单位的自控和监理单位的监控。

(1) 施工作业质量的自控。

施工质量自控的基本程序是在认真落实作业计划、作业技术交底、作业准备状态以及对施工作业活动的基准和依据进行技术性复核工作的基础上，按施工顺序和质量要求开展施工作业活动，严格执行作业质量的自检自查、互检互查以及专职管理人员的质量检查(即三检制度)，不断纠正质量偏差，及时采取措施，提供质量合格的施工产品。

施工作业质量自控的要求：制度健全、预防为主、重点控制、坚持标准、记录完整。

施工作业质量自控的有效制度：质量自检制度；质量例会制度；质量会诊制度；质量样板制度；质量挂牌制度；每月质量讲评制度等。

(2) 施工作业质量的监控。

监理机构是施工作业质量最主要的监控主体，现场质量检查是其监控的主要手段，现场旁站、巡视、平行检验是其监控的主要形式。

现场质量检查的内容包括：开工前检查、工序交接检查、隐蔽工程的检查、停工后复工的检查、分部分项工程完工后的检查、成品保护的检查等。

监理机构对施工作业质量进行监督检查时，如发现工程施工不符合工程设计要求、施工技术标准和合同约定的，有权要求施工企业改正。监理机构应进行检查而没有检查或没有按规定进行检查的，给建设单位造成损失时应承担赔偿责任。

2) 施工作业条件和施工效果的控制

施工作业活动是一个生产要素的投入和合格产品的产出过程，因此，施工作业条件和施工效果的控制是施工过程控制的主要组成部分。

施工条件控制就是控制施工作业活动的各种投入要素质量和环境条件质量。控制的手段主要有检查、测试、试验、跟踪监督等。控制的依据主要是设计质量标准、材料质量标准、机械设备技术性能标准、施工工艺标准以及操作规程等。

施工作业效果的控制就是保证施工产品的质量达到设计质量标准以及施工质量验收标准的要求。其控制的主要途径是：实测获取数据、统计分析所获取的数据、判断认定质量等级和纠正质量偏差。

3) 见证取样及送检工作的控制

见证是指由监理工程师现场监督承包单位某工序全过程完成情况的活动。见证取样是指对工程项目使用的材料、构配件的现场取样、工序活动效果的检查实施见证。

工程所使用的主要材料、半成品、构配件以及施工过程留置的试块、试件等应实行现场见证取样送检。见证人员由建设单位及监理机构中有相关专业知识的人员担任；送检的试验室应具备经主管部门核准的相关资质。见证取样送检必须严格按执行规定的程序进行，包括取样见证并记录、样本编号、填单、封箱、送试验室、核对、交接、试验检测、报告等。检测机构应当建立档案管理制度，检测结果具有可追溯性。

4) 见证点的控制

"见证点"是国际上对于重要程度不同及监督控制要求不同的质量控制点的一种区分方式。凡是被列为见证点的质量控制对象，在施工前，承包单位应提前通知监理人员在约定的时间内到现场进行见证和对其施工实施监督。如果监理人员未能在约定的时间内到现场见证和监督，则承包单位有权进行该点相应工序的操作和施工。

5) 工程变更的控制

施工过程中，由于种种原因会涉及工程变更，工程变更的要求可能来自建设单位、设计单位或施工承包单位，不同情况下，工程变更的处理程序不同。但无论是哪一方提出工程变更或图纸修改，都应通过监理工程师审查并经有关方面研究，确认其必要性后，由总监理工程师发布变更指令，方能生效，予以实施。

工程变更单由提出单位填写，写明工程变更原因、工程变更内容，并附必要的附件，包括：工程变更的依据、内容、图纸，以及对项目功能、安全、造价、工期的影响分析。

监理工程师在审查现场工程变更要求时，应持十分谨慎的态度。除非是原设计不能保证质量要求，或确有错误，以及无法施工之外。一般情况下即使变更要求可能在技术经济上是合理的，也应全面考虑，将变更后对质量、工期、造价方面的影响以及可能引起的索赔损失等加以比较，权衡轻重后再做出决定。

6) 监理通知单、工程暂停令、工程复工令的签发

施工过程过程中，监理机构发现工程存在安全事故隐患等情况时，应签发监理通知，要求施工单位整改；情况严重的，应签发工程暂停令。

(1) 监理通知单的签发。

施工作业过程中，监理机构发现施工存在质量问题或施工质量不合格时，应及时由专业监理工程师或总监理工程师签发监理通知单，要求施工单位整改。监理通知单对存在的问题表述具体，一般应包括监理实测值、设计值、允许偏差值、违反规范种类及条款等。

施工单位应按监理通知单的要求进行整改。整改完毕后，向监理机构提交监理通知回复单。监理机构应根据施工单位报送的监理通知回复单对整改情况进行复查，并提出复查意见。

(2) 工程暂停令的签发。

监理人员发现可能造成质量事故的重大隐患或已发生质量事故的，总监理工程师应签发工程暂停令。签发暂停令应事先征得建设单位同意，在紧急情况下未能事先报告的，应在事后及时向建设单位做出书面报告。

对于建设单位要求停工的，总监理工程师经过独立判断，认为有必要暂停施工的，可签发工程暂停令；认为没有必要暂停施工的，不应签发工程暂停令。

对于施工单位拒绝执行监理机构的要求和指令的，总监理工程师应视情况签发工程暂停令。如果拒不整改或不停止施工的，监理机构应及时报告建设单位，必要时应向有关主管部门报送监理报告。

暂停施工事件发生时，项目监理机构应如实记录所发生的情况。对于建设单位要求停工且工程需要暂停施工的，应重点记录施工单位人工、设备在现场的数量和状态；对于由于施工单位原因暂停施工的，应记录直接导致停工发生的原因。

(3) 工程复工令的签发。

由于建设单位原因或非施工单位原因引起工程暂停的，在具备复工条件时，应及时签发工程复工令，指令施工单位复工。

由于施工单位原因引起工程暂停的，施工单位在复工前应向监理机构提交工程复工报审表申请复工，并附有能够证明已具备复工条件的相关文件资料。当导致暂停的原因是危及结构安全或使用功能时，整改完成后，应有建设单位、设计单位、监理单位各方共同认可的整改完成文件，其中涉及建设工程鉴定的文件必须由有资质的检测单位出具。

项目监理机构收到施工单位报送的工程复工报审表及有关材料后，应对施工单位的整改过程、结果进行检查、验收，符合要求的，总监理工程师应及时签署审批意见，并报建

设单位批准后签发工程复工令。施工单位未提出工程复工申请的，总监理工程师应根据工程实际情况指令施工单位恢复施工。

7) 质量记录资料的控制

质量记录资料包括以下三方面内容。

(1) 施工现场质量管理检查记录资料。主要包括承包单位现场质量管理制度，质量责任制，主要专业工种操作上岗证书，分包单位资质及总包单位对分包单位的管理制度，施工图审查核对记录，施工组织设计及审批记录，工程质量检验制度等。

(2) 工程材料质量记录。主要包括进场材料、构配件、设备的质量证明资料，各种试验检验报告，各种合格证，设备进场维修记录或设备进场运行检验记录。

(3) 施工过程作业活动质量记录资料。施工过程可按分项、分部、单位工程建立相应的质量记录资料。在相应质量记录资料中应包含有关图纸的图号，质量自检资料，监理工程师的验收资料，各工序作业的原始施工记录等。

施工质量记录资料应真实、齐全、完整，相关各方人员的签字齐备、字迹清楚、结论明确，与施工过程的进展同步。在对作业活动效果的验收中，如缺少资料和资料不全，监理工程师应拒绝验收。

3. 施工作业过程质量检查与验收

施工作业的质量检查贯穿于整个施工过程，是最基本的质量控制活动，包括了施工单位的施工作业质量自检、互检、专检和交接检，也包括现场监理机构的旁站检查和平行检验等。施工作业过程质量检查是施工质量验收的基础，前道工序作业质量经验收合格后，才可进入下道工序施工。此处介绍几个重要的工序作业过程检查验收。

1) 基槽基坑验收

基槽开挖质量验收主要涉及地基承载力的检查确认；地质条件的检查确认；开挖边坡的稳定及支护状况的检查确认；基槽开挖尺寸、标高等。由于部位的重要，基槽开挖验收均要有勘察设计单位的有关人员参加，并请当地或主管质量监督部门参加，经现场检测确认其地基承载力是否达到设计要求，地质条件是否与设计相符。如相符，则共同签署验收资料，否则，应采取措施进行处理，经承包单位实施完毕后重新验收。

2) 隐蔽工程验收

隐蔽工程是指将被其后续工程施工所隐蔽的分项分部工程，在隐蔽前所进行的检查验收。它是对一些已完分项分部工程质量的最后一道检查，由于检查对象就要被其他工程覆盖，给以后的检查整改造成障碍，故显得尤为重要。

隐蔽工程可能是一个检验批，也可能是一个分项工程或子分部工程，所以可按检验批或分项工程、子分部工程的验收程序进行。其基本程序为：隐蔽工程施工完毕，承包单位按有关技术规程、规范、施工图纸先进行自检，自检合格后，填写《报验申请表》，附上相应的隐蔽工程检查记录及有关材料证明，试验报告，复试报告等，报送项目监理机构。监理工程师收到报验申请后首先对质量证明资料进行审查，并在合同规定的时间内到现场核查，承包单位的专职质检员及相关施工人员应随同一起到现场。

经现场检查，如符合质量要求，监理工程师在报验申请表及隐蔽工程检查记录上签字确认，准予承包单位隐蔽、覆盖，进入下一道工序施工。如经现场检查发现不合格，监理工程师签发不合格项目通知，指令承包单位整改，整改后自检合格再报监理工程师复查。

3) 工序交接验收

工序交接验收是指作业活动中一种必要的技术停顿、作业方式的转换及作业活动效果的中间确认。上道工序应满足下道工序的施工条件和要求，相关专业工序之间也是如此。通过工序间的交接验收，使各工序间和相关专业工程之间形成一个有机整体。

4) 不合格品的处理

上道工序不合格，不准进入下道工序施工，不合格的材料、构配件、半成品不准进入施工现场且不允许使用，已经进场的不合格品应及时做出标识、记录，指定专人看管，避免用错，并限期清除出现场；不合格的工序或工程产品，不予计价。

5) 成品保护

成品保护是指在施工过程中，有些分项工程已经完成，而其他一些分项工程尚在施工；或者是在其分项工程施工过程中，某些部位已完成，而其他部位正在施工。在这种情况下，承包单位必须负责对已完成部分采取妥善措施予以保护，以免因成品缺乏保护或保护不善而造成操作损坏或污染，影响工程整体质量。成品保护的一般措施如下。

(1) 防护。就是针对被保护对象的特点采取各种防护的措施。如对于进出口台阶可垫砖或方木搭脚手板供人通过的方法来保护台阶。

(2) 包裹。就是将被保护物包裹起来，以防损伤或污染。例如，对镶面大理石柱可用立板包裹捆扎保护；铝合金门窗可用塑料布包扎保护等。

(3) 覆盖。就是用表面覆盖的办法防止堵塞或损伤。例如，对落水口排水管安装后可以覆盖，以防止异物落入而被堵塞；地面可用锯末覆盖以防止喷浆等污染等。

(4) 封闭。就是采取局部封闭的办法进行保护。如垃圾道完成后，可将其进口封闭起来，以防止建筑垃圾堵塞通道。

(5) 合理安排施工顺序。主要是通过合理安排不同工作间的施工顺序以防止后道工序损坏或污染已完施工的成品。如采取房间内先喷涂而后装灯具的施工顺序可防止喷浆污染、损害灯具；先做顶棚装修而后做地面，可避免顶棚施工污染地坪。

4. 施工作业过程质量检验方法

对于现场所用原材料、半成品、工序过程或工程产品质量进行检验的方法，一般可分为三类，即：目测法、量测法以及试验法。

(1) 目测法。即凭借感官进行检查，也可以叫作观感检验。这类方法主要是根据质量要求，采用"看、摸、敲、照"等手法进行检查。"看"就是根据质量标准要求进行外观检查，例如清水墙表面是否洁净，喷涂的密实度和颜色是否良好、均匀，工人的施工操作是否正常，内墙抹灰的大面及口角是否平直，混凝土外观是否符合要求等。所谓"摸"，就是通过触摸手感进行检查、鉴别，例如油漆的光滑度，浆活是否牢固、不掉粉等。所谓"敲"，就是运用敲击方法进行观感检查，例如，对墙面瓷砖、大理石镶贴、地砖铺砌等的质量均可通过敲击检查，根据声音虚实、脆闷判断有无空鼓等质量问题。所谓"照"就是通过人工光源或反射光照射，检查难以看到或光线较暗的部位，例如，管道井、电梯井等内部管线、设备安装质量，装饰吊顶内连接及设备安装质量等。

(2) 量测法。就是利用量测工具或计量仪表，通过实际量测结果与规定的质量标准或规范的要求相对照，从而判断质量是否符合要求。其手段可概括为"靠、吊、量、套"。所谓"靠"，就是用直尺、塞尺检查诸如墙面、地面、路面等的平整度。所谓"吊"，就是利用托线板或线锤检查垂直度，例如砌体垂直度检查、门窗安装质量检查等。"量"是指用量测工具或计量仪表等检查建筑构件的断面尺寸、轴线、标高、温度、湿度等数值并确定其偏差，例如大理石板拼缝尺寸与超差数量，摊铺沥青拌和料的温度，混凝土坍落度的检测等。所谓"套"，是指以方尺套方，辅以塞尺，检查诸如踢脚线的垂直度、预制构件的方正，门窗口及构件的对角线等。

(3) 试验法。是利用理化试验或借助专门仪器判断检验对象质量是否符合要求。

① 理化试验。常用的理化试验包括物理力学性能方面的检验和化学成分及化学性能的测定等方面。力学及物理性能方面的测定，如抗拉、抗压、抗弯、抗折强度，冲击韧性、硬度、桩或地基的静载试验、密度、含水量、凝结时间、安定性及抗渗、耐磨、耐热性能等。化学成分及化学性质的测定，如钢筋中的磷、硫含量，混凝土中粗骨料中的活性氧化硅成分，以及耐酸、耐碱、抗腐蚀性等。

② 无损测试或检验。借助专门的仪器、仪表等手段在不损伤被探测物的情况下了解被探测物的质量情况。如超声波探伤仪、磁粉探伤仪、X射线探伤等。

5. 施工过程质量检验的种类

按质量检验的程度，即检验对象被检验的数量划分，可有以下几类。

(1) 全数检验。全数检验主要是用于关键工序部位或隐蔽工程，以及那些在技术规程、质量检验验收标准或设计文件中有明确规定应进行全数检验的对象。例如，对安装模板的稳定性、刚度、强度、结构物轮廓尺寸等的检验。

(2) 抽样检验。对于主要的建筑材料、半成品或工程产品等，由于数量大，通常大多采取抽样检验。抽样检验具有检验数量少，比较经济，检验所需时间较少等优点。

(3) 免检。免检就是在某种情况下，可以免去质量检验过程。如对于实践证明其产品质量长期稳定、质量保证资料齐全者可考虑采取免检。

6. 施工作业过程质量控制案例分析

【例8-2】某工程的施工由甲公司总承包，其中桩基工程分包给乙单位。施工前甲公司复核了该工程的测量控制点，并经监理工程师审核批准。施工中发生了如下事件。

事件一：桩中心线偏移超过规范允许误差。原因是桩位施工图尺寸与总平面图尺寸不一致造成的。为此，甲公司向监理机构报送了处理方案，总监认为可行，予以批准。

事件二：乙公司根据监理工程师批准的处理方案进行了补桩和整改，并在规定时间内向监理机构提交了索赔报告。

事件三：按合同规定由建设单位采购的一批钢筋供方虽提供了质量合格证，但在使用前的抽样检验中材质不合格。

事件四：桩基施工完毕后，留置的混凝土试块试验结果未达到设计要求的强度。

问题：(1) 总监理工程师批准上述处理方案，在工作程序上是否妥当？

(2) 简述监理工程师施工过程中处理质量问题的工作程序要点。

(3) 施工单位和监理工程师在桩位偏移这一质量问题上是否有责任？

(4) 乙公司提出的索赔报告，总监理工程师应如何处理？

(5) 简述施工工序质量控制的步骤。

(6) 对施工过程中发生的事件 3、事件 4 监理工程师应分别如何处理？

【答案】(1) 在工作程序上不妥，因为没有得到建设单位和设计单位的认可。

(2) 监理工程师处理质量问题的工作程序。

① 发出质量问题通知单，责令承包单位报送质量问题调查报告。

② 审查质量问题处理方案。

③ 跟踪检查承包单位对已批准处理方案的实施情况。

④ 验收处理结果。

⑤ 向建设单位提交有关质量问题的处理报告。

⑥ 整理归档完整的处理记录。

(3) 施工单位和监理工程师在桩位偏移这一质量问题上没有责任，责任在设计单位。

(4) 乙公司提出的索赔报告监理机构不予受理，分包单位与建设单位无合同关系。

(5) 对工序质量的控制步骤如下。

① 实测。采用必要的检测手段，对样品进行检验，测定其质量特性指标。

② 分析。即对检测数据进行整理、分析、找出规律。

③ 判断。判断该工序质量是否达到了规定的标准。

④ 纠正或认可。如果未达到，应采取措施纠正；如果符合要求则予以确认。

(6) 对于事件三，应责令承包单位停止使用该批钢筋。如果该批钢筋可降级使用，应与建设、设计、施工单位共同确定处理方案；如不能用于工程则指令退场。

对于事件四，责令停止相关部位的继续施工，请具有资质的法定检测单位进行该部分混凝土结构的检测。如能达到设计要求，予以验收；否则要求返修或加固处理。

8.3.4 施工质量验收

1. 基本术语

(1) 检验。对被检验项目的特征、性能进行量测、检查、试验等，并将结果与标准规定的要求进行比较，以确定项目每项性能是否合格的活动。

(2) 进场检验。对进入施工现场的建筑材料、构配件、设备及器具等，按相关标准的要求进行检验，并对其质量、规格及型号等是否符合要求做出确认的活动。

(3) 见证检验。施工单位在工程监理单位或建设单位的见证下，按照有关规定从施工现场随机抽取试样，送至具备相应资质的检测机构进行检验的活动。

(4) 计数检验。通过确定抽样样本中不合格的个体数量，对样本总体质量做出判定的检验方法。

(5) 计量检验。以抽样样本的检测数据计算总体均值、特征值或推定值，并以此判断或评估总体质量的检验方法。

(6) 复验。建筑材料、设备等进入施工现场后，在外观质量检查和质量证明文件核查符合要求的基础上，按照有关规定从施工现场抽取试样送至试验室进行检验的活动。

(7) 验收。在施工单位自行质量检查评定的基础上，参与建设的有关单位共同对检验批、分项工程、分部工程、单位工程的质量进行抽样复验，根据相关标准以书面形式对工程质量达到合格与否做出确认。

(8) 检验批。按同一的生产条件或规定的方式汇总起来供检验用的，由一定数量样本组成的检验体。检验批是施工质量验收的最小单位，是分项工程验收的基础依据。构成一个检验批的产品，要具备以下基本条件：生产条件基本相同，包括设备、工艺过程、原材料等；产品的种类型号相同。如钢筋以同一品种，统一型号，统一炉号为一个检查批。

(9) 主控项目。对安全、卫生、环境保护和公共利益起决定性作用的检验项目。如结构工程中"钢筋安装时，受力钢筋的品种、级别、规格和数量必须符合设计要求"。

(10) 一般项目。除主控项目以外的检验项目都是一般项目。如结构工程中，"钢筋的接头宜设置在受力较小处。钢筋接头末端至钢筋弯起点的距离不应小于钢筋直径的10倍"。

(11) 观感质量。通过观察和必要的量测所反映的工程外在质量。如装饰面应无色差。

(12) 返修。对工程不符合标准规定的部位采取整修等措施。

(13) 返工。对不合格的工程部位采取的重新制作、重新施工等措施。

2. 工程质量验收的项目划分

根据建筑工程施工质量验收统一标准的规定，建筑工程质量验收应逐级划分为单位(子单位)工程、分部(子分部)工程、分项工程和检验批。

(1) 单位工程划分原则。

具备独立施工条件并能形成独立使用功能的建筑物及构筑物为一个单位工程；规模较大的单位工程，可将其能形成独立使用功能的部分划为一个子单位工程。

(2) 分部工程划分原则。

分部工程的划分应按专业性质、建筑部位确定，如一般建筑工程可划分为：地基与基础、装饰装修、建筑屋面、电梯等分部工程；当分部工程较大或较复杂时，可按材料种类、施工特点、施工程序等划分为若干子分部工程。

(3) 分项工程应按主要工种、材料、施工工艺、设备类别等进行划分。

(4) 检验批可根据施工质量控制和验收需要按楼层、施工段、变形缝等进行划分。

(5) 室外工程可根据专业类别和工程规模划分单位工程或子单位工程。

3. 施工质量验收合格条件

工程质量验收时，应首先评定检验批的质量，以检验批的质量评定各分项工程的质量，以各分项工程的质量来综合评定分部工程的质量，再以分部工程的质量来综合评定单位工程的质量,在质量评定的基础上,再与工程合同及有关文件相对照,决定项目能否验收。工程项目质量验收逻辑关系如图 8-1 所示。

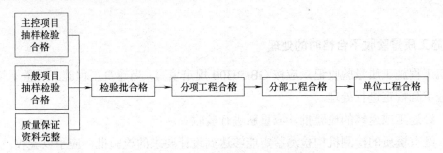

图 8-1　工程项目质量验收逻辑关系

1) 检验批质量验收合格的条件

(1) 主控项目的质量经抽样检验均应合格。

(2) 一般项目的质量经抽样检验合格。当采用计数抽样时,合格点率应符合有关专业验收规范的规定,且不得存在严重缺陷。对于计数抽样的一般项目,正常检验一次、二次抽样可按 GB 50300 标准附录 D 判定。

(3) 具有完整的施工操作依据、质量验收记录。

2) 分项工程质量验收合格的条件

(1) 所含检验批的质量均应验收合格。

(2) 所含检验批的质量验收记录应完整。

3) 分部工程质量验收合格的条件

(1) 所含分项工程的质量均应验收合格。

(2) 质量控制资料应完整。

(3) 有关安全、节能、环境保护和主要使用功能的抽样检验结果应符合相应规定(检验方法:进行有关的见证检验或抽样检验)。

(4) 观感质量应符合要求(检验方法:以观察、触摸或简单量测的方式进行观感质量验收,并由验收人主观判断,检查结果并不给出"合格"或"不合格"的结论,而是综合给出"好""一般""差"的质量评价结果。对于"差"的检查点应进行返修处理)。

分部工程的验收是以所含各分项工程验收为基础进行的。首先,组成分部工程的各分项工程已验收合格且相应的质量控制资料齐全、完整。此外,由于各分项工程的性质不尽相同,因此作为分部工程不能简单地组合而加以验收,尚须进行后两类检查项目验收。

4) 单位(子单位)工程质量验收合格的条件

(1) 所含分部工程的质量均应验收合格。

(2) 质量控制资料应完整。

(3) 所含分部工程中有关安全、节能、环境保护和主要使用功能的检验资料应完整。

(4) 主要使用功能的抽查结果应符合相关专业验收规范的规定。

(5) 观感质量应符合要求。

单位工程质量验收是在分项分部工程验收合格的基础上,对涉及安全、节能以及主要使用功能的项目应进行抽查复验。抽查项目是在检查资料文件合格的条件下，由参加验收的各方人员商定，采用计量、计数的方法抽样检验，检验结果应符合有关专业验收规范的规定。

4. 施工质量验收不合格时的处理

建筑工程施工质量验收记录应按 GB 50300 规定填写，当建筑工程施工质量不符合规定时，应按下列规定进行处理。

(1) 经返工或返修的检验批，应重新进行验收。

(2) 经有资质的检测机构检测鉴定能够达到设计要求的检验批，应予以验收。

(3) 经有资质的检测机构检测鉴定达不到设计要求、但经原设计单位核算认可能够满足安全和使用功能的检验批，可予以验收。

(4) 经返修或加固处理的分项、分部工程，满足安全及使用功能要求时，可按技术处理方案和协商文件的要求予以验收。

5. 工程质量验收的程序和组织

1) 检验批和分项工程质量验收

分项工程的验收是以检验批为基础进行的。一般情况下，检验批和分项工程两者具有相同或相近的性质，只是批量的大小不同而已。所有检验批和分项工程均应由专业监理工程师组织验收。验收前，施工单位应完成自检，对存在的问题自行处理，合格后由项目专业质量检查员填写"检验批或分项工程质量验收记录"的相应部分，并由项目专业质量检查员和项目专业技术负责人分别在检验批和分项工程质量检验记录中签字，报送项目监理机构申请验收；然后由专业监理工程师对施工单位所报资料进行审查，并组织相关人员到现场进行主控项目和一般项目的实体检查、验收。对验收不合格的项目，专业监理工程师应要求施工单位进行整改，并自检合格后予以复验；对验收合格的项目，专业监理工程师应签认检验批报审报验表及质量验收记录，准许进行下道工序施工。

2) 分部工程质量验收

分部(或子分部)工程应由总监理工程师组织验收，由施工单位的项目负责人和项目技术负责人、质量负责人及有关人员参加。

由于地基与基础、主体结构工程要求严格，技术性强，关系到整个工程的安全，为保证质量，严格把关，规定勘察、设计单位的项目负责人应参加地基与基础分部工程的验收。设计单位的项目负责人应参加主体结构、节能分部工程的验收。施工单位技术、质量部门的负责人也应参加地基与基础、主体结构、节能分部工程的验收。

验收前，施工单位应先对施工完成的分部工程进行自检，合格后填写分部工程质量验收记录及分部工程报验表，并报送项目监理机构申请验收。总监理工程师应组织相关人员进行检查、验收，对验收不合格的分部工程，应要求施工单位进行整改，自检合格后予以复查。对验收合格的分部工程，应签认分部工程报验表及验收记录。

3) 单位工程质量验收

单位工程质量验收分预验收和正式验收两个阶段。

(1) 预验收。单位工程完成后,施工单位应首先依据验收规范、设计图纸等组织有关人员进行自检、自评和必要的整改。填写工程竣工报验单,并将全部竣工资料报送项目监理机构,申请竣工预验收。总监理工程师应组织各专业监理工程师对竣工资料及各专业工程的质量情况进行全面检查,对检查出的问题,应督促施工单位及时整改。对需要进行功能试验的项目(包括单机试车和无负荷试车),监理工程师应督促施工单位及时进行试验,并对重要项目进行监督、检查,必要时请建设单位和设计单位参加。

符合规定后由施工单位向建设单位提交工程竣工报告和完整的质量控制资料,申请建设单位组织竣工验收。

(2) 正式验收。建设单位收到工程验收报告后,由建设单位项目负责人组织验收。由于勘察、设计、施工、监理单位都是责任主体,因此各单位项目负责人应参加验收,施工单位项目技术、质量负责人和监理单位的总监理工程师也应参加验收。

在一个单位工程中,对满足生产要求或具备使用条件,施工单位已自行检验,监理单位已预验收的子单位工程,建设单位可组织进行验收。由几个施工单位负责施工的单位工程,当其中的子单位工程已按设计要求完成,并经自行检验,也可按规定的程序组织正式验收,办理交工手续。在整个单位工程验收时,已验收的子单位工程验收资料应作为单位工程验收的附件。

对于分包工程,由于施工合同的双方主体是建设单位和总承包单位,总承包单位应按照承包合同的权利义务对建设单位负责。分包单位对总承包单位负责,亦应对建设单位负责。因此,分包单位对承建的项目进行检验时,总承包单位应参加,检验合格后,分包单位应将工程的有关资料整理完整后移交给总承包单位,建设单位组织单位工程质量验收时,分包单位负责人应参加验收。

6. 施工质量验收中的误判风险

因抽样检验的随机性,在质量验收时存在两类风险:生产方风险和使用方风险。抽样检验必然存在这两类风险,要求通过抽样检验的检验批 100%合格是不合理和不可能的。

1) 错判概率

合格批判为不合格批而被拒收的概率,即将本来合格的批产品,误判为拒收的概率,这对生产方不利,因此称为生产方风险或第 1 类风险。用 α 表示。

2) 漏判概率

不合格批判为合格批而被误收的概率,即将本来不合格的批产品误判为可接受的概率,这对使用方不利,称为使用方风险或第 2 类风险。用 β 表示。

3) 两类风险的控制范围

抽样检验中,控制两类风险的原则是总损失最小(见后述控制图)。一般控制范围如下。

(1) 主控项目:α 和 β 均不宜超过 5%;
(2) 一般项目:α 不宜超过 5%,β 不宜超过 10%。

7. 质量验收中的抽样方法

1) 检验批抽样方案的选取

抽样方案指根据检验项目的特性所确定的抽样数量和方法。检验批质量验收是施工质量验收的基础，检验批的质量检验，可根据检验项目的特点在下列抽样方案中选取。

(1) 计量或计数的抽样方案。

(2) 一次、二次或多次抽样方案。

(3) 对重要的检验项目，当有简易快速的检验方法时，选用全数检验方案。

(4) 根据生产连续性和生产控制稳定性情况，采用调整型抽样方案。

(5) 经实践证明有效的抽样方案。

检验批抽样样本应随机抽取，满足分布均匀、具有代表性的要求，抽样数量不应低于有关专业验收规范及表 8-4 所示的规定。

明显不合格的个体可不纳入检验批，但必须进行处理，使其满足有关专业验收规范的规定，对处理的情况应予以记录并重新验收。

表 8-4 检验批最小抽样数量

检验批的容量	最小抽样数量	检验批的容量	最小抽样数量
2～15	2	151～280	13
16～25	3	281～500	20
26～50	5	501～1200	32
51～90	6	1201～3200	50
91～150	8	3201～10000	80

2) 一次抽检方法

该方法最简单，它只需要抽检一个样本就可以做出一批产品是否合格的判断。GB 50300 附录 D 规定，对于计数抽样的一般项目，正常检验一次抽样可按表 8-5 所示的判定。

表 8-5 一般项目正常检验一次抽样判定

样本容量	合格判定数	不合格判定数	样本容量	合格判定数	不合格判定数
5	1	2	32	7	8
8	2	3	50	10	11
13	3	4	80	14	15
20	5	6	125	21	22

举例说明该表的使用方法，假设样本容量为 20，在 20 个试样中如果有 5 个或 5 个以下试样不合格时，该检测批可判定为合格；当 20 个试样中有 6 个或 6 个以上试样不合格时，则该检测批可判定为不合格。

如果给出的样本容量在表中数值之间，不连续时，合格判定数和不合格判定数可通过插值并四舍五入取整确定。例如样本容量为 15，按表 8-5 插值得出的合格判定数为 3.571，不合格判定数为 4.571，取整可得合格判定数为 4，不合格判定数为 5。

3) 二次抽检方法

它要求对一批产品抽取至多两个样本即做出批接收与否的结论。方法是先抽第一个样本进行检验，若能据此做出该批产品合格与否的判断，则检验终止。如据第一个样本不能判定本批次合格与否时，就再抽取第二个样本，检验后做出是否合格的判断。正常检验二次抽样可按表 8-6 所示判定。表中(1)和(2)表示抽样次数，其中(2)对应的样本容量为两次抽样的累计数量。下面举例说明二次抽样方法。

表 8-6 一般项目正常检验二次抽样判定

抽样次数	样本容量	合格判定数	不合格判定数	抽样次数	样本容量	合格判定数	不合格判定数
(1)	3	0	2	(1)	20	3	6
(2)	6	1	2	(2)	40	9	10
(1)	5	0	3	(1)	32	5	9
(2)	10	3	4	(2)	64	12	13
(1)	8	1	3	(1)	50	7	11
(2)	16	4	5	(2)	100	18	19
(1)	13	2	5	(1)	80	11	16
(2)	26	6	7	(2)	160	26	27

假设样本容量为 20，当 20 个试样中有 3 个或 3 个以下试样不合格时，该检验批可判定为合格，抽样结束；当有 6 个或 6 个以上试样不合格时，该检测批可判定为不合格，抽样结束。但当有 4 或 5 个试样不合格时，无法判定，应进行第二次抽样。

第二次抽样的样品数量与第一次相同，即在同批产品中，另抽样本容量也为 20 个，两次抽样的样本容量为 40，当两次不合格试样之和为 9 或小于 9 时，该检测批可判定为合格，当两次不合格试样之和为 10 或大于 10 时，该检测批可判定为不合格。

二次抽样检验方案，使检验判定结论更加科学、合理。

4) 多次抽检方法

其原理与二次抽检方法一样，每次抽样的样本大小相同，但抽检次数多，合格判定数和不合格判定数亦多。ISO2859 标准提供了 7 次抽检方案。而我国 GB 2828、GB 2829 都实施 5 次抽检方案。

8. 施工质量验收案例分析

【例 8-3】 项目监理机构的总监理工程师组织单位工程初验包括哪些方面的工作内容？并简述工程质量评估报告的内容。

【答案】(1) 总监理工程师组织单位工程竣工初验的工作包括以下几方面。

① 审查承包单位提交的竣工验收文件资料，包括各种质量控制资料、试验报告以及各种有关的技术性文件等。若所提交的验收文件、资料不齐全或有相互矛盾和不符之处，应指令承包单位补充、核实及改正。

② 审核承包单位提交的竣工图，并与已完工程、有关的技术文件(如设计图纸、工程变更文件、施工记录及其他文件)对照进行核查。

③ 总监理工程师组织专业监理工程师对拟验收工程项目的现场进行检查，如发现质量问题应指令承包单位进行处理。

④ 对拟验收项目初验合格后，总监理工程师对承包单位的《工程竣工报验单》予以签认，并上报建设单位，同时提出"工程质量评估报告"。

(2) 工程质量评估报告由项目总监理工程师和监理单位技术负责人签署，主要包括以下几方面。

① 工程项目建设概况介绍，参加各方的单位名称、负责人。

② 工程检验批、分项、分部、单位工程的划分情况。

③ 工程质量验收标准，各检验批、分项、分部工程质量验收情况。

④ 地基与基础分部工程中，涉及桩基工程的质量检测结论，基槽承载力检测结论；涉及结构安全及使用功能的检测结论；建筑物沉降观测资料。

⑤ 施工过程中出现的质量事故及处理情况。

⑥ 结论。本单位工程是否达到合同约定；是否满足设计文件要求；是否符合国家强制性标准及条款的规定。

【例 8-4】某混合结构住宅楼，设计采用混凝土小型砌块砌筑，墙体加芯柱，竣工验收合格后，用户入住。但用户在使用过程中发现墙体只有少量钢筋，而没有浇筑混凝土。经法定检测单位检测发现大约有一半的墙体中未按设计要求加芯柱，造成了重大的质量隐患。

问题：(1) 该混合结构住宅楼达到什么条件，方可竣工验收？

(2) 试述该工程质量验收的基本要求。

(3) 该工程已交付使用，施工单位是否需要对此问题承担责任？为什么？

【答案】(1) 验收条件：① 完成建设工程设计和合同规定的内容。

② 有完整的技术档案和施工管理资料。

③ 有工程使用的主要建筑材料、建筑构配件和设备的进场试验报告。

④ 有勘察、设计、施工、工程监理等单位分别签署的质量合格文件。

⑤ 工程质量和使用功能符合规范规定的设计要求。

(2) 基本要求：① 应符合统一标准和砌体工程及相关专业验收规范的规定。

② 应符合工程勘察、设计文件的要求。

③ 参加验收的各方人员应具备规定的资格。

④ 质量验收应在施工单位自行检查评定的基础上进行。

⑤ 隐蔽工程在隐蔽前应由施工单位通知有关单位进行验收，并形成验收文件。

⑥ 涉及结构安全的试块、试件以及有关材料，应按规定进行见证取样检测。

⑦ 检验批的质量应按主控项目和一般项目验收。

⑧ 对涉及结构安全和使用功能的重要分部工程应进行抽样检测。

⑨ 承担见证取样检测及有关结构安全检测的单位应具有相应资质。

⑩ 工程的观感质量应由验收人员通过现场检查，并应共同确认。

(3) 施工单位必须对此问题承担责任，原因是该质量问题是由施工单位在施工过程中未按设计要求施工造成的。

8.4 工程项目质量缺陷和质量事故的处理

8.4.1 工程质量缺陷及处理

1. 工程质量缺陷的含义

工程质量缺陷是指工程不符合国家或行业的有关技术标准、设计文件及合同中对质量的要求。工程质量缺陷可分为施工过程中的质量缺陷和永久质量缺陷，施工过程中的质量缺陷又可分为可整改质量缺陷和不可整改质量缺陷。

2. 工程质量缺陷的成因

总体而言，工程质量缺陷是由技术、管理、社会、经济等原因引发的。

(1) 违背基本建设程序。例如，决策失误，边设计、边施工，未搞清地质情况就仓促开工，不经竣工验收就交付使用等。

(2) 违反法律法规。例如，无证设计、无证施工，未按规定进行招投标，非法分包转包，从业单位资质或个人执业资格不符合规定，擅自修改设计等。

(3) 地质勘查数据失真。例如，地质勘探质量不符合规定，地质勘查报告不准确等。

(4) 设计文件错误。例如，专业图纸不配套，施工图未达到设计深度要求等。

(5) 施工管理不到位。例如，不按图施工，擅自修改设计，施工工艺不当、质量保证体系不健全，施工质量保证措施未落实，施工顺序颠倒，技术交底不清，疏于检查验收等。

(6) 操作工人素质差。例如，工人缺乏培训，操作技能差，质量意识淡漠。

(7) 使用不合格的原材料、构配件和设备。

(8) 自然环境因素。

(9) 盲目抢工。

(10) 使用不当。

由于工程施工受社会、人为、环境、自然条件等方面因素的影响，产生的工程质量缺陷的原因错综复杂，往往一项质量缺陷是由于多种原因引起。过对大量调查研究发现，虽然每次发生质量缺陷的原因各不相同，但有不少相同或相似之处。因此，一方面应注意调查资料积累，另一方面应采用科学的分析方法。分析的基本步骤和要领如下。

(1) 进行细致的现场调查研究，充分了解与掌握引发质量缺陷的现象和特征。

(2) 收集与质量缺陷有关的全部设计文件和施工资料，分析产生质量缺陷的环境条件。

(3) 分析可能产生质量缺陷的所有因素，找出产生质量缺陷的直接因素和关键因素。

(4) 进行必要的计算或模拟试验，揭示质量缺陷产生、发展和形成的机理。

(5) 提出结论性意见，为质量缺陷的处理提供依据。

3. 工程质量缺陷的处理

出现质量缺陷按下列程序处理。

(1) 发生工程质量缺陷后，项目监理机构签发监理通知单，责成施工单位进行处理。
(2) 施工单位进行质量缺陷调查、分析，提出经设计等相关单位认可的处理方案。
(3) 项目监理机构审查施工单位报送的质量缺陷处理方案，并签署意见。
(4) 施工单位按审查合格的方案实施处理，监理机构对处理工程进行跟踪检查。
(5) 质量缺陷处理完毕后，监理机构应处理结果进行复查验收，并提出复查意见。
(6) 质量缺陷处理记录整理归档。

8.4.2 工程质量事故及处理

1. 工程质量事故的概念

工程质量事故是指由于建设、勘察、设计、施工、监理等单位违反工程质量有关法律法规和工程建设标准，使工程产生结构安全、重要使用功能等方面的质量缺陷，造成人身伤亡或者重大经济损失的事故。

2. 工程质量事故的特点

(1) 复杂性。质量事故原因错综复杂，增加了质量事故分析与处理的复杂性。
(2) 严重性。工程项目一旦出现质量事故，造成人民财产巨大损失，危害极大。
(3) 可变性。工程项目出现质量问题后，质量状态处于不断发展变化中。
(4) 多发性。质量问题、质量事故经常发生，即使在同一项目上也会经常发生。

3. 工程质量事故的分类

住建部《关于做好房屋建筑和市政基础设施工程质量事故报告和调查处理工作的通知》规定：根据工程质量事故造成的人员伤亡或者直接经济损失，工程质量事故分为四个等级。本等级划分所称的"以上"包括本数，所称的"以下"不包括本数。

(1) 特别重大事故，是指造成 30 人以上死亡，或者 100 人以上重伤，或者 1 亿元以上直接经济损失的事故。
(2) 重大事故，是指造成 10 人以上 30 人以下死亡，或者 50 人以上 100 人以下重伤，或者 5000 万元以上 1 亿元以下直接经济损失的事故。
(3) 较大事故，是指造成 3 人以上 10 人以下死亡，或者 10 人以上 50 人以下重伤，或者 1000 万元以上 5000 万元以下直接经济损失的事故。
(4) 一般事故，是指造成 3 人以下死亡，或者 10 人以下重伤，或者 100 万元以上 1000 万元以下直接经济损失的事故。

4. 工程质量事故处理依据

进行工程事故质量处理的主要依据有四个方面。

(1) 质量事故的实况资料。施工单位的质量调查报告及监理单位调查研究所获得的资料,其内容包括:质量事故的情况、性质、原因,有关质量事故的观测记录及事故的评估。设计、施工以及使用单位对事故的意见和要求,事故涉及的人员与主要责任者的情况。

(2) 有关的合同文件。工程承包合同,设计委托合同,设备与材料购销合同,监理合同,分包合同等。

(3) 有关的技术文件和档案。如施工图纸、施工组织设计、有关建筑材料的质量证明资料等。

(4) 相关的建设法规。它包括法律、法规、规章及示范文本,如建设工程设计招标投标管理办法等。

5. 工程质量事故处理程序

工程质量事故发生后,一般可以按以下程序进行处理。

(1) 当出现质量缺陷或事故后,应停止有质量缺陷部位和其有关部位及下道工序施工,需要时,还应采取适当的防护措施。同时,要及时上报主管部门(参见事故报告)。

(2) 进行质量事故调查,主要目的是要明确事故的范围、缺陷程度、性质、影响和原因,为事故的分析处理提供依据。调查力求全面、准确、客观。

(3) 在事故调查的基础上进行事故原因分析,正确判断事故原因。

(4) 组织有关单位研究制订事故处理方案。制订的事故处理方案应体现安全可靠、不留隐患、满足建筑物的功能和使用要求、技术可行、经济合理等原则。

(5) 按确定的处理方案对质量缺陷进行处理。质量事故不论是何方的责任,通常都由施工单位负责实施。但如果不是施工单位的责任,应给予施工单位补偿。

(6) 在质量缺陷处理完毕后,应组织有关人员对处理结果进行严格检查、鉴定和验收,由监理工程师写出"质量事故处理报告",提交建设单位,并上报有关主管部门。

6. 工程质量事故报告及内容

(1) 质量事故发生后,事故现场有关人员应当立即向工程建设单位负责人报告;工程建设单位负责人接到报告后,应于1小时内向事故发生地县级以上人民政府有关部门报告。情况紧急时,现场有关人员可直接向事故发生地县级以上人民政府主管部门报告。

(2) 较大、重大及特别重大事故逐级上报至国务院住房和城乡建设主管部门,一般事故逐级上报至省级人民政府住房和城乡建设主管部门,必要时可以越级上报事故情况。

(3) 住房和城乡建设主管部门上报事故情况,应当同时报告本级人民政府;国务院住房和城乡建设主管部门接到重大和特别重大事故的报告后,应当立即报告国务院。

(4) 住房和城乡建设主管部门逐级上报事故情况时,每级上报时间不得超过2小时。

(5) 事故报告后出现新情况,以及事故发生之日起30日内伤亡人数发生变化的,应当及时补报。

工程质量事故报告的内容:事故发生的时间、地点、工程名称、各参建单位名称;事故发生的简要经过、伤亡人数和初步估计的直接经济损失;事故的初步原因;事故发生后采取的措施及事故控制情况;事故报告单位、联系人及联系方式;其他应当报告的情况。

7. 工程质量事故防治

工程质量事故重在预防，通常可以从工程技术、教育及管理三个方面采取预防措施。

1) 工程技术措施

工程技术措施内容广泛，具有代表性的有冗余技术和互锁装置。

在系统中纳入了多余的个体单元而保证系统安全的技术，便是"冗余技术"，通常也称为备用方式。如工程实践中，采用安全帽、安全绳、安全网形成对人身安全的立体保护，不至于一种保护措施失效就酿成事故。

互锁装置是利用它的某一个部件作用，能够自动产生或阻止发生某些动作，一旦出现危险，能够保障作业人员及设备的安全。如采用保护接地来保护现场用电的安全。

2) 教育措施

安全教育可采取多种形式，但最重要的是落到实处。

3) 管理措施

健全法律法规及质量安全保证体系；注重人员综合素质提高，建立培训制度；建立事故档案，追究事故责任，从事故中汲取经验教训。

8. 工程质量事故处理方案

质量事故处理方案，应当在正确分析和判断事故原因的基础上进行，通常可以根据质量缺陷的情况，有以下四类不同性质的处理方案。

(1) 修补处理。当工程的某些部分的质量虽未达到规范、标准或设计规定的要求，存在一定的缺陷，但经过修补后还可达到标准要求，又不影响使用功能或外观要求，在此情况下，可以做出进行修补处理的决定。属于修补处理的方案很多，有封闭保护、复位纠偏、结构补强、表面处理等。某些结构混凝土发生表面裂缝，根据其受力情况，仅作表面封闭保护即可等。

(2) 返工处理。当工程质量未达到规定的标准要求，有明显的严重质量问题，对结构的使用和安全有重大影响，而又无法通过修补的办法纠正所出现的缺陷情况，可以做出返工处理的决定。如某灰土垫层压实后，其压实土的干容重未达到规定的要求，可以进行返工处理，即挖除不合格土，重新填筑。十分严重的质量事故甚至要做出整体拆除的决定。

(3) 限制使用。当工程质量缺陷按修补方式处理无法保证达到规定的使用要求和安全的情况下，可以做出结构卸荷或减荷以及限制使用的决定。

(4) 不做处理。某些工程质量缺陷虽然不符合规定的要求或标准，但如果情况不严重，对工程或结构的使用及安全影响不大，经过分析、论证和慎重考虑后，也可做出不做专门处理的决定。可以不做处理的情况一般有以下几种。

① 不影响结构安全和使用要求。例某建筑物出现放线定位偏差，若要纠正则会造成重大经济损失，经分析论证后，其偏差不大，不影响使用要求，可不做处理。

② 有些不严重的质量缺陷，经过后续工序可以弥补的。如混凝土墙面轻微不平，可通过后续的抹灰、喷涂等工序弥补，可以不对该缺陷进行专门处理。

③ 出现的质量缺陷，经复核验算、仍能满足设计要求。如某结构构件断面尺寸有偏差，但复核后仍能满足设计的承载能力，可考虑不再处理。

9. 工程质量事故处理的鉴定验收

质量事故的处理是否达到了预期目的，是否仍留有隐患，应当通过检查验收和必要的鉴定做出确认。

(1) 检查验收。应严格按施工验收规范及有关标准的规定进行。
(2) 必要的鉴定。通过试验检测等方法获取必要的数据，进行鉴定。
(3) 验收结论。检查和鉴定的结论可以有以下几种。
① 事故已排除，可继续施工。
② 隐患已消除，结构安全有保证。
③ 经修补、处理后，完全能够满足使用要求。
④ 基本上满足使用要求，但使用时应有附加的限制条件。
⑤ 对耐久性的结论。
⑥ 对建筑物外观影响的结论等。
⑦ 对短期难以做出结论者，可提出进一步观测检验的意见。

事故处理后，监理工程师还必须提交事故处理报告，其内容包括：事故调查报告，事故原因分析，事故处理依据，事故处理方案、方法及技术措施，处理施工过程的各种原始记录资料，检查验收记录，事故结论等。

10. 工程质量问题和质量事故的处理案例分析

【例 8-5】某印刷车间主体工程为钢筋混凝土框架式结构，设计要求混凝土抗压强度达到 C25。在其第一层钢筋混凝土柱浇筑完毕拆模后，监理工程师检查发现，钢筋混凝土柱的外观质量很差，用锤轻敲即有混凝土碎块脱落。但施工单位提交的施工现场取样的混凝土强度试验结果达到了设计要求。

问题：(1) 作为监理工程师，处理上述问题的程序是什么？

(2) 假如经有资质的部门鉴定该层钢筋混凝土柱质量严重不合格，混凝土取样试块强度甚至不足 C20，你认为应当如何处理？

【答案】(1) 该质量事故发生后，监理工程师可按下述程序处理。
① 监理工程师应首先指令施工单位暂停施工。
② 要求施工单位在有监理方现场见证的情况下，请具有相应资质的检测机构从已浇筑的柱体上钻孔取样进行抽样检验。
③ 根据抽检结果判断质量问题的严重程度，必要时需通过建设单位请原设计单位及质量监督机构参加对该质量问题进行分析判断。
④ 根据判断的结果及质量问题产生的原因决定处理方案。
⑤ 指令施工单位按批准的方案进行处理，监理方应跟踪监督。
⑥ 经处理及施工单位自检合格后，监理工程师复检合格加以确认。

⑦ 明确质量责任，按责任归属承担责任。

(2) 根据本问题所述检验结果，该层钢筋混凝土柱应当全部返工重新浇灌混凝土。由此产生的经济损失及工期延误由施工单位承担责任。监理工程师在对施工单位抽样检验的环节中失控，应对建设单位承担一定的失职责任。

8.5 工程项目质量控制的统计分析

8.5.1 质量统计数据

1. 质量统计数据的收集及抽样目的

质量数据是进行质量控制的基础，质量数据的产生依赖于抽样检验。

抽样检验的基本思想是从整批产品中随机抽取部分产品作为样本，根据对样本的检验结果，使用一定的判断规则，去推断整批产品的质量水平。对于非破坏性检验，如果批量小且检验费用低，采用100%的检验是可行的。如果批量大或检验费用高，采用100%的检验是不可行的。对于破坏性检验，如钢筋质量鉴定，砌块的强度检测等，绝对不允许进行100%的检验，只允许抽样检验。

抽样检验的目的，就是根据样本的质量特征分析判断已经制造出来的全部成品、半成品及原材料等质量是否符合技术标准。

2. 质量样本数据的特征值

(1) 均值。即样本的算术平均值。它表示数据集中的位置。

(2) 中位数。先将样本中的数据按大小排列，样本为奇数时，中间的一个数即为中位数；样本为偶数时，中间两个数的平均值即为中位数。

(3) 极值。一个样本中的最大值和最小值称为极值。

(4) 极差值。样本中最大值与最小值之差称为极差值，它表示数据的分散程度。

(5) 标准偏差。用以衡量数据偏离算术平均值程度的标准。标准偏差越小，偏离平均值越少，反之亦然。样本的标准偏差用 S 表示：

$$S = \sqrt{\frac{\sum_{i=1}^{n}(x_i - \mu)^2}{n-1}} \tag{8-1}$$

式中：x_i ——第 i 个样品的数值；

μ ——样本均值；

n ——样本大小。

(6) 变异系数。当两组数据测量尺度相差太大或量纲不同，无法直接用标准差来比较两组数据离散程度的大小，可用标准差与其平均数的比，即变异系数进行比较，变异系数消除了测量尺度和量纲的影响，较客观地表示了数据相对的分散程度。用 C_v 表示。

$$C_v = \frac{S}{\mu} \times 100\% \text{(样本)} \tag{8-2}$$

例如，已知甲组指标均值 180kg，标准差为 9kg，乙组指标均值 200kg，标准差为 10kg，单用标准差比较时，甲组指标变异小，其实二者变异程度均为 5%。

3. 质量数据的特性

质量数据具有个体数值的波动性，样本或总体数据的规律性。即在质量检测中，个体质量特性数值具有互不相同性、随机性。但样本或总体数据呈现出发展变化的内在规律性。在质量数据统计分析中，常用三类指标反映数据的规律性，一是数据的集中位置，二是数据的分散程度，三是数据的分布规律。这些数据特性揭示了产品质量的过程能力。

4. 质量波动原因

质量波动也称质量变异，其影响因素分为偶然性因素和系统性因素两大类。

(1) 偶然性因素。又称随机性因素，经常是随机发生的、不可避免的、难以控制和难以消除的因素，或者是在经济上不值得消除的因素。这类因素对质量影响很小，属于允许偏差范围的波动，生产过程正常稳定。通常把影响因素的微小变化归为偶然性原因。

(2) 系统性因素。系统性因素是可控制的、易消除的因素。这类因素不经常发生，但对工程质量的影响较大。质量的波动属于非正常波动，即非正常变异。如：材料的规格、型号不对；机械设备故障或过度磨损；工人违规操作等。

质量控制的目标就是要查找系统性因素并加以排除，使质量只受随机偶然性因素的影响。随着科学技术的发展，两类因素在一定条件下可以相互转化，因而它们的区别是相对的，关键是要加强对它们的预测和控制。

8.5.2 质量控制常用统计分析方法

广泛地采用统计分析技术能使质量管理工作的效益和效率不断提高。质量控制中常用的七种工具和方法是：分层法、调查表法、排列图法、因果分析图法、相关图法、直方图法和控制图法。

1. 分层法

分层法是将收集来的数据，按不同情况和不同条件分组，每组叫作一层。所以，分层法又称为分类法或分组法。分层的方法很多，可按班次、日期分类；按操作者、操作方法、检测方法分类；可按设备型号、施工方法分类；可按使用的材料规格、型号、供料单位分类等。

分层法一般用于将原始数据进行分门别类，使人们能从不同角度分析产品质量问题和影响因素，现举例来说明分层法的应用。

【例 8-6】某批钢筋的焊接由三个师傅操作，而焊条是两个厂家提供的产品，对钢筋焊接质量调查了 50 个焊接点，其中不合格的 19 个，不合格率为 38%。存在严重的质量问题，用分层法分析质量问题的原因。

【解】(1) 按操作者分层，如表 8-7 所示。从分析结果看出，焊接质量最好的 B 师傅，不合格率为 25%。

表 8-7 按操作者分类

操 作 者	不合格点数	合格点数	不合格率/%
A	6	13	32
B	3	9	25
C	10	9	53
合计	19	31	38

(2) 按供应焊条的厂家分层，如表 8-8 所示。发现不论是采用甲厂还是乙厂的焊条，不合格率都很高而且相差不多。

表 8-8 按供应焊条工厂分层

工 厂	不 合 格	合 格	不合格率/%
甲	9	14	39
乙	10	17	37
合计	19	31	38

(3) 综合分层。将操作者与供应焊条的厂家接合起来分层，如表 8-9 所示。根据表 8-9 的综合分析可知，在使用甲厂的焊条时，应使用 B 师傅的操作方法为好；在使用乙厂的焊条时，应采用 A 师傅的操作方法为好，这样会使合格率大大提高。

表 8-9 综合分层分析焊接质量

操 作 者	统计项目	甲 厂	乙 厂	合 计
A	不合格点数	6	0	6
	合格点数	2	11	13
B	不合格点数	0	3	3
	合格点数	5	4	9
C	不合格点数	3	7	10
	合格点数	7	2	9
合计	不合格点数	9	10	19
	合格点数	14	17	31

2. 调查表法

调查表法又称调查分析法、检查表法，是收集和整理数据用的统计表，利用这些统计表对数据进行整理，并可粗略地进行原因分析。按使用的目的不同，常用的检查表有：工序分布检查表、缺陷位置检查表、不良项目检查表、不良原因检查表等。调查表形式灵活，简便实用，与分层法结合，可更快、更好地找出问题的原因。如表 8-10 所示是混凝土预制板不合格项目调查表。

表 8-10 预制混凝土板不合格项目

序 号	项 目	检查记录	小 计	备 注
1	强度不足	正正正正正	25	
2	蜂窝麻面	正正正正	20	
3	局部露筋	正正正	15	
4	局部有裂缝	正正	10	
5	折断	正	5	

3. 排列图法

排列图法又叫主次因素分析图或巴雷特图，如图 8-2 所示。是用来寻找影响产品质量的主要因素的一种有效工具。排列图由两个纵坐标，一个横坐标，若干个直方形和一条曲线组成。其中左边的纵坐标表示频数，右边的纵坐标表示频率，一般这两个纵坐标是相关的，累计频数与累计频率标度一致；横坐标表示影响质量的各种因素。若干个直方形分别表示质量影响因素的项目，直方形的高度则表示影响因素的大小程度，按大小由左向右排列。曲线表示各影响因素出现的累计频率百分数，这条曲线叫巴雷特曲线。一般把影响因素分为三类，累计频率在 0%~80%范围的因素，称为 A 类因素，是主要因素，以便集中力量加以重点解决；在 80%~90%范围内的为 B 类，是次要因素；在 90%~100%范围内的为 C 类，是一般因素。

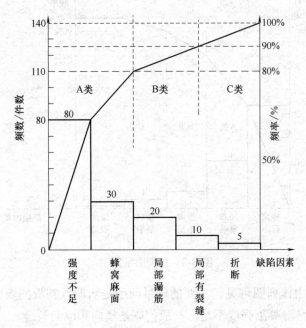

图 8-2 一般形式排列图

下面举例说明排列图的基本作法及观察分析。

【例 8-7】某工程施工监理中，监理工程师对承建商在施工现场制作的水泥预制板进行质量检查，抽查了 500 块，发现其中存在如表 8-11 所示的质量问题。

问题：(1) 产品的主要质量问题是什么？

(2) 监理工程师应如何处理？

【解】(1) 采用排列图法分析产品的主要质量问题。

第一步，针对本题特点，应选择排列图法进行分析。

第二步，根据检查记录，按不良品数由大到小进行整理排列，算出频率和累计频率，如表 8-11 所示。

表 8-11　预制板质量问题及相关资料

序　号	存在问题项目	出现问题频数	出现问题频率/%	累计频率/%
1	蜂窝麻面	22		55
2	局部露筋	10		80
3	强度不足	4		90
4	横向裂缝	3		97.5
5	纵向裂缝	1		100
合计	存在问题项目	40		

第三步，绘制排列图，如图 8-3 所示。

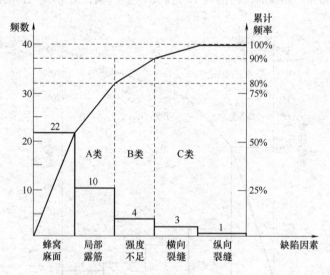

图 8-3　排列图示例

第四步，分析。由排列图可见，主要的质量问题是水泥预制板的表面出现蜂窝麻面和局部露筋，次要问题是混凝土强度不足，一般问题是横向和纵向裂缝。

(2) 出现质量问题后的处理。

监理工程师应要求承建商提出具体的质量改进方案，分析产生质量问题的原因，制定具体的措施提交监理工程师审查,经监理工程师审查确认后,由施工单位实施改进。执行过程中,监理工程师应严格监控。

4. 因果分析图法

因果分析图法又称特性要因图,是用来寻找质量问题产生原因的有效工具。

因果分析图的作法是:首先明确质量特性结果,绘出质量特性的主干线。也就是明确制作什么质量的因果图,把它写在右边,从左向右画上带箭头的框线。然后分析确定可以影响质量特性的大原因(大枝),一般有人、机械、材料、方法和环境五个方面。再进一步分析确定影响质量的中、小和更小原因,即画出中小细枝,如图8-4所示。

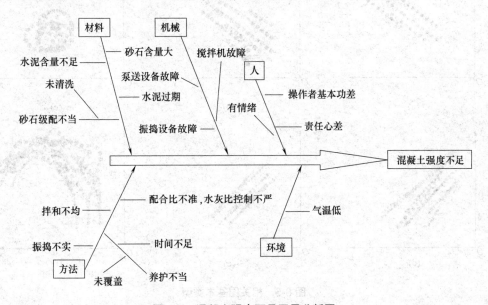

图8-4 混凝土强度不足因果分析图

对重要的影响原因还要用标记或文字说明,以引起重视。最后对照各种因素逐一落实,制定对策,限期改正,只有这样才能起到因果分析的作用。

画图时应注意找准质量特性结果,以便查找原因。同时要广泛正确征求意见,特别是现场有实践经验人员的意见,并集中有关人员,共同分析,确定主要原因。分析原因要深入细致,从大到小,从粗到细,抓住真正的原因。

5. 相关图法

相关图法又称散点图法,它是将两个变量(两个质量特性)间的相互关系用一个直角坐标表示出来,从相关图中点子的分布状况就可以看出两个质量特性间的相互关系,以及关系的密切程度。

相关图的几种基本类型如图8-5所示,分别表示以下关系。

(1) 正相关:因素 x 增加,结果 y 也明显增加,如图8-5(a)所示。

(2) 弱正相关:因素 x 增加,结果 y 略有增加,如图8-5(b)所示。

(3) 不相关:因素 x 与结果 y 没有关系,如图8-5(c)所示。

(4) 弱负相关：因素 x 增加，结果 y 略有减小，如图 8-5(d)所示。

(5) 负相关：因素 x 增加，结果 y 明显减小，如图 8-5(e)所示。

(6) 非线性相关：因素 x 增加到某一范围时，结果 y 也增加，但超过一定范围后 y 反而减小，如图 8-5(f)所示。

从图 8-5(a)和(e)两种图形可以判断 x 是质量特性 y 的重要影响因素，而控制好因素 x，就可以把结果 y 较为有效地控制起来。

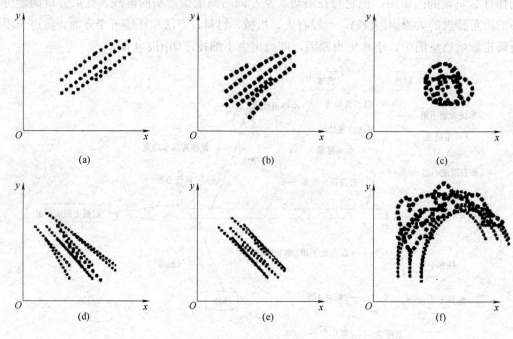

图 8-5　相关图基本类型

6. 直方图法

直方图又称为质量分布图，利用直方图可分析产品质量的波动情况，了解产品质量特征的分布规律，以及判断生产过程是否正常的有效方法。直方图还可用来估计工序不合格品率的高低、制定质量标准、确定公差范围、评价施工管理水平等。下面以实例来说明直方图的画法及应用。

1) 直方图的画法

(1) 数据的收集与整理。例如，某工地在一个时期内生产的 C30 混凝土，共做试块 100 块，抗压强度如表 8-12 所示。由该表中找出全体数据中最大值为 34.7，最小值为 27.4，两者之差即 34.7-27.4=7.3，称为极差，用符号 R 表示。

表 8-12　混凝土试块强度统计数据表　　　　　　　　　　　　　　　　单位：N/mm²

组号	各组中的数据序号										组中最大	组中最小
	1	2	3	4	5	6	7	8	9	10		
1	32.3	31.0	32.6	30.1	32.0	31.1	32.7	31.6	29.4	31.9	32.7	29.4
2	32.2	32.0	28.7	31.0	29.5	31.4	31.7	30.9	31.8	31.6	32.2	28.7

续表

组号	各组中的数据序号										组中最大	组中最小
	1	2	3	4	5	6	7	8	9	10		
3	31.4	34.1	31.4	34.0	33.5	32.6	30.9	30.8	31.6	30.4	34.1	30.4
4	31.5	32.7	32.6	32.0	32.4	31.7	32.7	29.4	31.7	31.6	32.7	29.4
5	30.9	32.9	31.4	30.8	33.1	33.0	31.3	32.9	31.7	31.6	32.7	29.4
6	30.3	30.4	30.6	30.9	31.0	31.4	33.0	31.3	31.9	31.8	33.0	30.4
7	31.9	30.9	31.1	31.3	31.9	31.3	30.8	30.5	31.4	31.3	31.9	30.5
8	31.7	31.6	32.2	31.6	32.7	32.6	27.4	31.6	31.9	32.0	32.7	27.4
9	34.7	30.3	31.2	32.0	34.3	33.5	31.6	31.3	31.6	31.0	34.7	30.3
10	30.8	32.0	31.3	29.7	30.5	31.6	31.7	30.4	31.1	32.7	32.7	29.7

(2) 确定直方图的组数和组距，组数多少要按收集数据的多少来确定。当数据总数为 50～100 时，可分为 8～12 组，组数用字母 K 表示。为了方便，通常可选定组数，然后算出组距，组距用字母 h 表示。

组数与组距的关系式是：组数 = $\dfrac{极差}{组距}$，即 $K = \dfrac{R}{h}$。

本例组数选定 $K=10$ 组，则组距 $h = \dfrac{R}{K} = \dfrac{7.3}{10} = 0.73 \approx 0.8$。

(3) 确定数据分组区间。数据分组区间应遵循如下的规则来确定：相邻区间在数值上应当是连续的，即前一区间的上界值应等于后一区间的下界值；要避免数据落在区间的分界上。为此，一般把区间分界值精度比数据值精度提高半级。即第一区间的下界值，可取最小值减 0.05；上界值采用最小值减 0.05 再加组距，本例中：

第一区间下界值=最小值-0.05=27.4-0.05=27.35

第一区间上界值=第一区间下界值+h=27.35+0.8=28.15

第二区间下界值=第一区间上界值=28.15

第二区间上界值=其下界值+h=28.15+0.8=28.95。以下类推。

(4) 编制频数分布统计表。根据确定的各个区间值，就可以进行频数统计，编制出频数分布统表，如表 8-13 所示。

表 8-13　频数分布统计表

序 号	分组区间	频 数	序 号	分组区间	频 数
1	27.35～28.15	1	6	31.35～32.15	37
2	28.15～28.95	1	7	32.15～32.95	15
3	28.95～29.75	4	8	32.95～33.75	5
4	29.75～30.55	8	9	33.75～34.55	3
5	30.55～31.35	25	10	34.55～35.35	1
合　计					100

(5) 绘制频数直方图。用横坐标表示数据分组区间,纵坐标表示各数据分组区间出现的频数。本例中混凝土强度频数直方图如图8-6所示。

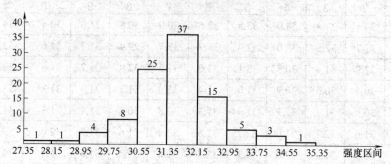

图8-6　混凝土强度直方图

2) 直方图分布状态的分析

对直方图分布状态进行分析,可判断生产过程是否正常,常见的直方图分析如下。

(1) 正态分布,如图8-7(a)所示。说明生产过程正常、质量稳定。

(2) 偏态分布,如图8-7(b)、(c)所示。由于技术或习惯上原因,或由于上(下)限控制过严造成的。

(3) 锯齿分布,如图8-7(d)所示。由于组数或组距不当,或测试所用方法和读数有问题所致。

(4) 孤岛分布,如图8-7(e)所示。由于原材料变化如少量材料不合格,或工人临时替班所致。

(5) 陡壁分布,如图8-7(f)所示。往往是剔除不合格品、等外品或超差返修后造成的。

(6) 双峰分布,如图8-7(g)所示。把两种不同方法、设备生产的产品数据混淆在一起所致。

(7) 平峰分布,如图8-7(h)所示。生产过程中有缓慢变化的因素起主导作用的结果。

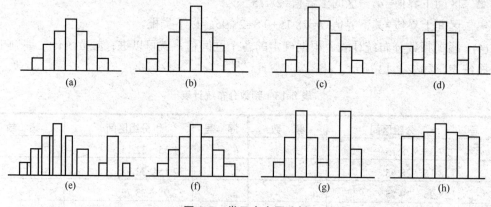

图8-7　常见直方图分析

3) 直方图施工能力分析

将正常型直方图与质量标准进行比较,可判断实际施工能力。如图8-8所示,T表示质量标准要求的界限,B代表实际质量特性值分布范围。比较结果一般有以下几种情况。

(1) B 在 T 中间,两边各有一定余地,这是理想的情况,如图 8-8(a)所示。
(2) B 虽在 T 之内,但偏向一边,有超差的可能,需要采取纠偏措施,如图 8-8(b)所示。
(3) B 与 T 相重合,实际分布太宽,易超差,要减少数据的分散,如图 8-8(c)所示。
(4) B 过分小于 T,说明加工过于精确,不经济,如图 8-8(d)所示。
(5) 由于 B 过分偏离 T 的中心,造成很多废品,需要调整,如图 8-8(e)所示。
(6) 实际分布范围 B 过大,产生大量废品,说明不能满足技术要求,如图 8-8(f)所示。

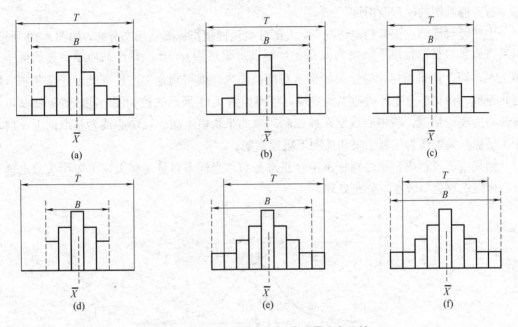

图 8-8 实际质量分布与标准质量分布比较

7. 控制图法

控制图法又称管理图法,它可动态地反映质量特性随时间的变化,从而实现其对工序质量的动态控制。

控制图的基本形式如图 8-9 所示,纵坐标为质量特性值,横坐标为子样编号或取样时间。图中有三条线,中间的一条细实线为中心线,是数据的均值,用 CL 表示,上下两条虚线为上控制界限 UCL 和下控制界限 LCL。在生产过程中,按时间抽取子样,测量其特征值,将其统计量作为一个点画在控制图上,然后连接各点成为一条折线,即表示质量波动情况。

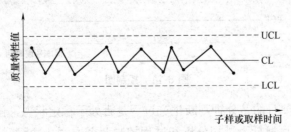

图 8-9 控制图基本样式

1) 控制图的分类

控制图按用途可分为分析用控制图和管理用控制图。前者主要用来分析判断生产过程是否处于稳定状态。管理用控制图主要用来控制生产过程，使之经常保持在受控状态。

控制图按质量数据特点分为计量值控制图和计数值控制图。前者主要适用于质量特性值属于计量值的控制，如时间、长度、重量、强度、成分等连续型变量。后者通常用于控制质量数据中的计数值，如不合格品数、不合格品率、单位面积上的疵点数等离散型变量。

2) 控制图的原理及用途

生产经营活动在正常稳定情况下，大部分质量控制指标服从正态分布，如图8-10所示。如果将质量合格的标准下限定为 $\mu-3\sigma$，标准上限定为 $\mu+3\sigma$，则产品质量合格的概率为99.73%，即，质量指标检验结果如果落在此范围内，就可判定生产过程处于正常状态。应用此原理，将正态分布图做适当的变换，可得如图8-11所示的控制图。即，控制图是以正态分布为理论依据，将中心线定在被控制对象的平均值上面，以中心线为基准向上、向下各3倍标准偏差作为控制上限和控制下限绘制的。

如果生产过程质量特性指标不符合正态分布，当样本容量足够大，可应用大数定理和中心极限定理近似成正态分布处理。

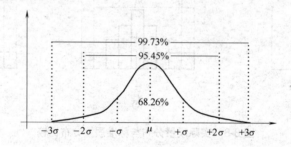

图8-10 正态分布图

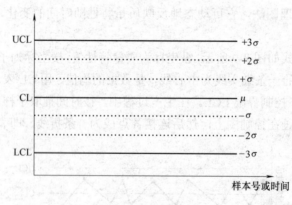

图8-11 控制图

应用控制图的主要目的是分析判断生产过程是否处于稳定状态，预防不合格品的发生。因此，控制图的用途可概括为过程分析和过程控制两个方面。过程分析，即分析生产过程是否稳定。为此，应随机连续收集数据，绘制控制图，观察数据点分布情况并判定生产过程状态。过程控制，即控制生产过程质量状态。为此，要定时抽样取得数据，将其变为数据点描在图上，以便发现并及时消除生产过程中的异常现象。为此，需要对控制图进行科学地观察分析。

3) 生产过程正常状态的判定

当控制图同时满足以下两个条件时，就认为生产过程基本上处于正常状态。

(1) 点子几乎全部落在控制界线内。应符合三个要求，连续 25 点以上处于控制界限内；连续 35 点中仅有 1 点超出控制界限；连续 100 点中不多于 2 点超出控制界限。

(2) 点子排列是随机的，且没有缺陷。

4) 生产过程异常状态的判定

如果点子的分布满足以下任何一条，都应判断生产过程为异常。

(1) 相当数量的点子落在控制界线外。根据正态分布的 3σ 规则，超过百分之 2.7 的点子落在界限外，就认为异常过程。

(2) 点子在控制界限内排列有缺陷。是指点子排列出现了下述情况。

链：指点子连续出现在中心线一侧的现象；

多次同侧：指点子在中心线一侧多次出现的现象，或称偏离；

趋势或倾向：指点子连续上升或连续下降的现象；

周期性变动：即点子的排列显示周期性变化的现象；

接近控制界限：指点子落在 $\mu\pm2\sigma$ 以外和 $\mu\pm3\sigma$ 以内，或其他情况。

5) 点子排列有缺陷的判定

《常规控制图》(GB/T 4091)中规定了 8 种判异准则，为便于表述，将控制图等分为 6 个区域，每个区域宽 1σ，用 A、B、C、C、B、A 表示。需要指明的是这些判异准则主要适用于平均值控制图和单值 X 图，且假定质量特性 X 服从正态分布。

(1) 一点落在 A 区以外，如图 8-12(a)所示。

(2) 连续 9 点落在中心线同一侧，如图 8-12(b)所示。

(3) 连续 6 点递增或递减，如图 8-12(c)所示。

(4) 连续 14 点中相邻点交替上下，如图 8-12(d)所示。

(5) 连续 3 点中有 2 点落在中心线同一侧的 B 区以外，如图 8-12(e)所示。

(6) 连续 5 点中有 4 点落在中心线同一侧的 C 区以外，如图 8-12(f)所示。

(7) 连续 15 点落在中心线两侧的 C 区内，如图 8-12(g)所示。

(8) 连续 8 点落在中心线两侧且无一在 C 区内，如图 8-12(h)所示。

6) 控制图的两类错误

(1) 虚发警报的错误。在生产过程稳定的情况下，由于偶然因素而使点子出界，据此判定生产过程出现异常，就犯了虚发警报的错误，即将正常判定为异常的错误，用 α 表示。

(2) 漏发警报的错误。当生产过程出现异常情况时，如果抽检时，正好抽到未出界的点子，据此判定生产过程正常，就犯了漏发警报的错误，即异常判定为正常的错误，用 β 表示。发生两类错误是不可避免的。由于控制图上下界限的间距是对称，若将控制界限的间距增大，则 α 减小 β 增大；反之，α 增大 β 减小。因此，可根据这两类错误造成的总损失最小来确定上下控制界限，以减少两类错误的发生。

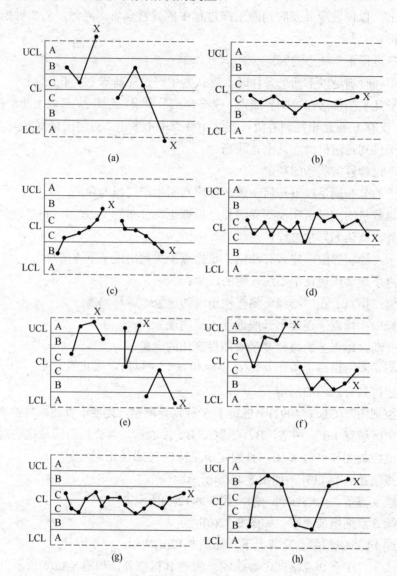

图 8-12 控制图的观察分析

7）控制图的重要性

控制图所以能获得广泛应用，主要是由于它能起到下列作用。

（1）贯彻预防为主的原则。应用控制图有助于保持生产过程处于控制状态，从而起到保证质量防患于未然的作用。

（2）改进生产过程。应用控制图可以减少废品和返工，从而提高生产率、降低成本和增加生产能力。

（3）防止不必要的过程调整。控制图可用以区分质量的偶然波动与异常波动，从而使操作者减少不必要的过程调整。

(4) 提供有关工序能力的信息。控制图可以提供重要的生产过程参数以及它们的时间稳定性，这对于生产过程的设计和管理是十分重要的。

复 习 题

一、单项选择题(每题备选项中，只有一个最符合题意)

1. 工程质量是指工程满足业主需要的，符合国家法律法规、标准、( )的特性总和。
   A. 必须履行   B. 技术文件及合同规定
   C. 满足隐含要求   D. 满足明示要求

2. 工程设计行业资质按照其工作性质划分，资质等级( )。
   A. 分为甲、乙级   B. 分为甲、乙、丙级
   C. 不设级别   D. 分为一、二级

3. 工程质量检验评定中，按同一生产条件汇总起来供检验用的，由一定数量样本组成的检验体，称为( )。
   A. 分项工程   B. 分部工程   C. 检验批   D. 抽样检验方案

4. 检验批的质量验收记录表由施工项目专业质量检查员填写，( )组织项目专业质量检查员等进行验收。
   A. 项目经理   B. 施工技术负责人
   C. 监理工程师   D. 专业工程师

5. 直接经济损失在( )万元的工程质量事故为一般质量事故。
   A. 1000~5000   B. 100~1000   C. 5000~10000   D. 10~100

6. 从引起施工质量波动的原因看，施工过程应着重控制( )。
   A. 偶然性原因   B. 4M1E原因   C. 系统性原因   D. 物的原因

7. 设置施工质量控制点是( )的内容。
   A. 施工作业质量预控   B. 施工作业质量实时监控
   C. 施工作业质量检验   D. 施工准备

8. 针对工程项目质量形成的影响因素多的特点，可以将质量问题分门别类进行分析，从而准确地找出质量问题的原因，这是( )的基本思想。
   A. 排列图法   B. 因果分析图法
   C. 直方图法   D. 分层法

9. 对产品每一质量问题逐层排查可能原因，再确定最主要原因的方法称为( )。
   A. 直方图法   B. 主因素分析法
   C. 排列图法   D. 因果分析图法

10. 工程质量事中控制包括自控和监控两大环节，其关键是( )。
    A. 操作者的自我控制   B. 企业内部管理者的检查检验

C. 监理单位的监控 D. 政府质量监督部门的监控

11. 排列图是将影响质量的因素按照其( )进行排列的。
   A. 出现频率大小 B. 累计频率大小
   C. 严重程度 D. 出现先后顺序

12. 直方图分布形状和分布区间的宽窄是由质量特性统计数据的( )决定的。
   A. 中位数和标准偏差 B. 平均值和标准偏差
   C. 中位数和平均值 D. 中位数和极差

13. 若工程施工质量直方图呈正态分布则说明施工过程质量处于( )。
   A. 临界状态 B. 异常状态 C. 没有任何含义 D. 正常、稳定状态

14. 建筑工程施工质量验收最终要以书面形式给出的评定结论应为( )。
   A. 合格或不合格 B. 优、良或不合格
   C. 优、良、合格或不合格 D. 好、一般或差

15. 工地分别从甲厂和乙厂购买了焊条，工人张三和王五用这些焊条对工程进行了焊接作业，通过质量检查，结果如表8-14所示。其中工人王五应选用( )的焊条进行作业。

表8-14

焊接工人	检查结果	甲厂		乙厂	
		焊点	不合格率/%	焊点	不合格率/%
张三	不合格	20	40	6	X1
	合格	30		14	
王五	不合格	5	X2	10	50
	合格	20		10	

   A. 甲厂 B. 乙厂 C. 不能确定 D. 两者均可

二、多项选择题(每题备选项中，至少有2个符合题意，多选、错选不得分)

1. 政府的工程质量控制，主要是抓( )等环节进行。
   A. 工程报建 B. 验收备案 C. 施工许可
   D. 资质监管 E. 工程协调

2. 施工质量控制的依据有( )。
   A. 工程合同和设计文件
   B. 质量管理体系文件
   C. 质量手册
   D. 质量管理方面的法律法规性文件
   E. 有关质量检验和控制的专门技术法规性文件

3. 建设工程质量的特性主要表现在( )等方面。
   A. 明示要求 B. 功能 C. 隐含要求
   D. 寿命 E. 可靠性

4. 质量检验的主要方法有( )。
   A. 目测法　　　　　　B. 量测法　　　　　　C. 分层法
   D. 控制图法　　　　　E. 试验法
5. 工程质量事故处理的依据主要有( )。
   A. 质量事故的实况资料　　B. 有关合同资料　　C. 质量事故分类
   D. 有关技术文件和档案　　E. 相关建设法规
6. 影响工程质量的因素主要有( )等。
   A. 工程材料　　　　　　B. 机械设备　　　　　C. 人员素质
   D. 评价方法　　　　　　E. 环境条件
7. 在排列图法中，下列关于A类问题的说法中，正确的是( )。
   A. 累计频率在0～80%区间的问题　　B. 为一般问题
   C. 为次重要问题　　　　　　　　　　D. 要进行重点管理的问题
   E. 为最不重要的问题
8. 建设项目的各参与方在工程质量控制中，应( )等原则。
   A. 坚持质量第一　　　　B. 坚持以人为核心　　C. 坚持以预防为主
   D. 坚持质量标准　　　　E. 坚持三全管理的思想
9. ISO9000—2000族标准的核心标准有( )等。
   A. ISO9000　　　　　　B. ISO9001　　　　　　C. ISO9002
   D. ISO9003　　　　　　E. ISO9004
10. 在质量管理的工具和方法中，直方图一般是用来( )。
    A. 分析生产过程质量是否处于稳定状态　　B. 找出影响质量问题的主要因素
    C. 分析产品质量特征的分布规律　　　　　D. 逐层分析质量问题产生的原因
    E. 分析质量水平是否保持在公差允许的范围内

三、案例分析题

【案例一】 某工程施工过程中，施工单位未经监理工程师事先同意，订购了一批饰面材料，饰面材料运抵施工现场后监理工程师进行了检验，发现施工单位未能提交产品合格证、质量保证书和检测证明资料，装饰材料外观粗糙、标识不清，且有锈斑。

问题：监理工程师应如何处理本案例中的问题？

【案例二】 某工程进行到某层吊顶工程施工时，施工单位按照规定，提前24小时向监理单位提出对吊顶工程进行隐蔽验收的申请，经监理验收合格后，施工单位进行了覆盖，并继续下道工序的施工。这时监理单位忽然提出要对已覆盖的隐蔽工程重新检查验收，施工单位认为隐蔽项目已经过监理单位验收，且验收合格，因此拒绝了监理单位的要求，双方产生分歧。

问题：(1) 施工单位的做法是否正确。
(2) 对已验收的隐蔽项目重新验收，由此造成的工期与费用损失由谁承担。

【案例三】 甲单位承担了某工程施工总承包任务，依法将钢结构工程分包给A单位。

基坑开挖完成后，经甲单位申请验槽，总监理工程师仅核对基坑位置后就结束验槽工作。施工中，A 单位使用的高强螺栓未经报验，发生了因高强螺栓不符合质量标准导致的钢梁高空坠落事故，直接经济损失 6 万元。

问题：(1) 验槽的组织方式是否妥当？基坑验槽包括哪些内容？

(2) 发生的质量事故，各单位应承担的责任及理由。

(3) 该事故属于哪一类工程质量事故？处理此事故的依据是什么？

四、分析计算题

1. 对某工程楼地面质量进行调查，发现有 80 间房间地面起砂，统计结果如表 8-15 所示，试绘制地面起砂原因排列图，并加以分析。

表 8-15 地面起砂原因统计结果

起砂原因	出现房间数	起砂原因	出现房间数
砂含泥量过大	17	砂浆配合比不当	7
砂粒径过大	47	水泥标号太低	3
养护不良	5	压光不足	1

2. 某大型基础工程的混凝土设计强度为 C30。在混凝土开始浇筑后，施工单位按规定预留了 40 组混凝土试块，根据其抗压强度试验结果绘制出频数分布情况如表 8-16 所示。

如已知 C30 混凝土强度质量控制范围取值为：上限 T_u=38.2MPa，下限 T_L=24.8MPa，请绘制频数直方图，并对混凝土浇筑质量给予全面评价。

表 8-16 混凝土试块抗压强度试验结果

组 号	分组区间	频 数	频 率
1	25.15～26.95	2	0.05
2	26.95～28.75	4	0.10
3	28.75～30.55	8	0.20
4	30.55～32.35	11	0.275
5	32.35～34.15	7	0.175
6	34.15～35.95	5	0.125
7	35.95～37.75	3	0.075

第 9 章 施工项目管理规划

【学习要点及目标】

- 熟悉施工方案的确定,掌握施工机械的选择方法。
- 掌握施工进度计划的编制方法。
- 熟悉施工平面图的设计方法。

【核心概念】

施工项目管理规划、施工准备、施工方案、施工进度计划、施工平面图。

9.1 施工项目管理规划概述

9.1.1 施工项目管理规划的作用及分类

1. 施工项目管理规划的概念

施工项目管理规划是对施工项目全过程中的各种管理工作、各种管理过程以及各种管理要素进行全面计划的文件，是对施工组织设计内容的进一步扩充和完善，是指导施工活动的技术经济文件。编制施工项目管理规划的目的如下。

(1) 在投标前，通过施工项目管理规划大纲对施工项目的总目标、施工项目的管理过程和投标过程进行全面规划，争取中标，并签订一个既符合发包方要求，承包商又能够取得综合效益的承包合同。

(2) 在施工合同签订后，通过施工项目管理实施规划，保证施工项目安全、高效、有秩序地进行，全面完成施工合同责任，实现施工项目的目标。

2. 施工项目管理规划的作用

(1) 施工项目管理规划是指导施工活动的基本依据，是对施工全过程实行科学管理的重要手段和措施。

(2) 施工项目管理规划保证拟建工程按期交付使用，是实现建设目标的保证。

(3) 施工项目管理规划为拟建工程设计方案实施的可能性提供论证依据。

(4) 施工项目管理规划为建设单位编制基本建设计划和施工企业编制施工计划提供依据。

(5) 施工项目管理规划是协调各方关系及各施工过程之间关系的依据之一。

3. 施工项目管理规划的分类

施工项目管理规划包括两类文件。

(1) 施工项目管理规划大纲。在取得招标文件后用于指导承包人编制投标文件、投标报价和签订施工合同(相当于标前的施工组织设计)。

(2) 施工项目管理实施规划。在施工合同签订后，用于策划施工项目计划目标、管理措施和实施方案，保证施工合同的顺利实施(相当于标后的施工组织设计)。

9.1.2 施工项目管理规划的编制要求

(1) 符合招标文件、合同条件以及发包人(包括监理工程师)对工程的要求。

(2) 具有科学性和可执行性，能符合实际，能较好地反映以下问题。

① 工程环境、现场条件、气候、当地市场的供应能力等。

② 施工项目相关各方的实际能力。例如承包人的施工能力、供应能力、设备装备水平、管理水平和所能达到的生产效率，过去同类工程的经验等；发包人对整个建设项目所采用的分标方式和管理模式、支付能力、管理和协调能力、材料和设备供应能力等。

(3) 符合施工工程自身的客观规律性，按照工程的规模、工程范围、复杂程度、质量标准、工程施工自身的逻辑性和规律性编制规划。

(4) 符合国家和地方的法律、法规、规程、规范。

(5) 符合现代管理理论，采用新的管理方法、手段和工具。

9.1.3 施工项目管理规划的编制原则及程序

1. 编制原则

(1) 认真执行建设程序，严格遵守国家和合同规定的工程竣工及交付使用期限。
(2) 搞好项目排队，保证重点，统筹安排。
(3) 遵循施工工艺及其技术规律，合理地安排施工程序和施工顺序。
(4) 采用流水施工方法和网络计划技术，组织有节奏、均衡、连续的施工。
(5) 科学地安排冬雨季施工项目，保证生产的均衡性和连续性。
(6) 提高建筑工业化程度。
(7) 尽量采用国内外先进的施工技术和科学管理方法。
(8) 尽量减少暂设工程，合理地储备物资，科学地规划施工平面图。

2. 编制程序

施工项目管理规划应由项目经理组织项目部技术人员进行编制，并在项目开工前完成。项目管理实施规划编制工作程序包括：①了解项目相关各方的要求；②分析项目条件和环境；③熟悉相关的法规和文件；④组织编写管理规划文件；⑤履行报批手续。

9.1.4 施工项目管理规划的内容

(1) 工程概况。包括工程特点、建设地点、施工条件、项目管理特点及总体要求。

(2) 施工部署。包括项目的质量、进度、成本及安全目标，施工总体设想，分包计划、资源供应总体安排、施工程序，项目管理总体安排。

(3) 施工方案。包括施工流向和施工顺序、施工阶段划分、施工方法和施工机械选择、安全施工设计、环境保护内容及方法。

(4) 施工进度计划。包括施工总进度计划和单位工程施工进度计划。

(5) 资源供应计划。包括劳动力需求计划、主要材料和周转材料需求计划、机械设备需求计划、预制品订货和需求计划、工具器具需求计划。

(6) 施工准备工作计划。包括施工准备工作组织及时间安排、技术准备及编制质量计划、施工现场准备、作业队伍和管理人员的准备、物资准备、资金准备。

(7) 施工平面图设计文件。包括施工平面图说明、施工平面图、施工平面图管理规划，其中施工平面图应按现行制图标准和制度要求进行绘制。

(8) 技术组织措施计划。包括保证进度目标、质量目标、安全目标、成本目标、季节施工的措施、保护环境的措施、文明施工的措施。各项措施具体应包括技术措施、组织措施、经济措施及合同措施等方面的内容。

(9) 项目风险管理。

(10) 项目信息管理。

(11) 技术经济指标分析。

9.2 施工方案的确定

根据编制对象不同，分为建设项目或群体工程施工总方案和单位工程施工方案。

9.2.1 建设项目或群体工程施工总方案的确定

施工总方案是对整个建设项目或群体工程的施工进行的全面安排，是解决建设项目或群体工程重大性和全局性施工问题的技术经济文件。

因建设项目的性质、规模和各种客观条件的不同而不同。施工总方案所包括的内容主要有：施工准备工作总计划、确定工程展开程序和主要建筑物的施工方案及施工任务的划分与组织安排等。

1. 施工准备工作总计划

(1) 做好现场测量控制网。

(2) 做好土地征用、居民迁移和障碍物的清除工作。

(3) 组织拟采用的新结构、新材料和新技术的试制和试验工作。

(4) 安排好大型临时设施工程、施工用水电和铁路、码头以及场地平整等工作。

(5) 做好材料、构件、加工品和机具等的准备工作。

(6) 进行技术培训工作。

2. 确定工程展开程序

确定工程展开程序，主要考虑以下几点。

(1) 为了尽快发挥建设项目的投资效果，在保证工期要求的前提下，应实行分期分批建设方案。如此，既能使某些工程项目迅速建成，快速投产，又能在全局上取得施工的连续性和均衡性，并能减少暂设工程数量和降低工程成本。

① 对于大中型工业建设项目，要根据生产工艺、建设单位的要求、工程规模大小和施工难易程度，确定分期分批施工方案。

② 对于大中型民用建设项目，如居民住宅小区，一般亦应分期分批建成，以便尽快

让一批建筑物投入使用，发挥投资效益。

③ 对于小型企业或大型工业建设项目的某个系统，由于工期较短或生产工艺的要求，亦可不必分期分批进行施工，而采取先建生产厂，而后边生产边进行其他项目的施工。

(2) 划分分期分批施工的项目时，应优先安排下面的工程。

① 按生产工艺的要求，需先期投入生产或起主导作用的工程项目。

② 工程量大、施工难度大或工期长的项目。

③ 运输系统、动力系统。如厂区内外的铁路、道路和变电站等。

④ 生产上需要先期使用的机修、车库、办公楼及部分家属宿舍等。

⑤ 供施工使用的工程项目。如采砂(石)场、木材加工厂、各种构件预制加工厂、混凝土搅拌站等施工附属企业及其他为施工服务的临时设施。

(3) 在安排工程顺序时，应以先地下后地上、先深层后浅层、先干线后支线的原则进行安排。如地下管线与筑路工程的施工顺序，应先铺管线后修筑道路。

(4) 在安排工程顺序时，应考虑施工季节的影响。大规模的土方工程和深基础工程施工，最好避开雨季；寒冷地区的工程施工，最好在入冬时转入室内作业和设备安装。

3. 主要建筑物施工方案的拟订

单个建筑物施工方案的内容包括施工方法、施工顺序、机械设备选用和技术组织措施等。这些内容，在单位工程施工组织设计中介绍。此处所指施工方案是根据施工部署的要求对主要建筑物的施工提出原则性的方案，如大型土方开挖方案；机械化施工方案；构件现浇或预制方案；如采用预制，是现场就地预制，还是在构件预制厂加工生产；构件吊装时采用何种机械；拟采用的新工艺、新技术等。也就是对涉及全局性的一些问题拟订出施工方案。主要应注意以下问题。

(1) 所选主要机械的类型和数量应能满足各个主要建筑物的施工要求，并能在各工程上进行大流水作业。

(2) 机械类型与数量尽可能在当地解决。

(3) 所选机械化施工总方案应该在技术上先进可行，在经济上科学合理。

另外，对于某些施工技术要求高或比较复杂、技术上先进或施工单位尚未完全掌握的分部分项工程，应提出原则性的技术措施方案。如软弱地基大面积钢管桩工程、复杂的设备基础工程、大跨结构、高炉及高耸结构的结构安装工程等。

4. 施工任务的划分与组织安排

明确该建设项目各施工单位和各职能部门的任务，确定综合性和专业化施工组织的相互配合关系，明确各单位分期分批的主攻项目和穿插项目。

9.2.2 单位工程施工方案的确定

单位工程施工方案一般包括的内容：确定施工程序和总顺序、施工起点流向、施工方法和施工机械、安全施工设计和环境保护内容及方法等。

1. 确定施工程序

施工程序一般为：接受任务阶段→开工前准备阶段→全面施工阶段→交工验收阶段。每一阶段都必须完成规定的工作内容，并为下一阶段工作创造条件。

在具体施工中应遵循的施工总顺序是：先地下后地上、先主体后围护、先结构后装饰、先土建后设备。

先地下后地上是指首先完成管道、管线等地下设施、土方工程和基础工程，然后开始地上工程施工，对于地下工程应按先深后浅的程序进行。先主体后围护是指先施工主体结构，再进行围护结构的施工。先结构后装饰是指先进行主体结构施工，后进行装修工程的施工。先土建后设备主要是指先进行一般土建工程的施工，后进行设备安装工程的施工。

2. 确定施工流向

确定施工流向就是确定单位工程在平面或竖向上施工开始的部位和开展的方向。

确定单位工程施工流向时，一般应考虑以下因素。

(1) 车间的生产工艺流程。影响其他工段试车投产的工段应该先施工。

(2) 建设单位对生产和使用的需要。建设单位急于使用的工段或部位先施工。

(3) 施工的繁简程度。一般技术复杂、工期较长的区段或部位应先施工。

(4) 房屋高低层或高低跨。如柱子的吊装应从高低跨并列处开始；屋面防水层施工应按先高后低的方向施工；基础深浅不一样时，应按先深后浅的顺序施工。

(5) 工程现场条件和施工方案。如土方工程边开挖边余土外运，则施工起点应确定在离道路远的部位和由远及近的进展方向。

(6) 分部分项工程的特点及其相互关系。如对多层建筑物装饰工程，根据工期、质量和安全要求以及施工条件，其施工流向一般为：室外装饰工程采用自上而下的流水施工方案；室内装饰工程有自上而下、自下而上的流水施工方案。另外，密切相关的分部分项工程的流水，一旦前导施工过程的起点流向确定，则后续施工过程也便随其而定了。如单层工业厂房挖土工程的起点流向决定柱基础施工过程的起点流向。

在流水施工中，施工流向决定了各施工段的施工顺序。因此，在确定施工流向的同时，应当将施工段的划分和编号也确定下来。

3. 确定施工顺序

施工顺序是指分部分项工程施工的先后次序。合理地确定施工顺序是编制施工进度的需要。确定施工顺序时，一般应考虑以下因素。

(1) 遵循施工程序。

(2) 符合施工工艺。如预制钢筋混凝土柱的施工顺序为支模板、绑钢筋、浇混凝土，而现浇钢筋混凝土柱的施工顺序则为绑钢筋、支模板、浇混凝土。

(3) 与施工方法一致。如单层工业厂房吊装工程的施工顺序，如采用分件吊装法，则施工顺序为吊柱→吊梁→吊屋盖系统。如采用综合吊装法，则施工顺序为第一节间吊柱、梁和屋盖→第二节间吊柱、梁和屋盖→……→最后节间吊柱、梁和屋盖。

(4) 按照施工组织的要求。如一般安排室内外装饰工程施工顺序时，可按施工组织规定的先后顺序。

(5) 考虑施工安全和质量。如外墙装饰一般安排在屋面防水层施工后进行；又如楼梯抹面最好安排在上一层的装饰工程全部完成之后进行。

(6) 考虑当地气候的影响。如冬季室内施工时，先安装玻璃，后做其他装修工程。

工程项目施工是一个复杂的过程，建筑结构、现场条件、施工环境不同，均会对施工过程和施工顺序的安排产生不同的影响。因此，对每一个单位工程，必须根据其施工特点和具体情况，合理地确定施工顺序，最大限度地利用空间，争取时间，为此应组织立体交叉平行流水作业，以期达到时间和空间的充分利用。

4. 选择施工方法

选择施工方法时，应着重考虑工程量大，在单位工程中占有重要地位的分部分项工程；施工技术复杂或采用新技术、新工艺及对工程质量起关键作用的分部分项工程；不熟悉的特殊结构工程或由专业施工单位施工的特殊专业工程等。

选择施工方法的原则是：要求方法可行，满足施工工艺要求；符合国家颁发的施工验收规范和质量检验评定标准的有关规定；尽量选择那些经过试验鉴定的科学、先进的方法，尽可能地进行技术经济分析；要与选择的施工机械及划分的流水段相协调。

主要分部分项工程施工方法的选择要点如下。

(1) 土石方工程。是否采用机械开挖，开挖方法，放坡要求，石方的爆破方法及所需机具、材料，排水方法及所需设备，土石方的平衡调配。

(2) 混凝土及钢筋混凝土工程。模板类型和支模方法，隔离剂的选用，钢筋加工、运输和安装方法，混凝土搅拌和运输方法，混凝土的浇筑顺序，施工缝位置，分层高度，工作班次，振捣方法和养护制度等。特别应注意大体积混凝土的施工，模板工程的工具化和钢筋、混凝土施工的机械化。

(3) 结构吊装工程。根据选用的机械设备确定吊装方法，安排吊装顺序、机械位置、行驶路线，构件的制作、拼装方法，构件的运输、装卸、堆放方法，所需的机具和设备型号、数量对运输道路的要求。

(4) 现场垂直、水平运输。确定垂直运输量，选择垂直运输方式，脚手架的选择及搭设方式，水平运输方式及设备的型号、数量，配套使用的专用工具设备，确定地面和楼层上水平运输的行驶路线，合理地布置垂直运输设施的位置，综合安排各种垂直运输设施的任务和服务范围，混凝土后台上料方式。

(5) 装修工程。围绕室内装修、室外装修、门窗安装、木装修、油漆、玻璃等，确定采用工厂化、机械化施工方法并提出所需机械设备，确定工艺流程和劳动组织，组织流水施工，确定装修材料逐层配套堆放的数量和平面布置。

(6) 特殊项目。如采用新结构、新材料、新工艺、新技术、高耸、大跨、重型构件，以及水下、深基和软弱地基项目等，应单独选择施工方法。需阐明工艺流程，主要的平面、剖面示意图，施工方法，劳动组织，技术要求，质量安全注意事项，施工进度，材料、构

件和机械设备需用量。

5. 选择施工机械

施工机械的选择是施工方法选择的中心环节。选择施工方法必然涉及施工机械的选择问题，二者应当统一协调。也就是说，相应的施工方法要求选用相应的施工机械，不同的施工机械适用于不同的施工方法。选择时，要根据建(构)筑物的结构特征、工程量大小、工期长短、物资供应条件、场地四周环境等因素，拟订可行方案，进行优选后再决策。选择施工机械时，应着重考虑以下几方面。

(1) 施工机械的选择应遵循切合需要、实际可能和经济合理的原则，具体考虑如下。

① 技术条件。包括技术性能、工作效率、工作质量、能源耗费、劳动力的节约、使用安全性和灵活性、通用性和专用性、维修的难易程度、耐用程度等。

② 经济条件。包括原值、使用寿命、使用费用、维修费用等。如果是租赁机械，应考虑其租赁费。

③ 要进行定量的技术经济分析比较，以使选择的机械最优。

(2) 选择施工机械时，应首先根据工程特点选择适宜于主导工程施工的机械。如土方工程应首先选择挖土机。

(3) 各种辅助机械或运输工具应与主导机械的生产能力协调配套，以充分发挥主导机械的效率。如土方工程中采用汽车运土时，汽车的数量应保证挖土机连续工作。

(4) 在同一工地上，应力求建筑机械的种类和型号尽可能少一些，以利于机械管理。为此，工程量大且分散时，宜采用多用途机械施工，力求一机多用及综合利用。

(5) 机械选择应考虑充分发挥施工单位现有机械的能力。当本单位的机械能力不能满足工程需要时，则应购置或租赁所需新型机械或多用途机械。

6. 施工方案的技术经济评价方法

施工方案的技术经济评价涉及的因素多而复杂，一般只需对一些主要分部分项工程的施工方案进行技术经济比较，有时也需对一些重大工程项目的总体施工方案进行全面的技术经济评价。施工方案的技术经济评价有定性分析、定量分析以及综合分析评价。

1) 定性分析评价

施工方案的定性分析评价是结合施工实际经验，对若干施工方案的优缺点进行分析比较。分析评价技术上是否可行、施工复杂程度和安全可靠性如何、劳动力和机械设备能否满足需要、是否能充分发挥现有机械的作用、保证质量的措施是否完善可靠、对冬季施工带来多大困难等。

2) 定量分析评价

施工方案的定量分析评价是通过计算各方案的几个主要技术经济指标，进行比较分析，从中选择技术经济指标较佳的方案。定量分析的指标通常如下。

① 工期指标。当要求工程尽快完成以便尽早投入生产或使用时，选择施工方案就要在确保工程质量、安全和成本较低的条件下，优先考虑缩短工期。

② 劳动量指标。它能反映施工机械化程度和劳动生产率水平。通常情况下，劳动消

耗量越小，机械化程度和劳动生产率越高。劳动消耗指标以工日数计算。

③ 主要材料消耗指标。反映施工方案的主要材料节约情况。

④ 施工成本指标。反映施工方案的成本高低。

⑤ 机械设备投资额指标。当选定的施工方案需要购买新的施工机械或设备，则需增加投资额的指标，进行比较。

3) 综合分析评价法

综合指标分析方法是以多指标为基础，将各指标按照一定的计算方法进行综合后得到一综合指标值进行评价，通常的方法是：首先根据多指标中各个指标在评价中的相对重要程度，分别定出权值 W_i，再用同一指标依据其在各方案中的优劣程度定出其相应的分值 C_{ij}。设有 m 个方案和 n 种指标，则第 j 方案的综合指标值 A_j 为

$$A_j = \sum_{i=1}^{n} C_{ij} \cdot W_i \tag{9-1}$$

式中，$j=1$，…，m；$i=1$，…，n。综合指标值最大者为最优方案。

7. 施工方案的技术经济评价案例

【**例 9-1**】背景：某机械化施工公司承担了某工程的基坑土方施工。土方量为 10000m³，平均运土距离为 8km，计划工期为 10 天，每天一班制施工。

该公司现有 WY50、WY75、WY100 挖掘机各 2 台，以及 5t、8t、10t 自卸汽车各 10 台，其主要技术参数如表 9-1 和表 9-2 所示。

表 9-1 挖掘机主要参数

型号	WY50	WY75	WY100
斗容量/m³	0.5	0.75	1.00
台班产量/(m³/台班)	480	558	690
台班单价/(元/台班)	618	689	915

表 9-2 自卸汽车主要参数

载重能力	5t	8t	10t
运距 8km 时台班产量/(m³/台班)	32	51	81
台班单价/(元/台班)	413	505	978

问题：(1) 若挖掘机和自卸汽车按表中型号各取一种，如何组合最经济？相应的每立方米土方的挖运直接费为多少？

(2) 根据该公司现有的挖掘机和自卸汽车的数量，完成土方挖运任务每天应安排几台何种型号的挖掘机和几台何种型号的自卸汽车？

(3) 根据所安排的挖掘机和自卸汽车数量，该土方工程可在几天内完成？相应的每立方米的挖、运直接费为多少？

【**解**】(1) 以挖掘机和自卸汽车每立方米挖、运直接费最少为原则选择组合方案。

① 挖掘机：WY50 挖土单价=618/480 =1.29(元/m^3)

　　　　　WY75 挖土单价=689/558=1.23(元/m^3)

　　　　　WY100 挖土单价=915/690=1.33(元/m^3)

因此，取单价为 1.23 元/m^3 的 WY75 挖掘机。

② 自卸汽车：5t 自卸车运费单价=413/32=12.91(元/m^3)

　　　　　　8t 自卸车运费单价=505/51=9.90(元/m^3)

　　　　　　10t 自卸车运费单价=978/81=12.07(元/m^3)

因此，取单价为 9.90 元/m^3 的 8t 自卸汽车。

③ 相应的每立方米土方的挖运直接费为：1.23+9.90=11.13(元/m^3)。

(2) 每天安排挖掘机和自卸汽车的型号和数量。

① 挖掘机选择如下。

a. 每天需要 WY75 挖掘机的台数：10 000/(558×10)=1.79(台)，取 2 台。

b. 2 台 WY75 挖掘机每天挖掘土方量：558×2=1116(m^3)。

② 自卸汽车的选择如下。

a. 按最经济的 8t 自卸汽车每天应配备的台数为：1116/51=21.88(台)。

故，所有 10 台 8t 自卸汽车均配备，此时，每天运输土方量为：51×10=510(m^3)。

每天尚需运输土方量为：1116-510=606(m^3)。

b. 增加配备 10t 和 5t 自卸汽车，方案为：配备 6 台 10t 自卸汽车，4 台 5t 自卸汽车，每天运输土方量 6×81+4×32=614(m^3)，日运费为 6×978+4×413=7540(元)。

(3) 土方工程完成时间及费用如下。

① 按 2 台 WY75 型挖掘机的台班产量完成 10 000m^3 土方工程所需时间为：10 000/(558×2)=8.96(天)，该工程土方工程可在 9 天内完成。

② 相应的每立方米土方的挖、运直接费为(2×689+505×10+6×978+4×413)×9/10 000=12.55(元)。

9.3　施工进度计划

9.3.1　施工总进度计划的编制

施工总进度计划是根据既定的施工部署，对各工程项目的施工在时间上做出安排。施工总进度计划的作用在于确定各个工程系统及单项工程、准备工程和全工地性工程的施工期限及开竣工日期。并据此确定建筑工地上劳动力、材料、成品、半成品的需要量和调配计划；建筑机构附属企业的生产能力；临时建筑物的面积；仓库和堆场的面积；临时供水及供电的数量等。

1. 施工总进度计划的编制方法和步骤

1) 计算拟建建筑物的工程量

根据既定施工部署中分期分批投产的顺序,将每一系统的各工程项目分别列出。项目划分不宜过多,应突出主要项目,一些附属辅助工程、民用建筑等可分别予以合并。

计算工程量可按初步设计(或扩大初步设计)图纸和有关定额手册或资料进行。常用的定额、资料有以下几种。

(1) 万元投资工程量、劳动力及材料消耗扩大指标。即万元定额,在这种定额中,可查出某一种结构类型的建筑,每万元或 10 万元投资中的劳动力和主要材料消耗量,对照设计图纸中结构类型和概算,即可求得拟建工程分项所需劳动力和主要材料消耗量。

(2) 概算定额与概算指标。概算定额是在预算定额的基础上制定的,它是预算定额的综合与扩大,常以扩大的结构构件或部位为对象来编制,反映完成单位工程量所需的人工、材料和机械台班的消耗量,以及相应的地区价格。概算指标是比概算定额更为扩大和综合的指标,常以整个建筑物或构筑物为对象来编制,反映完成建筑物每百平方米面积或百立方米体积所消耗的各种工料,以及相应的地区价格。

(3) 标准设计或类似工程资料。在缺乏定额手册的情况下,可采用标准设计或已建类似工程实际耗用劳动力和主要材料数量加以必要的调整而进行估算。

2) 计算全工地性工程的工程量

除房屋外,还必须计算全工地性工程的工程量。例如,场地平整的土方工程量,铁路、道路和地下管线的长度等,这些可从建筑总平面图上量得。

3) 确定各单位工程的施工期限

影响单位工程施工期限的因素很多,如建筑类型、结构特征、施工方法、施工单位的技术和管理水平、机械化程度以及施工现场的地形和地质条件等。因此,在确定各单位工程的工期时,因根据具体情况对上述各种因素综合考虑后予以确定。一般可参考工期定额进行确定。工期定额是根据我国工程建设许多年来的经验,经分析研究,采用平均先进的原则而制定的。

4) 确定各单位工程的开竣工时间及相互搭接关系

在施工部署中已经确定工程的展开顺序,但对每时期中每一个单位工程的开竣工时间和各单位工程间的搭接关系,需要在施工总进度计划中综合考虑以下因素确定。

(1) 同一时间进行的项目不宜过多,以免使人力和物力分散。

(2) 应使主要分部工程,如土方工程、混凝土工程、结构安装工程等实行大流水作业,以使在施工全过程中的劳动力、施工机械和主要材料在供应上取得均衡。

(3) 为保证主要生产车间的投产使用,可先行安排部分辅助工程的施工。这样,也可为施工服务,节约临时设施费用。

(4) 为节约施工成本,减少施工附加费用,应考虑季节影响。一般来说,大规模的土方和深基础施工应避开雨季,寒冷地区入冬前尽量做好维护结构,以便冬季安排室内作业或设备安装工程。

(5) 为调节主要项目的施工进度,可安排一部分附属工程或零星工程作为后备项目。

5) 绘制施工总进度计划表

(1) 施工总进度计划的表现形式。可用网络图、横道图、表格等形式表示。

(2) 时间单位的采用。由于施工总进度计划的主要作用是控制每个建筑物或构筑物的工期范围。因此,计划不宜过细,对于跨年度工程,通常第一年进度按月安排,第二年及以后各年按月或季安排。

6) 施工总进度计划的优化与调整

为了使施工各个时期的劳动力、机械设备及物资需要量尽可能地均衡,还需对个别单位工程的施工工期或开竣工时间进行调整。

2. 资源需要量计划的编制

施工总进度计划编制完成后,就可以以它为依据编制以下各种资源需要量计划。

1) 劳动力需要量计划

劳动力需要量计划是组织劳动力进场和规划临时建筑的依据。它是按照总进度计划中确定的各项工程主要工种工程量,查概预算定额或有关资料求出各项工程主要工种的劳动力需要量,将此数量按该项目工期均摊,即得该项目每单位时间的劳动力需要量,然后在总进度计划表上在纵方向将各工程项目同一工种的数量叠加起来,就可得到各工种的劳动力需要量计划。再将各项工程所需要的主要工种的劳动力需要量汇总,即得到整个建设项目的综合劳动力需要量计划。

2) 构件、半成品及主要材料需要量计划

构件、半成品及主要材料的需要量计划,是组织建筑材料、预制加工品及半成品的加工、订货、运输和筹建仓库的依据,它是根据工程量查概算指标或类似工程的经验资料而求得的,然后再根据总进度计划,大致估算出各个时期内的需要量。

3) 施工机具需要量计划

根据施工总方案和主要建筑物的施工方案、技术措施以及总进度计划的要求,即可提出所需的主要施工机具的数量及进场日期。辅助机械可根据概算指标求得。这样,可使所需机具按计划进场,该计划是计算施工用电、选择变压器容量等的依据。

4) 施工准备工作进度计划

对于大型建设项目的施工,为了保证施工阶段的顺利进行,施工准备工作具有特殊的重要性,故有必要单独编制施工准备进度计划。

9.3.2 单位工程施工进度计划的编制

单位工程施工进度计划是按照施工总进度计划的安排,在确定了施工方案的基础上,对工程的施工顺序、各个施工过程的持续时间、各施工过程之间的搭接关系、工程的开工时间、竣工时间及总工期等做出安排。在这个基础上,可以编制劳动力计划,材料供应计划,成品、半成品计划,机械需用量计划等。

1. 单位工程施工进度计划的编制依据

单位工程施工进度计划的编制依据包括：施工总进度计划、施工方案、施工预算、预算定额、施工定额、资源供应状况、合同要求等。

2. 单位工程施工进度计划的编制程序

单位工程施工进度计划的编制程序如下。

1) 划分施工过程

施工过程是进度计划的基本组成单元，其包含的内容多少、划分的粗细程度，应根据计划的需要来决定。一般来说，单位工程进度计划的施工过程应明确到分项工程或更具体，以满足指导施工作业的要求。

2) 确定施工顺序

确定施工顺序是为了按照施工的技术规律和合理的组织关系，解决各项目之间在时间上的先后顺序和搭接关系，以期做到保证质量、安全施工、充分利用空间、争取时间、实现合理安排工期的目的。

3) 计算工程量和持续时间

计算工程量应针对划分的每一个施工过程分段计算。施工过程的持续时间最好是按正常情况确定，它的费用一般是最低的。

4) 组织流水作业并绘制施工进度计划图

流水作业原理是组织施工、编制施工进度计划的基本原理，在此基础上绘制施工进度计划图，并计算总工期，绘制资源动态曲线，进行资源均衡程度的判别。

5) 施工进度计划的检查与调整

当施工进度计划初始方案编制好后，需要对其进行检查与调整，以便使进度计划更加合理，进度计划检查的主要内容包括：①各工作项目的施工顺序、平行搭接和技术间歇是否合理；②总工期是否满足合同规定；③主要工种的工人是否能满足连续、均衡施工的要求；④主要机具、材料等的利用是否均衡和充分。在这四个方面中，首要的是前两方面的检查，如果不满足要求，必须进行调整。只有在前两个方面均达到要求的前提下，才能进行后两个方面的检查与调整。

3. 单位工程施工进度计划的主要评价指标

单位工程施工进度计划的主要评价指标有以下几项。

(1) 总工期：自开工之日到竣工之日的全部日历天数。

(2) 工期提前时间：

$$工期提前时间 = 合同或要求工期 - 计划工期$$

(3) 劳动力不均衡系数：

$$劳动力不均衡系数 = 高峰人数 / 平均人数$$

劳动力不均衡系数在 2 以内较为合理，超过 2 则不正常。

(4) 单方用工数：

$$单位工程单方用工数=总用工数(工日)/建筑面积(m^2)$$

(5) 工日节约率：

$$工日节约率=\frac{施工预算用工数(工日)-计划用工数(工日)}{施工预算用工数(工日)}\times100\%$$

(6) 大型机械单方台班用量：

$$大型机械单方台班用量=大型机械台班用量(台班)/建筑面积(m^2)$$

(7) 建安工人日产值：

$$建安工人日产值=\frac{计划施工工程工作量(元)}{进度计划日期\times每日平均人数(工日)}$$

9.4 施工平面图的设计

施工平面图是布置施工现场的依据，是实现文明施工、节约土地、减少临时设施费用的先决条件，分为施工总平面图和单位工程施工平面图。

9.4.1 施工总平面图的设计

施工总平面图是对拟建工程项目施工场地在空间上所做的总布置图。它是按照施工部署、施工总进度计划的要求对施工用运输道路、材料仓库、电管线等做出的合理安排。它是指导现场文明施工的重要依据。施工总平面图的比例一般为1：1000或1：2000。

1. 施工总平面图设计的依据资料

(1) 建筑总平面图：图中必须标明本建设项目的一切拟建及已有的建筑物、构筑物和建设场地的地形变化，以及已有的和拟建的地下管道位置。据此确定施工用仓库、加工厂、临时管线及运输道路的位置，解决工地排水问题。

(2) 施工总进度计划及主要建筑物施工方案：从中了解各建设时期的情况及各工程项目的施工顺序，以便考虑是否利用后期施工的拟建工程场地。

(3) 各种建筑材料、半成品、构件等的需要量计划、供应及运输方式、施工机械及运输工具的型号和数量。

(4) 各种生产、生活用临时设施一览表。

2. 施工总平面图的设计原则

(1) 在保证施工顺利进行的条件下，尽量减少施工用地，以避免多占耕地，有利于施工场区布置紧凑。

(2) 在保证运输方便的条件下，尽量降低运输费用。为降低运输费用，要合理地布置仓库、附属企业和起重运输设施，使仓库与附属企业尽量靠近使用地点。

(3) 在满足施工要求的条件下，尽量降低临时设施费用。为此要尽量利用永久性建筑物和设施为施工服务。对于必须建造的临时建筑物，应尽量采用可拆卸式，以便多次使用，减少一次投资费用。

(4) 要满足防火与技术安全的要求。各临建房屋应保证防火间距，易燃房屋和污染环境的作业地点应设在下风向。

(5) 要便于工人的生产与生活。

3. 施工总平面图的内容

施工总平面图应包括以下内容。

(1) 一切地上和地下已有的和拟建的建筑物、构筑物及其他设施的位置和尺寸。
(2) 施工用地范围，取土、弃土位置，永久性和半永久性坐标位置。
(3) 运输道路、车库的位置。
(4) 各种加工厂、半成品制品站及有关机械化装置等。
(5) 各种材料、半成品及构配件的仓库和堆场。
(6) 行政、生活、文化福利用临时建筑等。
(7) 水、电管网位置，临时给排水系统和供电线路及供电动力设施。
(8) 安全、防火设施。

4. 运输路线的布置

主要材料进入工地的运输方式一般为铁路、公路和水路。当由铁路运输时，则根据建筑总平面图中永久性铁路专用线布置主要运输干线，而且考虑提前修筑以便为施工服务，引入时应注意铁路的转弯半径和竖向设计。当由水路运输时，应考虑码头的吞吐能力，码头数量一般不少于两个，码头宽度应大于 2.5m。当由公路运输时，则应先布置场内仓库和附属企业，然后再布置场内、外交通道路。其中，公路运输比较常见，布置时应注意下列问题。

(1) 注意临时道路与地下管网的施工程序及其合理布置。将永久性道路的路基先修好，作为施工中临时道路使用，以节约费用。另外当管网图纸尚未下达时，应将临时道路尽量布置在无管网地区或扩建工程范围内。

(2) 注意保证运输畅通。工地应布置两个以上出入口，场内布置宜采用环形布置。主要道路按双车道设计；次要道路可按单车道设计，但每隔一定距离应设会车或掉头回车的地方。

(3) 注意施工机械行驶路线的设置。为了保护道路干线的路面不受损坏，可在道路干线肩上设置宽约为 4m 的施工机械行驶路线，长度可从机械停放场到施工现场必经的一段线路。土方机械运土另指定专门线路。

(4) 设置道路排水沟渠，并应及时疏通。尽量利用自然地形排水。

(5) 公路路面结构的选择。根据经验，场外与省、市公路相连的干线，可以一开始就建成混凝土路面，因为两旁多属民用建筑，管网较少。同时也由于按照城市规划来建筑，变动不大。而场区内道路，在施工期间，应选择碎石级配路面，因为管网和电缆沟、地沟较多，施工期间，路面难免会遭到破坏，采用碎石级路面则修补比较方便。

5. 仓库的布置

确定仓库和堆场位置主要与材料运输方式有关，还要考虑经济、方便、安全等因素。

(1) 施工物资由公路运输时，必须解决好现场大型仓库、加工场与公路之间的相互关系，一般大型仓库可布置在工地中心区，或靠近使用地方，或工地入口处。

(2) 施工物资由水路运输时，必须解决好原有码头的利用或增设新码头，以及大型仓库和加工场同码头的关系问题。一般在码头附近设置转运仓库。

(3) 施工物资采用铁路运输时，中心仓库尽可能沿铁路专用线布置，且在仓库前留有足够的装卸间隙，否则要在铁路线附近设置转运仓库，而且该仓库要设置在工地同侧。

(4) 工业项目的重型工艺设备，尽可运至车间附近的设备组装场停放，笨重的设备应尽量放在车间附近，普通工艺设备可放在车间外围或其他空地上。

(5) 工业项目的主要设备仓库或堆场一般应与建筑材料仓库分开设立。

(6) 仓库位置距各使用地点应适中，以便运输吨公里尽可能小。

(7) 仓库应位于平坦、宽敞、交通方便之处，且应遵守安全技术和防火规定。

(8) 尽量利用永久性仓库。

(9) 一般材料仓库应邻近公路和施工地区布置：钢筋、木材仓库应布置在其加工厂附近；油库、电石库、危险品、易燃品库宜布置在僻静、安全之处；大宗地方材料的堆场或仓库，可布置在相应的搅拌站、预制场或加工场附近。

6. 加工厂的布置

加工厂的布置主要考虑原料运到加工厂和成品、半成品又运往需要地点的总运输费用最小，同时还要考虑到加工厂应有较好的工作条件，其生产与建筑施工互不干扰。此外，还需考虑今后的扩建和发展。一般情况下，把加工厂集中布置在工地的边缘附近。主要加工厂布置原则如下：

(1) 混凝土搅拌站和砂浆搅拌站。当采用商品混凝土和预拌砂浆时，现场主要考虑混凝土运输泵或混凝土泵车的布置问题，以及现场砂浆筒仓的设置。混凝土运输泵由泵体和输送管组成，是一种利用压力，将混凝土沿管道连续输送的机械。混凝土泵车是在汽车底盘上安装动力、泵送、搅拌、布料等装置，利用泵车上的布料杆和输送管，将混凝土输送到一定的高度和距离机械。预拌砂浆是指由专业化厂家按水泥、砂、外加剂等的要求比例，经集中计量拌制后，通过专用设备运输、使用的拌和物。预拌砂浆包括预拌干混砂浆和预拌湿砂浆。干混砂浆的运输使用方式与散装水泥类似，用专用运输车将砂浆运送到工地，使用压缩空气吹送到储存罐里，罐的下方安置一台横式搅拌机并接好水源，使用时按下电钮便是搅拌好的砂浆。由于干混砂浆储存时间长，使用方便，应用较广。

如果工地远离商品混凝土搅拌站，需要现场搅拌时，可采用集中与分散相结合的方式布置。集中布置可以提高搅拌站机械化程度，从而节约劳动力，且混凝土质量有保证。根据工程分布情况，适当设置若干个分散搅拌站，使其与集中搅拌站有机结合，不仅能充分满足单一标号的大量的混凝土供应，同时也能适当地搅拌零星的多标号的混凝土，以满足各方面的需要。砂浆搅拌站以分散布置为宜，随拌随用。

(2) 钢筋加工厂。对需要进行冷加工、对焊、点焊的钢筋骨架和大片钢筋网，宜设置中心加工厂集中加工，可充分发挥加工设备的效能，满足全工地需要，保证加工质量，降低加工成本。而小型加工件、小批量生产和利用简单机具成型的钢筋加工，则可在分散的临时钢筋加工棚内进行。

(3) 木材联合加工厂。锯材、标准门窗、标准模板等加工量较大时，设置集中的木材联合加工厂比较好，便于实现生产的机械化、自动化，节约劳动力，同时残料锯屑可以综合利用，节约木材、降低成本。至于非标准件的加工及模板修理等工作，则最好是在工地设置若干个临时作业棚，可减少二次搬运，节省时间与运输费用。

7. 临时房屋的布置

临时房屋按用途划分如下。

(1) 行政管理和辅助用房。包括办公室、警卫室、消防站、汽车库以及修理车间。
(2) 居住用房。包括职工宿舍、招待所等。
(3) 文化福利用房。包括浴室、理发室、文化活动室、开水房、小卖部、食堂、邮电所及储蓄所等。

临时房屋的布置应尽量利用已有的和拟建的永久性房屋，生活区与生产区应分开。建设年限较长的大型建筑工地，一般应设置永久性或半永久性的职工生活基地；行政管理用房布置在工地进出口附近，方便对外联系；文化福利用房布置在工人较集中的地方。布置时还应注意尽量缩短工人上下班的路程，并应符合劳保卫生条件。

8. 工地供水管网布置

(1) 用水量。工地用水包括生产、生活及消防用水，用水量的计算见后述。
(2) 供水管网布置方式。通常有环状、枝状和混合状三种。从经济性看，采用枝状布置，其优点是所需要给水管的总长度最小，缺点是管网中一点发生故障时，则该点之后的线路就有断水的危险。从连续供水的角度来看，最为可靠的布置方式是环状布置，但缺点是所需铺设的给水管道最长。混合式布置是总管采用环状，支管采用枝状，这样做对主要供水地点可保证连续供水，而且又可减少给水管网的铺设长度。
(3) 布置临时给水管网注意事项。
① 尽量利用永久性给水管网。
② 临时管网的布置应与场地平整，道路修筑统一考虑。布置时还应注意避开永久性生产下水管道和电缆沟等位置，以免布置不当，造成返工浪费。
③ 在保证供水的情况下，尽量使铺路设的管道总长度最短。
④ 过冬的临时给水管道要埋在冷冻线以下或采取保温措施。
⑤ 临时给水管网的铺设，可采用明管或暗管，一般以暗管为宜。
⑥ 临时水电、水塔应设在地势较高处。
⑦ 消火栓沿道路布置，其间距不大于120m，距拟建房屋不小于5m，也不应大于25m，距路边不大于2m。

9. 工地供电设施的布置

(1) 用电量。工地临时用电包括动力用电与照明用电两种，用电量计算见后述。

(2) 临时供电线路的布置。与给水管网相似，分环状、枝状和混合状三种。一般布置时，高压线路多采用环状，低压线路多采用枝状。

(3) 布置临时供电线路时注意事项如下。

① 尽量利用永久性供电线路，如果不能满足，就需要考虑临时供电设施。

② 临时总变电站应设在高压线进入工地处，避免高压线穿过工地。

③ 临时电站应设在人少安全处，或靠近主要用电区域。

④ 供电线路应尽量布置在道路的一侧。但应尽量避免与其他管线设在道路的同一侧。也不要影响施工机械的装、卸和运转。

⑤ 不妨碍料堆及临建场地的使用。

9.4.2 单位工程施工平面图的设计

单位工程施工平面图是以某主要单位工程为对象编制的，用于指导施工现场场地规划、利用和管理的文件，是单位工程施工组织设计的重要组成部分。科学合理的施工平面图是安排和布置施工现场的基本依据，是现场文明施工的重要保证。

1. 单位工程施工平面图的设计依据

(1) 有关拟建工程的自然条件调查资料和技术经济调查资料等。

(2) 建筑设计资料：建筑总平面图；一切已有和拟建的地下、地上管道位置；建筑区域的竖向设计和土方平衡图；有关施工图设计资料。

(3) 施工资料：施工进度计划；施工方案；各种材料、构件等需要量计划。

2. 单位工程施工平面图的设计原则

(1) 在保证施工顺利进行的前提下，现场布置应尽量紧凑，节约土地。

(2) 合理布置施工现场的运输道路及各种材料堆场、加工厂、仓库位置，各种机具的位置，尽量使得运距最短，从而减少或避免二次搬运。

(3) 力争减少临时设施的数量，降低临时设施费用。

(4) 临时设施的布置，尽量便利工人的生产和生活，使工人至施工区的距离最近。

(5) 符合环保、安全和防火要求。

根据上述基本原则并结合施工现场的具体情况，施工平面图的布置可有几种不同的方案，需进行技术经济比较，从中选出最经济、最安全、最合理的方案。

3. 单位工程施工平面图的设计内容

(1) 已建和拟建的地上和地下一切建筑物、构筑物和管线的位置或尺寸。

(2) 测量放线标桩、地形等高线和取舍土地点。

(3) 移动式起重机的开行路线及垂直运输设施的位置。

(4) 材料、半成品、构件和机具的堆场。

(5) 生产、生活用临时设施。如搅拌站、钢筋棚、木工棚、仓库、办公室、供水线路、供电线路、消防设施、安全设施、道路以及其他需搭建或建造的设施。

(6) 必要的图例、比例尺、方向及风向标记。

上述内容可根据建筑总平面图、现场地形图、现有水源和电源、场地大小、可利用的已有房屋和设施、调查得来的资料、施工组织总设计、施工方案、施工进度计划等，经过科学地计算及优化，并遵照国家有关规定来进行设计。

4．单位工程施工平面图的设计步骤

单位工程施工平面图的一般设计步骤如下。

确定起重机的位置→确定搅拌站、仓库、材料堆场、加工厂的位置→布置运输道路→布置行政管理、文化、福利用临时设施→布置水电管线→计算技术经济指标。

5．起重机械布置

(1) 塔式起重机的布置要结合建筑物的形状及四周的场地情况、起重高度、幅度以及起重量要求，使材料和构件可达建筑物的任何使用地点，路基按规定进行设计和建造。

(2) 井架、门架等固定式垂直运输设备的布置，要结合建筑物的平面形状、高度，考虑材料构件的重量，以及机械的负荷能力和服务范围。做到便于运送，便于组织分层分段流水施工，便于楼层和地面的运输，运距要短。

(3) 履带吊和轮胎吊等自行式起重机的行驶路线要考虑吊装顺序、构件重量、建筑物的平面形状、高度、堆放场位置以及吊装方法，还要注意避免机械能力的浪费。

6．搅拌站、加工厂、仓库、材料、构件堆场的布置

(1) 尽量靠近使用地点或在起重机起重能力范围内，运输装卸方便。

(2) 商品混凝土与预拌砂浆要考虑运输车、输送泵、存储筒仓的布置；现场搅拌站要与砂、石堆场及水泥库一起考虑，既要靠近，又要便于大宗材料的运输装卸。

(3) 木材棚、钢筋棚和水电加工棚可离建筑物稍远，并有相应的堆场。

(4) 仓库、材料堆场的布置，经计算应能适应各个施工阶段的需要。

(5) 易燃、易爆品的仓库位置，须遵守防火、防爆安全距离的要求。

(6) 现场石灰存放设置筒仓或料池，接近灰浆搅拌站布置，注意环境保护。

(7) 在城市施工时，不准在现场熬制沥青。

7．运输道路的修筑

应按材料和构件运输的需要，沿着仓库和堆场进行布置，使之畅行无阻。宽度要符合规定，单行道为3.5~4m，双车道为5.5~6m。路基要经过设计，转弯半径要满足运输要求。要结合地形在道路两侧设排水沟。总的来说，现场应设环形路，在易燃品附近要尽量设计成进出容易的道路。木材场两侧应有6m宽通道，端头处应有12m×12m回车场。消防车道

不小于 4m。

8. 行政管理、文化、生活、福利用临时设施的布置

布置应使用方便，不妨碍施工，符合防火、安全的要求，一般设在工地出入口附近。要努力节约，尽量利用已有设施或正式工程，修建时要经过计算确定面积。

9. 供水设施的布置

单位工程施工的供水设计一般包括：水源选择、取水设施、贮水设施、用水量计算、配水布置、管径的计算等。管线布置应使线路总长度小，消防管和生产、生活用水管可以合并设置。消防用水一般利用城市或建设单位的永久消防设施，如需自行安排，应按有关规定设置。高层建筑施工用水要设置蓄水池和加压泵，以满足高处用水需要。

10. 临时供电设施

如果是扩建的单位工程，可计算出施工用电总数，以供建设单位解决，不另设变压器。如果是独立的单位工程施工，要计算出现场施工用电和照明用电的数量，选用变压器和导线截面及类型。变压器应布置在现场边缘高压线接入处，离地应大于 30cm，在 2m 以外四周用高度大于 1.7m 的铁丝网围住以保安全，但不要布置在交通要道口处。

11. 单位工程施工平面图的评价指标

为评价单位工程施工平面图的设计质量，可以计算下列技术经济指标并加以分析，以有助于施工平面图的最终合理定案。

(1) 施工用地面积及施工占地系数：

$$施工占地系数 = \frac{施工占地面积}{建筑面积} \times 100\%$$

(2) 施工场地利用率：

$$施工场地利用率 = \frac{施工设施占地面积}{施工用地面积} \times 100\%$$

(3) 临时设施投资率：

$$临时设施投资率 = \frac{临时设施费用总和}{工程总造价} \times 100\%$$

9.4.3 工地临时供水计算

临时供水设施设计的主要内容有：确定用水量、选择水源、设计配水管网。

1. 用水量计算

(1) 现场施工生产用水量，可按式(9-2)计算：

$$q_1 = k_1 \sum \frac{Q_1 \cdot N_1}{T_1 \cdot t} \cdot \frac{k_2}{8 \times 3600} \tag{9-2}$$

式中：q_1——现场施工生产用水量(L/s)；

k_1——未预计的施工用水修正系数,一般为 1.05~1.15;

Q_1——年(季)度工程量;

N_1——施工用水定额,可查《施工手册》;

T_1——年(季)度有效作业日;

t——每天工作班数;

k_2——现场生产用水不均衡系数,如表 9-3 所示。

表 9-3 施工用水不均衡系数

用水名称		不均衡系数
现场施工用水	k_2	1.5
附属生产企业用水		1.25
施工机械、运输机械用水	k_3	2.00
动力设备用水		1.05~1.10
施工现场生活用水	k_4	1.30~1.50
生活区生活用水	k_5	2.00~2.50

(2) 施工机械用水量,可按式(9-3)计算:

$$q_2 = k_1 \sum Q_2 \cdot N_2 \cdot \frac{k_3}{8 \times 3600} \tag{9-3}$$

式中: q_2——机械用水量(L/s);

Q_2——同一种机械台数;

N_2——施工机械台班用水定额,可查《施工手册》;

k_3——施工机械用水不均衡系数。

(3) 施工现场生活用水量,可按式(9-4)计算:

$$q_3 = \frac{P_1 \cdot N_3 \cdot k_4}{t \times 8 \times 3600} \tag{9-4}$$

式中: q_3——施工现场生活用水量(L/s);

P_1——施工现场高峰昼夜人数;

N_3——施工现场生活用水定额,一般为 $20 \sim 60(L/人 \cdot 班)$,视当地气候而定;

k_4——施工现场生活用水不均衡系数;

t——每天工作班数。

(4) 生活区生活用水量,可按式(9-5)计算:

$$q_4 = \frac{P_2 \cdot N_4 \cdot k_5}{24 \times 3600} \tag{9-5}$$

式中: q_4——生活区生活用水(L/s);

P_2——生活区居民人数;

N_4——生活区昼夜全部生活用水定额,每一居民每昼夜为 100~120L,随地区和有无室内卫生设备而变化,可查《施工手册》;

k_5——生活区用水不均衡系数。

(5) 消防用水量 q_5：根据工地大小和居住人数确定，例如现场居住5000人以内，工地面积20万 m^2 内时，消防用水量为10L/s。其他情况可查《施工手册》。

(6) 总用水量 Q 的计算：根据工地面积大小分两种情况。

① 如果工地面积小于10万 m^2。

当 $(q_1+q_2+q_3+q_4) \leqslant q_5$ 时，则 $Q=q_5$（失火时停止施工）。

当 $(q_1+q_2+q_3+q_4) > q_5$ 时，则 $Q=q_1+q_2+q_3+q_4$（失火时停止施工）。

② 如果工地面积大于10万 m^2。

$Q=q_5+(q_1+q_2+q_3+q_4)/2$（失火时只考虑一半工程停止施工）

2. 管径的选择

$$d=\sqrt{\frac{4Q}{\pi \cdot v \cdot 1000}} \tag{9-6}$$

式中：d——配水管直径(m)；

Q——耗水量(L/s)；

v——管网中水流速度(m/s)，临时水管经济流速指标可查《施工手册》。

3. 用水量与供水管径计算实例

【例9-2】 某工程施工现场占地面积共有15 620m^2。施工用水主要是：现场生产混凝土和砂浆的搅拌用水、现场生活用水、消防用水，日最大混凝土浇筑量为1000m^3。不考虑其他施工机械用水，现场不设生活区。高峰期施工人数150人，管网中水流速度1.5m/s。试计算该工地用水量，并确定供水管径。

【解】(1) 用水量的计算。

① 施工生产用水量：按日用水量最大的浇筑混凝土工程计算 q_1。

$$q_1=k_1\frac{\sum Q_1 N_1 k_2}{8 \times 3600}$$

式中，k_1 取1.05，k_2 取1.5，Q_1 取浇筑混凝土1000m^3，N_1 取250L/m^3。

$$q_1=1.05 \times \frac{1000 \times 250 \times 1.5}{8 \times 3600}=13.67(\text{L/s})$$

② 由于不考虑其他施工机械用水，故不计算 q_2。

③ 施工现场生活用水量：P_1 取150人，N_3 取60L/人·班，k_4 取1.5，t 取2班。

$$q_3=\frac{150 \times 60 \times 1.5}{2 \times 8 \times 3600}=0.23(\text{L/s})$$

④ 因现场不设生活区，故不计算 q_4。

⑤ 消防用水量计算：本工程现场面积15620m^2，q_5 取10L/s。

$$q_1+q_3=13.67+0.23=13.90 > q_5$$

⑥ 总用水量计算：因 $q_1+q_3 > q_5$，则 $Q=q_1+q_3=13.90(\text{L/s})$。

(2) 供水管经计算。

$$供水管径 d = \sqrt{\frac{4 \times Q}{\pi \times v \times 1000}} = \sqrt{\frac{4 \times 13.9}{3.14 \times 1.5 \times 1000}} = 0.108 \,(\text{m})$$

取 $d \approx 0.1\text{m}$，用 $\phi 100$ 的上水管即可。

9.4.4 工地临时供电计算

工地临时供电包括计算用电量、选择电源、确定变压器、布置配电线路等。

1. 用电量的计算

施工工地临时供电，包括动力用电与照明用电两种，在计算用电量时，首先要确定施工现场的用电情况，通常从下列各点考虑。

(1) 全工地所使用的机械动力设备，其他电器工具及照明用电数量。
(2) 施工总进度计划中施工高峰阶段同时用电的机械设备最高数量。
(3) 各种机械设备在工作中需用的情况。

总用电量计算公式为

$$P = 1.05 \sim 1.10 \left(K_1 \sum P_1 / \cos\varphi + K_2 \sum P_2 + K_3 \sum P_3 + K_4 \sum P_4 \right) \tag{9-7}$$

式中：P——供电设备总需要容量(kVA)；

P_1——电动机额定功率(kW)；

P_2——电焊机额定容量(kVA)；

P_3——室内照明容量(kW)；

P_4——室外照明容量(kW)；

$\cos\varphi$——电动机的平均功率因数(在施工现场最高为 0.75～0.78，一般为 0.65～0.75)；

K_1、K_2、K_3、K_4——需要系数，如表 9-4 所示。

表 9-4 需要系数(K 值)

用电名称	数 量	需要系数 K	数 值	备 注
电动机	3～10 台	K_1	0.7	如施工中需要电热时，应将其用电量计算进去。为使计算结果接近实际，式中各项动力和照明用电应根据不同工作性质分类计算
	11～30 台		0.6	
	30 台以上		0.5	
加工厂动力设备			0.5	
电焊机	3～10 台	K_2	0.6	
	10 台以上		0.5	
室内照明		K_3	0.8	
室外照明		K_4	1.0	

由于照明用电量所占的比重较动力用电量要少得多,所以在估算总用电量时可以简化,只要在动力用电量之外再加10%作为照明用电量即可。

2. 电源选择

在选择施工工地临时供电电源时需考虑的因素主要有:建筑安装工程量和施工进度;各个施工阶段的电力需要量;施工现场的大小;用电设备在施工工地上的分布情况和距离电源的远近情况;现有电气设备的容量情况。

临时供电电源方案可考虑:完全由工地附近的电力系统供电,包括在全面开工前把永久性供电外线工程做好,设置变电站(所);工地附近的电力系统只能供给一部分,尚需自行扩大原有电源或增设临时供电系统以补充其不足;利用附近高压电力网,申请临时配电变压器;工地位于边远地区,没有电力系统时,电力完全由临时电站供给。

3. 电力系统选择

当工地由附近高压电力网输电时,则在工地上设降压变电所把电能降到10kV或6kV,再由工地若干分变电所把电能降到380/220V。常用变压器的性能可查《施工手册》。对于3kV、6kV、10kV的高压线路,可用架空裸线,或用地下电缆。户外380/220V的低压线路宜采用裸线,只有与建筑物或脚手架等不能保持必要安全距离的地方才宜采用绝缘导线。分支线及引入线均应由电杆处接出,不得由两杆之间接出。配电线路应尽量设在道路一侧,不得妨碍交通和施工机械的装、拆及运转,并要避开堆料、挖槽、修建临时工棚用地。室内低压动力线路及照明线路皆用绝缘导线。

4. 配电导线的选择

导线截面应满足机械强度、允许电流强度、允许电压降三方面的要求,故先分别按一种要求计算截面积,从三者中选出最大截面作为选定导线截面积,再根据截面积选定导线。一般在道路和给排水施工工地中,由于作业线比较长,导线截面可按电压降选定;在建筑工地上因配电线路较短,可按容许电流强度选定;在小负荷的架空线路中,往往以机械强度选定。

5. 用电量的计算实例

【例9-3】某住宅小区有4栋多层住宅工程,施工前,室外管线均接通至小区干线。在进行施工准备的组织设计时对用电设施进行设计。根据平面布置,用电设施有:塔式起重机2台,36×2=72(kW);400L搅拌机2台,10×2=20(kW);30t卷扬机2台,7.5×2=15(kW);振捣器3台,3×3=9(kW);蛙式打夯机3台,3×3=9(kW);电锯、电刨等30kW;电焊机2台,20.5×2=41(kW);室内照明用电10kW,室外照明用电10kW。试计算工地用电量。

【解】(1) 电动机总功率 $\sum P_1 = 72+20+15+9+9+30 = 155\text{(kW)}$

(2) 工地用电量 $P = 1.05(K_1 \sum P_1/\cos\varphi + K_2 \sum P_2 + K_3 \sum P_3 + K_4 \sum P_4)$

$= 1.05 \times (0.6 \times 155/0.75 + 0.6 \times 41 + 0.8 \times 10 + 1 \times 15)$

$= 180.18\text{(kVA)}$

选用 SL_1 200/10 变压器一台。

复习题

一、单项选择题(每题备选项中,只有一个最符合题意)

1. 施工项目管理规划是指导施工管理工作的( )文件。
   A. 基础性　　　B. 技术性　　　C. 法规性　　　D. 纲领性

2. 施工项目管理规划的编制应由( )负责。
   A. 技术员　　　B. 公司经理　　C. 项目经理　　D. 监理工程师

3. 施工项目管理规划属于( )项目管理的范畴。
   A. 业主方　　　B. 施工方　　　C. 供货方　　　D. 设计方

4. 如果施工现场工地面积大于 10 万 m^2,总用水量 Q 的计算式是( )。
   A. $Q=(q_1+q_2+q_3+q_4+q_5)/2$　　B. $Q=(q_1+q_2+q_3+q_4)/2$
   C. $Q=(q_1+q_2+q_3+q_4)/2+q_5$　　D. $Q=q_1+q_2+q_3+q_4$

5. 根据《建设工程项目管理规范》(GB/T 50326),项目管理实施规划应包括( )。
   A. 项目招标和发包工作程序　　　B. 项目采购和资源管理规划
   C. 项目施工管理目标规划　　　　D. 职业健康安全和环境管理计划

6. 征地拆迁属于( )准备工作。
   A. 建设单位　　B. 设计单位　　C. 施工单位　　D. 监理单位

7. 建筑工程施工许可证应由( )办理。
   A. 建设单位　　B. 设计单位　　C. 施工单位　　D. 监理单位

8. 在确定单位工程施工流向时,一般技术复杂、工期较长的区段或部位( )。
   A. 取决于生产工艺　　　　　　　B. 应后施工
   C. 不一定　　　　　　　　　　　D. 应先施工

9. 屋面防水层施工应按先高后低的方向施工,同一屋面( )方向施工。
   A. 由屋脊到檐口　　　　　　　　B. 由檐口到屋脊
   C. 二者均可　　　　　　　　　　D. 二者均不对

10. 施工现场单车道运输道路的宽度一般应不小于( )。
    A. 3～3.5m　　B. 3.5～4m　　C. 4～4.5m　　D. 4.5～5m

二、多项选择题(每题备选项中,至少有两个符合题意,多选、错选不得分)

1. 施工项目管理规划分为( )。
   A. 施工项目管理规划大纲　　B. 施工总进度计划　　C. 工器具需求计划
   D. 施工项目管理实施规划　　E. 技术组织措施计划

2. 按施工准备工作范围不同,施工准备可分为( )。
   A. 全场性施工准备　　　　　　　B. 建设物资准备
   C. 建设单位的施工准备　　　　　D. 分部分项工程作业条件准备

E. 单位工程施工条件准备
3. 按施工准备工作主体不同,施工准备分为( )。
   A. 全场性施工准备 B. 施工单位施工准备 C. 设计单位施工准备
   D. 建设单位的施工准备 E. 开工前的施工准备
4. 建设单位施工准备工作的内容包括( )等。
   A. 征地拆迁 B. 报建手续办理
   C. 施工项目管理规划编制 D. 施工方案确定
   E. 施工许可证办理
5. 施工现场"三通一平"包括( )等内容。
   A. 施工用水畅通 B. 施工用电畅通 C. 施工道路畅通
   D. 施工场地平整 E. 煤气通
6. 施工方案包括( )等内容。
   A. 施工进度计划编制 B. 施工段划分 C. 施工机械选择
   D. 安全施工设计 E. 施工条件准备
7. 施工中应遵循的施工总顺序是( )。
   A. 先地下后地上 B. 先主体后围护 C. 先结构后装饰
   D. 先设备后土建 E. 先围护后主体
8. 设计和布置单位工程施工平面图所依据的资料主要有( )等。
   A. 建筑设计资料 B. 施工进度计划 C. 施工方案
   D. 施工招标文件 E. 施工监理规划
9. 单位工程施工平面图设计的原则是( )。
   A. 节约时间,减少矛盾 B. 减少材料二次搬运
   C. 计算技术经济指标 D. 符合环保、安全和防火要求
   E. 现场布置应尽量紧凑,节约土地
10. 为评价单位工程施工平面图的设计质量,可以计算( )等技术经济指标。
    A. 工日节约率 B. 临时设施投资率 C. 劳动力不均衡系数
    D. 施工场地利用率 E. 施工占地系数

三、案例分析题

【案例一】某工程规模较大,建筑面积5万 m^2,筏板基础,钢筋混凝土剪力墙结构。基坑支护工程经建设单位同意进行了专业分包。合同履行过程中,发生了如下事件。

事件1:施工单位项目经理安排项目技术负责人组织编制了《项目管理实施规划》。

事件2:根据现场条件,设计了施工平面图。

事件3:底板混凝土施工中,混凝土浇筑从高处开始,沿短边方向自一端向另一端进行,在混凝土浇筑完12h内对混凝土表面进行保温保湿养护,养护持续7d。养护至72h时,测温显示混凝土内部温度70℃,混凝土表面温度35℃。

问题：(1) 事件 1 有什么不妥之处？施工项目管理规划编制程序？

(2) 施工现场管理的总体要求是什么？

(3) 施工平面图设计与管理的总体要求是什么？

(4) 事件 3 中的不妥之处，请说明正确做法。

【案例二】某工程建筑面积 8 万 m^2，地下 3 层，地上 30 层，业主与甲单位签订了施工总承包合同，并委托了施工监理单位。合同履行中，发生了如下事件。

事件 1：甲单位自行将基坑支护和土方工程分包给了 JK 单位施工，JK 单位编制了基坑支护工程和降水工程专项施工方案，并经甲单位项目经理签字后即组织施工。

事件 2：由于工程复杂、安全问题突出，甲单位编制了《项目安全管理计划》，并由项目部安全员向施工作业班组进行了安全技术交底。

事件 3：为保证工期，LA 劳务公司将部分工程分包给了另一家有相应资质的 LB 劳务公司。因场地狭小，LB 劳务公司将工人安排在本工程地下室居住。

问题：(1) 什么情况下应编制专项施工方案？由谁编制？

(2) 指出事件 1 中的不妥之处并说明理由。

(3) 施工分包的原则是什么？

(4) 指出事件 2 中的不妥之处及项目安全管理计划主要内容。

(5) 指出事件 3 中的不妥之处，并分别说明理由。

第10章 工程项目安全与环境管理

【学习要点及目标】

◆ 掌握施工安全措施计划、施工安全管理应急预案、主要措施和安全检查。
◆ 掌握工程项目职业健康及安全事故分类、事故处理。
◆ 熟悉文明施工与环境保护,熟悉安全管理体系与环境管理体系。

【核心概念】

施工安全应急预案、安全施工控制措施、安全检查,文明施工和施工环境保护。

10.1 工程项目安全与环境管理概述

10.1.1 安全与环境管理的目的

工程项目安全与环境管理是指为达到工程项目安全生产与环境保护的目的而采取各种措施的系统化管理活动。包括制定、实施、评审和保持安全与环境方针所需的组织机构、计划活动、职责、惯例、程序、过程和资源。

1. 安全管理的目的

工程项目安全管理的目的是：保护产品生产者和使用者的健康与安全；控制影响工作场所内员工、临时工作人员、合同方人员、访问者和其他有关部门人员健康和安全的条件和因素；考虑和避免因使用不当对使用者造成的健康和安全的危害。

2. 环境管理的目的

工程项目环境管理的目的是保护生态环境，使社会经济发展与人类的生存环境相协调；控制作业现场的各种粉尘、废水、废气、固体废弃物以及噪声、振动对环境的污染和危害，考虑能源节约和避免资源的浪费。

10.1.2 安全与环境管理的特点

1. 复杂性

建筑施工生产的流动性、露天作业，以及受气候条件、工程和水文地质等其外部影响因素多，决定了工程项目安全与环境管理的复杂性。

2. 多变性

施工生产的一次性、流动性，以及新材料、新设备和新工艺的应用，引起施工环境变化，加大了施工安全环境管理的难度。

3. 多样性

产品的多样性和生产的单件性决定了安全与环境管理的多样性，主要表现如下。
(1) 不能按同一图纸、同一施工工艺、同一生产设备进行批量重复生产。
(2) 施工生产组织及机构变动频繁，生产经营的"一次性"特征特别突出。
(3) 生产过程中试验性研究课题多，所碰到的新技术、新工艺、新设备、新材料给安全与环境管理带来不少难题。

4. 协调性

建筑产品不能像其他许多工业产品那样可以分解为若干部分同时生产，而必须在同一固定场地按严格程序连续生产,上一道工序不完成,下一道工序不能进行。上一道工序的结果往往会被下一道工序所掩盖,而且每一道程序由不同的人员和单位来完成。因此,在安全与环境管理中要求各单位和各专业人员积极配合,协调工作,共同注意产品生产过程接口部分的安全与环境管理的协调性。

5. 持续性

一个建设项目从立项到投产使用要经历项目可行性研究阶段、设计阶段、施工阶段、竣工验收和试运行阶段。每个阶段都要十分重视项目的安全和环境问题,持续不断地对项目各个阶段可能出现的安全与环境问题实施管理。

6. 环境管理的经济性

环境管理主要包括工程使用期内的成本,如能耗、水耗、维护、保养、改建更新的费用,并通过比较分析,判定工程是否符合经济要求。另外,环境管理要求节约资源,以减少资源消耗来降低环境污染,二者是完全一致的。

10.1.3　安全与环境管理主体责任

《建设工程安全生产管理条例》中规定工程建设安全生产应由建设单位、勘察单位、设计单位、施工单位、工程监理单位、机械设备供应和出租单位、设备检测单位、建设行政管理部门负责。

1. 建设单位或监理单位的责任

(1) 建设单位应按规定办理各种有关安全与环境保护方面的审批手续。
(2) 组织或委托有相应资质的单位进行工程项目环境影响评价和安全预评价。
(3) 领取施工许可证时,应当提供建设工程有关安全施工措施的资料。
(4) 将保证安全施工的措施报送工程所在地建设行政主管部门备案。
(5) 项目竣工后,向环境保护主管部门申请,对工程项目环保设施进行竣工验收。

2. 工程设计单位的责任

(1) 按照有关规定,对工程项目进行环境保护设施和安全设施的设计,防止因设计考虑不周而导致生产安全事故的发生或对环境造成不良影响。
(2) 对涉及施工安全的重点部分和环节在工程设计文件中应进行注明,并对防范生产安全事故提出指导意见。
(3) 对于采用新结构、新材料、新工艺和特殊结构的工程,设计单位应在设计中提出保障施工作业人员安全和预防生产安全事故的措施建议。

3. 施工单位的责任

(1) 施工企业对工程项目的施工安全负全面责任,企业法人代表是安全生产的第一责任人,项目经理是施工项目生产的主要负责人。

(2) 施工企业应当具备安全生产的资质条件,应设立安全组织机构。
(3) 有健全的职业健康安全体系和各项安全生产规章制度。
(4) 对施工项目要编制切合实际的安全生产计划,制定职业健康安全保障措施。
(5) 实施安全教育培训制度,不断提高员工的安全意识和安全生产素质。
(6) 建设工程实行总承包的,由总承包单位对施工现场的安全生产负总责并自行完成工程主体结构的施工。分包单位应当接受总承包单位的安全生产管理,分包工程由分包单位承担主要责任,总承包和分包单位对分包工程的安全生产承担连带责任。

10.2 施工安全控制

10.2.1 安全生产与安全控制的概念

1. 安全生产的概念

安全生产是指使生产过程处于避免人身伤害、设备损坏及其他不可接受的损害风险的状态。不可接受的损害风险通常是指:超出了法律、法规和规章的要求;超出了方针、目标和企业规定的其他要求;超出了人们普遍接受的要求。安全生产是一个相对性的概念。

2. 安全控制的概念

安全控制是指对生产过程中涉及计划、组织、监控、调节和改进等一系列致力于满足生产安全所进行的管理活动。

10.2.2 安全控制的方针与目标

1. 安全控制的方针

安全控制是为了安全生产,因此安全控制的方针也应符合安全生产的方针,即"安全第一,预防为主"。"安全第一"充分体现了以人为本的理念;"预防为主"是实现安全第一的最重要手段,是安全控制的最重要的思想。

2. 安全控制的目标

安全控制的目标是减少和消除生产过程中的事故,保证人员健康安全和财产免受损失,具体如下。
(1) 减少或消除人的不安全行为。
(2) 减少或消除设备、材料的不安全状态。
(3) 改善生产环境和保护自然环境。

10.2.3 安全控制的特点与程序

1. 安全控制的特点

(1) 控制面广。由于建设工程规模较大,生产工艺复杂,建造过程中流动作业多,高处作业多,作业位置多变,不确定因素多,安全控制工作涉及范围大,控制面广。

(2) 控制的动态性。由于工程项目的单件性和施工的分散性,在面对具体的生产环境时,有些工作制度和安全技术措施也会有所调整。

(3) 控制系统交叉性。工程项目建造过程受自然环境和社会环境影响很大,安全控制需要把这些系统结合起来。

(4) 控制的严肃性。安全状态一旦失控,损失较大,控制工作应严肃、措施应严谨。

2. 安全控制的程序

(1) 确定工程项目安全目标。
(2) 编制工程项目安全技术措施计划。
(3) 贯彻落实安全技术措施计划。
(4) 安全技术措施计划的验证。
(5) 持续改进安全技术措施计划。

10.2.4 安全生产管理制度及安全控制基本要求

1. 安全生产管理制度

安全生产管理制度是规范工程项目施工生产行为的准则,对于提高建设工程安全生产水平是非常重要的。现阶段正在执行的主要安全生产管理制度可概括为以下几方面。

(1) 安全生产责任制度。
(2) 安全生产许可证制度。
(3) 安全生产教育培训制度。
(4) 安全措施计划制度。
(5) 特种作业人员持证上岗制度。
(6) 专项施工方案专家论证制度。
(7) 危及施工安全工艺、设备、材料淘汰制度。
(8) 施工起重机械使用登记制度。
(9) 生产安全事故报告和调查处理制度。
(10) 各种安全技术操作规程。
(11) 危险作业管理审批制度。
(12) 易燃易爆、剧毒、腐蚀性等危险物品生产、储运、使用的安全管理制度。
(13) 防护物品的发放和使用制度。

(14) 安全用电制度。
(15) 危险场所动火作业审批制度。
(16) 防火、防爆、防雷、防静电制度。
(17) 危险岗位巡回检查制度。
(18) 安全标志管理制度。

2. 施工安全控制的基本要求

(1) 必须取得安全行政主管部门颁发的安全施工许可证后才可施工。
(2) 总承包单位和每一个分包单位都应持有施工企业安全资格审查认可证。
(3) 各类人员必须具备相应的执业资格才能上岗。
(4) 所有新员工必须经过三级安全教育,即进厂、进车间和进班组的安全教育。
(5) 特殊工种作业人员必须持有特种作业操作证,并严格按规定定期进行复查。
(6) 对查出的安全隐患要做到"五定",即定整改责任人、定整改措施、定整改完成时间、定整改完成人、定整改验收人。
(7) 把好安全生产"六关",即措施关、交底关、教育关、防护关、检查关、改进关。
(8) 施工现场安全设施齐全,并符合国家及地方有关规定。
(9) 施工机械(特别是现场安设的起重设备等)必须经过安全检查合格后方可使用。

10.2.5 施工安全措施计划

施工安全控制的基本措施是编制安全措施计划。

1. 施工安全措施计划的主要内容

它包括工程概况,控制目标,控制程序,组织机构,职责权限,规章制度,资源配置,主要安全技术措施,安全技术交底计划、检查评价,奖惩制度等。

2. 施工安全措施计划的编制要求

施工企业必须在工程开工前制订施工安全技术措施计划。安全措施计划要有全面性、针对性、可靠性、可行性和可操作性。此外,还应遵循如下原则。

(1) 施工安全技术措施应构成完整的体系,主要包括进入施工现场的安全规定、高处及立体交叉作业的防护措施、施工安全用电措施、施工机械设备的安全使用、新技术、新材料、新工艺、新设备的专门安全技术措施、自然灾害预防措施、预防有毒、有害、易燃、易爆等作业造成危害的安全技术措施、现场消防措施、季节性施工安全技术措施等。

(2) 对结构复杂、施工难度大、专业性较强或危险性大的分部分项工程,如基坑支护与降水工程、土方工程、模板工程、吊装工程、脚手架工程、拆除工程、爆破工程等,除制定总体安全计划外,还必须编制专项施工方案和安全措施。

(3) 对高处作业、井下作业等专业性强的作业,以及电器、压力容器等特殊工种作业,除制定专项安全技术规程外,应对管理和操作人员的安全作业资格和身体状况进行检查。

(4) 安全措施计划应包括安全制度、安全防护设施设置、安全预防措施等方面。
(5) 施工安全技术措施计划应作为规范和检查考核员工安全行为的依据。
(6) 施工安全技术措施计划必须包括应急预案。

3. 施工安全措施计划的实施

施工安全措施计划的实施主要是做好以下工作。

1) 建立安全生产责任制

安全生产责任制是指企业对项目经理部各级领导、各个部门、各类人员所规定的在他们各自职责范围内对安全应负责任的制度，是施工安全技术措施计划实施的重要保证。

2) 广泛开展安全教育

全体员工应认识到安全生产的重要性，懂得安全生产的科学知识。把安全知识与技能、操作规程、安全法规等作为安全教育的主要内容。建立经常性的安全教育考核制度，考核成绩要记入员工档案。对电焊工、架子工、爆破工等特殊工种工人，除一般教育外，还要经过专业安全技能培训，经考试合格持证后，方可独立操作。对采用新技术、新设备施工和调换工作岗位的也要进行安全教育和培训。

3) 安全技术交底

安全技术交底是施工负责人向施工作业人员进行责任落实的法律要求，是项目安全管理工作的重要环节，是一线作业人员了解和掌握该作业安全技术操作规程和注意事项的主要途径，也是安全管理人员自我保护的重要手段。

(1) 施工安全技术交底的要求。

安全技术交底工作应在正式作业前进行；技术交底必须具体、明确，针对性强；技术交底应明确施工潜在的危险因素和存在问题；应优先采用新的安全技术措施；对于技术含量高、难度大的单项技术设计，必须进行重点交底；对两个以上作业队和多工种交叉施工的作业队伍定期进行书面交底；保存书面安全技术交底签字记录。

(2) 施工安全技术交底的内容。

主要内容包括：本工程施工方案的要求；本工程的施工作业特点和危险点；针对危险点的具体预防措施；应注意的安全事项；相应的安全操作规程和标准；发生事故后应及时采取的避难和急救措施。

10.2.6 施工安全管理应急预案

1. 安全管理应急预案的概念及分类

应急预案是针对潜在的突发事件和紧急情况发生时，为确保迅速、有序、高效地开展应急处置，减少人员伤亡和经济损失，预先制订的措施计划或方案，是应急响应的行动指南。制订应急预案的意义：一是可以迅速反应，及时有效采取措施，最大限度地减少损失；二是可以规范应对行为，协调一致，合理使用资源。

根据不同的分类方法和角度，应急预案可分为不同类别。从层次体系上可分为总体综

合预案、专项预案和现场处置预案。

(1) 综合应急预案，是从总体上制定的应急方针、政策，应急组织结构及相关应急职责，应急行动、措施和保障等基本要求和程序，是应对各类事故的综合性文件。

(2) 专项应急预案，是针对具体的事故类别，如基坑开挖、脚手架拆除事故等制定的计划性措施，是综合应急预案的组成部分。

(3) 现场处置方案，是针对具体的事故场所或设施、岗位，如基坑塌方、基坑渗水等所制定的应急处置措施。现场处置方案应具体、简单、针对性强。

2. 安全管理应急预案的内容

以综合应急预案为例，编制的主要内容如下。

(1) 总则，包括编制目的、依据、适用范围、预案体系构成、应急工作原则等。

(2) 施工危险性分析，包括施工概况、危险源与风险分析。

(3) 组织机构及职责，包括应急组织与指挥机构，成员组成、任务及职责。

(4) 预防与预警，包括危险源监控、预警行动、信息报告与处置。

(5) 应急响应，包括响应分级、响应程序、应急结束。

(6) 信息发布，包括信息发布的部门，发布原则等。

(7) 应急处置，包括处置措施、后果影响消除、生产秩序恢复、善后赔偿等。

(8) 保障措施，包括通信与信息保障、应急队伍保障、应急物资装备保障、经费保障、交通运输保障、治安保障、技术保障、医疗保障、后勤保障等其他保障。

(9) 培训与演练，包括应急培训计划、方式和要求，应急演练的规模、方式、频次、范围、内容、组织、评估、总结等内容。

(10) 奖惩，应急工作中奖励和处罚的条件和内容。

(11) 附则，包括术语、应急预案备案、维护和更新、制定与解释、应急预案实施。

3. 安全管理应急预案的管理

建设工程生产安全事故应急预案的管理包括应急预案的评审、备案、实施和奖惩。

(1) 应急预案的评审。应急预案的评审或者论证应当注重应急预案的实用性、基本要素的完整性、预防措施的针对性、组织体系的科学性、响应程序的操作性、应急保障措施的可行性、应急预案的衔接性等内容。

(2) 应急预案的备案。涉及实行安全生产许可的，其综合应急预案和专项应急预案，按照隶属关系报安全生产监督管理部门和有关主管部门备案；未实行安全生产许可的，其综合应急预案和专项应急预案的备案，由省级人民政府安全生产监督管理部门确定。

(3) 应急预案的实施。为保证应急预案的时效性，各级安全生产监督部门、生产单位应当采取多种形式开展应急预案的宣传教育、应急预案演练以及应急预案的及时修订。

(4) 奖惩。生产经营单位未制订应急预案或者未按照应急预案采取预防措施，造成严重后果的，依照有关法律法规，责令停产停业整顿，并依法给予行政处罚。

10.2.7 安全施工的主要措施

施工安全技术措施包括：一般性安全技术措施、主要分部分项工程安全技术措施、施工机械安全使用措施、高处作业安全措施、施工用电安全措施等。

1. 一般性安全技术措施

一般性安全技术措施主要包括安全生产责任制、施工组织设计及专项施工方案、安全技术交底、安全检查、安全教育、分包单位安全管理、持证上岗、生产安全事故处理、安全标志等方面的基本要求。

(1) 工程开工前，必须编制施工组织设计及具体的安全技术措施，并进行安全交底。

(2) 设立专职安全管理机构，加强领导，统一协调。

(3) 各种机具、材料、设施等按施工平面图堆放布置，符合安全生产要求。

(4) 施工现场应实施封闭管理，入场必须符合安全要求。

(5) 按规定设置安全标志，标志分红、黄、蓝、绿四种。红色表示禁止、停止、危险以及消防设备的意思；黄色表示提醒注意；蓝色表示指令，要求必须遵守；绿色表示允许。

(6) 施工现场的水源、电源、火源都要有专人负责，闲人免进。

(7) 保证现场平整，道路畅通，排水设施良好。交通频繁的交叉路口，应设指挥。

(8) 施工现场必须设置"六牌两图或五牌一图"，即工程概况牌、管理人员名单及监督电话牌、消防责任牌、安全生产牌、文明施工牌(和入场须知牌)，以及施工现场总平面图(和建筑立面图)。

(9) 施工现场要设消防设施，备有足够的，有效的灭火器材。

(10) 现场要认真执行安全值日制。

(11) "三宝""四口""多临边"防护措施可靠。三宝指安全帽、安全带、安全网；四口指楼梯口、电梯井口、预留洞口、通道口；临边防护主要包括沟、坑、槽和深基础周边、楼层周边、楼梯侧边、平台或阳台边、屋面周边等。

2. 高处作业安全技术措施

《高处作业分级》(GB/T 3608)规定：凡在坠落高度基准2米以上(含2米)有可能坠落的高处进行的作业，称为高处作业。建筑施工中的高处作业主要包括临边、洞口、攀登、悬空、交叉等五种基本类型。临边作业是指工作面边沿无围护设施或围护设施高度低于80cm时的高处作业；洞口作业是指在孔和洞边口旁的高处作业统称为洞口作业；攀登作业是指借助建筑结构或脚手架上的登高设施或采用梯子或其他登高设施在攀登条件下进行的高处作业；悬空作业是指在操作者无立足点或无牢靠立足点条件下进行高处作业；交叉作业是指在施工现场的上下不同层次，于空间贯通状态下同时进行的高处作业。

高空作业面小，影响因素复杂，工作危险。施工人员必须严格按照安全规范操作，主要的安全措施如下。

(1) 施工现场所有人员必须戴安全帽，安全帽质量符合相关标准的要求。

(2) 在建工程外脚手架架体外侧采用密目式安全网封闭，网间连接严实，安全网质量符合相关标准的要求。

(3) 高处作业人员按规定系挂安全带。安全带系挂符合要求，安全带质量符合相关标准的要求。

(4) 临边防护。工作面边沿必须有临边防护措施，临边防护设施的构造、强度符合规范要求，防护设施应形成定型化、工具式。

(5) 洞口防护。在建工程的孔、洞应采取防护措施，防护措施、设施符合要求，防护设施定型化、工具式，电梯井内每隔两层且不大于10m设置安全平网。

(6) 通道口防护。应搭设防护棚，防护棚两侧封闭、防护严实、稳固，防护棚长宽符合要求，建筑物高度超过24m，防护棚顶采用双层防护。防护棚材质符合要求。

(7) 攀登作业。进行攀登作业时可借助建筑结构或脚手架上的登高设施，也可采用载人的垂直运输设备，或使用梯子等其他攀登设施。不得任意利用吊车臂架等施工设备进行攀登作业。攀登用具必须可靠。移动式梯子的梯脚底部应坚实，不得垫高使用。

(8) 悬空作业。悬空作业处设置防护栏杆或其他可靠的安全设施，作业所用索具、吊具应进行鉴定验收，作业人员系挂安全带或佩带工具袋。

(9) 移动式操作平台。操作平台按规定进行设计计算，轮子与平台连接可靠，平台组装符合要求，平台四周按规定设置防护栏杆和登高扶梯，平台材质符合要求。

(10) 悬挑式物料钢平台。应编制专项施工方案，支撑系统可靠，按要求在平台两侧设置斜拉杆或钢丝绳，按要求设置固定的防护栏杆或挡脚板，台面铺板符合要求。

(11) 高处作业吊篮。编制专项施工方案并按规定审批，安全装置可靠，靠位置，悬挂机构、钢丝绳材质和安装符合规定，操作升降人员经培训合格。

3. 施工用电安全技术措施

施工用电应符合《建设工程施工现场供用电安全规范》(GB50194)和《施工现场临时用电安全技术规范》(JGJ46)的规定。施工用电安全措施项目应包括：外电防护、接地与接零保护系统、配电线路、配电箱与开关箱、配电室与配电装置、现场照明、用电档案等。

(1) 外电防护。外电线路与在建工程及脚手架、起重机械、场内机动车道之间的安全距离符合规范要求且采取防护措施，设置明显的警示标志。在外电架空线路正下方禁止施工、建造临时设施或堆放材料物品。

(2) 接地与接零保护系统符合规范要求。

(3) 配电线路。线路设施、挡距、敷设、与邻近线路或固定物的距离等符合规范要求。

(4) 配电箱与开关箱的设置、连接等符合规范要求。施工现场临时用电一般采取"三级配电，两级防护"即第一级为总配电箱，第二级为分配电箱，第三级为开关箱，电气设备必须在第三级上接电源。两级防护是指总配电箱、开关箱要安装漏电保护器。

(5) 配电室与配电装置的布设符合规范要求，耐火等级达到要求。

(6) 现场照明符合规范要求。

(7) 用电档案。总包单位与分包单位订立临时用电管理协议，制订具有针对性的用电专项方案，用电检查验收记录填写真实，档案资料齐全、设专人管理。

4．主要分部分项工程安全技术措施

1) 脚手架工程

脚手架主要有扣件式钢管脚手架、门式钢管脚手架、碗扣式钢管脚手架、承插型盘扣式钢管脚手架、满堂脚手架、悬挑式脚手架、附着式升降脚手架、高处作业吊篮等 8 类。由于其构造不同，具体安全措施不同，但基本上大同小异。以扣件式钢管脚手架为例，安全措施包括施工方案、立杆基础、架体与建筑结构拉结、杆件间距与剪刀撑、脚手板与防护栏杆、交底与验收、横向水平杆设置、杆件连接、层间防护、构配件材质、通道等方面。

(1) 应编制专项施工方案并按规定论证、审批。架体结构设计、搭设符合要求。

(2) 立杆基础平实、符合专项施工方案要求，立杆底座、垫板符合规范要求，按规范要求设置、固定纵横向扫地杆，立杆基础应采取排水措施。

(3) 架体与建筑结构拉方式、间距符合规范要求，连接可靠。

(4) 杆件间距与剪刀撑设置符合规范要求，与架体杆件固定可靠。

(5) 脚手板与防护栏杆规格、材质符合规定，铺设稳固。

(6) 架体搭设前应进行交底，并有文字记录，架体分段搭设、分段使用并分段验收。

(7) 横向水平杆设置符合要求。

(8) 杆件连接的布置、搭接长度、固定、扣件紧固力矩符合要求。

(9) 层间防护符合规定。

(10) 构配件材质、规格符合要求，扣件应进行技术性能复试。

(11) 应设置人员上下专用通道，通道设置符合要求。

2) 模板支架工程

模板支架应符合施工模板安全技术规范、脚手架安全技术规范等规定。安全技术措施包括施工方案、支架基础、支架构造、支架稳定、施工荷载、交底与验收、杆件连接、底座与托撑、构配件材质、支架拆除等方面。

(1) 应编制专项施工方案，并按规定论证、审批。

(2) 支架基础坚实平整、承载力符合要求，按规定设置垫板、底座、扫地杆，基础采取排水措施，支架设在楼面结构上时，应验算并对楼面采取加固措施。

(3) 支架立杆纵横间距、水平杆步距满足设计和规范要求，水平杆连续设置，按规范要求设置竖向剪刀撑或专用斜杆、水平剪刀撑或专用水平斜杆。

(4) 支架稳定，高宽比符合规范要求，与建筑结构刚性连接可靠，立杆伸出顶层水平杆的长度符合规范要求，防止支架基础沉降、架体变形防治监测措施得当。

(5) 施工荷载堆放均匀，符合设计规定，控制混凝土堆积高度。

(6) 支架搭设、拆除前应进行交底，并记录，架体搭设完毕办理验收手续。

(7) 立杆连接、水平杆连接、斜杆接长等符合规范要求，杆件连接点紧固可靠。

(8) 底座与托撑螺杆直径与立杆内径匹配，螺杆旋入长度和外伸长度符合要求。

(9) 构配件材质、规格、符合规范要求，杆件无弯曲、变形、锈蚀现象。

(10) 支架拆除前应确认混凝土强度达到设计要求，并按规定设置警戒区和专人监护。

3) 基坑工程

基坑工程安全措施应符合《建筑基坑工程监测技术规范》《建筑基坑支护技术规程》《建筑施工土石方工程安全技术规范》等规定。基坑工程安全措施项目包括施工方案、基坑支护、降排水、基坑开挖、坑边荷载、安全防护，以及基坑监测、支撑拆除、作业环境、应急预案等方面。

(1) 应编制基坑工程专项施工方案，并按规定论证、审核、审批，基坑周边环境或施工条件发生变化时，应重新对施工方案审批。

(2) 基坑支护结构符合设计要求，边坡塌方防止措施、边坡稳定监控报警措施得当。

(3) 基坑降排水。基坑开挖深度范围内有地下水时应采取有效的降排水措施，基坑边沿周围地面按规范要求设排水沟，放坡开挖的坡顶、坡面、坡脚采取降排水措施，基坑底四周设排水沟和集水井，及时排除积水。

(4) 基坑开挖。按设计和施工方案的要求分层、分段开挖，不得在支护结构未达到设计要求的强度前开挖下层土方，基坑开挖过程中应采取防止碰撞支护结构或工程桩的有效措施，机械在软土场地作业时，应采取铺设渣土、砂石等硬化措施。

(5) 坑边荷载。基坑边堆置土、料具等应符合基坑支护设计要求，施工机械与基坑边沿的安全距离符合设计要求。

(6) 安全防护。开挖深度 2m 及以上的基坑周边按规范要求设置防护栏杆，坑内按规范设置供施工人员上下的专用梯道，降水井口设置防护盖板或围栏。

(7) 基坑监测。按要求进行基坑工程监测，基坑监测项目符合设计和规范要求，监测的时间间隔符合监测方案要求，按设计要求提交内容完整的监测报告。

(8) 支撑拆除。基坑支撑结构的拆除方式、拆除顺序符合专项施工方案要求，机械拆除作业时，施工荷载满足支撑结构承载能力要求，人工拆除作业时按规定设置防护设施。

(9) 作业环境：基坑内土方机械、施工人员的安全距离符合规范要求，上下垂直作业采取防护措施，在各种管线范围内挖土作业设专人监护，作业区光线良好。

(10) 按要求编制基坑工程应急预案，应急组织机构健全，应急物资、材料、工具机具储备符合应急预案要求。

5. 施工机械安全技术措施

其主要施工机械有塔式起重机、物料提升机、施工升降机、起重吊装、施工机具。

(1) 塔式起重机。应符合《塔式起重机安全规程》《建筑施工塔式起重机安装、使用、拆卸安全技术规程》的规定。塔式起重机的载荷限制装置、行程限位装置、保护装置、吊钩、滑轮、卷筒与钢丝绳、多塔作业、安拆、验收与使用，以及附着装置、基础与轨道、结构设施、电气安全符合规范要求。

(2) 物料提升机。应符合《龙门架及井架物料提升机安全技术规范》的规定。物料提升机的安全装置、防护设施、附墙架与缆风绳、钢丝绳、安拆、验收与使用，以及基础与导轨架、动力与传动、通信装置、卷扬机操作棚、避雷装置符合规范要求。

(3) 施工升降机。应符合《施工升降机安全规程》的规定。施工升降机的安全装置、限位装置、防护设施、附墙架、钢丝绳、滑轮与对重、安拆、验收与使用，以及导轨架、基础、电气安全、通信装置符合要求。

(4) 起重吊装。应符合《起重机械安全规程》的规定。起重吊装的施工方案、起重机械、钢丝绳与地锚、索具、作业环境、作业人员，以及吊装、高处作业、构件码放、警戒监护符合要求。

(5) 施工机具。应符合《建筑机械使用安全技术规程》《施工现场机械设备检查技术规程》的规定。施工机具包括平刨、圆盘锯、手持电动工具、钢筋机械、电焊机、搅拌机、气瓶、翻斗车、潜水泵、振捣器、桩工机械。施工机具的安装按规定履行验收程序，按规定设置安全装置、安全作业棚等。

10.2.8 安全检查

安全检查的目的是消除隐患、防止事故、改善劳动条件及提高员工安全生产意识，是安全控制工作的一项重要内容和手段。通过安全检查可以发现工程中的危险因素，以便有计划地采取措施，保证安全生产。

1. 安全检查的类型

安全检查分为全面性、日常性、专业性、季节性及节假日前后的检查和重点检查。

(1) 全面安全检查。它包括职业健康安全管理方针、管理组织机构及其安全管理的职责、安全设施、操作环境、防护用品、卫生条件、运输管理、危险品管理、火灾预防、安全教育和安全检查制度等内容。对检查结果要进行总结分析。

(2) 经常性安全检查。每时每刻开展安全检查，及时排除事故隐患。

(3) 专业性安全检查。专业或专职安全管理人员有丰富的安全知识和经验，通过其认真检查就能够得到较为理想的效果。

(4) 季节性安全检查。对防汛抗旱、防雷电、防暑防害等工作进行季节性的检查。

(5) 节假日检查。节假日不能麻痹大意，进行安全检查，有备无患。

(6) 重点安全检查。对项目重点部位、重要设备、企业要害部门等进行重点检查。

2. 安全检查的主要内容

(1) 查思想。主要检查企业的领导和职工对安全生产工作的认识。

(2) 查管理。主要检查安全管理组织是否落实到位，安全管理保证体系是否健全。

(3) 查制度。检查安全施工规章制度健全，并落实到具体的工程项目施工任务中。

(4) 查隐患。主要检查作业现场是否符合安全生产、文明生产的要求。

(5) 查整改。主要检查对过去提出问题的整改情况。

(6) 查事故处理。对安全事故的处理应查明事故原因、明确责任并对责任者做出处理、明确和落实整改措施要求。

安全检查的重点是违章指挥和违章作业。安全检查后应编制安全检查报告，说明已达标项目，未达标项目，存在问题，原因分析，纠正和预防措施。

3. 安全检查的评定项目

《建筑施工安全检查标准》规定的安全检查评定项目共 19 项：安全管理、文明施工、扣件式钢管脚手架、门式钢管脚手架、碗扣式钢管脚手架、承插型盘扣式钢管脚手架、满堂脚手架、悬挑式脚手架、附着式升降脚手架、高处作业吊篮、基坑工程、模板支架、高处作业、施工用电、物料提升机、施工升降机、塔式起重机、起重吊装、施工机具。

(1) 安全管理检查评定，保证项目：安全生产责任制、施工组织设计及专项施工方案、安全技术交底、安全检查制度、安全教育、分包单位安全管理、持证上岗、安全事故处理、安全标志等内容。

(2) 文明施工检查评定，保证项目：现场围挡、封闭管理、施工场地、材料管理、现场办公与住宿、现场防火。一般项目：综合治理、公示标牌、生活设施、社区服务。

4. 安全检查的要求及主要规定

(1) 根据施工过程的特点和安全目标的要求确定安全检查的内容。

(2) 对安全控制计划的执行情况进行检查、评价和考核。对作业中存在的不安全行为和隐患，签发安全整改通知，制订整改方案，落实整改措施，实施整改后应予复查。

(3) 安全检查应配合必要的设备或器具，确定检查负责人，并明确检查的要求。

(4) 安全检查应采取随机抽样、现场观察和实地检测的方法，并记录检查结果。

(5) 对检查结果进行分析，找出安全隐患，确定危险程度。

(6) 编写安全检查报告并上报。

10.2.9 施工安全控制案例分析题

【例 10-1】某高层商住楼，总建筑面积 3 万 m²，建筑高度 60m，为全现浇钢筋混凝土剪力墙结构，脚手架采用悬挑脚手架。装饰工程完成后开始拆除脚手架，当刚开始拆除了顶层一半脚手架时，发生了局部脚手架倒塌，造成严重事故。后经查明工人在拆除作业前未对悬挑脚手架进行检查、加固，就拆除了水平杆，使架体失稳倾覆。进一步调查发现施工单位未进行安全技术交底，作业人员也未佩戴安全带和防护措施。

问题：(1) 脚手架工程交底与验收的程序是什么？

(2) 针对该事故如何采取安全防范和控制措施？

(3) 一般主体结构施工阶段安全生产的控制要点有哪些？

【答案】(1) 脚手架工程交底与验收的程序如下。

① 脚手架搭设前，应按照施工方案要求，结合施工现场作业条件，做详细的交底。

② 脚手架搭设完毕，应由施工负责人组织，有关人员参加，按照施工方案和规范规定分段进行逐项检查验收，确认符合要求后，方可投入使用。

③ 对脚手架检查验收应按照相应规范要求进行，凡不符合规定的应立即进行整改，对检查结果及整改情况，应按实测数据进行记录，并由检测人员签字。

(2) 针对该事故需要进行以下工作。
① 清理施工现场,分析事故原因,进行善后工作处理。
② 对未拆除的脚手架、排架等清查、整改,做好交底,采取监护措施。
③ 重申脚手架拆除的顺序、要求及高空作业的安全管理原则,形成书面报告。
④ 明确责任者,将无证人员清理出场。
⑤ 加强安全教育和培训,重申岗位、安全生产责任制。
⑥ 严格执行安全生产规范以及有关脚手架安全方面的强制性条文。
(3) 一般主体结构施工阶段安全生产的控制要点如下。
① 临时用电安全。
② 内外架子及洞口防护。
③ 作业面交叉施工及临边防护。
④ 大模板和现场堆料防倒塌。
⑤ 机械设备使用安全。

【例 10-2】某多层住宅工程施工中发生物料提升机钢丝绳突然断裂,造成严重事故。后经检查发现:司机无资格证书,钢丝绳磨损、锈蚀严重。

【问题】(1) 施工现场特种作业人员有哪几种?对其基本要求是什么?
(2) 分析事故原因。

【答案】(1) 建筑施工特种作业人员是指在房屋建筑和市政工程施工活动中,从事可能对本人、他人及周围设备设施的安全造成重大危害作业的人员。《建筑施工特种作业人员管理规定》建筑施工特种作业包括:建筑电工;建筑架子工;建筑起重信号司索工;建筑起重机械司机;建筑起重机械安装拆卸工;高处作业吊篮安装拆卸工;经省级以上人民政府建设主管部门认定的其他特种作业。建筑施工特种作业人员必须经建设主管部门考核合格,取得建筑施工特种作业人员操作资格证书,方可上岗从事相应作业。

(2) 造成该起事故的主要原因是:违反了卷扬机应由经过培训且取得合格证的人员操作的规定、对卷扬机缺少日常检查和维修保养。

10.3 工程项目职业健康及安全事故

10.3.1 职业健康安全事故的分类

职业健康安全事故分两大类型,即职业伤害事故与职业病。

1. 职业伤害事故

职业伤害事故是指因生产过程及工作原因或与其相关的其他原因造成的伤亡事故。
1) 按事故发生的原因分类

按照我国《企业职工伤亡事故分类标准》规定,职业伤害事故分为20类,其中与建筑业有关的有 12 类：物体打击、车辆伤害、机械伤害、起重伤害、触电、灼烫、火灾、高处坠落、坍塌、火药爆炸、中毒和窒息、其他伤害(扭伤、跌伤、冻伤、野兽咬伤等)。在建设领域中最常见的是高处坠落、物体打击、机械伤害、触电、坍塌、中毒、火灾 7 类。

2) 按事故严重程度分类

按事故严重程度分轻伤事故、重伤事故、死亡事故。

3) 按事故造成的人员伤亡或者直接经济损失分类

按人员伤亡或者经济损失分特别重大事故、重大事故、较大事故、一般事故。

2. 职业病

经诊断因从事接触有毒有害物质或不良环境的工作而造成急慢性疾病，属职业病。

我国把职业病分为 10 大类 115 项病种。包括尘肺、职业性放射疾病、职业中毒、物理因素所致职业病、生物因素所致职业病、职业性皮肤病、职业性眼病、职业性耳鼻喉口腔疾病、其他职业病。

10.3.2 安全事故的处理

1. 安全事故处理的原则

(1) 事故原因未查清不放过。

(2) 事故责任者和员工没有受到教育不放过。

(3) 事故责任人未受到处理不放过。

(4) 没有制定切实可行的整改及防范措施不放过。

2. 安全事故处理程序

(1) 按规定向有关部门报告事故情况，迅速抢救伤员并保护好事故现场。

(2) 排除险情，防止事故蔓延扩大。

(3) 组织调查组，进行安全事故调查。

(4) 现场勘察，分析事故原因。

(5) 制定预防措施，明确责任者。

(6) 提交调查报告。事故调查报告包括内容：事故发生单位概况、事故发生经过和事故救援情况、事故造成的人员伤亡和直接经济损失、事故发生的原因和事故性质、事故责任的认定以及对事故责任者的处理建议、事故防范和整改措施。

(7) 事故的审理、结案、登记。事故处理的情况由负责事故调查的人民政府或者其授权的有关部门、机构向社会公布，依法应当保密的除外。事故调查处理的文件记录应长期完整地保存。

10.3.3 安全事故分析与处理案例

【例 10-3】某土方工程施工阶段，分包回填土施工任务的某施工队采用装载机铲土时，不慎将一名正在检查质量的质检员撞倒，造成人员伤亡。经调查，装载机司机未经培训，无操作证，并且当时现场没有指挥人员。

问题：(1) 请简要分析这起事故发生的原因。

(2) 重大事故发生后应在 24h 内写出书面报告并上报，其书面报告包括哪些内容？

(3) 施工安全管理责任制中对项目经理的责任是如何规定的？

【答案】(1) 这起事故发生的原因如下。

① 装载机将正在检查质量的质检员撞倒是这起事故发生的直接原因。

② 装载机司机未经培训，无操作证，缺乏安全意识是这起事故发生的间接原因。

③ 机械作业现场缺少指挥人员是这起事故发生的主要原因。

(2) 重大事故书面报告应包括以下内容。

① 事故发生的时间、地点、工程项目、企业名称。

② 事故发生的简要经过、伤亡人数和直接经济损失的初步估计。

③ 事故发生原因的初步判断。

④ 事故发生后采取的措施及事故控制情况。

⑤ 事故报告单位。

(3) 项目经理对工程项目的安全生产负全面领导责任。

① 认真贯彻落实安全生产方针、政策、法律法规和各项规章制度，结合项目特点，提出有针对性的安全管理要求，严格履行安全考核指标和安全生产奖惩办法。

② 认真落实施工组织设计中安全技术管理的各项措施，严格执行安全技术措施审批制度，施工项目安全交底制度和设备、设施交接验收使用制度。

③ 领导组织安全生产检查，研究分析施工中存在的不安全问题，及时落实解决。

④ 发生事故及时上报，保护好现场，做好抢救工作，积极配合调查，认真落实纠正和预防措施，并认真吸取教训。

【例 10-4】某基础工程设计为钢筋混凝土条形基础。施工期间，采用大开挖方案并大量抽排地下水。一个月后，发现施工现场地面下沉，附近某厂房墙壁、地面开裂危及人员安全，施工暂时停止。经修改设计，将原基础改为混凝土灌注桩方案后，于同年恢复施工。

问题：(1) 如果你是施工单位的项目负责人，事故发身后，该如何处理？

(2) 产生事故的原因？

(3) 施工单位有无责任？

【答案】(1) 作为施工项目负责人，在事故发身后，可以采取以下措施进行补救。

① 停止施工，划分安全区域，疏散附近厂房车间工作人员，撤走设备。

② 及时通知相关部门，如监理单位、主管部门、设计院、业主等，进行事故调查。

③ 提出加固方案，及时进行抢修。

④ 成立专门小组负责善后，如专访、洽谈、赔偿、减少负面影响。
⑤ 对该厂房进行跟踪沉降观测，保证后期施工安全。
⑥ 研究调整方案，采取防护措施、技术措施，减少损失。

(2) 事故的原因是在进行基础施工时，采用大开挖方案，不采取任何保护性技术措施，大量抽排地下水，导致周围建筑物墙壁、地面开裂，危及人员安全。

(3) 工程设计和施工方案本身存在缺陷，设计单位和施工单位均应承担责任。施工单位承担责任是因为施工单位是拥有专业技术知识的法人，对于本行业的明显错误应当发现并给予纠正。施工单位没有发现设计缺陷，不采取任何技术措施进行施工，也不符合施工规范的要求。

10.4 文明施工与环境保护

10.4.1 文明施工

1. 文明施工的概念和内容

文明施工是指保持施工现场良好的作业环境、卫生环境和工作秩序。

1) 文明施工的意义

(1) 文明施工是确保施工现场安全生产的有效手段。
(2) 文明施工是树立企业良好形象、提高企业综合管理水平和市场竞争力的重要措施。
(3) 文明施工能减少施工对周围环境的影响，是适应现代化施工的客观要求。
(4) 文明施工有利于员工的身心健康，有利于培养和提高施工队伍的整体素质。

2) 文明施工的内容

它主要包括：规范施工现场的场容，保持作业环境的整洁卫生；科学组织施工，使生产有序进行；减少施工对周围居民和环境的影响；遵守施工现场文明施工的规定和要求，保证职工的安全和身体健康。

2. 文明施工的总体要求

国家对文明施工非常重视，颁布了一系列施工安全方面的标准和技术规范，各地区也制定了相关制度及文明工地评价办法。其主要包括现场围挡、封闭管理、施工场地、材料堆放、现场住宿、现场防火、治安综合治理、施工现场标牌、生活设施、保健急救、社区服务等11个方面的要求。总体上应符合以下要求。

(1) 有科学可行的施工方案，施工场地规划合理、布置紧凑，符合环保、卫生要求。
(2) 有健全的施工组织管理体系，岗位分工明确；工序交叉合理，交接责任明确。
(3) 施工现场必须设置明显的标牌，标明工程名称、建设单位、设计单位、施工单位、项目经理和现场代表人的姓名、开竣工日期、施工许可证批准文号等。
(4) 施工场地平整，道路畅通，排水设施得当，场容场貌整洁，随时清理建筑垃圾。

在车辆、行人通行的地方施工，应当设置施工标志，并对沟井坎穴进行覆盖。

(5) 有严格的成品保护措施和制度，临时设施布置合理、材料构件堆放整齐。

(6) 各种机具设备、安全劳动保护设施，必须定期检查和维护，保证其状态良好。

(7) 施工作业符合安全消防要求。

(8) 搞好环境卫生管理，严格控制废物排放，加强环境卫生和食堂卫生管理。

(9) 文明施工应贯穿施工全过程，竣工撤离时，认真清场。

3. 现场文明施工的措施

现场文明施工与安全施工措施相辅相成，互相配合。

(1) 建立文明施工管理组织，明确文明施工责任人，推进文明施工措施的落实。

(2) 健全文明施工管理制度，包括建立文明施工检查考核制度、施工教育培训等，抓好文明施工建设工作。

(3) 施工总平面图是现场安全文明施工的依据，应合理布置，并随工程实施的不同阶段进行场地布置和调整。

(4) 施工场所按其范围和施工特点可分为竣工区域、在施工区域、待建区域、企业生产和生活区域等。其中，施工区域可划分为正常施工作业区段、交叉作业区段、特种作业区段、材料堆放场地和库区，以及管理和生活设施区段。对场地应划分隔离，标识明确。确因场地狭窄不能划分的，要有可靠的隔离栏防护措施。

(5) 工地周边设置与外界隔离的围挡，围挡必须使用硬质材料，要求坚固、稳定、整洁、美观，沿工地四周连续设置。市区主要路段要高于 2.5m，一般路段应高于 1.8m。

(6) 施工现场进出口必须设置美观有标志的大门，并建立门卫制度。

(7) 施工现场道路畅通、平坦、整洁，无散落物。场内道路地面应硬化处理、设置排水系统，排水畅通，不积水。根据场地条件及季节变化，适当进行施工现场环境绿化。

(8) 施工现场必须设有"五牌一图"。

(9) 施工现场应合理悬挂安全生产宣传和警示牌，标牌悬挂牢固可靠，特别是主要施工部位、作业点和危险区域以及主要通道口都必须有针对性地悬挂醒目的安全警示牌。

(10) 落实施工不扰民的措施，严禁污水、废物外流或未经允许排入河道或下水道。现场不得焚烧有毒、有害物质等，建立施工现场清扫制度，做到工完料尽场地清。

(11) 建筑材料、构配件必须按施工平面图堆放，布置合理。所有材料、构配件都应分门别类整齐堆放，悬挂标牌。易燃易爆物品分类堆放，确保安全。堆料不得超高。

(12) 现场宿舍、食堂、淋浴室和厕所等生活设施应确保主体结构安全，设施完好。周围环境应保持整洁、安全。宿舍应有保暖、消暑、防煤气中毒、防蚊虫叮咬等措施，严禁使用煤气灶、煤油炉、电饭煲、热得快、电炒锅、电炉等器具。食堂应有良好的通风和洁卫措施，炊事员持证上岗。淋浴室和厕所应专人管理、及时清扫，有灭蚊蝇滋生措施。

(13) 现场建立消防管理制度，落实消防责任制和责任人员，做到思想重视、措施跟上、管理到位。易燃易爆物品堆放间、油漆间、木工间、总配电室等消防防火重点部位要按规定设置灭火器和消防沙箱，并有专人负责，现场用明火严格执行审批手续。

(14) 现场应开展卫生防病教育，准备必要的医疗设施，配备经过培训的急救人员，有急救措施、急救器材和保健医药箱。

(15) 建立现场治安保卫制度，避免安全事故和失盗事件的发生。

10.4.2 施工环境保护

1. 施工环境保护意义

环境保护是按照法律法规、各级主管部门和企业的要求，保护和改善作业现场的环境，控制现场的各种粉尘、废水、废气、固体废弃物、噪声、振动等对环境的污染和危害。环境保护也是文明施工的重要内容之一。

环境保护的意义如下。

(1) 保护和改善施工环境是保证人们身体健康和社会文明的需要。

(2) 保护和改善施工环境是消除对外部干扰，保证施工顺利进行的需要。

(3) 保护和改善施工环境是现代化大生产的客观要求。

(4) 是节约能源、保护人类生存环境、保证社会和企业可持续发展的需要。

施工现场环境保护的内容主要包括：大气污染的防治、水污染的防治、噪声控制和固体废弃物的处理。

2. 大气污染的防治

1) 大气污染的分类

大气污染的种类有数千种，已发现有危害作用的有一百多种，其中大部分是有机物。大气污染物通常以气体状态和粒子状态存在于空气中。

(1) 气体状态污染物。气体状态污染物具有运动速度较大，扩散较快，在周围大气中分布比较均匀的特点。气体状态污染物包括分子状态污染物和蒸汽状态污染物。

① 分子状态污染物：指在常温常压下以气体分子形式分散于大气中的物质，如燃料燃烧过程中产生的二氧化硫、氮氧化物、一氧化碳等。

② 蒸汽状态污染物：指在常温常压下易挥发的物质，以蒸汽状态进入大气，如机动车尾气、沥青烟中含有的碳氢化合物等。

(2) 粒子状态污染物。粒子状态污染物又称固体颗粒污染物，是分散在大气中的微小液滴和固体颗粒。施工工地的粒子状态污染物主要有锅炉、熔化炉、厨房烧煤产生的烟尘。还有建材破碎、筛分、碾磨、加料过程、装卸运输过程产生的粉尘等。

2) 大气污染的防治措施

大气污染的主要防治措施如下。

(1) 除尘技术。在气体中除去或收集固态或液态粒子的设备称为除尘装置。工地的烧煤锅炉等应选用装有上述除尘装置的设备。工地其他粉尘可用遮盖、淋水等措施防治。

(2) 气态污染物治理技术。大气中气态污染物的治理技术主要有以下几种方法：吸收法、吸附法、催化法、燃烧法、冷凝法、生物法。

3) 施工现场空气污染的防治措施

(1) 施工现场垃圾渣土要及时清理出现场。

(2) 高大建筑物清理施工垃圾时,要使用封闭式的容器或者采用其他措施处理高空废弃物,严禁凌空随意抛散。

(3) 施工现场道路应指定专人定期洒水清扫,形成制度,防止道路扬尘。

(4) 对于细颗粒散体材料(如水泥、粉煤灰、白灰等)的运输、储存要注意遮盖、密封,防止和减少飞扬。

(5) 车辆开出工地要做到不带泥沙、不撒土、不扬尘,减少对周围环境的污染。

(6) 除设有符合规定的装置外,禁止在施工现场焚烧油毡、橡胶、塑料、皮革、树叶、枯草、各种包装物等废弃物品以及其他会产生有毒、有害烟尘和恶臭气体的物质。

(7) 机动车都要安装减少尾气排放的装置,确保符合国家标准。

(8) 工地茶炉要尽量采用电热水器。若只能使用烧煤茶炉和锅炉时,应选用消烟除尘型茶炉和锅炉,大灶应选用消烟节能回风炉灶,使烟尘降至允许排放范围为止。

(9) 大城市市区的建设工程已不容许搅拌混凝土。在容许设置搅拌站的工地,应将搅拌站封闭严密,并在进料仓上方安装除尘装置,采用可靠措施控制工地粉尘污染。

(10) 拆除旧建筑物时,应适当洒水,防止扬尘。

3. 水污染的防治

1) 施工现场水污染物主要来源

施工现场废水和固体废物随水流流入水体部分,包括泥浆、水泥、油漆、各种油类、混凝土外加剂、重金属、酸碱盐、非金属无机物等。

2) 施工现场水污染的防治措施

(1) 禁止将有毒有害废弃物做土方回填。

(2) 施工现场搅拌站废水,现制水磨石的污水,电石(碳化钙)的污水必须经沉淀池沉淀合格后再排放,最好将沉淀水用于工地洒水降尘或采取措施回收利用。

(3) 现场存放油料,必须对库房地面进行防渗处理。如采用防渗混凝土地面等措施。

(4) 施工现场的临时食堂,污水排放时可设置简易有效的隔油池,防止污染。

(5) 工地临时厕所、化粪池应采取防渗漏措施。中心城市施工现场的临时厕所可采用水冲式厕所,并有防蝇措施,防止污染水体和环境。

(6) 化学用品,外加剂等要妥善保管,库内存放,防止污染环境。

4. 固体废物的处理

1) 固体废物的概念

固体废物是生产、建设、日常生活和其他活动中产生的固态、半固态废弃物质。固体废物是一个极其复杂的废物体系。按照其化学组成可分为有机废物和无机废物;按照其对环境和人类健康的危害程度可以分为一般废物和危险废物。

2) 施工工地上常见的固体废物

建筑渣土,包括砖瓦石渣、混凝土碎块、废钢铁、碎玻璃、废弃装饰材料等。废弃的散装建筑材料包括散装水泥、石灰等。生活垃圾，包括炊厨废物、丢弃食品、废旧日用品、煤灰渣、废交通工具等。设备、材料等的废弃包装材料。粪便。

5. 固体废物的处理

固体废物处理的基本思想是采取资源化、减量化和无害化，主要处理方法如下。

(1) 回收利用：回收利用是对个体废物进行资源化处理的主要手段之一。

(2) 减量化处理：减量化是对已经产生的固体废物进行分选、破碎、压实浓缩、脱水等减少其最终处置量，减少对环境的污染。

(3) 焚烧技术：焚烧用于不适用再利用且不宜直接予以填埋处置的废物，尤其是对于受到病菌、病毒污染的物品，可以用焚烧进行无害化处理。焚烧处理应使用符合环境要求的处理装置，注意避免对大气的二次污染。

(4) 稳定和固化技术：利用水泥、沥青等胶结材料，将松散的废物包裹起来，减少废物的毒性和可迁移性，使得污染减少。

(5) 填埋：对经过无害化、减量化处理的废物残渣集中到填埋场进行处置。填埋应注意保护周围的生态环境，并注意废物的稳定性和长期安全性。

6. 施工现场的噪声控制

1) 噪声的概念

环境中对人类、动物及自然物造成不良影响的声音称为噪声。噪声按振动性质可分为气体动力噪声、机械噪声、电磁性噪声。按噪声来源可分为交通噪声、工业噪声、建筑施工噪声、社会生活噪声等。噪声是影响与危害非常广泛的环境污染问题。噪声环境可以干扰人的睡眠与工作、影响人的心理状态与情绪，造成人的听力损失，甚至引起许多疾病。

2) 施工现场噪声的控制措施

噪声控制技术可从声源、传播途径、接受者防护等方面来考虑。

(1) 声源控制。从声源上降低噪声，这是防止噪声污染的最根本措施。如尽量采用低噪声设备和工艺，在声源处安装消声器消声。

(2) 传播途径控制。在传播途径上控制噪声方法主要有：利用吸声材料或吸声结构吸收声能，降低噪声；应用隔声结构，阻碍噪声向空间传播；利用消声器阻止传播；对来自振动引起的噪声，通过降低机械振动减小噪声等。

(3) 接收者防护。减少相关人员在噪声环境中的暴露时间，减轻噪声对人体的危害。

(4) 严格控制人为噪声。进入施工现场不得高声喊叫、无故甩打模板、乱吹哨、限制高音喇叭的使用等。

(5) 控制强噪声作业时间。凡在人口稠密区进行作业时，须严格控制作业时间，一般晚 10 点到次日早 6 点之间停止强噪声作业。

3) 施工现场噪声的限值

根据《建筑施工场界噪声限值》的要求，对不同施工作业的噪声限值如表 10-1 所示。在工程施工中，要特别注意不得超过国家标准的限值，尤其是夜间禁止打桩作业。

表 10-1 建筑施工场界噪声限值

施工阶段	主要噪声源	噪声限值/dB	
		昼间	夜间
土石方	推土机、挖掘机、装载机等	75	55
打桩	各种打桩机械等	85	禁止施工
结构	混凝土搅拌机、振捣棒、电锯等	70	55
装修	吊车、升降机等	65	55

10.5 安全管理体系与环境管理体系

10.5.1 安全管理体系

1. 职业健康安全管理体系的产生背景

职业健康安全管理体系是20世纪80年代后期在国际上兴起的现代安全生产管理模式，它与ISO9000和ISO14000等被称为后工业化时代的管理方法。在20世纪80年代，一些发达国家率先研究和实施职业健康安全管理体系活动，其中，英国在1996年颁布了BS8800《职业安全卫生管理体系指南》，此后，美国、澳大利亚、日本、挪威的一些组织也制定了相关的指导性文件，1999年英国标准协会等13个组织提出了职业健康安全评价系列OHSAS(Occupational Health and Safety Assessment Series)标准，尽管国际标准组织(ISO)决定暂不颁布这类标准，但许多国家和国际组织继续进行相关的研究和实践，并使之成为继ISO9000、ISO14000之后又一个国际关注的标准。

2. 职业健康安全管理体系的特点

(1) 采用PDCA循环，进行绩效控制。
(2) 预防为主、持续改进和动态管理。
(3) 法规的要求贯穿体系始终。
(4) 适用于所有行业。
(5) 自愿原则。

3. 实施职业健康安全管理体系的作用

(1) 为企业提供科学有效的职业健康安全管理规范和指导。
(2) 杜绝事故，贯彻预防为主，全员、全过程、全方位安全管理原则的需要。
(3) 推动职业健康安全法规和制度的贯彻执行。
(4) 提高职业健康安全管理水平。
(5) 促进进一步与国际标准接轨，消除贸易壁垒。
(6) 有助于提高全民安全意识。

(7) 改善作业条件，提高劳动者身心健康和工作效率。

(8) 改进人力资源的质量，增强企业凝聚力和发展动力。

(9) 使企业树立良好的品质、信誉和形象。

(10) 把 OHSAS 和 ISO9000、ISO14000 建立在一起将成为现代企业的标志。

4. 职业健康安全管理体系的基本内容

根据 GB/T28001(OSHAS18001)《职业健康安全管理体系规范》的规定，安全管理体系的基本内容由 5 个一级要素和 17 个二级要素构成，如表 10-2 所示。

表 10-2 安全管理体系一、二级要素表

一级要素	二级要素
(一)安全方针	1. 安全方针
(二)规划(策划)	2. 对危险源辨识、风险评价和风险控制的策划 3. 法规和其他要求 4. 目标 5. 安全管理方案
(三)实施和运行	6. 结构和职责 7. 培训、意识和能力 8. 协商和沟通 9. 文件 10. 文件和资料控制 11. 运行控制 12. 应急准备和响应
(四)检查和纠正措施	13. 绩效测量和监视 14. 事故、事件、不符合、纠正和预防措施 15. 记录和记录管理 16. 审核
(五)管理评审	17. 管理评审

10.5.2 环境管理体系

1. 环境管理体系的产生背景

近代工业的发展过程中，由于人类过度追求经济效益而忽略环境的重要性，导致水土流失、水体污染、空气质量下降、气候反常、生态环境严重破坏等。环境问题已成为制约经济发展和人类生存的重要因素，也成为企业生存和发展必须关注的问题。

国际标准化组织(ISO)在汲取世界发达国家多年环境管理经验的基础上制定并颁布了 ISO14000 环境管理系列标准。

2. 环境管理体系的特点

(1) 环境管理体系实施的核心是持续改进。

(2) 强调对法律法规的符合性,但对环境行为不做具体规定。
(3) 要求对组织的活动进行全过程控制。
(4) 实施的重点是预防污染,广泛适用于各类组织。
(5) 实施的依据是程序化管理,与ISO9000标准有很强的兼容性。

3. 环境管理体系的作用

(1) 获取国际贸易的"绿色通行证"。
(2) 增强企业竞争力,扩大市场份额。
(3) 树立优秀企业形象。
(4) 改进产品性能,制造"绿色产品"。
(5) 改革工艺设备,实现节能降耗。
(6) 污染预防,环境保护。
(7) 避免因环境问题所造成的经济损失。
(8) 提高员工环保素质。
(9) 提高企业内部管理水平。

4. 环境管理体系的基本内容

环境管理体系的基本内容由5个一级要素和17个二级要素构成,如表10-3所示。

表10-3 环境管理体系一、二级要素

一级要素	二级要素
(一)环境方针	1. 环境方针
(二)规划(策划)	2. 对危险源辨识、风险评价和风险控制的策划 3. 法规和其他要求 4. 目标和指标 5. 环境管理方案
(三)实施和运行	6. 组织结构和职责 7. 培训、意识和能力 8. 信息交流 9. 环境管理体系文件 10. 文件控制 11. 运行控制 12. 应急准备和响应
(四)检查和纠正措施	13. 监测和测量 14. 不符合、纠正和预防措施 15. 记录 16. 环境管理体系审核
(五)管理评审	17. 管理评审

10.5.3 质量、环境和安全管理体系的一体化

ISO9000、ISO14000、OSHAS18000 三大管理体系的建立、认证和持续改进，已成为现代企业管理水平和持续发展能力的重要标志。但由于 ISO9000、ISO14000 及 OSHAS18000 的体系标准问世时间的差异，按各自的对象和目标，分别建立了各自的管理体系标准。通过实施和实践发现，有许多要素交叉、重叠，给组织带来工作重复、资源浪费、管理效率低下，不能适应企业发展和市场竞争的需要。解决的有效办法就是需要寻求一种综合的方法，将三体系整合或综合一体化。

同时，三大管理体系也具有整合的条件，表现在以下几方面。

(1) 三大管理体系的内容要素多数是相同或相似的，充分体现了三大标准体系的相容性，为职业安全健康、环境和质量管理体系相结合提供了内在联系的基础。

(2) 三大标准均遵照 PDCA 循环原则，不断提升和持续改进的管理思想；三者都运用了系统论、控制论、信息论的原理和方法，分目标相似、总目标一致；三者都是为了满足顾客或社会和其他相关方的要求，推动现代化企业的发展和取得最佳绩效。

(3) 由于 ISO14001 与 OSHAS18001 的管理体系运作模式及标准条款名称基本相对应，形成了兼容合或一体化天然良机，在国内外石油、天然气行业管理中，都建立了环境与职业安全健康相融合的管理体系，并取得了成功经验。

(4) 三体系的整合及一体化已成为国际发展趋势，已成为企业获得最佳经营绩效的成功途径，成为国际管理及认证领域的重要拓展方向。

建立质量、环境和职业安全健康一体化管理体系，开展一体化认证，是诸多企业的共同需求，也是企业管理现代化和管理体系规范化、标准化的重要发展和时代新标志。

复 习 题

一、单项选择题(每题备选项中，只有一个最符合题意)

1. 施工安全技术措施中的应急措施，是针对(　　)提出的工程施工安全技术措施。
   A. 事故和自然灾害　　　　　　B. 安全生产
   C. 特种作业　　　　　　　　　D. 特殊作业环境

2. 建筑产品的多样性和生产的单件性决定了建筑安全与环境管理的(　　)。
   A. 复杂性　　B. 多样性　　C. 协调性　　D. 持续性

3. 安全控制的方针是(　　)。
   A. 生产与安全并重　　　　　　B. 安全为生产服务
   C. 安全第一、预防为主　　　　D. 预防与整治相结合

4. 建设工程项目具有单件性和施工的分散性，所以施工安全控制具有(　　)。
   A. 严肃性　　B. 动态性　　C. 经济性　　D. 形象性

5. 安全生产必须把好六关,"六关"包括( )。
   A. 措施关、交底关、教育关、防护关、检查关、改进关
   B. 计划关、交底关、教育关、监控关、检查关、改进关
   C. 计划关、培训关、教育关、防护关、检查关、改进关
   D. 措施关、培训关、教育关、监控关、检查关、改进关
6. 安全技术交底是( )向施工作业人员进行责任落实的法律要求。
   A. 施工负责人   B. 监理工程师   C. 部门经理   D. 最高领导
7. 大气污染物通常以( )的形态形式存在于空气中。
   A. 离子和原子   B. 烟尘和烟雾   C. 气体和粒子   D. 气味和烟尘
8. 在人口稠密区( )须停止强噪声作业。
   A. 晚9点到次日早7点   B. 晚10点到次日早6点
   C. 晚8点到次日早8点   D. 晚11点到次日早6点
9. 工程项目建设过程中的污染主要包括施工场界内的污染和对周围环境的污染,对施工场界内的污染防治属于( )问题。
   A. 安全监督   B. 职业健康   C. 施工安全生产   D. 环境保护
10. 环境管理体系要求及使用指南GB/T 24001中的"环境"是指( )。
    A. 各种天然和经人工改造的自然因素的总体
    B. 组织运行活动的外部存在
    C. 废水、废气、废渣的存在和分布情况
    D. 周边大气、阳光和水分的总称

二、多项选择题(每题备选项中,至少有两个符合题意,多选、错选不得分)
1. 工程项目安全与环境管理的特点包括( )。
   A. 复杂性   B. 多样性   C. 协调性
   D. 持续性   E. 一次性
2. 施工安全事故处理的原则是( )。
   A. 查清事故原因   B. 写出事故调查报告
   C. 处理事故责任者   D. 没有制定防范措施不放过
   E. 事故责任者和员工没有受到教育不放过
3. 施工安全技术措施计划应按以下( )步骤实施。
   A. 建立安全生产责任制   B. 实行安全许可制度
   C. 广泛开展安全教育   D. 制定安全生产操作规程
   E. 安全技术交底
4. 质量、环境和安全管理体系认证标准简称( )。
   A. ISO9000   B. ISO14000   C. ISO18000
   D. OSHAS18000   E. BS8800
5. 安全控制的具体目标包括( )。

A. 缩短建设工期　　　　　　　B. 减少或消除人的不安全行为
C. 减少项目投资　　　　　　　D. 改善生产环境和保护自然环境
E. 减少或消除设备、材料不安全状态

6. 施工安全控制的控制面广，是由于建设工程中(　　)。
   A. 流动作业多　　　B. 高处作业多　　　C. 作业位置多变
   D. 不确定因素多　　E. 重复作业多

7. 安全检查的主要内容有(　　)。
   A. 查思想　　　　　B. 查管理　　　　　C. 查安全记录
   D. 查隐患　　　　　E. 查整改

8. 固体废物处理的基本思想是(　　)。
   A. 采取资源化的处理　　　B. 采取减量化的处理　　　C. 采取无害化的处理
   D. 尽量采用回收技术　　　E. 对固体废物产生的全过程进行控制

9. 现场文明施工必须设置的"五牌一图"中有(　　)。
   A. 工程概况牌　　　B. 消防保卫牌　　　C. 安全生产牌
   D. 施工平面图　　　E. 安全设施分布图

10. 施工现场空气污染的防治措施有(　　)。
    A. 施工现场垃圾渣土要及时清理出现场
    B. 施工现场道路应指定专人定期洒水清扫，形成制度
    C. 油毡、橡胶、塑料、皮革、树叶、枯草、各种包装物等废弃物品及时焚烧
    D. 车辆开出工地要做到不带泥沙，基本做到不撒土、不扬尘
    E. 拆除旧建筑物时，应适当洒水，防止扬尘

三、案例分析题

【案例一】某施工总承包单位在建设单位的指定下，将其承包的某厂房混凝土基础工程分包给具有相应资质的 A 公司，且在安全管理协议中约定分包工程的安全事故责任全部由分包单位承担。分包商 A 在拆除地下室大梁模板支撑时，由于混凝土强度未达到施工规范规定，造成重大事故。施工单位在现场出入口和基坑边沿未设置明显的安全警示标志。

问题：(1) 本案例不妥之处及理由。
(2) 施工现场还应在哪些位置设置安全警示标志？
(3) 模板坍塌事故的原因？

【案例二】由于工期较紧，施工单位经常夜间施工，被投诉查处时发现，未办理夜间施工许可证，检测夜间施工现场噪声值达到 60 分贝。

问题：(1) 何谓噪声？环境噪声按其来源分为哪几种？
(2) 噪声污染会产生哪些危害？
(3) 控制噪声的途径有哪些？
(4) 施工总承包单位对夜间施工所查处的问题如何整改？

【案例三】某工程施工过程中，建设单位组织监理单位、施工单位对工程施工安全进

行检查，检查组发现现场安全生产制度不健全；工地两名电焊工进行钢筋埋弧焊作业未穿戴绝缘鞋和手套；专职安全员不在现场；作业前未进行安全技术交底；施工楼层内配备了消防立管和消防箱，消防箱内水龙带长度达20m，在临时搭建的95平方米钢筋加工棚内，配备了2只10L的灭火器，无专职消防员。检查组认为不符合相关要求，对此下发了通知单。

问题：(1) 安全检查评定结论等级及本次检查评定结论是什么？

(2) 如果现场发生安全事故，项目经理应采取哪些应急措施？

(3) 焊工未穿戴绝缘鞋和手套说明什么问题？

(4) 专职安全员有哪些过错？

(5) 消防措施有何不妥之处？

第 11 章 工程项目信息管理

【学习要点及目标】

- 了解工程项目信息管理的含义和任务。
- 了解工程项目信息的分类与编码方法。
- 了解工程项目管理主流软件系统。

【核心概念】

工程项目信息管理、BIM、PIP、P6。

11.1　工程项目信息管理概述

11.1.1　信息管理的含义和任务

1. 工程项目信息管理的含义

信息指的是用口头的方式、书面的方式或电子的方式传输(传达、传递)的知识、新闻，或可靠的或不可靠的情报，信息管理指的是信息传输的合理组织和控制。项目的信息管理是通过对各个系统、各项工作和各种数据的管理，使项目的信息能方便和有效地获取、存储、存档、处理和交流，项目的信息管理的目的旨在通过有效的项目信息传输的组织和控制为项目建设的增值服务。建设工程项目的信息包括在项目决策过程、实施过程和运行过程中产生的信息，以及其他与项目建设有关的信息。

2. 工程项目信息管理的任务

业主方和项目参与各方都有各自的信息管理任务，为充分利用和发挥信息资源的价值、提高信息管理的效率，以及实现有序的符合科学的信息管理，各方都应编制各自的信息管理手册，以规范信息管理工作。

信息管理部门的主要工作任务如下。

(1) 负责编制、修改和补充信息管理手册，并检查和监督其执行。
(2) 负责协调和组织项目管理班子中各个工作部门的信息处理工作。
(3) 负责信息处理工作平台的建立和运行维护。
(4) 组织收集、处理信息和形成各种反映项目进展状况的报表。

11.1.2　工程项目管理信息化

1. 工程项目管理信息化的内涵

信息化是指信息资源的开发和利用，以及信息技术的开发和应用，工程管理信息化指的是工程管理信息资源的开发和利用，以及信息技术在工程管理中的开发和应用。信息技术在工程管理中的开发和应用，包括在项目决策阶段的开发管理、实施阶段的项目管理和使用阶段的设施管理中开发和应用信息技术。

2. 工程项目管理信息化的意义

工程项目管理信息资源的开发和利用，可吸取类似项目的正反两方面的经验和教训，许多有价值的组织信息、管理信息、经济信息、技术信息和法规信息，将有助于项目决策期多种可能的方案的选择，有利于项目实施期的项目目标控制，有利于项目建成后的运行，有利于提高建设工程项目的经济效益和社会效益，以达到为项目建设增值的目的。

3. 工程项目管理信息化的方向

工程项目管理信息化的发展方向是基于网络的信息处理平台。只有基于互联网技术的工程项目管理软件系统，才能实现项目参与各方之间的信息交流、协同工作和文档管理。

11.2 工程项目管理主流软件系统

11.2.1 BIM 简介

1. BIM 的概念与特点

BIM 是英文 Building Information Modeling 简称，中文译为建筑信息模型。BIM 是以工程相关信息数据作为基础，进行三维或多维建模，通过数字信息仿真模拟建筑物的真实情景。美国 BIM 标准对 BIM 的定义包括三方面含义：BIM 是一个建筑工程物理和功能特性的数字表达；是一个共享的知识资源，能为项目建设全过程的所有决策提供可靠的依据；在项目建设不同阶段，不同利益相关方通过在 BIM 中插入、提取、更新和修改信息，进行协同作业。

利用 BIM 模型，可以对建筑物的功能、信息、以及各专业相关数据进行集成与一体化处理，通过对建造过程的实景模拟，能够减少设计错误，有效控制不确定性因素，使得规划设计、工程施工、运营管理乃至整个工程的质量和管理效率得到显著提高，进而提高项目投资效果。BIM 技术的应用，是建筑信息技术未来发展的重要方向。

BIM 不是单个软件的名称，而是多维建模类软件的总称。

2. 主流 BIM 软件

1975 年乔治亚理工大学的 Charles Eastman 教授创建了 BIM 理念，以便于实现建筑工程的可视化和量化分析，提高工程建设效率。发展至今天，BIM 种类繁多。

从用途看，BIM 可分为建模平台类软件、专业设计类软件、建造管理类软件、运营管理类软件，以及其他应用软件。

(1) BIM 建模软件。也称 BIM 编辑软件(BIM Authoring Software)，这类软件是 BIM 的基础或核心，为构建立体化、可视化建筑模型提供了平台。常用的 BIM 建模软件如下。

① Revit 软件。它是 AutoDesk 公司开发的 BIM 软件，从概念性研究到最详细的施工图纸设计，支持所有阶段的工作，普及性强、操作简单、效率高。在我国应用最广。

② Digital Project 软件。它是 Gery Technology 公司在 CATIA 基础上开发的一款针对建筑设计的 BIM 软件，功能强大、建模能力和信息管理能力优势明显。在航空、航天、汽车等领域具有接近垄断的市场地位。

③ Bentley 系列软件。Bentley 公司致力于提供全面的基础设施软件解决方案，Bentley 产品在工厂设计和基础设施领域有无可争辩的优势。

④ Grasshopper 系列软件。Nemetschek 收购 Graphisoft 以后，ArchiCAD、AllPLAN、VectorWorks 属同门产品，国内最熟悉的是 ArchiCAD。国内较少使用 AllPLAN 和 VectorWorks，其主要在欧美市场使用。

(2) BIM 专业设计软件。目前主要的 BIM 设计软件有 Onuma Planning System 和 Affinity 等，用于实景模拟分析的软件有 Echotect、IES、Green Building Studio 等。用于水暖电设备分析软件有 Designmaster、IES Virtual Environment、Trane Trace 等。用于结构分析软件 ETABS、STAAD、Robot 等。这些软件都可以与 BIM 建模软件配合使用。

(3) BIM 检查软件。一方面用来检查模型本身的质量和完整性、是否符合设计的功能要求、是否符合规范要求等，较著名的 BIM 模型检查软件是 Solibri Model Checker。另一方面发现分析各个专业的冲突与矛盾，常见的模型综合碰撞检查软件有 Autodesk Navisworks、Bentley Projectwise Navigator 和 Solibri Model Checker 等。

(4) BIM 管理软件。由于 BIM 模型结构化数据的支持，利用 BIM 模型提供的信息可进行工程量计算、施工过程模拟、施工计划编制等。在建筑物运营管理阶段，BIM 技术的应用对提供物业服务质量、降低运营成本具有重要意义。利用 BIM 数据进行管理就是所谓 BIM 技术的 5D 应用。BIM 管理软件有 ArchiBUS、Innovaya 和 Solibri 等。

(5) 其他 BIM 类软件。如可视化软件 3DS Max、Artlantis、AccuRender 和 Lightscape 等。可深化设计类软件 Xsteel 等。几何造型软件 Sketchup、Rhino 和 FormZ 等。

11.2.2 PIP 简介

1. PIP 的概念

PIP 是 Project Information Portal 的简称，即项目信息门户，此处的 PIP 专指工程项目信息门户。门户是一个互联网门户站(Internet Portal Site)，PIP 是专为工程项目建立的门户。是为项目各参与方提供信息交流、共同工作、共同使用和互动的管理工具。据有关资料统计，工程项目 30%左右的成本增加与信息交流过程中存在的问题有关，PIP 服务有助于减少信息交流的错误，节约建设成本。

PIP 的最大特点实现了工程管理组织中信息传递方式的变化，从点对点式转变成集中共享式，如图 11-1 所示。

2. PIP 运行模式

项目信息门户按其运行模式分类，有如下两种类型。

(1) PSWS 模式(Project Specific Web Site)：为一个项目的信息处理服务而专门建立的项目专用门户网站，也即专用门户。

(2) ASP 模式(Application Service Provide)：由 ASP 服务商提供的为众多个单位、众多个项目服务的公用网站，也可称为公用门户。ASP 服务商有庞大的服务器群，一个大的 ASP 服务商可为数以万计的客户群提供门户的信息处理服务。

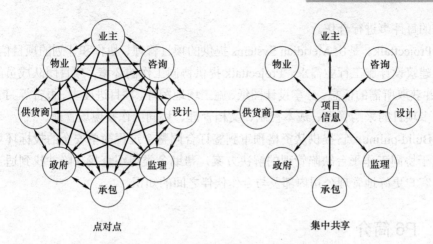

图 11-1 工程管理组织中信息传递方式的变化

如采用 PSWS 模式，项目的主持单位应购买商品门户的使用许可证，或自行开发门户，并需购置供门户运行的服务器及有关硬件设施和申请门户的网址。

如采用 ASP 模式，项目的主持单位和项目的各参与方成为 ASP 服务商的客户，它们不需要购买商品门户产品，也不需要购置供门户运行的服务器及有关硬件设施和申请门户的网址。国际上项目信息门户应用的主流是 ASP 模式。

3. PIP 产品

随着信息技术的发展，国际上已经开发出了多种项目信息门户产品。以下对项目信息门户的典型产品做简要介绍。

(1) Buzzsaw。美国应用服务提供商 AUTODESK 公司提供的信息门户，Buzzsaw 平台提供 ASP 服务，以应用业务为核心，出租应用、出售访问服务，进行集中管理，并对不同用户根据合同提供相应服务，为基本建设提供基于互联网的开放性工作平台。其功能主要有文档管理、信息交流、协同工作以及工作流管理四个方面。

(2) PKM。是德国 Drees & Sommor 公司基于长期在建筑界和信息技术方面的经验开发的信息门户，是一个应用在大型项目上的项目管理与信息发布的成熟产品。PKM 平台设有中心服务器，可以确保在任何时间为项目参与各方提供关于数据和文件的存储、传送和交流的实时服务。

(3) E-project。通过提供基于网络的项目管理平台致力于提供更好地协同工作以获得项目的成功，包括为企业、项目经理及团队成员提供集成的项目规划、沟通和执行，辅助其通过有效的协作和沟通来提高效率。

(4) Bidcom。Bidcom 公司通过互联网向大型房地产工程和市政基础设施工程提供在线项目管理服务。Bidcom 公司还向在现场工程项目管理人员提供一整套带摄像头的掌上网络终端，现场人员可通过此终端与发展商的项目管理人员、设计院的建筑师、承包公司的总工程师以及监理公司的监理人员及时交流现场的技术问题，从而提高项目管理的效率。

(5) Cephren。为全球建筑行业提供 B2B 在线工作场所，通过以网络为框架联合行业内各企业协同工作。其核心开发理念在于使几十家公司能够在一起进行交流，从设计、施工到管理上的每件事进行合作。

(6) Projecttalk。是由 Meridian Systems 提供的项目管理、协作和计划的项目信息门户，用以满足建筑设计施工行业需求。Projecttalk 提供协同工作的环境，项目团队成员能彼此实时联系，并获取所需的信息、分享设计图纸、施工场地图片、项目进度表、报告等。Projecttalk 可以完成多项目的采购管理、成本控制、文档管理、协同工作及现场管理。

(7) Buiid-online。它提供从资格预审到签订合同整个过程简单安全的投标环境，提供完全集成于协同工作平台缺陷管理的解决方案，帮助各类组织查找缺陷并找到适当的解决方案，使客户更好地管理公司内部及与合作伙伴之间的知识。

11.2.3　P6 简介

1. P6 的概念及发展历程

P6 是美国 Primavera 公司的一个工程项目计划管理软件。1983 年 Joel Koppelman 和 Dick Faris 创建了 Primavera 公司，具有数十年的项目管理软件研发历史，是世界上最著名和最具影响的项目管理软件供应商，在全球拥有最广泛的用户。

Primavera 最初推出的产品命名为 Primavera Project Planner，即 P3。

1983 年 10 月，Primavera 推出 P3 For Dos，可在 PC 机上进行多项目跟踪与控制。

1993 年年底，Primavera 推出了 P3 在 Windows 操作系统下的版本。

1999 年，Primavera 推出了 P3e 和 TeamPlay。P3 for enterprise(P3e)用于工程建设、设计制造等行业。Teamplay 用于 IT、电信、银行、医药、研发等行业。

2002 年，Primavera 推出了 P3e/c，其是 Primavera Project Planner for Enterprise/Construction 的简称，应用于建设领域的 P3E 称之为 P3E/C 软件。

2005 年推出 Primavera P5.0，简称 P5。

2006 年年底推出 Primavera 6.0。

2008 年被甲骨文(Oracle)公司收购，对外统一称作 Oracle Primavera P6。

Oracle Primavera P6 是一个用于项目计划、项目监控和评估、项目群和项目组合管理，并对其进行优先排序的综合管理解决方案。其能通过智能性扩展来适应从简单的项目工作到复杂的项目群协调的各种用户需求，提供了一个管理任何规模的项目的最佳方式。

2. P6 组件构成

P6 采用标准 Windows 界面、客户端/服务器架构、网络支持技术以及独立的 Oracle XE 或基于网络的 Oracle 和 Microsoft SQL Server 数据库。为此 P6 采用了分模块化的设计思路。P6 软件由客户端/服务器组件(C/S 模块)和 Web 组件两大部分组成。客户端基本模块包括 Project Management(PM)和 Methodology Management(MM)，附加组件有 Job Service、Software Development Kit(SDK)和 Project Link。Web 组件包括有 P6 Web Access、TimeSheets、Collaboration、Group Server。主要组件的作用如下。

(1) Project Manager，必备核心组件，用于项目计划编制、调整和管理。

(2) Methodology Manager，用于项目管理标准化库(经验库/模板库)的建立与维护。

(3) TimeSheet，用于项目作业进展、资源消耗、工程量采集模块。

(4) P6 Web Access，基于网页的项目管理、信息查询、项目组合管理。

(5) My Primavera，用于项目进度、费用综合分析，以及计划调整和更新。

3. P6 功能

从企业角度，P6 可以进行项目组合管理，对项目群和项目进行优先排序并优化企业能力，提高项目的完成速度。项目团队能够随时随地通过基于 Web 的用户界面访问其项目信息，提高企业绩效。通过集成的报表编制系统，用户可以从标准报表中选择或者使用内置的报表向导生成定制报表，及时掌握项目动态，科学制订应对方案等。

从项目管理角度，主要用于项目的计划编制、跟踪、分析和控制。

(1) 进度计划的编制与审核。根据项目构成确定程序及作业活动，建立逻辑关系，综合考虑当地自然条件、气候特点、材料设备的供货能力等因素的影响，编制最基本的施工进度计划，也可利用 P6 编制前期准备工作计划、施工图交付进度计划、设备材料采购及供应计划等。

(2) 资源计划与管理。在进度计划基础上，P6 软件会自动编制劳动力、施工机械分配使用计划、设备材料需求与采购计划、资金使用计划，并可协调内部资源冲突、合理组织调配资源。

(3) 项目计划的跟踪控制。P6 软件自动进行项目计划执行数据的搜集、汇总及发布新的项目计划，实现项目计划执行情况的监控。

(4) 项目实时的查询。项目计划及实时管理信息，除可以通过标准报表或次生报表反映外，还可通过 IE 浏览器进行实时查询，且项目管理信息的来源是唯一的，保证了项目信息的真实、有效、实时性。

P6 是基于互联网的、可多人参与、实现多项目组合、强大的项目计划管理系统平台。为准确高效地应用 P6，必须真正理解 P6 的设计思想，掌握项目计划管理的方法，熟悉网络计算机技术，并获得 P6 的专业技术支持。否则，只是简单地操作应用 P6 软件，既不能充分发挥 P6 的作用和优势，又大大增加了管理的工作量，适得其反。

复 习 题

一、单项选择题(每题备选项中，只有一个最符合题意)

1. 我国项目管理中最薄弱的环节是( )。
   A. 合同管理   B. 成本管理   C. 质量管理   D. 信息管理
2. 信息是以口头、书面或电子等方式传递的( )、新闻、情报。
   A. 数字   B. 文字   C. 知识   D. 图片
3. 信息管理部门的主要工作任务不包括( )。

A. 编制信息管理手册 B. 信息处理工作平台的建立
C. 组织管理班子的各项工作 D. 形成各类报表
4. AutoDesk 公司的 Revit 软件是( )。
A. BIM 建模软件 B. BIM 管理软件
C. BIM 检查软件 D. 实景模拟软件
5. BIM 是( )。
A. AutoDesk 公司的一款项目管理软件 B. 工程项目信息门户站
C. Primavera 公司的一款项目管理软件 D. 多维建模类软件的总称
6. 编码是由一系列( )组成的信息识别体系。
A. 数字 B. 英文字母 C. 文字和字母 D. 符号和数字
7. 项目管理信息系统主要用于项目的( )。
A. 目标控制 B. 信息管理 C. 辅助决策 D. 方案优化
8. 项目信息管理的目的是通过有效的项目信息传输的组织和控制,( )。
A. 为项目建设的增值服务 B. 为降低工程项目成本服务
C. 为提高工程质量服务 D. 为改变传统的施工模式服务
9. 工程管理信息化指( )的开发和利用,以及信息技术在工程管理中的应用。
A. 工程管理信息系统 B. 工程管理信息资源
C. 工程管理信息技术 D. 工程管理信息
10. PIP 信息传递方式的特点是( )。
A. 集中共享式 B. 基于网络的信息处理平台
C. 点对点式 D. 数据库处理平台

二、多项选择题(每题备选项中,至少有两个符合题意,多选、错选不得分)

1. 信息管理部门的主要工作任务有( )。
A. 工程档案资料整理
B. 形成各类报表和报告
C. 负责信息处理工作平台的建立和运行维护
D. 与其他工作部门协同组织收集信息,处理信息
E. 负责协调和组织项目管理班子中各个工作部门的信息处理工作
2. 项目投资编码应综合考虑( )等因素,建立统一的编码体系。
A. 估算 B. 标底 C. 概算
D. 合同价 E. 工程款支付
3. 合同编码应参考项目的合同结构和合同分类,应反映( )等特征。
A. 合同的类型 B. 合同签订的时间 C. 合同的内容
D. 合同的相关方 E. 相应的项目结构
4. 工程项目管理的信息资源包括( )。
A. 建设法规类信息 B. 贸易类信息 C. 组织类工程信息

D. 经济类工程信息　　　　E. 技术类工程信息
5. 从用途看，BIM可分为(　　)。
　　A. 建模平台软件　　　B. 专业设计软件　　　C. 运营管理软件
　　D. 市场分析软件　　　E. 建造管理软件
6. 项目的信息管理按项目管理工作的任务分类可划分为(　　)。
　　A. 投资控制　　　　　B. 进度控制　　　　　C. 成本控制
　　D. 质量控制　　　　　E. 合同管理
7. 国际上有代表性的工程项目管理软件有(　　)等公司的产品。
　　A. Microsoft　　　　　B. Primavera　　　　　C. Access
　　D. IBM　　　　　　　E. PMIS
8. 工程项目信息管理中，为了(　　)，必须对项目的信息进行编码。
　　A. 方便信息的收集　　B. 方便信息检索　　　C. 有组织地存储信息
　　D. 方便信息加工整理　E. 方便信息的输出
9. 为实现项目参与各方之间的信息交流和协同工作可通过(　　)等网站或门户。
　　A. PSWS　　　　　　B. PIP　　　　　　　　C. LAN
　　D. MAN　　　　　　E. WAN
10. 项目的信息管理是通过对各个系统、各项工作和各种数据的管理，使项目的信息能方便和有效地(　　)、处理和交流。
　　A. 获取　　　　　　　B. 存储　　　　　　　C. 共享
　　D. 计算　　　　　　　E. 编码

三、简答题

1. 工程项目信息管理的任务有哪些？
2. 简述工程项目管理信息化的意义。
3. 简述BIM、PIP、P6项目管理软件的特点和功能。

第 12 章 工程项目风险管理

【学习要点及目标】

- 掌握工程项目风险的概念、特点及分类。
- 掌握工程项目风险管理的内容及目标。
- 熟悉工程项目风险管理的工作流程。

【核心概念】

工程项目风险管理、风险评价、风险监控、风险预防、风险应对。

12.1 风险管理概述

12.1.1 风险与风险管理

1. 风险的定义

关于风险的概念,至今尚无统一的定义,较为普遍接受的有以下两种定义。

(1) 风险是损失发生的不确定性。

(2) 风险是在一定条件下,一定期限内,某一事件其预期结果与实际结果之间的变动程度。变动程度越大,风险越大;反之,则越小。

由上述风险的定义可知,所谓风险要具备两方面条件:一是不确定性,二是产生损失后果,否则就不能称为风险。因此,肯定发生损失后果的事件不是风险,没有损失后果的不确定性事件也不是风险。

2. 风险管理的概念

风险管理是指通过采用科学的方法对存在的风险进行识别、估计、评价、应对和监控,选择最佳风险管理措施对风险予以处理,以保证以较低的成本投入,最大限度地减少风险损失,获得较高安全保障的过程。

(1) 风险管理是一种系统的过程,风险管理者通过对风险的识别、估计、评价、应对和监控,来实现对风险的管理。

(2) 风险管理的目标是通过减少风险损失,获得较高的安全保障,而不是为了获得巨额的额外收入。

12.1.2 工程项目风险与风险管理

1. 工程项目风险的概念和特点

工程项目风险可定义为:在项目建设过程中,由于各种各样的原因,发生潜在的危险和损失的可能性或概率。工程项目风险具有以下特点。

(1) 在一个项目中有许多种类的风险存在,这些风险之间有复杂的内在联系。

(2) 风险在整个项目生命期中都存在,而不仅在实施阶段。

(3) 风险的影响常常不是局部的,而是全局的。

(4) 风险的发生和影响也有一定的规律性,是可以进行预测的。

(5) 参与工程建设的各方均有风险,但各方的风险不尽相同。

2. 工程项目风险的分类

(1) 按项目系统要素进行分类，可分为以下几种。
① 项目环境要素风险：如政治、法律、经济、社会以及自然条件风险等。
② 项目系统结构风险：如技术风险，资源消耗的增加及其他异常情况等。
③ 项目行为主体产生的风险：如业主方面的风险，承包商方面的风险等。

(2) 按风险对目标的影响分类，可分为以下几种。
① 工期风险：即造成局部的或整个工程的工期延长，不能及时投入使用。
② 费用风险：包括成本超支、投资追加、收入减少、回报率降低等。
③ 质量风险：包括材料、工艺、工程不能通过验收、工程试生产不合格等。
④ 生产能力风险：项目建成后达不到设计生产能力。
⑤ 市场风险：工程建成后产品未达到预期的市场份额，没有销路，没有竞争力。
⑥ 信誉风险：即造成对企业形象、职业责任、企业信誉的损害。
⑦ 人身安全、健康以及工程或设备的损坏。
⑧ 法律责任：即可能被起诉或承担相应法律的或合同的处罚。

(3) 按管理的过程和要素分类，可分为高层战略风险，决策风险，技术风险，计划与控制风险，运营管理风险等。

3. 工程项目风险管理过程

工程项目风险管理就是通过采用科学的方法对项目建设风险进行识别、评估，并以此为基础采用应对和监控措施，有效地控制风险，可靠地实现工程项目的总目标。风险管理的目的并不是消灭风险，在工程项目中大多数风险是不可能由项目管理者消灭或排除的，而是有准备地、理性地进行项目实施，减少风险的损失。

工程项目风险管理是一个系统的、完整的过程，包括风险识别、风险评价、风险应对，以及实施结果的检查等方面内容。

(1) 风险识别。风险识别是指通过一定的方式，全面地认识了解影响工程项目目标实现的风险事件并加以适当归类的过程。必要时，还需对风险事件的后果做出定性的估计。

(2) 风险评价。风险评价是指将工程项目风险事件发生的可能性和损失后果进行定量化的过程。风险评价目的在于确定各种风险事件发生的概率及其对工程项目目标影响的严重程度，如投资增加的数额、工期延误的天数等。

(3) 风险应对决策的制定。风险应对决策是确定工程项目风险事件最佳对策组合的过程。主要根据风险评价的结果，对不同的风险事件选择最适宜的风险对策，从而形成最佳的风险对策组合。

(4) 应对决策的实施。风险应对策略的实施需要进一步落实到具体的计划和措施上。例如，制定预防计划、应急计划、购买工程保险、确定恰当的保险范围、索赔额等。

(5) 实施结果的检查。在项目实施过程中，要对各项风险对策的执行情况进行不断地检查，并评价各项风险对策的执行效果。

4. 工程项目风险管理的目标

风险管理是一项有目的的管理活动，只有目标明确，才能起到有效的作用。工程项目风险管理的目标通常更具体地表述如下。

(1) 实际投资不超过计划投资。
(2) 实际工期不超过计划工期。
(3) 实际质量满足预期的质量要求。
(4) 建设过程安全。

12.2 工程项目风险识别

12.2.1 风险识别的特点

风险识别具有以下特点。

(1) 个别性。任何风险都有与其他风险不同之处，没有两个风险是完全一致的。
(2) 主观性。风险识别都是由人来完成的，由于个人的专业知识水平、实践经验等方面的差异，同一风险由不同的人识别的结果就会有较大的差异。
(3) 复杂性。工程项目所涉及的风险因素和风险事件均很多，而且关系复杂、相互影响，这给风险识别带来很强的复杂性。
(4) 不确定性。这一特点可以说是主观性和复杂性的结果。

12.2.2 风险识别的方法

对工程项目风险的识别，可以根据项目自身特点，采用相应的方法。

1. 专家调查法

这种方法又有两种方式：一种是召集有关专家开会，让专家各抒己见，充分发表意见，起到集思广益的作用；另一种是采用问卷式调查，各专家不知道其他专家的意见独立评价。

2. 财务报表法

财务报表有助于确定一个特定企业或特定的工程项目可能遭受哪些损失以及在何种情况下遭受这些损失。通过分析资产负债表、现金流量表、营业报表及有关补充资料，可以识别企业当前的所有资产、责任及人身损失风险。将这些报表与财务预测、预算结合起来，可以发现企业或工程项目未来的风险。

3. 流程图法

流程图类型很多，在风险识别时，可根据需要建立流程图，而后对每个环节、每个过程进行分析，以达到识别风险的目的。但流程图无法显示发生风险的损失值和损失发生的频率。如图 12-1 所示为用于识别工程管理风险流程图。

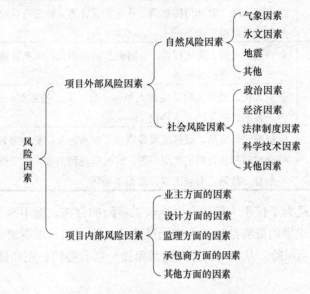

图 12-1　工程风险因素分解示意图

4．初始清单法

如果对每一个工程项目风险的识别都从头做起，有以下三方面缺陷：一是风险识别工作的效率低；二是由于风险识别的主观性，可能导致风险识别的随意性，其结果缺乏规范性；三是风险识别成果资料不便积累，对今后的风险识别工作缺乏指导作用。因此，为了避免以上缺陷，有必要建立初始风险清单。如表 12-1 所示为工程项目初始风险清单示例。

表 12-1　工程项目初始风险清单

风险因素		典型风险事件
技术风险	设计	设计内容不全、设计缺陷、错误和遗漏，应用规范不恰当，考虑地质条件，未考虑施工可能性等
	施工	施工工艺落后，施工技术和方案不合理，施工安全措施不当，应用新技术新方案失败，未考虑场地情况等
	其他	工艺设计未达到先进性指标，工艺流程不合理，未考虑操作安全性等
非技术风险	自然与环境	洪水、地震、火灾、台风、雷电等不可抗拒自然力，不明的水文气象条件，复杂的工程地质条件，恶劣的气候，施工对环境影响等
	政治法律	法律及规章的变化，战争和骚乱、罢工、经济制裁或禁运等
	经济	通货膨胀或紧缩，汇率变动，市场动荡，社会各种摊派和征费的变化，资金不到位，资金短缺等

续表

风险因素		典型风险事件
非技术风险	组织协调	业主和上级主管部门的协调，业主和设计方、施工方以及监理方的协调，业主内部的组织协调等
	合同	合同条款遗漏、表达有误，合同类型选择不当，承发包模式选择不当，索赔管理不力，合同纠纷等
	人员	业主人员、设计人员、监理人员、一般工人、技术员、管理人员的素质(能力、效率、责任心、品德)不高
	材料设备	原材料、半成品、成品或设备供货不足或拖延，数量差错或质量规格问题，特殊材料和新材料的使用问题，过度损耗和浪费，施工设备供应不足、类型不配套、故障、安装失误、选型不当等

初始风险清单只是为了便于人们较全面地认识风险的存在，而不至于遗漏重要的工程风险，但并不是风险识别的最终结论。在初始风险清单建立后，还需要结合特定工程项目的具体情况进一步识别风险，从而对初始风险清单做一些必要的补充和修正。

5. 经验数据法

经验数据法也称为统计资料法，即根据已建各类工程项目与风险有关的统计资料来识别拟建工程项目的风险。例如，根据工程项目经验数据或统计资料可以得知，减少投资风险的关键在设计阶段，尤其是初步设计以前的阶段。因此，方案设计和初步设计阶段的投资风险应当作为重点进行风险分析；设计阶段和施工阶段的质量风险最大，需要对这两个阶段的质量风险做进一步的分析；施工阶段存在较大的进度风险，需要做重点分析。如图12-2所示是某风险管理主体根据房屋建筑工程各主要分部分项工程对工期影响的统计资料绘制的进度拖延风险分布状况。

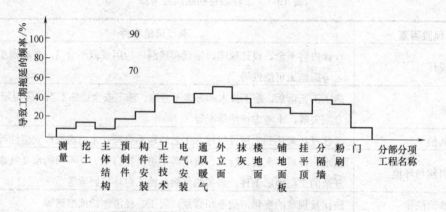

图12-2 主要分部分项工程对工期影响

6. 风险调查法

通常，风险调查可以从组织、技术、自然及环境、经济、合同等方面分析拟建工程项目的特点以及相应的潜在风险。风险调查并不是一次性的，由于风险管理是一个系统的、完整的循环过程，因而风险调查也应该在工程项目实施全过程中不断地进行，这样才能了解不断变化的条件对工程风险状态的影响。

对于工程项目的风险识别来说，仅仅采用一种风险识别方法是远远不够的，一般都应综合采用两种或多种风险识别方法，才能取得较为满意的结果。而且，不论采用何种风险识别方法组合，都必须包含风险调查法。从某种意义上讲，前五种风险识别方法的主要作用在于建立初始风险清单，而风险调查法的作用则在于建立最终的风险清单。

12.3 工程项目风险评价

风险评价的作用在于区分出不同风险的相对严重程度以及根据预先确定的可接受的风险水平(风险度)做出相应的决策。

12.3.1 风险量函数

风险量大小取决于各种风险的发生概率及其潜在损失。如果以 R 表示风险量，p 表示风险的发生概率，q 表示潜在风险损失，则 R 可以表示为 p 和 q 的函数，即

$$R=f(p, q) \tag{12-1}$$

要建立关于 p 和 q 的连续性函数，不是件容易的事情。在多数情况下是以离散形式来定量表示风险的发生概率及其损失，因而风险量 R 相应地表示为

$$R=\sum p_i \cdot q_i \tag{12-2}$$

式中，$i=1, 2, \cdots, n$，表示风险事件的数量。

与风险量有关的另一个概念是等风险量曲线，就是由风险量相同的风险事件所形成的曲线，如图 12-3 所示。图中 R_1、R_2、R_3 为三条不同的等风险量曲线。不同等风险量曲线所表示的风险量大小与风险坐标原点的距离成正比，即距原点越近，风险量越小；反之，则风险量越大。因此，$R_1<R_2<R_3$。

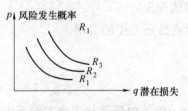

图 12-3 等风险量曲线

12.3.2 风险损失的衡量

风险损失的衡量就是定量确定风险损失值的大小。工程风险损失包括以下几方面。

1. 投资方面风险

投资风险导致的损失可以直接用货币形式来表现，即法规、价格、汇率和利率等的变化或资金使用安排不当等风险事件引起的实际投资超出计划投资的数额。

2. 进度方面风险

进度风险导致的损失由以下部分组成。

(1) 货币的时间价值。进度风险的发生可能会对现金流动造成影响，在利率的作用下，引起经济损失。

(2) 为赶上计划进度所需的额外费用。包括加班的人工费、机械使用费和管理费等一切因追赶进度所发生的非计划费用。

(3) 延期投入使用的收入损失。这方面损失的计算相当复杂，不仅仅是延误期间内的收入损失，还可能由于产品投入市场过迟而失去商机，从而大大降低市场份额，因而这方面的损失有时是相当巨大的。

3. 质量与安全方面风险

质量风险导致的损失包括事故引起的直接经济损失，以及修复和补救等措施发生的费用以及第三者责任损失等，可分为以下几个方面。

(1) 建筑物、构筑物或其他结构倒塌所造成的直接经济损失。

(2) 复位纠偏、加固补强等补救措施和返工的费用。

(3) 造成的工期延误的损失。

(4) 永久性缺陷对于工程项目使用造成的损失。

(5) 第三者责任的损失。

安全风险导致的损失包括以下几个方面。

(1) 受伤人员的医疗费用和补偿费。

(2) 财产损失，包括材料、设备等财产的损毁或被盗。

(3) 因引起工期延误带来的损失。

(4) 为恢复工程项目正常实施所发生的费用。

(5) 第三者责任损失。

4. 项目产品功能方面风险

项目产品功能方面的风险一般是由质量与安全方面原因造成的，产品功能方面的风险导致的损失基本同上。

由以上四方面风险的内容可知，投资增加可以直接用货币来衡量；进度的拖延则属于时间范畴，同时也会导致经济损失；而质量事故和安全事故既会产生经济影响又可能导致工期延误和第三者责任，显得更加复杂。而第三者责任除了法律责任之外，一般都是以经济赔偿的形式来实现的。因此，这四方面的风险最终都可以归纳为经济损失。

12.3.3 风险概率的衡量

衡量工程项目风险概率有两种方法：相对比较法和概率分布法。一般而言，相对比较法主要是依据主观概率，而概率分布法的结果则接近于客观概率。

1. 相对比较法

相对比较法由美国风险管理专家 Richad Routy 提出，表示如下。

(1) "几乎是 0"：这种风险事件可认为不会发生。
(2) "很小的"：这种风险事件虽有可能发生，但发生的可能性也不大。
(3) "中等的"：这种风险事件偶尔会发生，并且能预期将来有时会发生。
(4) "一定的"：这种风险事件一直在有规律地发生，且预期未来也是有规律地发生。

在采用相对比较法时，工程项目风险导致的损失也将相应划分成重大损失、中等损失和轻度损失，从而在风险坐标上对工程项目风险定位，反映出风险量的大小。

2. 概率分布法

概率分布法可以较为全面地衡量工程项目风险。因为通过潜在损失的概率分布，有助于确定在一定情况下哪种风险对策最佳。

概率分布法的常见表现形式是建立概率分布表。即根据工程项目风险的性质分析大量的统计数据，当损失值符合一定的理论概率分布或与其近似吻合时，可由特定的几个参数来确定损失值的概率分布。

12.3.4 风险等级评定

在风险衡量过程中，工程项目风险被量化为关于风险发生概率和损失严重性的函数，但在选择对策之前，还需要对工程项目风险量做出相对比较，以确定工程项目风险的相对严重性。

为此，可根据等风险量曲线建立风险等级图，如图 12-4 所示。在风险坐标图上，离原点位置越近则风险量越小，可以将风险发生概率和潜在损失分为 L(小)、M(中)、H(大)三个区间，从而将等风险量图分为 LL、ML、HL、LM、MM、HM、LH、MH、HH 九个区域，从这九个区域中，有些区域的风险量是大致相等的。

实际应用时一般将风险量的大小分成五个等级，分别是：VL(很小)；L(小)；M(中等)；H(大)；VH(很大)。

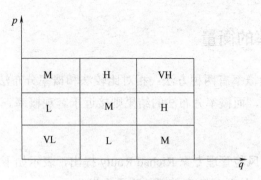

图 12-4 风险等级图

12.4 工程项目风险对策及监控

12.4.1 工程项目风险应对策略

风险对策也称为风险防范手段或风险管理技术,具体内容如下。

1. 风险回避

风险回避就是以一定的方式中断风险源,使其不发生或不再发展,从而避免可能产生的潜在损失。如中止合同,采用更成熟的技术方案而非先进但尚未成熟的方案,避免跟不熟悉的服务提供商签约等都是规避策略。

2. 损失控制

损失控制是一种主动、积极的风险对策。损失控制可分为预防损失和减少损失两方面工作。预防损失措施的主要作用在于降低或消除(通常只能做到减少)损失发生的概率,而减少损失措施的作用在于降低损失的严重性或遏制损失的进一步发展,使损失最小化。

3. 风险自留

风险自留就是将风险留给自己承担,是从企业内部财务的角度应对风险。风险自留与其他风险对策的根本区别在于,它不改变工程项目风险的客观性质,即不改变工程风险的发生概率,也不改变工程风险潜在损失的严重性。如投标人的投标行为即属此类。

4. 风险转移

风险转移是工程项目风险管理中非常重要而且广泛应用的一项对策,分为非保险转移和保险转移两种形式。

1) 非保险转移

非保险转移又称为合同转移,因为这种风险转移一般是通过签订合同的方式将工程风险转移给非保险人的对方当事人。如承包人与分包人签订分包合同即属此类。

2) 保险转移

保险转移通常直接称为保险，对于工程项目风险来说，则为工程保险和工程担保。

12.4.2 风险监控的概念与技术

1. 风险监控的概念

风险监控就是通过对风险识别、估计、评价、应对全过程的监测和控制，从而保证风险管理能达到预期的目标。其目的是：核对风险管理措施的实际效果是否与预见的相同；寻找机会改善风险回避计划；获取反馈信息，以便将来的决策更符合实际。在风险监控过程中，及时发现那些新出现的以及随着时间推延而发生变化的风险，然后及时反馈，并根据对项目的影响程度，重新进行风险规划、识别、估计、评价和应对。

2. 工程项目风险监控的主要工具技术

(1) 核对表。在风险识别和评估中使用的核对表也可用于监控风险。

(2) 定期项目评估。风险等级和优先级可能会随项目生命周期而发生变化，而风险的变化可能需要新的评估或量化。因此，项目风险评估应定期进行。实际上，项目风险应作为每次项目团队会议的议程。

(3) 挣值分析。挣值分析是按基准计划费用来监控整体项目的分析工具。此方法将计划的工作与实际已完成的工作比较，确定是否符合计划的费用和进度要求。如果偏差较大，则需要进一步进行项目的风险识别、评估和量化。

(4) 附加风险应对计划。如果该风险事先未曾预料到，或其后果比预期的严重，则事先计划的应对措施可能不足以应对之，因此有必要重新研究应对措施。

12.4.3 风险监控的主要措施

根据风险控制目的，风险监控可以分为风险预防和风险抑制。前者以降低风险损失发生概率为目的；后者以缩小风险的损失程度为目的。

1. 风险预防

风险预防是指在风险发生前，为了消除或减少可能导致损失的各项风险因素所采取的各种措施。

(1) 建立一支高水平的管理队伍，科学地把握国家和地区经济发展的脉搏，合理评价和选择建设方案，从根源上消除或减少建设过程中的种种风险。

(2) 树立风险意识，高度重视风险管理，强化对风险管理的研究和学习，加强风险损失资料的搜集整理和分析。

(3) 健全风险预警机制，贯彻执行风险管理责任制度。

2. 风险抑制

风险抑制是在风险事件发生时或发生后，采取的各种降低损失程度，或缩小损失发生范围的措施。风险抑制有两方面的含义，一是风险发生时的损失最小化；二是风险发生后的挽救措施及时化和有效化。

复 习 题

一、单项选择题(每题备选项中，只有一个最符合题意)

1. 对于工程项目管理而言，风险是指可能出现的影响项目目标实现的( )。
   A. 确定因素　　B. 肯定因素　　C. 不确定因素　　D. 确定事件

2. 岩土地质条件和水文地质条件是属于( )。
   A. 组织风险　　B. 经济与管理风险　　C. 设计风险　　D. 工程环境风险

3. 风险管理的工作流程是( )。
   A. 风险辨识→风险分析→风险转移→风险控制
   B. 风险辨识→风险分析→风险评价→风险应对
   C. 风险辨识→风险控制→风险分析→风险转移
   D. 风险分析→风险辨识→风险控制→风险转移

4. 风险控制的主要工作内容是( )。
   A. 对难以控制的风险进行投保等
   B. 对各种风险衡量其风险量
   C. 分析存在哪些风险
   D. 制订风险管理方案，采取措施降低风险

5. 对难以控制的风险进行投保是( )的主要工作内容。
   A. 久风险控制　　B. 风险分析　　C. 风险转移　　D. 风险辨识

6. 对于工程项目风险管理而言，下列( )是风险转移策略。
   A. 工程担保　　B. 控制风险　　C. 中止合同　　D. 继续履行合同

7. 不确定的损失程度和损失发生的概率越大，( )。
   A. 风险量不变　　B. 风险量越小　　C. 风险量越大　　D. 难定

8. 风险管理工作流程的第一步是( )。
   A. 风险转移　　B. 风险控制　　C. 风险分析　　D. 风险识别

9. 风险分析的工作之一是( )。
   A. 进行风险度量，确定风险量　　B. 制订风险管理方案
   C. 分析风险因素和风险事件　　D. 进行投保或担保

10. 属于风险回避的对策是( )。
    A. 风险衡量　　B. 预留风险金　　C. 放弃中标　　D. 减少风险损失值

二、多项选择题(每题备选项中,至少有两个符合题意,多选、错选不得分)

1. 风险量指的是不确定的( )。
   A. 损失程度　　　　　B. 损失发生的时间　　　C. 损失发生的地点
   D. 损失发生的概率　　E. 损失发生的范围

2. 建设工程项目的风险类型按项目系统要素包括( )。
   A. 项目环境要素风险　B. 项目系统结构风险　　C. 施工风险
   D. 材料风险　　　　　E. 项目的行为主体产生的风险

3. 就管理职能而言,风险管理包括策划、( )等方面的工作。
   A. 组织　　　　　　　B. 协调　　　　　　　　C. 归纳
   D. 转移　　　　　　　E. 控制

4. 工程项目风险管理的目标包括( )。
   A. 不超过计划投资　　B. 不超过计划工期　　　C. 建设过程安全
   D. 满足预期的质量要求　E. 合同的正常履行

5. 工程项目风险等级评定中,将风险量图分为九个区域,其中属于中等风险者有( )。
   A. HL　　　　　　　　B. MM　　　　　　　　　C. LL
   D. LH　　　　　　　　E. HH

6. 工程项目风险概率确定方法有( )等。
   A. 相对比较法　　　　B. 经验估计法　　　　　C. 概率分布法
   D. 初始清单法　　　　E. 流程图法

7. 风险转移的方法有( )。
   A. 质押　　　　　　　B. 抵押　　　　　　　　C. 担保
   D. 转嫁　　　　　　　E. 保险

8. 风险对策的内容包括( )。
   A. 风险回避　　　　　B. 风险等级评定　　　　C. 损失控制
   D. 风险自留　　　　　E. 风险转移

9. 工程项目风险损失包括以下( )等几方面。
   A. 投资方面风险　　　B. 进度方面风险　　　　C. 合同方面风险
   D. 质量与安全方面风险　E. 项目产品功能方面风险

10. 风险监控的主要措施包括( )。
    A. 风险预防　　　　　B. 风险自留　　　　　　C. 损失评价
    D. 风险抑制　　　　　E. 风险转移

三、简答题

1. 简述风险管理的概念。
2. 简述工程项目风险管理的内容。
3. 简述工程担保与工程保险的联系与区别。

第 13 章　工程项目竣工验收阶段管理

【学习要点及目标】

- ◆ 了解工程项目竣工验收的概念及作用。
- ◆ 掌握工程项目竣工验收的标准及程序。
- ◆ 熟悉工程保修期限与责任。

【核心概念】

竣工验收、竣工图、工程质量保修金、工程保修期限、工程竣工验收备案制度。

13.1 工程项目竣工验收概述

13.1.1 竣工验收的概念及作用

竣工是工程完结，验收是按一定标准进行查验，而后认可接收。所以，竣工验收是由项目验收主体及交工主体等组成的验收机构，以批准的项目设计文件、国家颁布的施工验收规范和质量检验标准为依据，按照一定的程序和手续，在项目建成后，对项目总体质量和使用功能进行检验、评价、鉴定和认证的活动。

工程项目竣工验收的交工主体是施工单位，验收主体是项目法人，竣工验收的客体，应是设计文件规定、施工合同约定的特定工程对象。

竣工验收是我国工程建设管理的一项基本法律制度，是建设成果转入生产使用的标志，也是项目管理的重要内容。工程项目竣工验收的主要作用如下。

(1) 从整体上看，实行竣工验收制度，是国家全面考核工程项目决策、设计、施工及设备制造安装质量，总结项目建设经验，提高项目管理水平的重要环节。

(2) 从投资者和建设单位角度看，项目竣工验收是加强固定资产投资管理、促进项目达到设计能力和使用要求，提高项目运营效果的需要。

(3) 从承包者角度看，项目竣工验收是接受建设单位和国家主管部门的全面检查和认可，是承包者完成合同义务的标志。及时办理竣工移交手续，收取工程价款，有利于促进建筑企业健康发展，也有利于企业总结经验教训，提高项目管理水平。

(4) 从项目本身看，通过竣工验收，有利于项目及早投入使用，发挥效益，也有利于发现和解决项目遗留问题。

13.1.2 竣工验收的阶段划分

工程项目竣工验收可分为单位工程验收、单项工程验收和全部工程验收三大阶段。对规模较小、施工内容简单的工程项目，可以一次进行全部项目的竣工验收。

1. 单位工程(或专业工程)竣工验收

以单位工程或某专业工程内容为对象，独立签订建设工程施工合同的，达到竣工条件后，承包人单独进行交工，发包人根据竣工验收的依据和标准，按施工合同约定的工程内容组织竣工验收。承包商的施工达到竣工条件后，自己应首先进行预检验，修补有缺陷的工程部位，设备安装工程还应与业主和监理工程师共同进行无负荷的单机和联动试车。在完成了上述工作和准备好竣工资料后，即可向业主提交竣工验收报告。这种验收方式，在一些大型或群体工程中普遍存在，也符合国际惯例，它可以有效控制分部分项工程和单位工程的质量，保证建设工程项目系统目标的实现。

2. 单项工程竣工验收

建设项目中的某个单项工程已按设计图纸规定的工程内容全部竣工，能满足生产要求或具备使用条件，并符合其他竣工验收条件要求，由业主组织施工单位、监理单位、设计单位及使用等有关部门共同进行验收的过程。

对于工业设备安装工程的竣工验收，则要根据设备技术规范说明书和单机试车方案，逐级进行设备的试运行。

单项工程验收合格后，业主和承包商共同签署《交工验收证书》。然后由业主将有关技术资料，连同试车记录、试车报告和交工验收证书一并上报主管部门，经批准后该部分工程即可投入使用。

3. 全部工程竣工验收

建设项目按设计规定全面建成，达到竣工验收条件，在单位工程、单项工程竣工验收的基础上，由项目主管单位或验收委员会组织验收的过程。一般情况下，大中型和限额以上项目由国家计委或由其委托项目主管部门或地方政府部门组织验收委员会验收。小型和限额以下项目由项目主管部门组织验收委员会验收。验收委员会由建设单位、监理单位、施工单位、设计单位以及银行、物资、环保等单位组成。对已经交付竣工验收的单位工程或单项工程并已办理了移交手续的，不再重复进行竣工验收，但应将单位工程或单项工程竣工验收报告作为全部工程竣工验收的附件加以说明。

全部工程竣工验收的主要任务是：负责审查建设工程的各个环节验收情况；听取各有关单位的工作报告；审阅工程竣工档案资料；实地查验工程并对设计、施工、监理等方面工作和工程质量、试车情况等做综合全面评价。

13.1.3 竣工验收的范围

按照国家颁布的建设法规规定，凡新建、改扩建的建设项目和技术改造项目，按批准的设计文件所规定的内容建成，符合验收标准，即：工业项目经过投料试车(带负荷运转)合格，形成生产能力的，非工业项目符合设计要求，能够正常使用的，都应及时组织验收，办理移交固定资产手续。对某些特殊情况，工程施工虽未全部按设计要求完成，也应进行验收，这些特殊情况是指以下几种。

(1) 因少数非主要设备或某些特殊材料短期内不能解决，虽然工程内容尚未全部完成，但已可以投产或使用的工程项目。

(2) 按规定的内容已完建，但因外部条件的制约，如流动资金不足，生产所需原材料不能满足等，而使已建成工程不能投入使用的项目。

(3) 有些建设项目或单项工程，已形成部分生产能力或实际上生产单位已经使用，但近期内不能按原设计规模续建，应从实际情况出发经主管部门批准后，可缩小规模对已完成的工程和设备组织竣工验收，移交固定资产。

13.1.4 竣工验收的条件和标准

1. 竣工验收项目应达到的基本条件

按照国家规定,建设项目竣工验收、交付使用,应满足以下基本条件。
(1) 设计文件和合同约定的各项施工内容已经全部完成。
(2) 有完整并经核定的工程竣工资料,符合验收规定。
(3) 有勘察、设计、施工、监理等单位分别签署确认的工程质量合格文件。
(4) 有工程使用的主要建筑材料、构配件、设备进场的证明及试验报告。
(5) 有施工单位签署的工程保修书。

2. 竣工验收的标准

建设项目的全部单项工程均已完成,符合交付竣工验收的要求。在此基础上,项目能满足使用或生产要求并应达到以下标准。
(1) 生产性工程和辅助公用设施,已按设计要求建成,能满足生产使用。
(2) 主要设备经试运行合格,形成生产能力,能产生设计文件规定的产品。
(3) 必要的生产设施已按设计要求建设。
(4) 生产准备工作能适应投产的需要。
(5) 其他安全环保设施、消防系统已按设计要求与主体工程同时建成使用。

13.1.5 竣工验收的依据

(1) 上级主管部门对该项目批准的各种文件、施工图纸及说明书。
(2) 可行性研究报告、设计合同、施工合同等文件。
(3) 设备技术说明书。
(4) 设计变更通知书。
(5) 国家颁布的各种标准和规范。
(6) 外资工程应依据我国有关规定提交竣工验收文件。

13.1.6 竣工验收的程序

1. 验收前的准备

(1) 依据合同法律规定,施工单位应全面完成合同约定的工程施工任务,包括土建与设备安装、室内外装修、室外环境工程等不留丝毫尾工。
(2) 依据城建档案归档有关法规,建设单位应当通知城建档案机构对有关工程建设的设计、施工过程中应归档的技术资料进行归档资料预验收。
(3) 依据建筑工程安全生产监督管理法规,施工单位应当通知建设工程安全监督站进行安全生产和文明施工方面的验收评价。

2. 交工验收

(1) 工程完工后，施工单位按照有关工程竣工验收和评定标准，全面检查评定所承建的工程质量，并准备好建筑工程竣工验收有关工程质量评定的统一文表，同时准备好所有的工程质量保证资料，填好工程质量保证资料备查明细表，向建设单位提交工程竣工报告，申请工程竣工验收。

(2) 实施监理的工程，工程竣工报告和质量评定文件、工程质量保证资料检查表格须经总监理工程师签署意见。监理单位应准备完整的监理资料，并对该工程的质量进行评估，填写工程质量评估报告。

(3) 建设单位收到工程竣工报告后，对符合竣工验收要求的工程，组织勘察、设计、施工、监理等单位和其他有关方面的专家组成验收组，制订验收方案。

(4) 建设单位应当在工程竣工验收 7(有的地方为 15)个工作日前将验收的时间、地点、验收组名单书面报送负责监督该工程的工程质量监督站，并向工程质量监督站填交"工程竣工验收条件审核表"。

(5) 工程质量监督机构对验收条件进行审核，不符合验收条件的，发出整改通知书，待整改完毕再进行验收。符合验收条件的，可按原计划验收。

(6) 建设单位组织工程竣工验收。

具体的组织验收程序如下。

① 召开验收会，建设、勘察、设计、施工、监理单位分别汇报工程合同履约情况和在工程建设各个环节执行法律、法规和工程建设强制性标准的情况。

② 审阅建设、勘察、设计、施工、监理单位的工程档案资料。

③ 实地查验工程质量。

④ 对工程勘察、设计、施工、设备安装质量和各个环节等方面做出全面评价，形成经验收组人员签署的工程竣工验收意见，载入"工程竣工验收报告"中。

⑤ 参与工程竣工验收的建设、勘察、设计、施工、监理等各方不能形成一致意见时，应当协商提出解决办法。

(7) 工程质量监督机构应当在工程竣工验收后 5 日内，向备查机关提交"工程质量监督报告"。

(8) 移交竣工资料，办理工程移交手续。

工程已正式组织竣工验收，建设、设计、施工、监理和其他有关单位已在工程竣工验收报告上签认，工程竣工结算办完，承包人应与发包人办理工程移交手续，签署工程质量保修书。承包人向发包人移交钥匙时，工程室内外应清洁干净，达到窗明、地净、灯亮、水通、排污畅通、动力系统可以使用。

向发包人移交工程竣工资料，在规定的时间内，按工程竣工资料清单目录，进行逐项交接，办清交验签章手续。

原施工合同中未包括工程质量保修书附件的，在移交竣工工程时，应按有关规定签署

或补签工程质量保修书。

撤出施工现场，恢复临时占用土地，解除施工现场管理责任。

3. 政府行政职能部门验收

政府行政职能主管部门验收主要包括城市规划主管部门、消防监督部门、人防主管部门、环保主管部门以及档案管理机构的验收。这些不同的职能主管部门验收的侧重点和业务管理范围不同，但他们的验收程序基本一样。

(1) 建设单位分别向有关各主管部门递交验收申请报告。

(2) 主管部门安排现场查看。主要是检查项目建成效果是否符合主管部门在项目报建审核时所确定的要求和建设标准。查验出不符合要求的地方，及时提出整改意见。

(3) 查验合格或整改合格者，由主管部门核发验收合格证明文件。这类验收合格证明文件，各部门较少有规定统一的格式。

4. 项目主管部门正式验收

对大型或限额以上建设项目，还需要由国家有关部门组成的验收委员会主持，业主及有关单位参加，进行正式验收。听取业主对项目建设的工作报告，审查竣工预验收鉴定报告，签署《国家验收鉴定书》，对整个项目做出验收鉴定和对项目动用的可靠性做出结论。

5. 签署验收评价意见，进行验收备案

验收评价意见，是由建设单位组织参与工程勘察、设计、施工、监理单位在竣工验收会议上，对工程勘察、设计、施工、设备安装等各方面的管理和质量问题进行全面评价，经参与验收的各方面专家签署后形成的验收文件。验收评价意见要写入工程竣工验收报告中，作为工程质量评价资料，向建设行政主管部门备案后在城建档案馆存档，长期保存，以备日后需要时作为分析责任的材料，以及建筑物使用、维修、改扩建时参考、查阅。

13.1.7 竣工验收遗留问题的处理

建设项目在竣工验收时不可能什么问题都已解决，不留尾巴。因此，即使已达到竣工验收标准办理了验收和移交固定资产手续的投资项目，可能还存在某些影响生产和使用的遗留问题。对这些遗留问题提出具体解决意见，限期落实完成。常见的遗留问题主要有以下几方面。

1. 遗留的尾工

(1) 属于承包合同范围内遗留的尾工，要求承包商在限定时间内扫尾完成。

(2) 属于承包合同之外的工程少量尾工，业主可以一次或分期划给生产单位包干实施。基本建设的投资仍由银行监督结转使用，但从包干投资划归生产单位起，大中型项目即从计划中销号，不再列为大中型工程收尾项目。

(3) 分期建设分期投产的工程项目，前一期工程验收时遗留的少量尾工，可以在建设

后一期工程时一并组织实施。

2. 协作配套问题

（1）投产后原材料、协作配套供应的物资等外部条件不落实或发生变化，验收交付使用后由业主和有关主管部门抓紧解决。

（2）由于产品成本高、价格低，或产品销路不畅，验收投产后要发生亏损的工业项目，仍应按时组织验收。交付生产后，业主应抓好经营管理、提高生产技术水平、增收节支等措施解决亏损。

3. "三废"治理

"三废"治理工程必须严格按照规定与主体工程同时建成交付使用。对于不符合要求的情况，验收委员会会同地方环保部门，根据"三废"危害程度予以区别对待。

（1）危害严重的项目，"三废"治理未解决前不允许投料试车，否则要追究责任。

（2）危害后果不很严重，为了迅速发挥投资效益，可以同意办理固定资产移交手续，但要安排足够的投资，限期完成治理工程。

4. 劳保安全措施

劳动保护措施必须严格按照规定与主体工程同时建成，同时交付使用。对竣工时遗留的或试车中发现必须新增的安全、卫生保护设施，要安排投资和材料限期完成。

5. 工艺技术和设备缺陷

对于工艺技术有问题、设备有缺陷的项目，除应追究有关方的经济责任和索赔外，可根据不同情况区别对待。

（1）经过投料试车考核，证明设备性能确实达不到设计能力的项目，在索赔之后征得原批准单位同意，可在验收中根据实际情况重新核定设计能力。

（2）经主管部门审查同意，继续作为投资项目调整、攻关，以期达到预期生产能力，或另行调整用途。

13.2 工程项目竣工资料移交与归档管理

13.2.1 施工项目竣工资料的管理

1. 施工项目竣工资料管理的基本要求

施工企业应建立健全竣工资料管理制度，制定行之有效的工程竣工资料形成、收集、整理、交接、立卷、归档的管理程序，实行科学收集，定向移交，统一归口，按时交接的原则，保证竣工资料完整、准确、系统和规范，便于存取和检索。

（1）施工项目竣工资料的管理要在企业总工程师的领导下，由归口管理部门负责日常业务工作，相关的职能部门，如工程、技术、质量安全、试验、材料等部门要密切配合，督促、检查、指导各项目经理部工程竣工资料收集和整理的基础工作。

(2) 施工项目竣工资料的收集和整理，要在项目经理的领导下，由项目技术负责人牵头，安排业内技术员负责收集整理工作。施工现场的其他管理人员要按时交接资料，统一归口整理，保证竣工资料组卷的有效性。

(3) 施工项目实行总承包的，分包项目经理部负责收集、整理分包范围内工程竣工资料，交总包项目经理部汇总、整理。工程竣工验收时，由总包人向发包人移交完整、准确的工程竣工资料。

(4) 施工项目实行分别平行发包的，由各承包人项目经理部负责收集、整理所承包工程范围的工程竣工资料。工程竣工报验时，交发包人汇总、整理，或由发包人委托一个承包人进行汇总、整理，竣工验收时进行移交。

(5) 为了加强对工程竣工资料的统一管理，确保施工项目顺利交工，工程竣工资料应随着施工进度进行及时整理，应按系统和专业分类组卷。实行建设监理的工程，还应具备取得监理机构签署认可的报审资料。

(6) 项目经理部在进行工程竣工资料的整理组卷排列时，应达到完整性、准确性、系统性的统一，做到字迹清晰、项目齐全、内容完整。各种资料表式一律按各行业、各部门、各地区规定的统一表格使用。

(7) 整理竣工资料的依据：一是国家有关法律法规、规范对工程档案和竣工资料的规定；二是现行建设工程施工及验收规范和质量标准对资料内容的要求；三是国家和地方档案管理部门和工程竣工备案部门对竣工资料移交的规定。

2. 施工项目竣工资料的分类

施工项目竣工资料主要由工程施工技术资料、工程质量保证资料、工程检验评定资料、竣工图以及其他应交资料构成。

(1) 工程施工技术资料。这是工程项目施工全过程的真实记录，是施工各阶段产生的工程施工技术文件。工程施工技术资料的主要内容：施工技术准备文件，施工现场准备文件，地基处理记录，工程图纸变更记录，施工记录，设备、产品检查安装记录，预检记录，工程质量事故处理记录，室外工程施工技术资料，工程竣工文件。

(2) 工程质量保证资料。这是施工过程中全面反映工程质量控制和保证的证明资料，诸如原材料、构配件、器具及设备等质量证明、出厂合格证明、进场材料复试试验报告、隐蔽工程检查记录、施工试验报告等。根据行业和专业的特点不同，依据的施工及验收规范和质量检验标准不同，具体又分为土建工程，建筑给排水及采暖工程，建筑电气安装工程，通风与空调工程，电梯安装工程，建筑智能化工程，以及其他专业工程质量保证资料。

(3) 工程检验评定资料。这是施工过程中按照国家现行工程质量检验标准，对分项工程、分部工程、单位工程逐级质量做出综合评定的资料。由于各专业特点不同，各类工程的检验评定均有相应的技术标准，工程检验评定资料的建立应按相关的技术标准办理。工程检验评定资料的主要内容：单位工程质量竣工验收记录，分部工程质量验收记录，分项

第13章 工程项目竣工验收阶段管理

工程质量验收记录，检验批质量验收记录。

(4) 竣工图。竣工图是工程施工完毕的实际成果和反映，是建设工程竣工验收的重要备案资料。竣工图的编制整理、审核盖章、交接验收应按国家对竣工图的要求办理。承包人应根据施工合同的约定，提交合格的竣工图。

(5) 规定的其他应交资料。建设工程施工合同，施工图预算、竣工结算，工程施工项目经理部及负责人名单，引进技术和引进设备的图纸、文件的收集和整理，地方行政法规、技术标准已有规定和施工合同约定的其他应交资料，工程质量保修书，工作总结。

3. 竣工图编制的有关规定及要求

竣工图是工程竣工验收后，真实反映工程项目施工结果的图样。竣工图真实、准确、完整地记录了各种地下和地上建筑物、构筑物等详细情况，是工程竣工验收、投产或交付使用后进行维修、扩建、改建的依据，是生产使用单位必须长期妥善保存和进行竣工备案的重要工程档案资料。对竣工图的编制、整理、审核、交接、验收必须符合国家规定，施工单位不按时提交合格竣工图的，不算完成施工任务，并应承担责任。

对编制竣工图所需的费用，按下列办法处理：因设计失误造成变更较大，施工图不能代用或利用的，由设计单位绘制竣工图，并承担其费用。因建设单位或主管部门要求变更设计，需要重新绘制竣工图时，由建设单位绘制或委托设计单位绘制，其费用由建设单位在基建投资中解决。除以上规定以外的其他情况，则由施工单位负责编制竣工图，所需费用由施工单位自行解决。

竣工图编制的基本要求如下。

(1) 施工图没有变更、变动的，可由承包人在原施工图上加盖"竣工图"章标志，即作为竣工图。

(2) 在施工中，虽有一般设计变更，但能将原施工图加以修改补充作为竣工图的，可不再重新绘制，由承包人负责在原施工图(但必须是新蓝图)上注明修改的部分，并附设计变更通知单和施工说明，加盖"竣工图"章标志后，即可作为竣工图。

(3) 结构形式改变、工艺改变、平面布置改变、项目改变以及其他重大的改变，不宜在原施工图上修改、补充的，应重新绘制改变后的竣工图。

(4) 在编制竣工图前，对工程的全部变更文件应逐一进行审查核对，并分别盖上"已执行"或"未执行"章。

(5) 竣工图必须与实际情况和竣工资料相符，要保证图纸质量，做到规格统一，图面整洁、字迹清楚，不得用圆珠笔或其他易褪色的墨水绘制，并要经项目技术负责人审核签认。竣工图的编制一般不得少于两套，有特殊要求的，可另增加编制一套，并按规定的初步验收和竣工验收程序移交，作为工程档案长期保存。

4. 施工项目竣工资料的移交验收

承包人应从施工准备开始就建立起工程档案，收集、整理有关资料，把这项工作贯穿到施工全过程直到交付竣工验收为止。凡是列入归档范围的竣工资料，都必须按规定的竣工验收程序、建设工程文件归档整理规范和工程档案验收办法进行正式审定。承包人在工程承包范围内的竣工资料应按分类组卷的要求移交发包人，发包人则按照竣工备案制的规定，汇总整理全部竣工资料，向档案主管部门移交备案。

13.2.2 工程文件资料归档管理

1. 建设单位在工程文档管理工作中应履行的职责

(1) 在工程招标以及与勘察、设计、施工、监理等单位签订合同时，应对工程文件的套数、费用、质量、移交时间等提出明确要求。

(2) 收集和整理工程准备阶段、竣工验收阶段形成的文件，并应进行立卷归档。

(3) 负责监督和检查勘察、设计、施工、监理等单位的工程文件的形成、积累和立卷归档工作。

(4) 收集汇总勘察、设计、施工、监理等单位立卷归档的工程档案。

(5) 在组织工程竣工验收前，应提请当地的城建档案管理机构对工程档案进行预验收。未取得工程档案验收认可文件，不得组织工程竣工验收。

(6) 对列入城建档案馆接收范围的工程，工程竣工验收后 3 个月内，向当地城建档案馆移交一套符合规定的工程档案。

2. 勘察、设计、施工、监理等单位在工程文件档案管理工作中应履行的职责

(1) 勘察、设计、施工、监理等单位应将本单位形成的工程文件立卷后向建设单位移交。

(2) 工程项目实行总承包的，总包单位负责收集汇总各分包单位形成的工程档案，并应及时向建设单位移交；各分包单位应将本单位形成的工程文件整理立卷后及时移交总包单位。工程项目由几个单位承包的，各承包单位负责整理、立卷其承包项目的工程文件，并应及时向建设单位移交。

3. 城建档案管理机构应在工程文件档案管理工作中应履行的职责

(1) 应对工程文件的立卷归档工作进行监督、检查、指导。在工程竣工验收前，应对工程档案进行预验收，验收合格后，须出具工程档案认可文件。

(2) 在工程竣工验收后，应督促建设单位及时移交工程档案资料，并进行妥善保管。

13.3 工程验收报告与验收备案制度

13.3.1 施工单位的竣工报验单

承包人确认工程竣工，具备竣工验收各项要求，并经监理单位认可签署意见后，向发包人提交"工程竣工报验单"，发包人收到"工程竣工报验单"后，应在约定的时间和地点，组织有关单位进行竣工验收。

工程竣工报验的方法和要求如下。

(1) 该工程已完成设计和施工合同约定的各项内容，工程质量符合有关法律、法规和工程建设强制性标准的规定。

(2) 分包与总包项目经理部应在竣工验收准备阶段完成各项竣工条件的自检工作，报所在企业复检。

(3) "工程竣工报验单"按要求填写，自检意见应表述明确，项目经理、企业技术负责人、企业法定代表人应签字，并加盖企业公章。

(4) "工程竣工报验单"的附件应齐全，足以证明工程已按合同约定完成并符合竣验收要求。

(5) 总监理工程师组织专业监理工程师对承包人报送的竣工资料进行审查，并对工程质量进行验收。对存在的问题应要求承包人所在项目经理部及时进行整改。整改完毕，总监理工程师应签署"工程竣工报验单"，提出工程质量评估报告。"工程竣工报验单"未经总监理工程师签字，不得进行竣工验收。

(6) 发包人根据工程监理机构签署认可的"工程竣工报验单"和质量评估结论，向承包人递交竣工验收通知，具体约定工程交付竣工验收的时间、会议地点和有关安排。

13.3.2　建设单位的竣工验收报告

工程竣工验收报告，是建设单位在工程竣工验收后15日内向建设行政主管部门提交备案的主要材料之一，是建设行政主管部门对建设工程直接监督管理的重要手段，也是建设单位对工程竣工验收质量的认可和接受。

1. 工程竣工验收报告主要内容

(1) 工程概况。包括工程名称、地址、建筑面积、结构层数、设备台件、竣工日期；建设单位、勘察设计单位、施工单位、监理单位、质量监督单位名称；完成设计文件和合同约定工程内容的情况，包括工程量、设备试运行等内容。

(2) 工程竣工验收时间、程序、内容和竣工验收组织形式。

(3) 质量验收情况。包括建筑工程质量，给排水与采暖工程质量，建筑电气安装工程质量，通风与空调工程质量，电梯安装工程质量，建筑智能化工程质量，工程竣工资料审查结论，其他专业工程质量等。

(4) 建设单位执行基本建设程序情况。

(5) 对工程勘察、设计、施工、监理等方面的评价。

(6) 工程竣工验收意见等内容。

(7) 签名盖章确认。

2. 工程竣工验收报告附件内容

工程竣工验收报告内容要全面，情况要准确，文字要简练，观点要鲜明，数据要正确。工程竣工验收报告还应附有下列条件。

(1) 施工许可证。
(2) 施工图设计文件审查意见。
(3) 施工单位工程质量评估报告。
(4) 监理单位工程质量评估报告。
(5) 设计单位的设计变更通知书及有关质量检查单。
(6) 城市规划、消防监督、环境保护等政府主管部门验收合格的证明文件。
(7) 验收组人员签署的工程竣工验收意见。
(8) 市政基础设施工程应附有质量检测和功能性试验资料。
(9) 施工单位签署的工程质量保修书。
(10) 法规、规章规定的其他有关文件。

13.3.3 工程竣工验收备案制度

备案是向主管机关报告情况，挂号登记，存案备查。工程竣工验收备案制度是建设行政主管部门对建设工程实施监督的最后一项手续。建设行政主管部门在接收备案阶段，对工程的竣工验收，还要进行最后核查。

(1) 备案机关收到建设单位报送的竣工验收备案文件，验证文件齐全后，应当在工程竣工验收备案表上签署文件收讫。

(2) 备案机关发现建设单位在竣工验收过程中有违反国家有关建设工程质量管理规定行为的，应当在收讫竣工验收备案文件 15 日内，责令停止使用，重新组织竣工验收。

(3) 建设单位在工程竣工验收合格之日起 15 日内未办理工程竣工验收备案的，备案机关责令限期改正，处 20 万元上 30 万元以下罚款。

(4) 建设单位将备案机关决定重新组织竣工验收的工程，在重新组织竣工验收前，擅自使用的，备案机关责令停止使用，处工程合同价款 2%以上 4%以下罚款。

(5) 建设单位采用虚假证明文件办理工程竣工验收备案的，工作竣工验收无效，备案机关责令停止使用，重新组织竣工验收，处 20 万元上 50 万元以下罚款；构成犯罪的，依法追究刑事责任。

(6) 备案机关决定重新组织竣工验收并责令停止使用的工程，建设单位在备案之前已投入使用或者建设单位擅自继续使用造成使用人损失的，由建设单位依法承担赔偿责任。

(7) 若建设单位竣工验收备案文件齐全，备案机关不办理备案手续，由有关机关责令改正，对直接责任人员给予行政处分。

13.4 项目生产准备与试运行阶段的管理

13.4.1 项目试车

项目试车分交工前试车和竣工验收试车。

1. 交工前试车

交工前试车主要检验设备安装施工是否达到合同要求,以及能否发挥预期的设计能力。分单机无负荷试车和联动无负荷试车两个阶段进行。

(1) 单机试车。设备安装工程具备单机无负荷试车条件时由施工单位组织试车,并在试车 48h 前通知业主代表。施工单位准备试车记录,业主为试车提供必要条件。试车费用已包括在合同价款之内,由施工单位承担。试车通过,双方在记录上签字。

(2) 联动试车。设备安装工程具备联动无负荷试车条件,由业主组织试车,并在试车 48h 前通知对方。通知包括试车内容、时间、地点和对施工单位应做准备工作的要求。施工单位按要求做好准备工作和试车记录。试车通过,双方在记录上签字后方可进行竣工验收。

试车费用除已包括在合同价款之内或合同内另有约定外,均由业主承担。业主代表对试车中发现的问题未在合同规定时间内提出修改意见,或试车合格而不在试车记录上签字,试车结束 24h 后记录自行生效,施工单位可继续施工或办理交工移交手续。试车不合格的责任划分如表 13-1 所示。

表 13-1 试车达不到验收要求的责任划分

事故原因		业主权利和义务	承包商权利和义务
设计原因		(1)业主组织修改设计 (2)承担修改设计及重新安装的费用 (3)给承包商展延合同工期	按修改后的设计重新安装
施工原因		试车后 24h 内提出修改意见	(1)修改后重新试车 (2)承担修改和重新试车的费用 (3)合同工期不得顺延
设备制造原因	业主采购的设备	(1)负责重新购置或修理 (2)承担拆除、重新购置、安装的费用 (3)给承包商顺延合同工期	负责拆除和重新安装
	承包商采购的设备	试车后 24h 内指示承包商修理或重新购置设备	(1)负责拆除、重新购置、安装,并承担相应费用 (2)合同工期不得顺延

2. 竣工验收试车

单机试车和联动试车暴露的问题予以消除后,已完工的设备安装工程即移交给业主管理和使用。业主在使用过程中又分为投料试车和试产考核两个阶段。

(1) 投料试车。投料试车应严格按照操作手册和安全规程等要求进行,不得逾越程序。为了使投料试车阶段顺利进行,一般在各个试车步骤之前安排一段停车整修时间,以消除试车中暴露出的设备、材料、设计和施工等留下的隐患和问题,确保下一阶段试车的顺利进行。

(2) 试产考核。完成投料试车、生产出合格产品并能稳定操作之后,才可进入试产考核阶段。考核的最终成果,是对照设计规定的工艺指标、消耗指标、生产能力、产品质量和经济效益指标，看其是否能够达到设计规定的保证值指标范围。

13.4.2 项目的生产准备

项目投产准备工作应与施工同时进行，并在竣工前完成投产的全部准备工作。

1. 组建投产准备管理机构

工程项目施工阶段，业主就应组建投产准备管理机构，由其负责投产的准备工作，以及投产后的运行管理。

2. 编制投产准备计划

投产准备管理机构建立后，首先要抓紧编制投产准备计划。计划内容应包括生产准备工作的全部内容，如生产机构的设置，人员培训，技术准备，物资准备，外部条件的落实、制定各项管理制度，试运行、试生产分年度进度安排，以及完成这些任务的责任者，做到职责明确，相互协调地完成生产准备工作。

3. 生产人员的配备和培训

(1) 企业定员编制。企业定员的编制一般在该项目的设计文件中已有规定，是根据项目规模及所采用的工艺流程等确定的。

(2) 人员培训。为满足现代化项目投产的需要，在项目投产前应有计划地完成职工上岗前的培训工作。

4. 生产技术准备

项目正式投产前的技术准备工作，主要包括以下几个方面。

(1) 参与设计审查：生产技术人员应重点参加工艺设计的审查工作，全面了解工艺和主要设备选型方面的要求。

(2) 生产工艺准备：根据生产工艺的特点和技术要求，制定各种原材料、半成品、成品、工器具的技术标准。

(3) 建立健全技术管理制度。

5. 物资准备

为了满足试运行和投产初期的需要，必须在建厂前确定大宗原料、燃料的供货来源。在建设后期应根据物资的数量和规格分期分批组织进货，为投产试运行做好物质准备。

6. 外部协作条件的准备

在项目竣工验收前，项目所需水、电、气、通信、交通运输等外部协作条件必须根据生产需要，并结合建设进度逐项落实。投入试运行前，应与协作单位签订正式合同，明确供应时间、数量、质量要求及其他有关事宜。

7. 生产经营管理准备

新建工程项目能否尽快达到设计能力，更好地发挥投资效果，投产后的经营管理起着重要的作用。在投产准备工作中，就应结合项目特点建立起一整套生产、供应、销售、检查以及考核制度，统计制度，劳动、成本、质量管理制度，经济核算和财务管理制度，以及企业内部各级各类的责任制度等。

13.4.3 项目保修期内的管理

虽然建筑产品在施工过程及竣工时已进行了质量检验，但这些检验基本上都是在没有承受荷载的静态条件下进行的，在运行条件下项目的施工质量是否最终达到了设计标准，需要设置项目保修期加以检验。其次，建设项目虽然通过了交工前的各种检验，但仍可能存在质量问题或隐患，直到使用过程中才能逐步暴露出来。例如，建筑工程的屋面是否漏雨，建筑物的基础是否产生超过规定的不均匀沉降等，均需要在使用过程中检查和观测。实行建设项目保修制度，是检验在正常运行条件下项目的施工质量是否达到了设计标准的必要途径。

1. 建设单位在工程保修期内的管理工作

(1) 严格按操作程序使用工程：在工程投入试运行前，业主应按照设计文件中的工程使用说明制定出操作运行规章制度，并严格执行，避免出现危害工程质量和安全的操作事故。

(2) 照管好试运行工程：保修期内业主不仅要正确地使用工程和防止任何外部因素对工程造成的损害，而且要承担正常运行过程中的维护和修理责任。

(3) 试运行期间的质量监督检查工作：试运行期间业主应全面监督检查工程的运行状况，发现工程质量缺陷，及时通知承包单位修复，并监督承包商的修复工作。

2. 施工单位在工程保修期内的管理工作

按照《建设工程质量管理条例》等有关规定，在合同双方办理了工程竣工移交手续后，对已完成工程的照管责任就从承包方转移给业主。但这一转移并不意味着已经解除了承包商对工程施工应承担的质量责任，只有当保修期满，工程在试运行条件下检验证明完全达到了合同约定的设计标准，才能最终解除其应承担的质量责任。因此，施工单位对竣工移交的项目在保修期内有回访和保修缺陷部位的义务。施工单位在向业主提交竣工验收报告时，应向业主出具质量保修书，质量保修书中应当明确工程保修范围、保修期限和保修责任等。

13.4.4 工程保修期限与保修金

1. 工程保修期限

按照《建设工程质量管理条例》的规定，在正常使用条件下，工程最低保修期限如下：

(1) 基础设施工程、房屋建筑的地基基础工程和主体结构工程，为设计文件规定的该工程的合理使用年限。

(2) 屋面防水工程、有防水要求的卫生间、房间和外墙面的防渗漏，为 5 年。

(3) 供热与供冷系统，为 2 个采暖期、供冷期。

(4) 电气管线、给排水管道、设备安装和装修工程，为 2 年。

(5) 其他项目的保修期限由发包方和承包方约定。

建设工程在超过合理使用年限后仍需要继续使用的，产权所有人应当委托具有相应资质等级的勘察、设计单位鉴定，并根据鉴定结果采取加固、维修等措施，重新界定使用期。

保修期从业主代表在最终验收记录上签字之日起开始计算。分单项验收的工程，按单项工程分别计算保修期。

2. 工程保修期限与质量缺陷责任期的区别

质量缺陷责任期指承包人对已交付使用的合同工程承担合同约定的缺陷修复责任的期限。缺陷责任期一般为 6 个月、12 个月或 24 个月，具体可由发承包双方在合同中约定，并且可以约定期限的延长，但最长不超过 2 年。缺陷责任期从工程通过竣工验收之日起计。

实践中关于这两个概念的理解，争议不断，莫衷一是。设立缺陷责任期的初衷是解决质量保修金的返还期限问题，但缺陷责任期这一概念无上位法依据，使用中易混淆，应该统一使用质量保修期，再规定一个质量保修金的返还期限即可。

3. 工程质量保修金

为了体现施工单位对试投产期间的工程质量仍负有责任，国家有关法规规定采用质量保证金作为保障措施。在办理竣工结算时，业主应将合同工程款总价的 3%～5%留作质量保证金，并以专门账户存入银行。

建设工程质量保证金管理暂行办法第 9 条至第 11 条规定，缺陷责任期到期后，承包人向发包人申请返还保证金。发包人在接到承包人返还保证金申请后，应于 14 日内会同承包人按照合同约定的内容进行核实。如无异议，发包人应当在核实后 14 日内将保证金返还给承包人，逾期支付的，从逾期之日起，按照同期银行贷款利率计付利息，并承担违约责任。发包人在接到承包人返还保证金申请后 14 日内不予答复，经催告后 14 日内仍不予答复，视同认可承包人的返还保证金申请。发包人和承包人对保证金预留、返还以及工程维修质量、费用有争议，按承包合同约定的争议和纠纷解决程序处理。

如果合同内约定承包单位向业主提交履约保函或有其他保证形式时，可不再扣留质量保证金。

13.4.5 保修期内工程缺陷部位修复的经济责任和维修程序

1. 工程缺陷部位的维修程序

(1) 保修期内工程在试运行条件下发现质量缺陷时，业主应及时向承建单位发出工程质量返修通知书，说明发现的质量问题和工程部位。

（2）不论工程保修期内出现质量缺陷的原因属于哪一方责任，承建单位均负有修复工程缺陷的义务，在接到工程质量返修通知书后两周内，应派人到达现场与业主共同确定返修内容，尽快进行修理。

（3）承建单位在收到返修通知书后两周内未能派人到现场修理，业主应再次发出通知，若在接到第二次通知书后一周内仍不能到达时，业主有权在不提高工程标准的前提下，自行修理或委托其他单位修理，修理费用由质量缺陷的责任方承担。如果工程缺陷原因属于承包商责任，在修复工作结束后，业主应书面将返修的项目，返修工程量和费用清单通知承建单位。承建单位由于未能派人到场，对所发生的费用不得提出异议，该项费用业主在保修金内扣除，不足部分由承建单位进一步支付。

（4）承建单位派人到现场后，与业主共同查找质量缺陷原因，确定修复方案。如果修复工作需要部分或全部停产时，双方还应约定返修的期限。

（5）承建单位修复缺陷工程时，业主应给予配合，提供必要的方便条件，包括部分或全部停止试运行。

（6）缺陷工程修复所需的材料、构配件，由承担修建任务的单位解决，即可能是原承建单位，也可能是业主委托的其他施工单位。

（7）返修项目的质量验收，以国家规范、标准和原设计要求为准。

（8）返修工程质量验收合格后，业主应出具返修合格证明书，或在工程质量返修通知书内的相应栏目，填写对返修结果的意见。

2. 工程缺陷部位维修的经济责任

（1）施工承包单位未按国家有关规范、标准和设计要求施工，造成的质量缺陷，由施工承包单位负责返修并承担经济责任。

（2）由于设计方面造成的质量缺陷，设计单位承担经济责任，施工单位负责维修，其费用按有关规定通过业主单位向设计单位索赔，不足部分由业主单位负责。

（3）因建筑材料、构配件和设备质量不合格引起的质量缺陷，属于施工承包单位采购的或经其验收同意的，由施工承包单位承担经济责任；属于业主单位采购的，由业主单位承担经济责任。

（4）因使用单位使用不当造成的质量缺陷，由使用单位自行负责。

（5）因地震、洪水、台风等不可抗拒原因造成的质量问题，施工承包单位、设计单位不承担经济责任。

13.4.6　项目的回访

保修制度要求，在项目保修期内，施工单位应对竣工移交的工程进行回访。通过回访，可以听取和了解使用单位对工程施工质量的评价和改进意见，及时发现问题，及时解决，维护自己的信誉，不断提高自己的管理水平。

1. 回访的方式和次数

回访的次数，一般工程在保修期内至少回访一次；大中型项目、重点项目、有质量问题隐患的项目，应派常驻代表观察质量变化情况，听取使用单位意见。

回访的方式一般有如下几种。

(1) 季节性回访。大多数是雨季回访屋面、墙面的防水情况，冬期回访锅炉房及采暖系统的情况。如发现问题，采取有效措施，及时加以解决。

(2) 技术性的回访。主要了解在工程施工过程中所采用的新材料、新技术、新工艺、新设备等的技术性能和使用后的效果，发现问题及时加以补救和解决。

(3) 保修期届满前的回访。这种回访一般是在保修即将届满之前，既可以解决出现的问题，又标志着保修期即将结束，使业主单位注意建筑物的维修和使用。

2. 回访的方法

回访的方法可以采用书信、面谈、实测等多种手段，可视工程规模大小和问题多少而定。一般常采用座谈会和实测手段。一般由业主单位组织座谈会，施工单位的领导组织生产、技术、质量等有关方面的人员参加，并查看建筑物和设备的运转情况等。回访必须认真，必须解决问题，并应写出回访纪要。

复 习 题

一、单项选择题(每题备选项中，只有一个最符合题意)

1. 工程项目竣工验收的客体是( )。
   A. 设计合同规定的内容　　　　B. 施工合同约定的内容
   C. 监理合同规定的内容　　　　D. 施工合同约定的特定工程对象
2. 屋面防水工程、有防水要求的卫生间、房间和外墙面的防渗漏保修期为( )。
   A. 2 年　　　　B. 3 年　　　　C. 4 年　　　　D. 5 年
3. 在办理竣工结算时，业主应将合同工程款总价的( )留作质量保证金。
   A. 1%～3%　　　B. 3%～5%　　　C. 5%～7%　　　D. 7%～10%
4. 保修期内工程在试运行条件下发现质量缺陷时，业主应及时向承建单位( )。
   A. 发出工程质量返修通知书　　B. 签订工程竣工报验单
   C. 发出工程整改通知　　　　　D. 要求赔偿
5. 建设单位应当自工程竣工验收合格之日起( )日内，向工程所在地的县级以上地方人民政府建设行政主管部门备案。
   A. 15　　　　B. 10　　　　C. 7　　　　D. 20
6. 建设单位应当在工程竣工验收( )个工作日前将验收的时间、地点和验收组名单书面报送负责监督该工程的工程质量监督站。

A. 5　　　　　B. 7　　　　　C. 9　　　　　D. 10
7. 因地震、洪水等不可抗力造成的质量问题，施工承包单位(　　)经济责任。
   A. 不承担　　　B. 承担　　　C. 部分承担　　　D. 全部承担
8. 工程竣工验收报告的编制单位一般为(　　)。
   A. 施工单位　　B. 建设单位　　C. 监理单位　　D. 设计单位
9. 工程档案长期保存是指(　　)。
   A. 保存20年以下
   B. 保存期限等于该工程的使用寿命
   C. 保存50年以下
   D. 保存30年以上
10. 实行工程(　　)是检验在正常运行条件下项目的施工质量是否达到了设计标准的必要途径。
    A. 竣工验收　　B. 质量保修金　　C. 项目保修制度　　D. 项目试车

二、多项选择题(每题备选项中，至少有两个符合题意，多选、错选不得分)

1. 工程项目竣工验收可分为(　　)三大阶段。
   A. 单位工程验收　　B. 单项工程验收　　C. 建设项目验收
   D. 分部工程验收　　E. 分项工程验收
2. 下列关于工程缺陷部位维修的经济责任，说法正确的是(　　)。
   A. 施工单位未按要求施工造成的质量缺陷，由其负责返修并承担经济责任
   B. 由于监理不到位引起的质量缺陷，应由监理单位负主要责任
   C. 由于设计方面造成的质量缺陷，由设计单位承担经济责任
   D. 因业主采购的建筑材料质量不合格引起的质量缺陷，由其承担经济责任
   E. 因使用单位使用不当造成的质量缺陷，由使用单位自行负责
3. 工程竣工验收的质量标准是(　　)。
   A. 合同约定的工程质量标准
   B. 单位工程应达到竣工验收的合格标准
   C. 单项工程达到使用条件或满足生产要求
   D. 必要的设施已按设计要求建成
   E. 建设项目能满足建成投入使用或生产的各项要求
4. 按照国家规定，建设项目竣工验收、交付使用，应满足以下基本条件(　　)。
   A. 设计文件和合同约定的各项施工内容已经施工完毕
   B. 有完整并经核定的工程竣工资料，符合验收规定
   C. 有勘察、设计、施工、监理等单位分别签署的工程合同文件
   D. 有工程使用的主要建筑材料、构配件、设备进场的证明及试验报告
   E. 有施工单位签署的工程保修书
5. 竣工验收的依据是(　　)。
   A. 施工图纸　　B. 施工合同　　C. 设备技术说明书
   D. 监理合同　　E. 设计变更通知书

6. 施工项目竣工资料主要有( )。
   A. 工程施工技术资料　　B. 工程质量保证资料　　C. 工程检验评定资料
   D. 监理合同　　　　　　E. 竣工图
7. 项目试车分为( )试车。
   A. 交工前　　　　　　　B. 单机　　　　　　　　C. 竣工验收
   D. 联动　　　　　　　　E. 试产考核
8. 整理竣工资料的依据有( )。
   A. 设计文件
   B. 合同约定的工程质量标准
   C. 国家有关法律法规、规范对工程档案和竣工资料的规定
   D. 国家和地方档案管理部门和工程竣工备案部门对竣工资料移交的规定
   E. 现行建设工程施工及验收规范和质量标准对资料内容的要求
9. 工程竣工备案文件组成中，商品住宅应当提交( )。
   A. 《工程质量保修书》　　B. 《住宅质量保证书》　　C. 《住宅使用说明书》
   D. 《工程竣工验收报告》　E. 《施工许可证》
10. 竣工资料及建设档案管理的意义是( )。
    A. 作为建筑物竣工验收的依据
    B. 作为建筑物扩建、改建、翻修的依据
    C. 作为相邻及周边建筑物整体规划建设时或者类似建筑物异地再建时的参考
    D. 城市建设事业整体评价、研究、统计的主要依据
    E. 作为建筑物使用过程中发生质量问题的原因分析、核查资料

三、简答题

1. 简述工程项目竣工验收的作用。
2. 工程项目竣工验收的程序有哪些？
3. 归档文件的质量要求有哪些？

附录　复习题参考答案

第1章

一、单项选择题

1. B　2. A　3. D　4. C　5. B　6. B　7. A　8. B　9. C　10. D

二、多项选择题

1. ABCD　2. ABC　3. ACE　4. ABCE　5. ABCD
6. ABCD　7. BC　8. CDE　9. ABDE　10. ABE

三、简答题(略)

第2章

一、单项选择题

1. A　2. C　3. B　4. D　5. A　6. B　7. A　8. B　9. A　10. B

二、多项选择题

1. BCD　2. ABC　3. BDE　4. BCD　5. ACDE
6. ADE　7. AE　8. AB　9. ACD　10. ACE

三、案例分析题

1. 项目部组成是投标文件的组成部分，应该在项目启动前投标阶段设立。

2. 施工项目组织协调是指正确处理好施工过程中的各种关系，包括项目内部关系协调和外部关系协调。内部关系协调是指施工承包商的内部关系协调，包括项目部与母体企业之间的关系协调，项目部各职能部门之间的关系协调、项目部与分包商的关系协调等。外部关系协调又可分为近外层和远外层关系协调。近外层关系是指施工企业与建设单位、设计单位、监理单位等关系的协调。远外层关系是指由法律法规和社会公德等决定的关系，包括与政府建设主管部门、环保部门、项目周边社区街道等关系的协调。

3. 施工项目部适宜选择职能式组织形式，可设工程技术部、材料部、质量部、合约部、成本部、安全部等。技术部主要负责施工组织设计、施工计划等工作，它需要与质量部、安全部、材料部、合约部、成本部等进行充分沟通和协调；材料部主要负责材料的采购、保管，它需要就材料的价格报成本部，就材料质量与质量部进行合作；质量部负责全部工程的质量，包括材料质量、施工质量、人员资质要求等，它需要与材料部、工程技术部等进行协调，对出现的质量问题及时处理。

4. 按照监理工程师批准的施工方案组织施工,严格执行监理工程师指令,接受监理工程师的检查验收,主动向监理工程师提交相关资料,当出现工程变更、索赔事项时,及时取得监理工程师的签证认可,维护监理工程师的权威性等。

5. 总包与分包之间是合同关系,总包就分包工程向业主承担连带责任。总包应将分包工程计划纳入施工总计划中,总包对分包的工程质量和工期要予以控制,总包要保证分包商执行监理工程师的指令,按合同约定配合分包商的工作等。

6. 需要夜间施工时,应办理夜间施工许可证,严格遵守夜间施工规定,采取隔音降噪措施,积极与工地周围的居民、环保等部门协商,取得理解和支持,根据有关规定对居民进行经济补偿等。

7. 施工场地是指由发包人提供的用于工程施工的场所,承包商对场地拥有安静占有的权利。因此,如果属于合同约定范围内的场地,应由发包方与场地出租方协调,支付租用费,提供给施工单位使用;合同约定范围外的场地由承包商自行租用。

第3章

一、单项选择题

1. B 2. A 3. C 4. D 5. C 6. A 7. A 8. B 9. C 10. B

二、多项选择题

1. BCDE   2. BCDE   3. ACE   4. AB   5. ABC
6. CDE   7. BDE   8. CDE   9. ACDE 10. ABCD

三、案例分析题

【案例一】(1) 符合规定,招标文件发售之日至停售之日最短不得少于 5 个工作日,招标文件发出之日起至投标文件截止时间不得少于 20 天。

(2) 对 A 单位撤回投标文件的要求,应当没收其投标保证金。因为投标是一种要约,投标有效期内撤回投标文件,属违约行为。如果在投标截止日期前撤回投标文件,不得没收其投标保证金,如果在投标截止日期后,撤回投标文件,没收投标保证金。

(3) 不妥之处及理由如下。

① 开标应当在招标文件确定的提交投标文件截止时间的同一时间公开进行。

② 应当由招标人或招标代理人主持开标会议,行政管理机关只能监督招投标活动。

③ 投标保证金数额一般为投标报价的2%左右,但不得超过80万元人民币。

④ 投标保证金有效期应当超出投标有效期30 天。

⑤ 开标会上应宣读退出竞标的 A 单位名称而不宣布其报价。

【案例二】(1) 投标邀请书是要约邀请,投标文件是要约,中标通知书是承诺。

(2) 不妥之处及理由如下。

① 业主自行采用邀请招标不妥,重点工程邀请招标应报批。

② 由招标人代表检查投标文件的密封情不妥。开标时，由投标人或者其推选的代表检查投标文件的密封情况，也可以由招标人委托的公证机构检查并公证。

③ 中标价格属于合同实质性内容，中标书发出后不能进行合同价格谈判。

④ 签订书面合同的期限不妥，应在中标通知书发出后30日内签订。

⑤ 评标委员会组成不妥。招投标监管部门及公证人不应作为评标委员会成员，且技术经济方面的专家不得少于成员总数的三分之二。

(3) 承包商可以采取的措施：要求业主尽快签订合同；向招标监督管理机构投诉；申请仲裁或向法院起诉。

第4章

一、单项选择题

1. B 2. C 3. B 4. D 5. A 6. C 7. C 8. A 9. A 10. A

二、多项选择题

1. AB   2. ABCD   3. BDE   4. CDE   5. BDE
6. ABDE   7. BC   8. ABC   9. ACE   10. ABE

三、分析计算题

1. 组织全等节拍流水施工

(1) 流水步距：$K=t=2$(天)

(2) 施工段数：$m = n + \dfrac{\sum z_1}{k} + \dfrac{\sum z_2}{k} = 3 + 0 + \dfrac{2}{2} = 4$(段)

(3) 工期：$T = (j \cdot m + n - 1) \cdot k + \sum z_1 - \sum c = (2 \times 4 + 3 - 1) \times 2 + 0 - 0 = 20$(天)

(4) 流水施工进度表，如附图4-1所示。

施工层	施工过程名称	施工进度/天																		
		1	2	3	4	5	6	7	8	9	10	11	12	13	14	15	16	17	18	19	20
Ⅰ层	支模板	①		②		③		④													
	绑扎钢筋			①		②		③		④											
	浇混泥土					①		②		③		④									
Ⅱ层	支模板							z_2		①		②		③		④					
	绑扎钢筋											①		②		③		④			
	浇混泥土													①		②		③		④	

附图4-1 流水施工进度计划

2. 分别组织地下与地上工程的流水施工。

(1) 地面以下工程组织全等节拍流水施工。

施工过程 $n=4$;施工段 $m=3$;流水节拍 $k_下=t=2$ (周)

工期 $T_1=(m+n-1)\times t=(3+4-1)\times 2=12$(周)

(2) 地面以上组织成倍流水施工。

施工过程 $n=3$;施工段 $m=3$;流水步距 $k_上=\min(4,4,2)=2$ (周)

专业队数:$b_1=4/2=2$;$b_2=4/2=2$;$b_3=2/2=1$;总队数 $n_1=\sum b_i=5$(队)

工期 $T_2=(m+n_1-1)\times k=(3+5-1)\times 2=14$(周)

(3) 确定总工期:地下工程完成后即进行地上工程,则基础与主体工程间流水步距 $k=2$。

总工期 $T=(n_下-1)k_下+k+T_2=(4-1)\times 2+2+14=22$(周)

或 $T=n_下\times t+T_2=4\times 2+14=22$(周)

(4) 绘制施工进度计划,如附图 4-2 所示。

施工过程		专业队	施工进度/周										
			2	4	6	8	10	12	14	16	18	20	22
地下	开挖	1											
	基础	1	$k_下$										
	安装	1											
	回填	1											
地上	主体	1-1				k							
		1-2											
	装修	2-1											
		2-2											
	室外	3-1											

附图 4-2 施工进度计划

3. 组织成倍节拍流水,过程略,流水施工进度表如附图 4-3 所示。

施工过程			施工进度/天											
			2	4	6	8	10	12	14	16	18	20	22	24	26
一层	砌墙	1队	1	3			5								
		2队			2	4									
	安预制梁				1	2	3	4	5						
	现浇板					1	2	3	4	5					
二层	砌墙	2队					z_2	1	3		5				
		1队							2	4					
	安预制梁									1	2	3	4	5	
	现浇板										1	2	3	4	5

附图 4-3 施工进度计划

4. 应用潘考夫斯基定理组织时间连续横道图进度计划，如附图4-4所示。

施工过程	施工进度/天											
	1	2	3	4	5	6	7	8	9	10	11	12
保温层	①	①		②	②		③	③				
找平层						①	①	②	②	③		
卷材层										①	②	

附图4-4 时间连续横道图进度计划

第5章

一、单项选择题

1. D 2. B 3. A 4. B 5. C 6. B 7. C 8. A 9. B 10. A

二、多项选择题

1. ACD 2. AB 3. AE 4. BCD 5. ABE
6. BDE 7. BCE 8. BCE 9. ABD 10. BD

三、计算绘图题

1. 双代号网络图如附图5-1(a)所示，单代号网络图如附图5-1(b)所示。

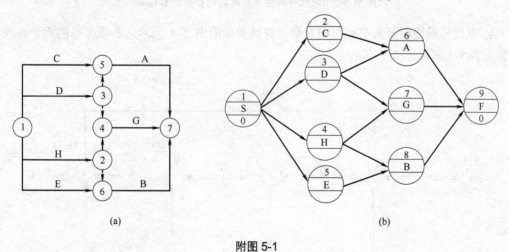

附图 5-1

2. 双代号网络图如附图5-2(a)所示，单代号网络图如附图5-2(b)所示。

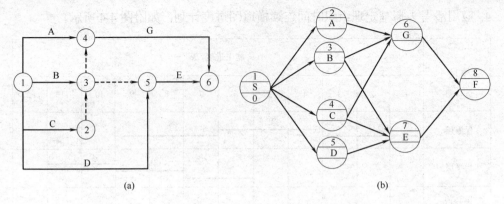

附图 5-2

3. 双代号网络图及其时间参数计算结果如附图 5-3 所示，双箭线表示关键线路。

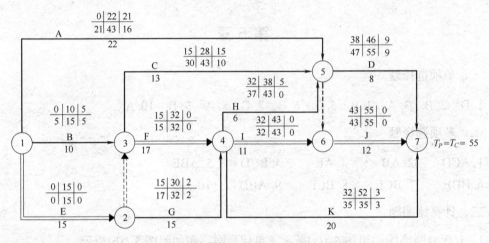

附图 5-3 双代号网络图及其时间参数计算结果

4. 双代号网络图及其节点时间参数计算结果如附图 5-4 所示，各项工作的六个时间参数如附表 5-1 所示。

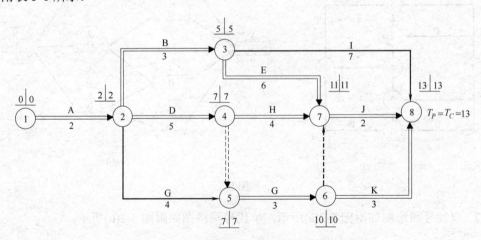

附图 5-4 双代号网络图及其节点时间参数计算结果

附表 5-1 工作的六个主要时间参数

时间参数	工作									
	A	B	C	D	E	H	G	I	J	K
ES	0	2	2	2	5	7	7	5	11	10
EF	2	5	6	7	11	11	10	12	13	13
LS	0	2	3	2	5	7	7	6	11	10
LF	2	5	7	7	11	11	10	13	13	13
TT	0	0	1	0	0	0	0	1	0	0
FT	0	0	1	0	0	0	0	1	0	0

5. 单代号网络图及其时间参数计算结果如附图 5-5 所示，双箭线表示关键线路。

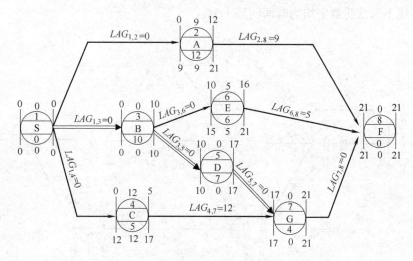

附图 5-5 单代号网络图及时间参数计算结果

6. 双代号时标网络计划如附图 5-6 所示。

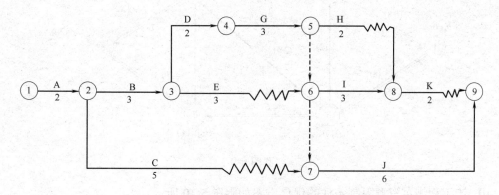

附图 5-6 双代号时标网络图

7. 最终优化结果如附图 5-7 所示。

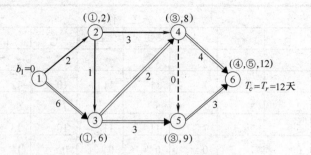

附图 5-7 最终优化结果

8. 单代号搭接网络计划及其时间参数计算结果如附图 5-8 所示，未注明搭接关系均为 FTS=0，箭线下未注明数字均为时间间隔 LAG。

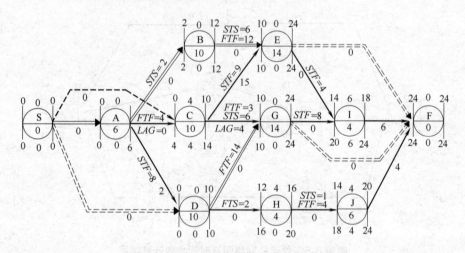

附图 5-8 单代号搭接网络计划及其时间参数

9. 该工程最终优化结果如附图 5-9 所示，最优工期为 20 天。

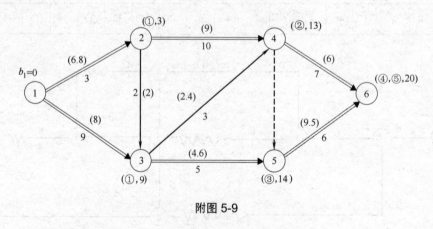

附图 5-9

10. 该工程满足资源限制条件的优化方案如附图 5-10 所示。

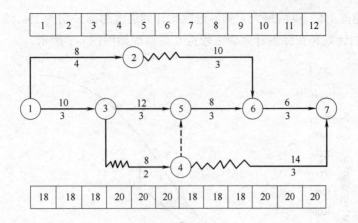

附图 5-10

11. 该工程满足资源均衡条件的优化方案如附图 5-11 所示。

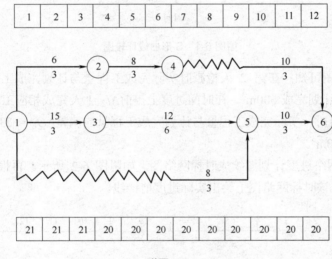

附图 5-11

第 6 章

一、单项选择题

1. C 2. B 3. C 4. A 5. B 6. D 7. D 8. B 9. D 10. A

二、多项选择题

1. AE   2. ABD   3. ABC   4. ABCE   5. ABCD
6. AB   7. BD   8. BCD   9. BCE   10. BE

三、计算分析题

1. 从附图 6-1 中可看出，实际开始工作时间比计划时间晚半天时间，第一天末实际进度比计划进度超前 1%，以后每天末实际进度比计划进度超前分别为 2%、2%、5%。

2. 绘制出的计划和实际累计完成工程量 S 形曲线如附图 6-1 所示。

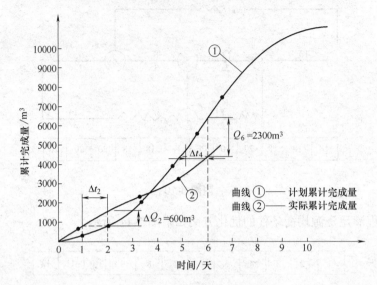

附图 6-1 S 形曲线比较图

由 S 形曲线图可知：在第 2 天检查时实际完成工程量与计划完成工程量的偏差 ΔQ_2= 600m³，即实际超计划完成 600m³。在时间进度上提前 Δt_2=1 天完成相应工程量。

在第 6 天检查时，实际完成工程量与计划完成工程量的偏差 ΔQ_6 =-2300m³，即实际比计划完成量少 2300m³。

3. 将题中的网络进度计划图绘成时标网络图，如附图 6-2 所示。再根据题中的有关工作的实际进度，在该时标网络图上绘出实际进度前锋线。

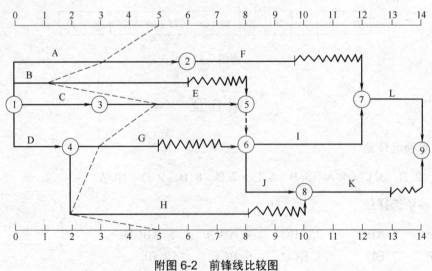

附图 6-2 前锋线比较图

由图可见，工作 A 进度偏差 2 天，不影响工期；工作 B 进度偏差 4 天，影响工期 2 天；

工作 E 无进度偏差，正常；工作 G 进度偏差 2 天，不影响工期；工作 H 进度偏差 3 天，不影响工期。

4. 应用表格分析法，检查分析结果如附表 6-1 所示。

附表 6-1 列表比较法分析检查结果表

工作名称	检查计划时尚需作业天数	到计划最迟完成时尚余天数	原有总时差	尚有总时差	情况判断 影响工期	情况判断 影响紧后工作最早开始时间
A	6-3=3	8-5=3	2	3-0	否	影响 F 工作 2 天
B	6-1=5	8-5=3	2	3-5=-2	影响工期 2 天	影响 I、J 工作各 2 天
E	5-2=3	8-5=3	0	3-3=0	否	否
G	3-1=2	8-5=3	3	3-2=1	否	否
H	6-0=6	11-5=6	3	6-6=0	否	影响 K 工作 1 天

第 7 章

一、单项选择题

1. D 2. A 3. D 4. B 5. A 6. B 7. B 8. D 9. A 10. A

二、多项选择题

1. ABDE 2. CDE 3. AB 4. ABCE 5. ABE
6. BDE 7. ADE 8. ABC 9. AC 10. ABCD

三、案例分析

【案例一】(1) 工程预付款金额=2000×25%=500(万元)

(2) 工程预付款的起扣点为 2000-500÷60%=1166.7(万元)，起扣时间为 8 月份，因为 8 月份累计完成建安工作量=900+180+220=1300(万元)>1166.7(万元)。

(3) 1—6 月应签发付款凭证金额=900×(1-3%)-90=783(万元)

7 月份应签发付款凭证金额：180×(1-3%)-35=139.6(万元)。

8 月份完成 220 万元的工作量，其中应从 1300-1166.7=133.3(万元)中扣预付款，剩余 220-133.3=86.7(万元)中不扣预付款。故 8 月份应签发付款凭证金额=86.7+133.3×(1-60%)-220×3%-24=109.42(万元)。

9 月份应签发付款凭证金额=205×(1-60%-3%)-10=65.85(万元)

10 月份应签发付款凭证金额=195×(1-60%-3%)-20=52.15(万元)

11 月份应签发付款凭证金额=180×(1-60%-3%)-10=56.6(万元)

12 月份应签发付款凭证金额：120×(1-60%-3%)-5=39.4(万元)。

所以，1—12 月共签发付款凭证金额为 1246 万元，甲方供料 194 万元，质保金 60 万元，预付款 500 万元，共计 2000 万元。

【案例二】（1）预付款金额为=(2300×180+3200×160)×20%=18.52(万元)

（2）① 第一个月工程量价款、应签证的工程款和实际签发的付款凭证金额如下。

本月工程量价款为：500×180+700×160=20.2(万元)

本月应签证的工程款为：20.2×1.2×(1-5%)=23.028(万元)

由于合同规定监理师签发的最低金额为25万元，故本月不签发付款凭证。

② 第二个月工程量价款、应签证的工程款和实际签发的付款凭证金额为

本月工程量价款为：800×180+900×160=28.8(万元)

本月应签证的工程款为：28.8×1.2×(1-5%)=32.832(万元)

本月监理工程师实际签发的付款凭证金额为：23.028+32.832=55.86(万元)

③ 第三个月工程量价款、应签证的工程款和实际签发的付款凭证金额为

本月工程量价款为：800×180+800×160=27.2(万元)

本月应签证的工程款为：27.2×1.2×(1-5%)=31.008(万元)

应扣预付款为：18.52×50%=9.26(万元)

本月应付款为：31.008-9.26=21.748(万元)

监理工程师签发月度付款最低金额为25万元，所以本月不予签发付款凭证。

④ 第四个月工程量价款、应签证的工程款和实际签发的付款凭证金额

甲项工程累计完成工程量为2700 m^3，超过估算工程量10%的工程量为=2700-230×(1+10%)=170(m^3)，这部分工程量单价应调整为180×0.9=162(元/m^3)

甲项工程工程量价款为：(600-170)×180+170×162=10.494(万元)

乙项工程累计完成工程量为3000 m^3，不超过估算工程量，其单价不予调整。

乙项工程工程量价款为=600×160=9.6(万元)

本月完成甲、乙两项工程量价款合计为=10.494+9.6=20.094(万元)

本月应签证的工程款为：20.094×1.2×(1-5%)=22.907(万元)

本月实际签发的付款凭证金额为：21.748+22.907-18.52×50%=35.395(万元)

【案例三】（1）以双方提出的变更价均值作为结算价不妥。总监理工程师先提出一个暂定价格，作为临时支付工程进度款的依据，工程结算时以双方达成的协议价或实际采购价为依据。

（2）项目监理机构对工程分包单位有认可权。甲安装分包单位向施工总承包单位提出费用补偿申请，再由总承包单位通过项目监理机构要求业主补偿5万元损失费。

（3）在发包方预期违约的情况下，承包方自工程竣工之日或合同约定的竣工之日起6个月内起诉行使优先受偿权。虽然该工程设有抵押权，但该抵押权不能对抗工程款优先权，只有购房消费者可以对抗。受偿款数额970万元，不包括违约部分。

第8章

一、单项选择题

1. B 2. B 3. C 4. C 5. B 6. C 7. A 8. D 9. D 10. A

11. A 12. B 13. D 14. A 15. A

二、多项选择题

1. ABCD 2. ADE 3. BDE 4. ABE 5. ABDE
6. ABCE 7. AD   8. ABCD 9. ABE 10. ACE

三、案例分析题

【案例一】(1) 监理工程师书面通知施工单位不得将该批材料用于工程，并抄送业主备案。

(2) 监理工程师应要求施工单位提交该批产品的产品合格证、质量保证书、材质化验单、技术指标报告和生产许可证等资料，以便监理工程师对材质进行书面资料的审查。

(3) 如果施工单位提交了以上资料，经监理工程师审查符合要求，则施工单位应按技术规范要求对该产品进行有监理人员鉴证的取样送检。

(4) 如果施工单位不能提供所需的资料，或虽提供了上述资料，但经抽样检测后产品不符合技术规范或设计文件或承包合同要求，则监理工程师应书面通知施工单位不得将该批产品用于工程，并要求施工单位将其运出施工现场。

(5) 工程师应将处理结果书面通知业主，工程材料的检测费用由施工单位承担。

【案例二】(1) 施工单位的做法不对，任何情况下，监理单位(甲方)对隐蔽工程的质量存有疑虑，提出需要打开覆盖进行重新验收时，施工单位必须遵照监理单位(甲方)的要求无条件打开覆盖接受重新检查验收。

(2) 对已验收合格隐蔽项目打开覆盖进行重新验收，如果重新检验后隐蔽工程项目合格，由此产生的一切费用均由建设单位承担。如果重新检验后隐蔽工程项目不合格，由此产生的一切费用均由施工单位承担。

【案例三】(1) 验槽的组织方式不妥当。验槽应先由总包方自检合格，合格后向监理单位报验申请，由监理单位组织勘察设计、施工单位共同验槽。

验槽内容不全面。应包括：①根据设计图纸检查基槽的开挖平面位置、尺寸、槽底深度；检查是否与设计图纸相符，开挖深度是否符合设计要求；②仔细观察槽壁、槽底土质类型、均匀程度和有关异常土质是否存在，核对基坑土质及地下水情况是否与勘察报告相符；③检查基槽边坡外缘与附近建筑物的距离，基坑开挖对建筑物稳定是否有影响；④检查核实分析钎探资料，对存在的异常点位进行复核检查。

(2) 甲单位承担连带责任。因甲单位是总承包单位。

A 单位承担主要责任。因质量事故是由 A 单位自身原因造成的。

监理单位承担失职责任。因其未发现高强螺栓存在质量隐患。

(3) 事故属于严重质量事故。处理依据：质量事故的实况资料、有关合同文件、有关的技术文件和档案、相关的建设法规。

四、分析计算题

1.(1) 计算频率和累计频率，如附表8-1所示。

附表 8-1　频率和累计频率表

代　号	起砂原因	出现房间数	频率/%	累计频率/%
1	砂粒径过大	47	58.75	58.75
2	砂含泥量过大	17	21.25	80
3	砂浆配合比不当	7	8.75	88.75
4	养护不良	5	6.25	95
5	水泥标号太低	3	3.75	98.75
6	压光不足	1	1.25	100

(2) 绘制地面起砂原因排列图，如附图 8-1 所示。

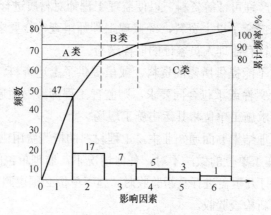

附图 8-1　排列图

(3) 排列图的分析。

A 类因素数量少，但是关键因素，应作为重点控制对象，B 类因素一般因素，C 类因素为次要因素。

2. 绘制有上限、下限图线的频数直方图，如附图 8-2 所示，其直方图基本呈正态分布，数据分布在控制范围内，两侧略有余地，说明生产过程正常，质量基本稳定。

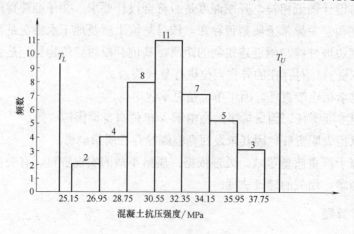

附图 8-2　频数直方图

第9章

一、单项选择题

1. D 2. C 3. B 4. C 5. C 6. A 7. A 8. D 9. B 10. A

二、多项选择题

1. AD   2. ADE   3. BD   4. ABE   5. ABCD
6. BCD 7. ABC   8. ABC 9. BDE   10. BDE

三、案例分析题

【案例一】(1) 事件1中项目经理安排项目技术负责人组织编制《项目管理实施规划》不妥，应由项目经理组织项目部技术人员进行编制，并应在项目开工前完成。

项目管理实施规划编制工作程序包括：①了解项目相关各方的要求；②分析项目条件和环境；③熟悉相关的法规和文件；④组织编写施工管理规划文件；⑤履行报批手续。

(2) 施工现场管理总体要求：文明施工、安全有序、整洁卫生、不扰民、不损害公众利益、醒目位置设置警示牌、经常巡视抓整改。

(3) 施工平面图设计设计与管理总体要求如下。

① 施工平面图设计应科学化、合理化、规范化。

② 结合施工条件，按施工方案和施工进度计划的要求设计。

③ 按指定用地范围和内容布置。

④ 按施工阶段进行设计。

⑤ 使用前应通过审批。

⑥ 按已审批的施工平面图合理使用场地。

(4) 事件3中的不妥之处及正确做法如下。

① 施工流向不妥。混凝土浇筑应从低处开始，沿长边方向自一端向另一端进行。

② 养护持续7d不妥。混凝土保湿养护持续时间应不少于14d。

③ 混凝土里表温差大于允许值。养护至72h时，混凝土里表温差不能大于25℃。

【案例二】(1) 根据《危险性较大的分部分项工程安全管理办法》规定，专项施工方案是指施工单位在编制施工组织设计的基础上，针对危险性较大的分部分项工程单独编制的安全技术措施文件。危险性较大的分部分项工程包括：基坑支护、降水工程、土方开挖工程，模板工程及支撑体系，起重吊装及安装拆卸工程，脚手架工程，拆除、爆破工程，建筑幕墙、网架和索膜结构安装工程、预应力工程等其他工程。

实行施工总承包的，专项方案应当由施工总承包单位组织编制。其中，起重机械安装拆卸工程、深基坑工程、附着式升降脚手架等专业工程实行分包的，其专项方案可由专业承包单位组织编制。

(2) 事件1不妥之处如下。

① 甲单位自行分包不妥，工程分包应报监理单位经建设单位同意后方可进行。

② 专项施工方案经项目经理签字后即组织施工不妥。不需专家论证的专项方案，经施工单位审核合格后报监理单位，由项目总监理工程师审核签字。需要专家论证的专项方案，应经施工单位技术负责人、项目总监理工程师、建设单位项目负责人签字后，方可组织实施。

(3) 选择分包单位的原则：主体和基础工程必须自己组织施工；分包商资质必须符合工程类别的要求；必须经业主同意许可；禁止层层分包。

(4) 项目安全管理实施计划内容包括：项目安全管理目标；项目安全管理机构和职责；项目安全管理主要措施；项目安全危险源的辨识与控制技术和管理措施；对从事危险环境下作业人员的培训教育计划；对危险源及其风险规避的宣传与警示方式。

(5) 事件3中的不妥之处及理由如下。
① 劳务作业承包人必须自行完成所承包的任务，不能再分包。
② 不能安排工人在本工程地下室居住，在建工程不允许住人。
③ 项目部安全员向施工作业班组进行了安全技术交底。理由：应由施工单位负责项目管理的技术人员向施工作业班组进行安全技术交底。

第10章

一、单项选择题

1. A 2. B 3. C 4. B 5. A 6. A 7. C 8. B 9. A 10. A

二、单项选择题

1. ABCD 2. ACDE 3. ACE 4. ABD 5. BDE
6. ABCD 7. ABDE 8. ABC 9. ABCD 10. ABDE

三、案例分析题

【案例一】(1) 本案例不妥之处及理由如下。
① 《施工招投标办法》第六十六条规定招标人不得直接指定分包人(但属于合同约定在总承包商完成范围之外由暂列金额开支的分包工程可以指定分包商)。
② 总分包安全管理协议约定不妥。总承包单位和分包单位对分包工程的安全生产承担连带责任，分包单位应当服从总承包单位的安全生产管理，分包单位不服从管理导致生产安全事故的，由分包单位承担主要责任。

(2) 施工现场还应在起重机械设备处、电梯口、楼梯口、出入口、出入通道口、脚手架等位置设置安全警示标志。

(3) 从模板坍塌事故中可以看出：施工单位未按施工规范和施工图纸进行施工；拆模时间过早，导致混凝土强度过低；未按规定进行分包；施工现场管理混乱，无安全技术交底，无安全防范措施，无安全管理人员。

【案例二】(1) 对人们工作、学习和生活有妨碍的声音统称为噪声，按其来源分为：

工厂生产噪声、交通噪声、建筑施工噪声、社会生活噪声四种。

(2) 噪声是影响与危害非常广泛的环境污染问题。噪声环境可以干扰人的睡眠与工作、影响人的心理状态与情绪，造成人的听力损失，甚至引起许多疾病。

(3) 现场噪声可从声源、传播途径、接受者防护等方面控制：①声源控制；②传播途径的控制；③接收者的防护；④严格控制人为噪声；⑤控制强噪声作业的时间。

(4) 该项目确需夜间施工时，应办理夜间施工许可证，并公告附近社区居民。夜间施工时间为22点至早晨6点，该项目夜间噪声超过规定的55分贝，应制定降噪措施。

【案例三】(1) 施工安全检查评定结论等级有优良、合格、不合格。本次检查评定为不合格。

(2) 组织迅速抢救伤员；保护好现场；立即向本单位责任人报告；启动应急预案；协助事故调查；其他合理的应急措施。

(3) 焊工没有穿戴绝缘鞋和手套说明其安全防护意识差，自我保护能力不强，焊工班长对作业工具的安全状况检查不认真，对焊工的违章行为没有采取措施，项目技术及安全负责人对作业中存在的安全问题检查不及时，整改不彻底，制度落实不到位。

(4) 安全员严重失职，平时对现场监督不到位，检查未发现隐患，隐患整改未落实。

(5) 消防措施不妥：应配备专职消防员；消防水龙带长度不小于25m；钢筋加工棚内灭火器配备数量不妥，按每25平方米配备1只灭火器，应配备4只灭火器。

第11章

一、单项选择题

1. D　2. C　3. D　4. A　5. D　6. D　7. A　8. A　9. B　10. A

二、多项选择题

1. CDE　　2. BCDE　　3. ABE　　4. ACDE　　5. ABCE

6. ABD　　7. AB　　8. BCD　　9. AB　　10. AB

三、简答题(略)

第12章

一、单项选择题

1. C　2. D　3. B　4. D　5. C　6. A　7. C　8. D　9. A　10. C

二、多项选择题

1. AD　　2. ABE　　3. ABE　　4. ABCD　　5. ABD

6. AC　　7. CE　　8. ACDE　　9. ABDE　　10. AD

三、简答题(略)

第 13 章

一、单项选择题

1. D 2. D 3. B 4. A 5. A 6. B 7. A 8. B 9. B 10. C

二、多项选择题

1. ABC   2. ACDE   3. ABCE   4. ABDE   5. ABCE
6. ABCE 7. AC   8. CDE   9. ABCD   10. BCDE

三、简答题(略)

参 考 文 献

[1] GB 50300 建筑工程施工质量验收统一标准[S]. 北京：中国建筑工业出版社，2014.
[2] GB/T 50502 建筑施工组织设计规范[S]. 北京：中国建筑工业出版社，2009.
[3] GB/T 50326 建设工程项目管理规范[S]. 北京：中国建筑工业出版社，2006.
[4] GB/T 50319 建设工程监理规范[S]. 北京：中国建筑工业出版社，2013.
[5] GB/T 13400 网络计划技术[S]. 北京：中国标准出版社，2013.
[6] JGJ190 建筑工程检测试验技术管理规范[S]. 北京：中国建筑工业出版社，2010.
[7] JGJ59 建筑施工安全检查标准[S]. 北京：中国建筑工业出版社，2011.
[8] 建造师执业资格考试用书. 建设工程项目管理[M]. 北京：中国建筑工业出版社，2011.
[9] 建造师执业资格考试用书. 建设工程经济[M]. 北京：中国建筑工业出版社，2011.
[10] 建造师执业资格考试用书. 建设工程法规及相关知识[M]. 北京：中国建筑工业出版社，2011.
[11] 建造师执业资格考试用书. 房屋建筑工程管理与实务[M]. 北京：中国建筑工业出版社，2011.
[12] 全国监理工程师执业资格考试教材. 建设工程进度控制[M]. 北京：中国建筑工业出版社，2014.
[13] 全国监理工程师执业资格培训考试教材. 建设工程质量控制[M]. 北京：中国建筑工业出版社，2014.
[14] 全国监理工程师执业资格培训考试教材. 建设工程投资控制[M]. 北京：中国建筑工业出版社，2014.
[15] 造价工程师资格考试教材. 工程造价计价与控制[M]. 北京：中国计划出版社，2013.
[16] 注册咨询工程师(投资)资格考试教材. 工程项目组织与管理[M]. 北京：中国计划出版社，2012.
[17] 注册咨询工程师(投资)资格考试教材. 项目决策分析与评价[M]. 北京：中国计划出版社，2012.
[18] 投资建设项目管理师职业水平考试参考教材. 投资建设项目组织[M]. 北京：中国计划出版社，2011.
[19] 投资建设项目管理师职业水平考试参考教材. 投资建设项目决策[M]. 北京：中国计划出版社，2011.
[20] 投资建设项目管理师职业水平考试参考教材. 投资建设项目实施[M]. 北京：中国计划出版社，2011.
[21] [美]科兹纳. 项目管理计划和控制的系统方法[M]. 北京：电子工业出版社，2002.
[22] [美]克利福德. 项目管理教程[M]. 北京：人民邮电出版社，2003.
[23] [美]梅瑞狄斯. 项目管理——管理新视角[M]. 北京：电子工业出版社，2002.
[24] [美]哈里森. 高级项目管理[M]. 北京：机械工业出版社，2003.
[25] [美]杰克吉多. 成功的项目管理[M]. 北京：机械工业出版社，2004.